AF581090

EDVARD MUNCH

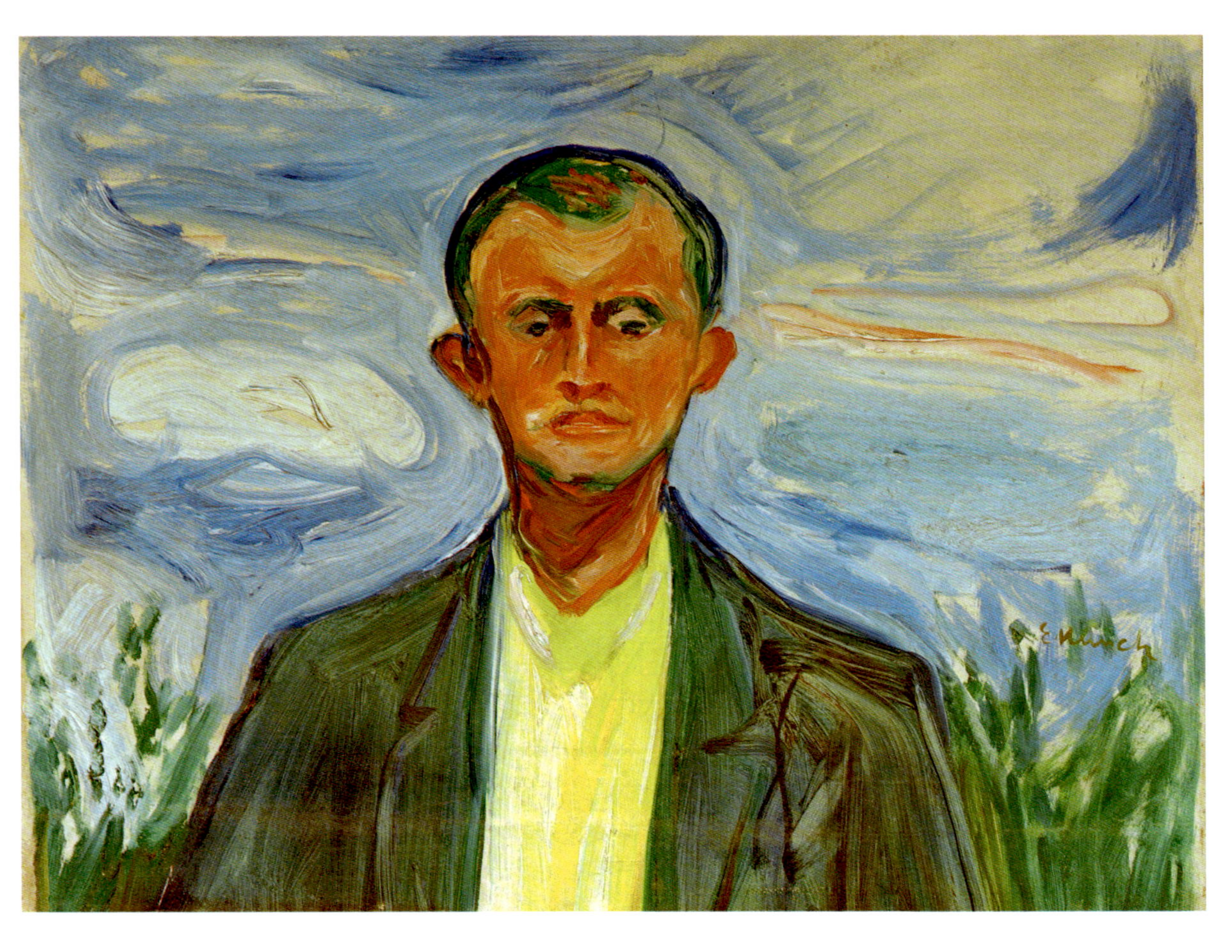
E Munch

EDVARD MUNCH

HAJO DÜCHTING

p. 2

Self portrait with blue sky

Autoportrait au ciel bleu

Selbstbildnis vor blauem Himmel

Autorretrato antes de cielo azul

Autoritratto di fronte a cielo azzuro

Zelfportret met blauwe hemel

1908, Oil on canvas/Huile sur toile, 59,5 × 80 cm, Munch-Museet, Oslo

KÖNEMANN

www.koenemann.com

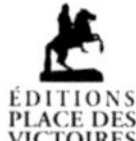

6, rue du Mail – 75002 Paris
www.victoires.com
ISBN : 978-2-8099-1382-8
Dépôt légal : 4e trimestre 2016

Concept, Project Management: koenemann.com GmbH
Text: Hajo Düchting
Editing: Kristina Menzel

Translation into French: Denis-Armand Canal

Translations into English, Spanish, Italian & Dutch:
TEXTCASE Translation Agency
info@textcase.nl
textcase.de   textcase.eu

Art Direction: Oliver Hessmann
Layout: Beate Lennartz
Picture credits: akg-images gmbh,
except pp. 14, 30, 179: Bridgeman Images

ISBN: 978-3-95588-621-9 (international)

Printed in Spain by Liberdúplex

Contents Sommaire Inhalt Índice Indice Inhoud

"Art that comes forth from the depths of our being. Art should move people and be an expression of life. A life full of love, suffering, and feeling."

« Un art qui vient des profondeurs de notre être... L'art doit troubler l'être humain, être une expression de la vie. Une vie – remplie d'amour, de douleur et de sentiments. »

„Eine Kunst, die aus den Tiefen unseres Innern kommt. Die Kunst soll den Menschen bewegen und ein Ausdruck des Lebens sein. Ein Leben, erfüllt mit Liebe, Leid und Gefühlen."

"Un arte que procede de la profundidad de nuestro interior. El arte debería mover al ser humano y expresar la vida. Una vida colmada de amor, pasión y sentimientos."

"Un'arte che proviene dagli abissi della nostra interiorità. L'arte deve smuovere gli uomini ed essere un'espressione della vita. Una vita riempita d'amore, sofferenza ed emozioni."

"Een kunst die uit de diepten van ons innerlijk voortkomt. De kunst moet de mensen beroeren en uitdrukking van het leven zijn. Een leven gevuld van liefde, leed en emoties."

EDVARD MUNCH

Showing Our Fears

From a global perspective, Edvard Munch (1863–1944) is considered the most important artist to come out of Scandinavia and he was paved the way for Expressionism. He introduced new themes into art: the existential angst, human loneliness, and the unpredictability of emotions. It may be the experience of family tragedy that led Munch not to follow the optimistically tinted world view of Impressionism. After beginnings

Images de l'angoisse

Edvard Munch (1863–1944) est le plus important des artistes scandinaves et un précurseur de l'expressionnisme dans son pays. De nouveaux thèmes pénètrent avec lui dans l'art : l'angoisse existentielle, la solitude de l'homme et le caractère imprévisible de ses sentiments. C'est peut-être dans les tragédies précoces de son histoire familiale qu'il faut chercher les racines de son mal : Munch n'a jamais pu arriver à se faire une conception

Bilder der Angst

Edvard Munch (1863–1944) ist der bedeutendste skandinavische Künstler und ein Wegbereiter des Expressionismus. Mit ihm zieht ein neues Thema in die Kunst ein, die existenzielle Angst, die Einsamkeit des Menschen und die Unberechenbarkeit seiner Gefühle. In den Bedrängnissen einer tragischen Familiengeschichte mögen die Wurzeln zu suchen sein, die dazu führten, dass Munch dem optimistisch

Self-Portrait with Coat and Hat

Autoportrait avec manteau et chapeau

Selbstbildnis mit Mantel und Hut

Autorretrato con abrigo y sombrero

Autoritratto con cappello e soprabito

Zelfportret met jas en hoed

c. 1915, Oil on canvas/Huile sur toile, 190 × 114 cm, Munch-Museet, Oslo

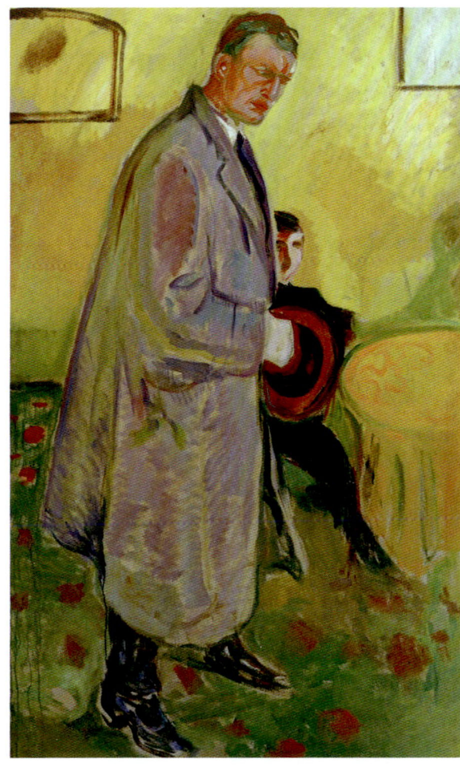

Retrato del miedo

Edvard Munch (1863–1944) es el artista escandinavo más importante de todos los tiempos y uno de los impulsores del Expresionismo. Con él se apodera del arte un nuevo tema: el miedo existencial, la soledad del ser humano y la impredecibilidad de sus sentimientos. El motivo por el que Munch da la espalda al optimismo del Impresionismo, habría que buscarlo en su trágica historia familiar. Tras sus inicios naturalistas, Munch

Il pittore dell'angoscia

Edvard Munch (1863–1944) è il più illustre artista scandinavo e un precursore dell'Espressionismo. Con lui entrano nuovi temi nell'arte: l'angoscia esistenziale, la solitudine dell'uomo e l'imprevedibilità delle sue emozioni. Le radici vanno ricercate nelle difficoltà di una tragica storia familiare, che hanno portato Munch ad allontanarsi da una visione del mondo tipicamente ottimista e impressionistica. Dopo gli inizi

Schilder van de angst

Edvard Munch (1863–1944) is de grootste van de Scandinavische kunstenaars en een voorloper van het expressionisme. Hij introduceerde een nieuw thema in de beeldende kunst: de existentiële angst, de eenzaamheid van de mens en de grilligheid van de emotie. Munchs benadering kwam vermoedelijk voort uit een tragische familiegeschiedenis, die ertoe leidde dat hij zich afzette tegen

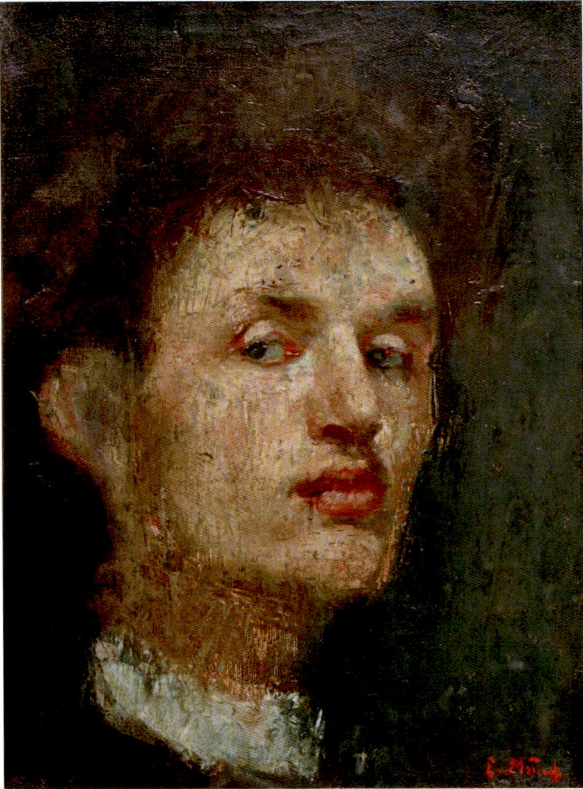

Self-Portrait

Autoportrait

Selbstporträt

Autorretrato

Autoritratto

Zelfportret

1886, Oil on canvas/Huile sur toile, 33 × 24,5 cm, Nasjonalmuseet, Oslo

in Naturalism, Munch focused his attention on painting psychological states and questions of fate.

Munch's sketchy, softly flowing contours and the large fields of color that come across as calm oases poured out onto the canvas have their roots in the Art Nouveau, without becoming stylized into decorative ornament.

réconciliée du monde. Après des débuts naturalistes, le peintre s'est concentré sur la synthèse picturale des états d'âme et des problèmes de destinée.

Les contours schématiques, souples et fluides de Munch, ainsi que ses grands aplats de couleur tranquilles qui donnent l'impression d'avoir été comme déversés viennent du *Jugendstil* (Art nouveau), mais sans jamais se figer en ornementation purement décorative.

gestimmten, impressionistischen Weltbild nichts abgewinnen konnte. Nach naturalistischen Anfängen konzentrierte sich Munch auf die malerische Verdichtung von Seelenzuständen und Schicksalsfragen.

Munchs skizzenhafte, weich fließende Konturen und die großen ruhigen, wie ausgegossen wirkenden Farbflächen sind dem Jugendstil verpflichtet, ohne jedoch zum dekorativen Ornament zu erstarren.

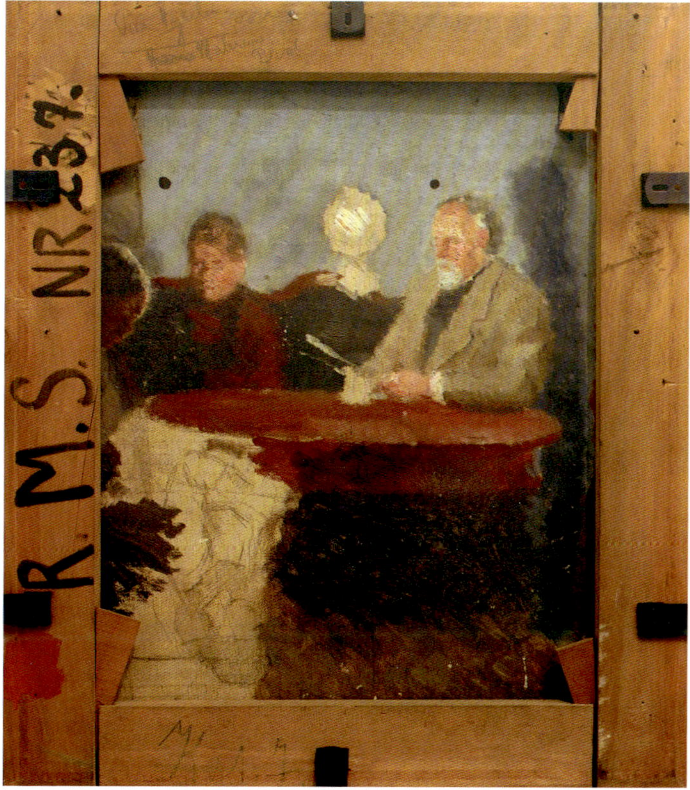

Christian Munch at the Parlor Table

Christian Munch assis à table, dans le séjour

Christian Munch am Wohnzimmertisch

Christian Munch en la mesa del cuarto de estar

Christian Munch al tavolo del soggiorno

Christian Munch aan de woonkamertafel

1883, Oil on unprimed canvas/Huile sur toile non préparée, 50 × 41 cm, KODE 3, Bergen

se concentra en la intensificación pictórica de los estados del alma y las cuestiones trascendentales.

Los suaves contornos trazados por Munch, que parecen fluir en forma de esbozos y las grandes superficies llenas de colores se deben a un *Jugendstil* (Modernismo), que sin embargo se aleja de los elementos decorativos.

naturalistici, Munch si concentrò sulla densità pittorica degli stati d'animo e le questioni del destino.

I profili abbozzati e morbidamente fluidi e le ampie, calme superfici di colore che sembrano colate di metallo fuso sono legati allo Jugendstil, senza tuttavia irrigidirsi in ornamenti decorativi.

het optimistische wereldbeeld van de impressionisten. Na zijn eerste naturalistische werk richtte hij zich op de schilderkunstige uitbeelding van zieleroerselen en de tragische wendingen van het lot.

Munchs schetsmatige, glooiende contouren en zijn monotone kleurvlakken, die doen denken aan plassen uitgegoten verf, sluiten aan op de Jugendstil, maar hij beperkte zich niet tot het puur decoratieve.

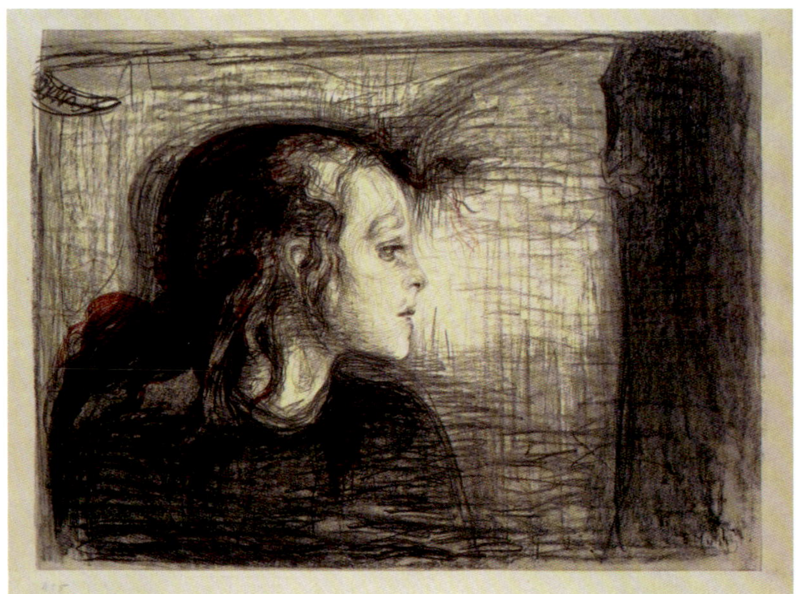

The Sick Girl

L'Enfant malade

Das kranke Mädchen

La chica enferma

La fanciulla malata

Het zieke meisje

1896, Lithograph/Lithographie

Childhood illness and encounter with death

Without his early experiences of pain and death, Munch would probably have not become the artist he became, as he once noted in retrospect. And, indeed, sickness and early death lay like a shadow over Munch's family. Munch's father was a deeply religious military doctor who earned a good living in the then-capital of Christiania. His wife, twenty years his junior, died of tuberculosis at the age of 33, when their son Edvard was just five years old. Despite his general sickliness as a child, Edvard was not the next victim, but instead his older sister Sophie, whose lingering illness Edvard would watch until she, too, finally succumbed. He would later

***L'Enfant malade* – Rencontre avec la mort**

Sans la confrontation précoce avec la douleur et la mort, Edvard Munch ne serait vraisemblablement jamais devenu artiste : c'est lui-même qui l'a dit, rétrospectivement. La maladie et le deuil étendent en effet leur ombre sur sa famille. Le père est un médecin militaire, profondément religieux, qui doit entretenir les siens avec une solde plutôt modeste dans la ville de Christiania (ancien nom d'Oslo, capitale de la Norvège). Sa femme – de vingt ans plus jeune que lui – meurt à trente-trois ans de tuberculose, alors qu'Edvard vient juste d'avoir cinq ans. Malgré la faiblesse de sa constitution, ce n'est pas lui mais sa sœur aînée, Sophie, qui est la victime suivante de la phtisie, dix ans plus tard : Edvard a suivi en

Das kranke Kind – Begegnung mit dem Tod

Ohne die frühe Begegnung mit Leid und Tod wäre er wahrscheinlich nicht Künstler geworden, so hat einmal Edvard Munch rückblickend bemerkt. Tatsächlich lagen Krankheit und früher Tod wie ein Schatten über Munchs Familie. Munchs Vater war ein tief religiöser Militärarzt, der seine Familie mit einem bescheidenen Einkommen in der norwegischen Hauptstadt Christiania (bis 1924 der Name für die Stadt Oslo) erhalten musste. Seine 20 Jahre jüngere Frau starb bereits mit 33 Jahren an Tuberkulose. Zu diesem Zeitpunkt war Edvard gerade fünf Jahre alt. Trotz seiner schwächlichen Gesundheit war nicht er das nächste Opfer, sondern seine ältere Schwester

Inger on the Beach

Inger sur le rivage

Inger am Strand

Inger en la playa

Inger sulla spiaggia

Inger aan het strand

c. 1889, Water color and pencil on paper on cardboard/Gouache et mine de plomb sur papier marouflé sur carton, 18,5 × 27,7 cm, Private collection, Stockholm

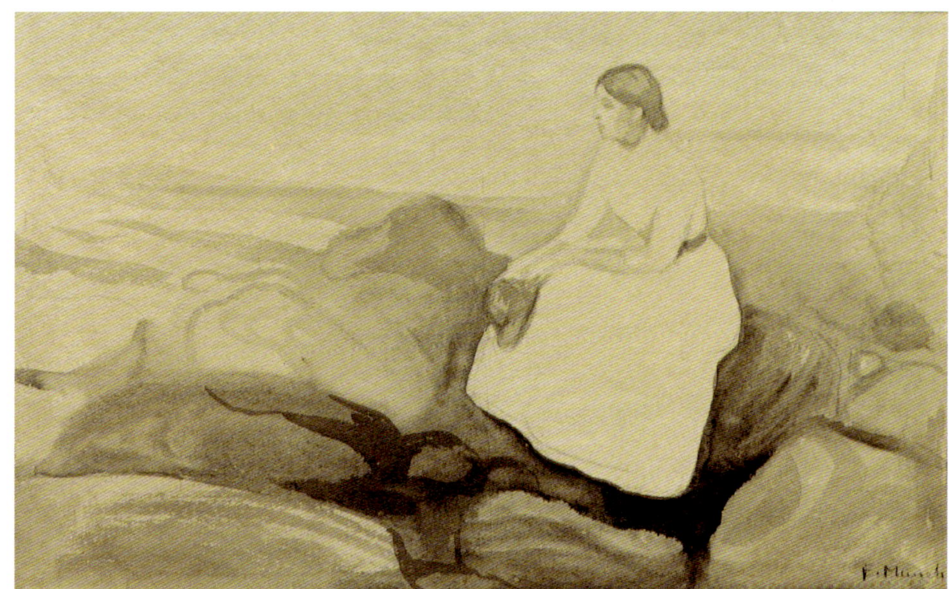

La niña enferma – Encuentro con la muerte

Si a su temprana edad no hubiese conocido el sufrimiento y la muerte, probablemente no se hubiese convertido en el artista que fue, según palabras del propio Edvard Munch haciendo memoria. Es cierto que la enfermedad y la muerte se cernían sobre la familia de Munch a edades muy tempranas. El padre de Munch fue un médico militar muy religioso que tenía que mantener a su familia con un sueldo modesto en Cristiania, la antigua capital de Noruega. Su mujer, veinte años menor que él, se murió con tan solo 33 años de tuberculosis. En ese momento Edvard acababa de cumplir 5 años. A pesar de su frágil salud, no fue él la siguiente víctima, sino su hermana

La fanciulla malata – l'incontro con la morte

Senza l'incontro prematuro con la sofferenza e la morte probabilmente non sarebbe diventato un artista, come notò una volta Edvard Munch a posteriori. In effetti la malattia e la morte prematura si stesero come un'ombra sulla sua famiglia. Suo padre era un medico militare profondamente religioso, che dovette mantenere la sua famiglia con un reddito modesto nell'allora capitale norvegese Christiania. Sua moglie, più giovane di venti anni, morì a soli 33 anni di tubercolosi, quando Edvard aveva appena 5 anni. Nonostante la sua salute cagionevole, non fu lui la prossima vittima, bensì sua sorella maggiore Sophie, la cui malattia cronica egli visse

Het zieke kind – Ontmoeting met de dood

Zonder de vroege ontmoeting met lijden en dood zou hij waarschijnlijk geen kunstenaar zijn geworden, zo heeft Edvard Munch al terugkijkend eens opgemerkt. Ziekte en vroegtijdige dood wierpen inderdaad een schaduw over het familieleven van de Munchs. Edvards vader was een diep religieuze legerarts, die zijn gezin met een bescheiden inkomen in de toenmalige Noorse hoofdstad Kristiania onderhield. Zijn twintig jaar jongere vrouw overleed al op 33-jarige leeftijd aan tuberculose, toen Edvard vijf jaar oud was. Ondanks zijn zwakke gezondheid zou niet Munch het volgende slachtoffer zijn, maar zijn oudere zusje Sophie, wier lijdensweg hij tot aan haar dood van nabij meemaakte

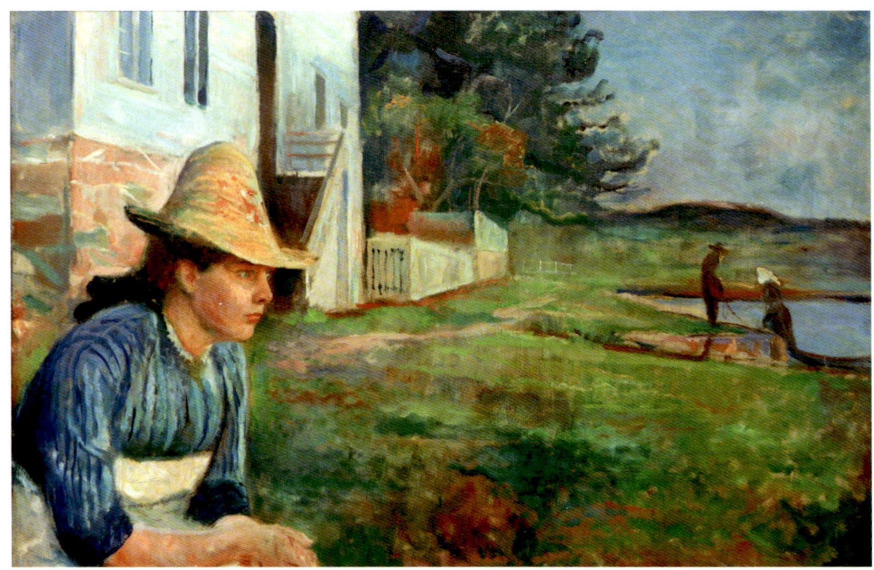

Evening

Heure vespèrale. Laura, la sœur de l'artiste

Abendstunde. Laura, die Schwester des Künstlers

Atardecer

Vespro

Het avonduur

1888, Oil on canvas/Huile sur toile, 75 × 100,5 cm, Museo Thyssen-Bornemisza, Madrid

address this experience in his early piece *The Sick Child* (1885–86). Edvard's father then died in 1889 while in Paris and Munch's worries about his family continued through the 1890s. Not only was his own health physically at risk, but also his mental health was constantly unstable. Physicians posthumously diagnosed Munch with a borderline personality disorder couple with a bipolar disorder, which sheds a new light on Munch's work.

Munch's early works were shaped by Naturalism, especially that of his mentor Christian Krohg (1852–1925), the leading Naturalist in Norway and leader of the artists' colony in Skagen. Munch soon turned away from Krohg's euphemistic style and, after much labor, gave birth to a new style, first seen in *The Sick Child,* an attempt to address his

pleine conscience l'évolution fatale de sa maladie ; il tirera plus tard de cette douloureuse expérience un tableau, *L'Enfant malade* (1885–86). En 1889, son père meurt à son tour, alors que le jeune peintre est à Paris. Les chagrins et soucis familiaux vont accompagner Munch jusque dans les années 1890 et sa santé personnelle n'est pas menacée seulement sur le plan physique : elle reste aussi constamment fragile sur le plan psychique et spirituel. Des médecins diagnostiqueront après sa mort un grave trouble de la personnalité, d'ordre maniaco-dépressif. Ce diagnostic posthume jette une lumière nouvelle sur les œuvres de Munch.

Les premiers travaux du peintre sont marqués par le naturalisme, en particulier dans la manière de son mentor Christian Krohg (1852–1925),

Sophie, deren Siechtum er mit vollem Bewusstsein bis zum tödlichen Ende miterlebte und später in dem Bild *Das kranke Kind* (1885–86) künstlerisch verarbeitete. 1889, während eines Parisaufenthalts, stirbt auch der Vater des Künstlers. Die Sorge um seine Familie begleitete Munch bis in die 1890er-Jahre hinein. Und auch seine Gesundheit war nicht nur körperlich gefährdet, sondern vor allem auch seelisch-geistig stets labil. Posthum stellten Mediziner eine Borderline-Persönlichkeitsstörung fest, in Verbindung mit einer bipolaren Störung, was ein neues Licht auf Munchs Bilder wirft.

Munchs frühe Arbeiten sind geprägt vom Naturalismus, insbesondere in der Art seines Mentors Christian Krohg (1852–1925), dem führenden

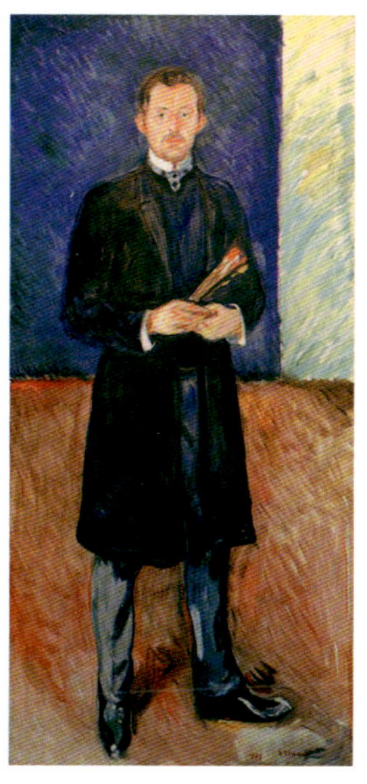

Self-Portrait with Brushes

Autoportrait aux pinceau

Selbstbildnis mit Pinseln

Autorretrato con pinceles

Autoritratto con pennelli

Zelfportret met penselen

1904, Oil on canvas/Huile sur toile, 197 × 91 cm, Munch-Museet, Oslo

mayor Sophie, cuya enfermedad Munch vivió conscientemente hasta su muerte y que posteriormente plasmaría en el cuadro *La niña enferma* (1885–86). En 1889 muere también el padre del artista durante una estancia en París. La preocupación por su familia acompañaría a Munch hasta los años 1890. Aunque no era solo su salud física lo que solía peligrar, su salud mental también era muy frágil. De manera póstuma los médicos le diagnosticaron un cuadro de trastorno de la personalidad limítrofe con bipolaridad, lo que arroja una nueva luz sobre los cuadros de Munch.

Las primeras obras del autor están marcadas por el Naturalismo, sobre todo en la forma de expresión de su mentor Christian Krohg (1852–1925) el naturalista más importante de

con piena consapevolezza fino alla fine e che in seguito elaborò in modo artistico nel quadro *La fanciulla malata* (1885–86). Nel 1889, durante un soggiorno a Parigi, morì anche il padre dell'artista. Le apprensioni per la sua famiglia accompagnarono Munch fino agli anni Novanta del 1800. Anche la sua salute era minacciata non solo nel fisico, ma soprattutto nello spirito e nell'anima era malferma. I medici riscontrarono a posteriori un disturbo della personalità "borderline", collegato ad un disturbo bipolare, che gettò nuova luce sui quadri di Munch.

I primi lavori di Munch sono influenzati dal Naturalismo, in particolare alla maniera del suo mentore Christian Krohg (1852–1925), il principale naturalista della Norvegia e capo della colonia di artisti di Skagen.

en later in het schilderij *Het zieke kind* (1885–86) artistiek verwerkte. In 1889, tijdens een bezoek aan Parijs, overleed ook de vader van de kunstenaar. De zorg voor het gezin begeleidde Munch tot in het laatste decennia van de negentiende eeuw, waarbij zijn gezondheid niet alleen lichamelijk maar ook geestelijk en emotioneel zwak was. Na zijn dood stelden medici vast dat Munch aan een gecombineerde borderline- en bipolaire stoornis had geleden, wat een nieuw licht op zijn doeken werpt.

Munchs vroege werk werd beïnvloed door het naturalisme, vooral door de stijl van zijn mentor Christian Krohg (1852–1925), de belangrijkste Noorse naturalist en leider van de kunstenaarskolonie in Skagen. Al snel keerde Munch zich van de verfraaiende

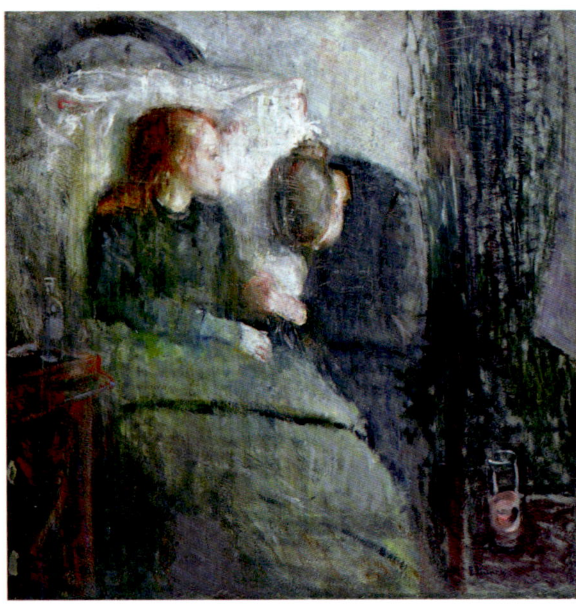

The Sick Child

L'Enfant malade

Das kranke Kind

La niña enferma

Il bambino malato

Het zieke kind

1885–86, Oil on canvas/Huile sur toile, 119,5 × 118,5 cm, Nasjonalgalleriet, Oslo

sister Sophie's death. Munch painted and repainted several versions in an attempt to find an authentic expression for this painful, personal experience. Despite the conventional motif, the work was rejected by critics, perhaps because he had repainted it so many times or perhaps because of the rough composition that had pushed what was being depicted into the background.

chef de file des naturalistes norvégiens et pilier de la colonie d'artistes de Skagen, au Danemark. Munch se détache pourtant rapidement du style consensuel de Krohg, pour en créer un nouveau qui s'exprime pour la première fois dans *L'Enfant malade*. Avec ce tableau, il essaye d'aborder et de traiter la mort de Sophie, en cherchant à obtenir, par la multiplication des retouches, des repentirs et des versions différentes, l'expression la plus adéquate pour traduire cette expérience très douloureusement traumatisante. Malgré un sujet plutôt conventionnel, la critique éreinta le tableau – peut-être en raison des nombreuses retouches et surcharges, et d'une composition abrupte qui projette maladroitement l'événement trop en avant du champ iconographique.

Naturalisten Norwegens und Kopf der Künstlerkolonie in Skagen. Doch bald wandte sich Munch von dem beschönigenden Stil Krohgs ab und rang um einen neuen Stil, der zum ersten Mal in dem Bild *Das kranke Kind* zum Ausdruck kommt. Mit diesem Bild versuchte er, Sophies Tod zu verarbeiten. In mehrfachen Übermalungen, wie auch mehreren Fassungen, suchte Munch nach einem gültigen Ausdruck für dieses schmerzliche persönliche Erlebnis. Trotz des konventionellen Motivs wurde das Bild von der Kritik abgelehnt, vielleicht wegen der vielen Übermalungen und der schroffen Komposition, die das Geschehen ganz in den Bildvordergrund rückt.

The Sick Child

L'Enfant malade

Das kranke Kind

La niña enferma

Il bambino malato

Het zieke kind

1896, Oil on canvas/Huile sur toile, 121,5 × 118,5 cm, Konstmuseum, Göteborg

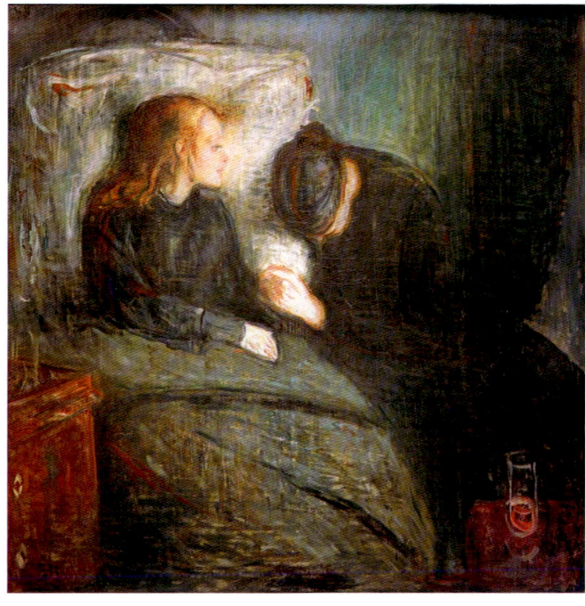

Noruega y líder de la colonia de artistas de Skagen. Pero Munch pronto le daría la espalda al estilo eufemístico de Krohg para luchar por un nuevo estilo que se abriría paso por primera vez en su cuadro *La niña enferma*. Con este cuadro intentó trascender la muerte de Sophie. Al pintar sobre lo pintado e incluso al crear varias versiones, Munch intentó encontrar una expresión que representase este acontecimiento para él tan trágico. A pesar de tratar un tema convencional, el cuadro no obtuvo el beneplácito de la crítica, quizás por las muchas capas de pintura y la brusca composición que situaba el acontecimiento en un primer plano.

Ma presto Munch si distaccò dallo stile abbellito di Krohg e lottò per uno nuovo, che trovò la sua espressione per la prima volta nel dipinto *La fanciulla malata*. Con questo quadro egli cercò di elaborare la morte di Sophie. In sovrapitture ripetute, come anche in diverse versioni, Munch cercò una valida espressione della sua dolorosa esperienza personale. Nonostante il tema convenzionale, il quadro fu respinto dalla critica, forse a causa delle molte sovrapitture e della composizione brusca, che mette totalmente in risalto l'avvenimento in primo piano.

stijl van Krohg af en begon zijn eigen zienswijze te ontwikkelen, die hij voor het eerst in *Het zieke kind* tot uitdrukking bracht en waarin hij de dood van Sophie verbeeldde. In vele overschilderingen en verschillende versies zocht Munch naar een definitieve uitdrukking van dit tragische voorval uit zijn jeugd. Ondanks het conventionele motief werd het werk door de kritiek afgewezen, misschien omdat het zo vaak was overgeschilderd en een grove compositie had, waarin de handeling sterk op de voorgrond is geplaatst.

Self-Portrait with Cigarette
The young painter stands against a backdrop of blue and red streaks, both decisive and self-critical. He is holding a cigarette and its blue smoke is ascending, forming a circle around his head. The contrast between the unfinished background and the artist's face painted with such precision increases the directness and expressive power of the piece.

Autoportrait à la cigarette
Sur un fond de touches bleues et rouges assez désordonnées se détache le jeune peintre, l'air à la fois décidé et doutant de lui-même. Il tient dans la main droite une cigarette dont la fumée bleutée monte et vient envelopper sa tête. L'opposition entre le fond flou et le visage peint avec précision renforce l'immédiateté et la force d'expression du tableau.

Selbstbildnis mit Zigarette
Vor einem Hintergrund aus blauen und roten Farbschlieren steht der junge Maler, entschlossen und selbstkritisch zugleich. In der Hand hält er eine Zigarette, deren blauer Dunst aufsteigt und um seinen Kopf kreist. Der Gegensatz zwischen dem unfertigen Hintergrund und dem genau gemalten Gesicht steigert die Unmittelbarkeit und Ausdruckskraft des Bildes.

Autorretrato con cigarrillo
El joven pintor aparece sobre un fondo azul rojo borroso, con aire a la vez decidido y autocrítico. En la mano sostiene un cigarrillo, cuyo humo azul envuelve todo su cuerpo. El contraste entre el fondo inacabado y la imagen de su cara perfectamente definida aumenta la sensación de inmediatez y potencia la expresividad existente en el cuadro.

Autoritratto con sigaretta
Davanti a uno sfondo di strisce di colore blu e rosso si trova il giovane pittore, con lo sguardo fermo e nel contempo autocritico. Nella mano tiene una sigaretta, il cui fumo blu risale e circonda il suo corpo. Il contrasto tra lo sfondo incompiuto e il viso dipinto con precisione aumenta l'immediatezza e la forza espressiva del quadro.

Zelfportret met sigaret
Voor een achtergrond van blauwe en rode kleurflarden toont de jonge schilder zich vastbesloten maar ook kritisch jegens zichzelf. Hij houdt een sigaret vast, waarvan de blauwe rook opstijgt en om zijn hoofd kringelt. Het contrast tussen de onvoltooide achtergrond en het nauwkeurig uitgewerkte gezicht versterkt de directheid en zeggingskracht van het werk.

Self-Portrait with Cigarette
Autoportrait à la cigarette
Selbstbildnis mit Zigarette
Autorretrato con cigarrillo
Autoritratto con sigaretta
Zelfportret met sigaret
1895, Oil on canvas/Huile sur toile, 110,5 × 85,5 cm, Nasjonalgalleriet, Oslo

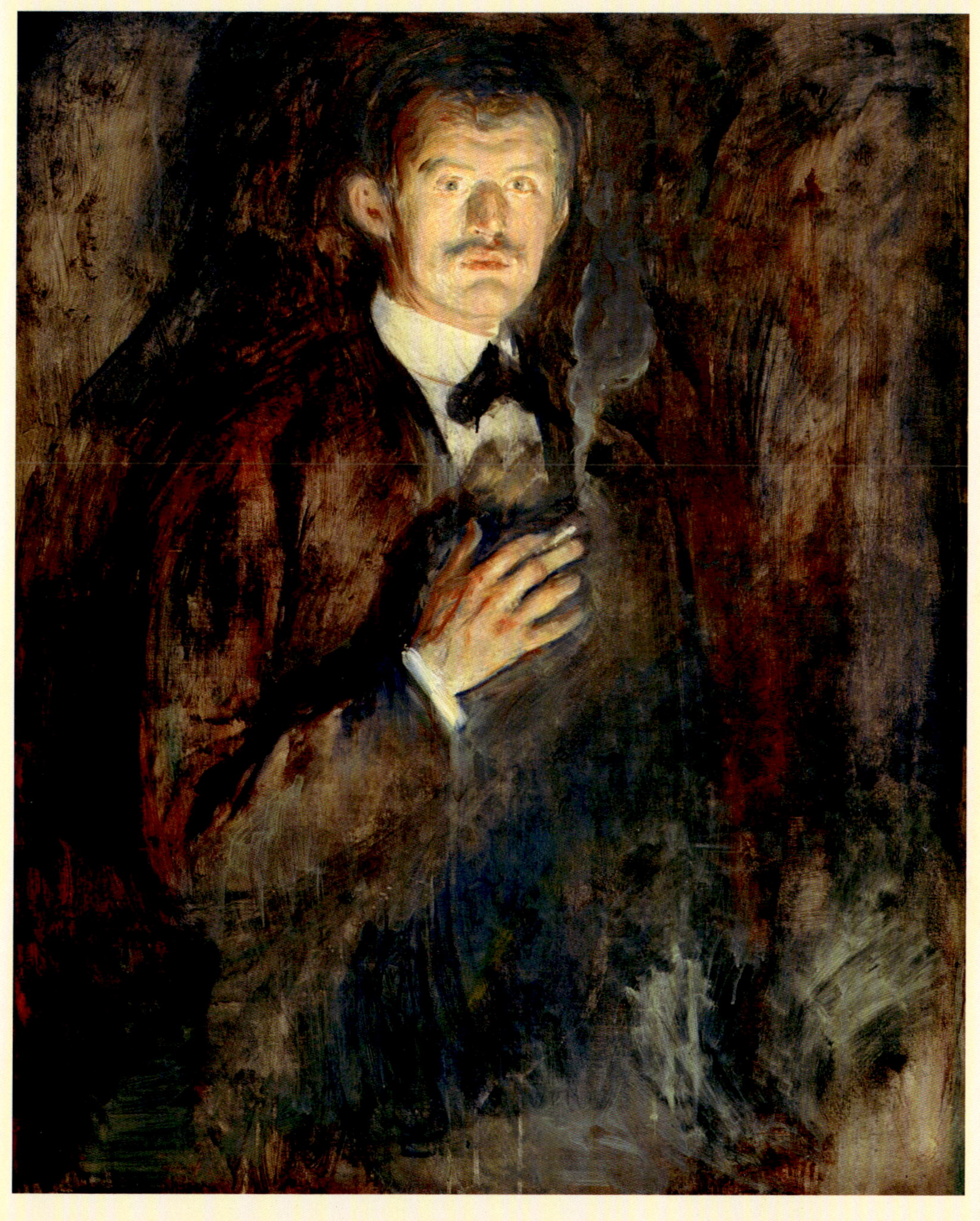

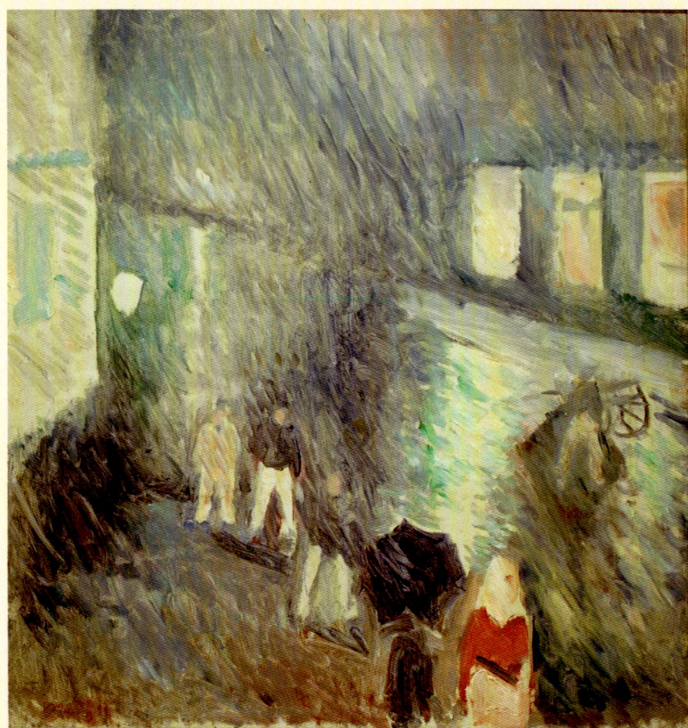

Rainy Day in Christiania

Temps pluvieux près de Kristiania

Regenwetter bei Kristiania

Tiempo lluvioso en Cristiania

Giornata piovosa a Kristiania

Regen bij Kristiania

1892, Oil on canvas/Huile sur toile, 72 × 67 cm, Private collection, Oslo

The Christiania Bohème

The Bohème of Christiania, to which Munch belonged along with other artists and writers like Hans Jæger (1854–1910), led the protests against the hypocritical claims of upstanding morality. It demanded societal and intellectual liberation and sought the ideal of a better, more realistic, more honest social order. In art, the movement especially appreciated painting in the outdoors, as painter Frits Thaulow (1847–1906) had taught his students.

La bohème de Christiania

Ce qu'on a appelé à l'époque la « bohème de Christiania » – à laquelle Munch appartient alors à côté d'autres artistes et d'écrivains comme Hans Jæger (1854–1910) – menait la contestation contre l'hypocrisie d'une fausse morale. Elle revendiquait une libération sociale et spirituelle, et aspirait à l'idéal d'un ordre social meilleur, plus proche de la vie et plus sincère. En art, on y recherchait la peinture de plein air telle que le peintre Frits Thaulow (1847–1906) l'enseignait à ses élèves.

Die Christiania-Bohème

Die Bohème von Christiania, der neben anderen Künstlern und Schriftstellern wie Hans Jæger (1854–1910) auch Munch angehörte, führte den Protest gegen die Heuchelei einer falschen Moral an. Sie forderte gesellschaftliche und geistige Befreiung und strebte das Ideal einer besseren, lebensnaheren, ehrlicheren Gesellschaftsordnung an. In der Kunst wurde die Freilicht-Malerei geschätzt, wie sie der Maler Frits Thaulow (1847–1906) seinen Schülern beibrachte.

Melancholy (Bergen)

Mélancolie (version de Bergen)

Melancholie (Bergen)

Melancolía (montañas)

Malinconia (Bergen)

Melancholie (Bergen)

1894–95, Oil on canvas/ Huile sur toile, 70 × 95,8 cm, KODE 3, Bergen

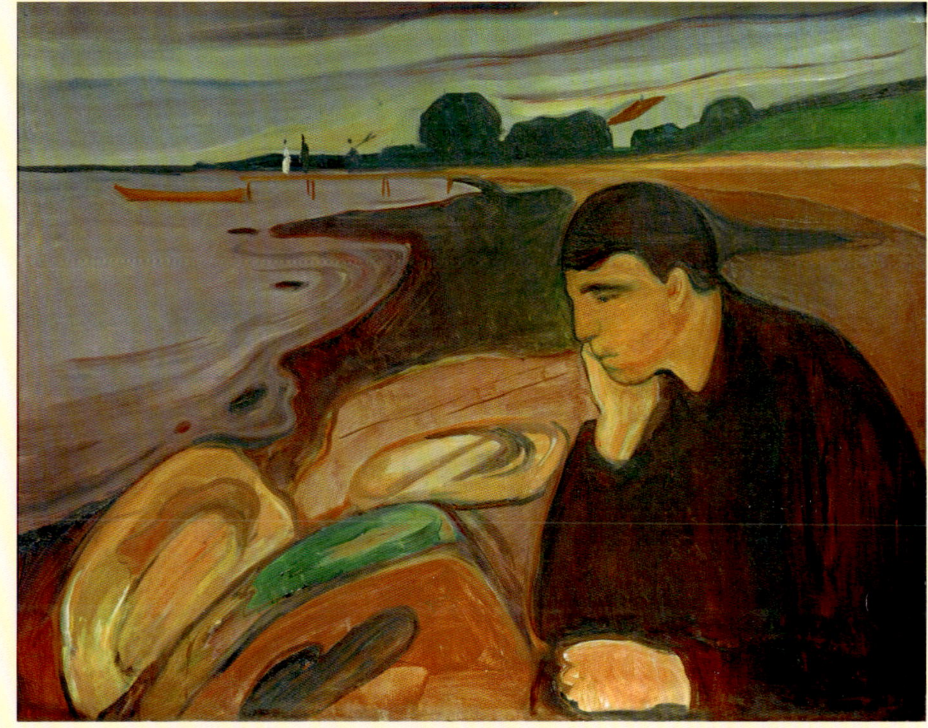

Los bohemios de Cristiania

Los bohemios de Cristiania al que, entre otros artistas y escritores como Hans Jæger (1854–1910), también pertenecía Munch encabezaban las protestas en contra de la hipocresía y la doble moral. Pedían libertad social y espiritual. Perseguían la utopía de un orden social mejor, más cercano a la vida real y más sincero. En el arte se tenía gran repercusión el plenairismo, siguiendo las enseñanzas que el pintor Frits Thaulow (1847–1906) legó a sus alumnos.

I Bohémienne di Christiania

I Bohémienne di Christiania, ai quali apparteneva anche Munch, oltre ad artisti e scrittori come Hans Jæger (1854–1910), guidarono la protesta contro l'ipocrisia di una falsa morale. Promuovevano la liberazione sociale e spirituale e aspiravano all'ideale di un ordine sociale migliore, più realistico e sincero. Nell'arte fu apprezzata la pittura "en plein air", come insegnò il pittore Frits Thaulow (1847–1906) ai suoi studenti.

De bohème van Kristiania

De bohème van Kristiania, waartoe behalve andere kunstenaars en schrijvers als Hans Jæger (1854–1910) ook Munch behoorde, liep voorop in het protest tegen een schijnheilige moraal. Ze eisten maatschappelijke en geestelijke vrijheden en streefden het ideaal van een betere, levensechtere en eerlijker sociale orde na. In de kunst gaven ze de voorkeur aan het schilderen in de vrije natuur, zoals Frits Thaulow (1847–1906) zijn leerlingen had bijbracht.

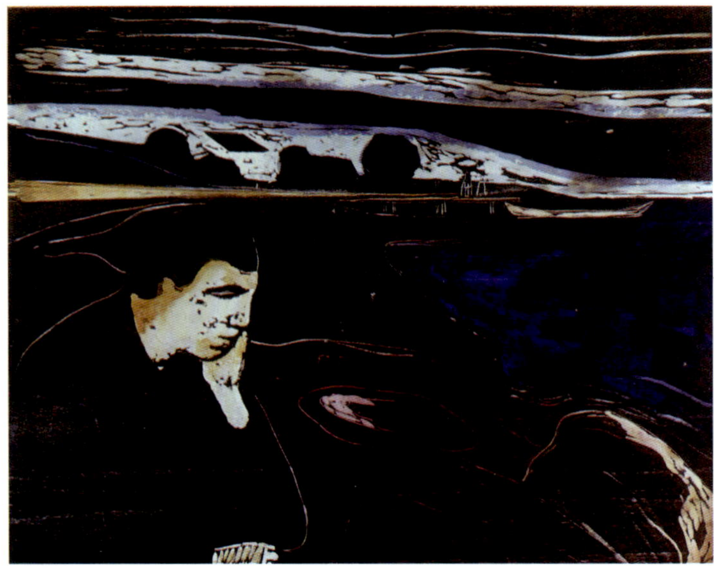

Melancholy (Leipzig)

Mélancolie (version de Leipzig)

Melancholie (Leipzig)

Melancolía (Leipzig)

Malinconia (Lipsia)

Melancholie (Leipzig)

1896 Woodcut/Bois gravé, 37,6 × 45,5 cm, Museum der bildenden Künste, Leipzig

1889 proved to be a turning point in these simmering times of disquiet in Christiania. As he recuperated from a long illness, Munch began to paint pieces that not only addressed his personal story, but were also designed to showcase his artistic prowess. These managed to garner him a grant to study in Paris, where he had already spent a brief period in 1885. These works already show the young painter's full power of innovation where nature and humankind are one. People standing isolated in a sparse landscape demonstrate Munch's new themes of isolation, melancholy, and existential angst, while the composition and colors express the symbolic power of nature.

L'année 1889 marque un tournant de cette période d'agitation et de fermentation à Christiania. Pendant sa convalescence (consécutive à une longue maladie), Munch peint de nouveaux tableaux qui doivent prouver ses compétences artistiques – parallèlement à son approche biographique. Ses travaux lui valent d'ailleurs une bourse d'études pour Paris (où il a déjà fait un bref séjour en 1885). Ces toiles montrent déjà toute la puissance d'innovation du jeune peintre. La nature et l'homme y forment une unité. Des êtres humains, debout et solitaires dans des paysages de désolation, présentent les nouveaux sujets de Munch – solitude, mélancolie, angoisse existentielle – tandis que la composition et le choix des couleurs expriment la puissance symbolique de la nature.

Das Jahr 1889 wird zum Wendepunkt dieser gärenden unruhigen Zeit in Christiania. Während der Genesung nach einer langen Krankheit malte Munch neue Bilder, die neben der biografischen Verarbeitung seine künstlerischen Fertigkeiten unter Beweis stellen sollten. Dies brachte ihm ein Stipendium für Paris ein, wo er sich bereits 1885 für kurze Zeit aufgehalten hatte. Diese Bilder zeigen bereits die ganze Innovationskraft des jungen Malers. Natur und Mensch bilden eine Einheit. Einsam in der kargen Landschaft stehende Menschen demonstrieren Munchs neue Themen, Einsamkeit, Melancholie, Lebensangst, während Komposition und Farbgebung die symbolische Kraft der Natur zum Ausdruck bringen.

Despair

Désespoir

Verzweiflung

Desesperación

Disperazione

Vertwijfeling

1893–94, Oil on canvas/Huile sur toile, 92 × 72,5 cm, Munch-Museet, Oslo

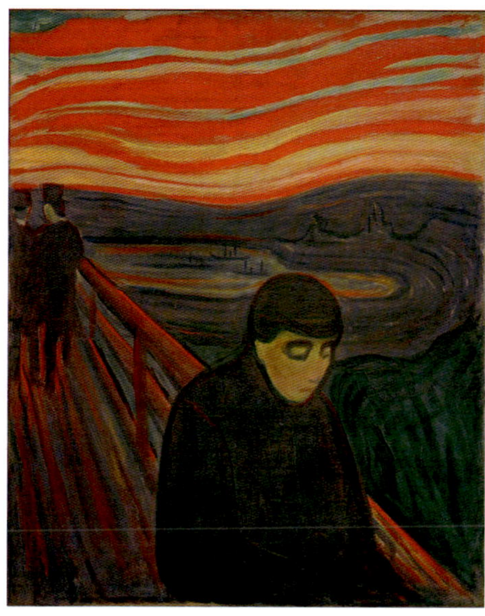

El año 1889 se convierte en el punto de inflexión de una época cambiante y convulsa en Cristiania. Durante su recuperación después de una larga enfermedad, Munch vuelve a pintar, creando obras que, además de ayudarle a transcender sus vivencias, demostrarían sus aptitudes artísticas. Gracias a ellas obtuvo una beca para estudiar en París, dónde ya había estado en 1885 durante un breve periodo de tiempo. Ya en estas obras, salía a relucir toda la fuerza de innovación del joven pintor. En ellas la naturaleza y el hombre forman una unidad. En sus obras aparecen personas solas en medio de paisajes yermos que presentan los nuevos temas pintados: la soledad, la melancolía, la angustia ante el futuro; mientras que la composición y la formación del color expresan la fuerza simbólica de la naturaleza.

L'anno 1889 rappresenta il punto di svolta di quest'epoca in fermento e irrequieta a Christiania. Durante la guarigione dopo una lunga malattia, Munch dipinse nuovi quadri, che dettero prova delle sue abilità artistiche accanto all'elaborazione biografica. Questo gli valse una borsa di studio per Parigi, dove aveva soggiornato già nel 1885 per breve tempo. Questi dipinti mostrano già la totale forza innovativa del giovane pittore. La natura e l'uomo formano un tutt'uno. Gli uomini solitari ritratti nel paesaggio scarno mostrano i nuovi temi di Munch: solitudine, malinconia e angoscia di vivere, mentre la composizione e colorazione esprimono la forza simbolica della natura.

Het jaar 1889 zou een keerpunt worden in deze roerige tijd in Kristiania. Tijdens zijn herstel na een lang ziekbed schilderde Munch nieuwe doeken, waarin hij naast zijn persoonlijke trauma's ook zijn artistieke vaardigheden wilde uitdrukken. Ze leverden hem een stipendium voor een verblijf in Parijs op, de stad die hij al in 1885 had bezocht. Deze werken getuigen al van de vernieuwende benadering van de jonge schilder. Natuur en mens vormen een eenheid. In het kale landschap staan eenzame mensen, die blijk geven van Munchs nieuwe thema's: isolatie, melancholie en levensangst; daarbij wordt de symbolische kracht van de natuur uitgedrukt met behulp van compositie en kleurgebruik.

Munch in Paris – the Impressionist period

More important for Munch than the lessons taken with Léon Bonnat (1833–1922) were his visits to the major exhibitions of the era in Paris. Here he not only found the Old Masters, but also the masters of Impressionism and Post-Impressionism in the works of Monet, Pissarro, Manet, Renoir, van Gogh, and Toulouse-Lautrec. Munch's famous painting *Night in Saint-Cloud* (1890) might have been inspired by Whistler's *Nocturnes*. Munch had moved to the Paris suburb of Saint-Cloud together with Danish writer Emanuel Goldstein to escape the cholera epidemic in the city. Unlike Whistler, though, Munch did not let the frame dissolve into a cloud of color, but instead structured it with bold, linear scaffolding.

Munch showed these works in Christiania that autumn. Norwegian painter Adelsteen Normann saw the exhibition and helped the then-unknown Munch to get a show in Berlin.

In late October 1892, Munch traveled with his new works and selected older pieces to Berlin. Fifty-five of Munch's pieces were shown in Munch's first solo show which opened November 5, 1892 at the newly-opened *Architektenhaus*. The massive protests levied by the critics and other artists led to the show's closing just a week later, in what would be the first of many "Munch scandals."

Munch à Paris – La période impressionniste

Plus décisives que les cours de Léon Bonnat (1833–1922) à l'École des beaux-arts, les visites aux grandes expositions parisiennes sont des révélations pour Munch. Il y trouve, à côté des maîtres anciens, ceux de l'impressionnisme et du post-impressionnisme : Monet, Pissarro, Manet et Renoir d'une part ; Van Gogh et Toulouse-Lautrec d'autre part. Sa célèbre *Nuit à Saint-Cloud* (1890) est peut-être plus inspirée par les *Nocturnes* de Whistler. Munch s'était alors retiré à Saint-Cloud, dans la banlieue ouest de Paris, avec le poète danois Emanuel Goldstein, afin d'échapper à l'épidémie de choléra qui sévissait dans la capitale. À la différence de Whistler, toutefois, il ne dissout pas le champ du tableau dans une brume colorée mais le structure avec une forte armature de lignes.

En automne, Munch expose ses tableaux à Christiania. Le peintre norvégien Adelsteen Normann (1848–1918), ayant vu cette exposition, aide ce peintre encore inconnu à en obtenir une autre à la Société des artistes berlinois (*Verein Berliner Künstler*).

À la fin d'octobre 1892, Munch fait donc le voyage de Berlin avec ses nouvelles œuvres et quelques toiles plus anciennes. Le 5 novembre 1892 est ainsi inaugurée la première exposition personnelle du peintre, avec 55 tableaux, dans l'*Architektenhaus* (« Maison des architectes »), un pavillon d'exposition nouvellement aménagé. Les violentes protestations de la critique et de beaucoup d'artistes locaux entraînent la fermeture précipitée de l'exposition, une semaine plus tard ! C'est le premier de nombreux « scandales Munch ».

Munch in Paris – Die impressionistische Periode

Wichtiger als der Unterricht in der Malschule von Léon Bonnat (1833–1922) waren für Munch die Besuche in den großen Ausstellungen von Paris. Hier fand er neben den Alten Meistern vor allem die Meister des Impressionismus und Nach-Impressionismus in den Werken von Monet, Pissarro, Manet und Renoir, wie van Gogh und Toulouse-Lautrec. Munchs berühmtes Bild *Nacht in Saint-Cloud* (1890) mag eher von Whistlers *Nocturnes* insipiriert sein. Zusammen mit dem dänischen Dichter Emanuel Goldstein war Munch vor der Cholera in den Vorort Saint-Cloud gezogen. Im Unterschied zu Whistler löst Munch jedoch den Bildraum nicht in einem Farbnebel auf, sondern strukturiert ihn mit einem kräftigen Liniengerüst.

Im Herbst stellte Munch diese Bilder in Christiania aus. Der norwegische Maler Adelsteen Normann sah diese Ausstellung und verhalf dem damals noch unbekannten Munch zu einer Ausstellung im Verein Berliner Künstler.

Ende Oktober 1892 reiste Munch mit seinen neuen und einigen älteren Bildern nach Berlin. Dort wurde die erste Einzelausstellung Munchs mit 55 Bildern im neu eingerichteten Ausstellungspavillon, dem „Architektenhaus", am 5. November 1892 eröffnet und aufgrund des scharfen Protestes von Kritik und Künstlern am 12. November 1892 wieder geschlossen. Dies war der erste von vielen „Munch-Skandalen".

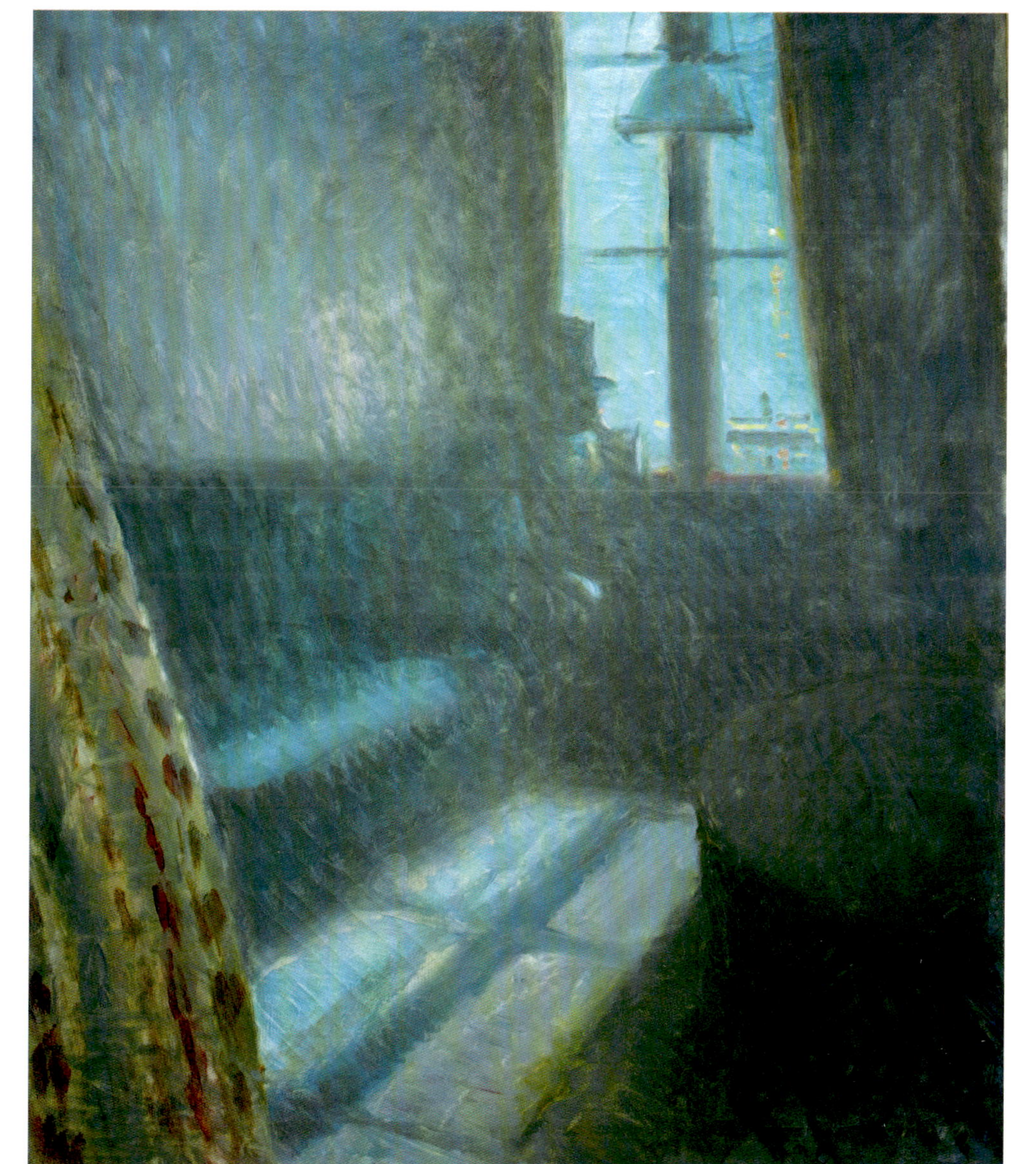

Night in Saint-Cloud

Nuit à Saint-Cloud

Nacht in St. Cloud

Noche en St. Cloud

Notte a St. Cloud

Nacht in Saint-Cloud

*1890, Oil on canvas/
Huile sur toile,
64,5 × 54 cm,
Nasjonalgalleriet, Oslo*

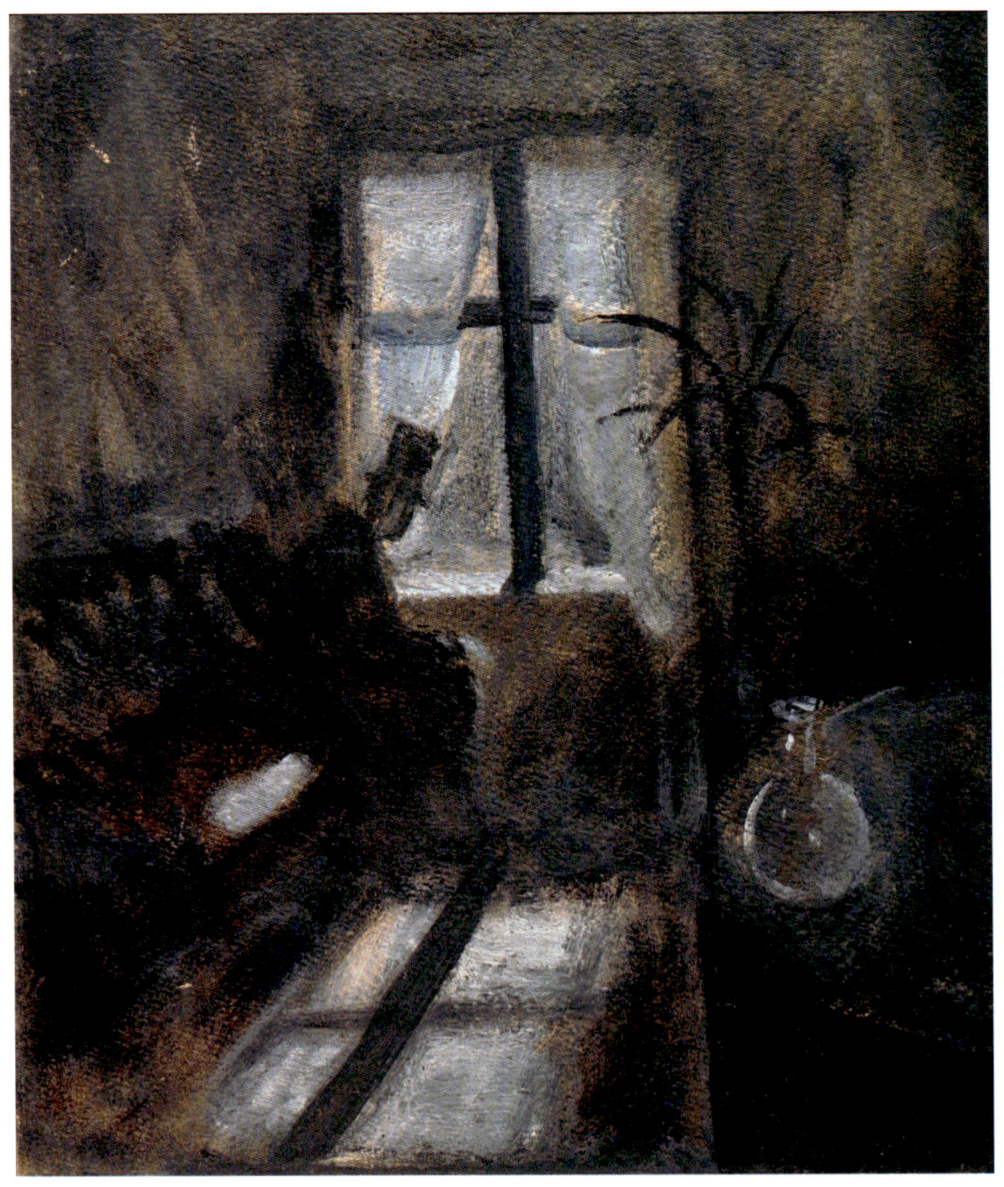

Night in Saint-Cloud

Nuit à Saint-Cloud

Nacht in Saint-Cloud

Noche en Saint-Cloud

Notte a Saint Cloud

Nacht in Saint-Cloud

1891–92, Oil on paper on wood/Huile et papier sur bois, 28 × 23,6 cm, Private collection

Munch en París – El periodo impresionista

Para Munch, más importante que las clases de pintura en la escuela de Léon Bonnat (1833–1922), fueron las visitas a las grandes exposiciones de París. Allí, además de con los maestros de la Antigüedad se encontraría con los maestros del Impresionismo y Postimpresionismo a través de las obras de Monet, Pissarro, Manet y Renoir, así como Van Gogh y Toulouse-Lautrec. Su famoso cuadro *Noche en Saint-Cloud* (1890) podría haberse inspirado en los *Nocturnos* de Whistler. Antes del estallido de la cólera, Munch se había trasladado junto al poeta danés Emanuel Goldstein al suburbio de Sanit-Cloud. Sin embargo, a diferencia de Whistler, Munch no disuelve el espacio visual en una colorida niebla, sino que le da estructura mediante trazos firmes.

En otoño Munch expone estos últimos cuadros en Cristiania. El pintor noruego Adelsteen Normann visita su exposición y ayuda al por entonces todavía desconocido Munch a realizar otra exposición en el Verein Berliner Künstler.

A finales de octubre de 1892 Munch viaja con sus cuadros más nuevos y antiguos a Berlín. El 5 de noviembre de 1892, se inaugura en el *Architektenhaus*, un pabellón de exposiciones recién abierto, la primera exposición de Munch en solitario con 55 cuadros, que debido a las duras protestas de la crítica y de artistas, se vuelve a cerrar el 12 de noviembre de 1892. Este sería el primero de muchos escándalos de Munch.

Munch a Parigi – il periodo impressionista

Per Munch le visite alle grandi mostre di Parigi furono più importanti delle lezioni alla scuola di pittura di Léon Bonnat (1833–1922). Qui egli trovò, accanto ai vecchi maestri, in particolare i maestri dell'Impressionismo e Post-impressionismo nelle opere di Monet, Pissarro, Manet e Renoir, come van Gogh e Toulouse-Lautrec. Il famoso quadro di Munch *Notte a Saint Cloud* (1890), fu probabilmente ispirato dai *Notturni* di Whistler. Munch visse prima del colera nel sobborgo di Saint Cloud, insieme al poeta danese Emanuel Goldstein. A differenza di Whistler però, Munch non dissolve lo spazio pittorico in una nebbia di colore, ma lo articola con una robusta struttura di linee.

In autunno Munch espose questi dipinti a Christiania. Il pittore norvegese Adelsteen Normann li vide e aiutò l'allora sconosciuto Munch ad organizzare una mostra alla Società degli artisti berlinesi.

Alla fine dell'ottobre 1892, Munch viaggiò a Berlino con i suoi nuovi quadri e alcuni di quelli vecchi. La prima mostra personale di Munch con 55 quadri si tenne nel padiglione espositivo appena costruito, la "casa degli architetti" inaugurata il 5 novembre 1892 e chiusa il 12 novembre dello stesso anno a causa delle aspre proteste di critica e artisti. Questo fu il primo dei molti "scandali di Munch".

Munch in Parijs – de impressionistische periode

Belangrijker dan zijn scholing aan de schilderschool van Léon Bonnat (1833–1922) waren voor Munch de bezoeken aan de grote Parijse tentoonstellingen. Daar zag hij naast de oude meesters vooral het werk van de impressionisten en postimpressionisten, van Monet, Pissarro, Manet en Renoir, en van Gogh en Toulouse-Lautrec. Maar Munchs beroemde *Nacht in Saint-Cloud* (1890) lijkt veeleer door Whistlers *Nocturnes* te zijn geïnspireerd. Samen met de Deense dichter Emanuel Goldstein was Munch wegens een cholera-epidemie naar het voorstadje Saint-Cloud verhuisd. Anders dan Whistler laat Munch het beeldvlak niet in een kleurennevel oplossen, maar structureert het met een stelsel van krachtige contouren.

In de herfst exposeerde Munch deze werken in Kristiania. De Noorse schilder Adelsteen Normann zag de werken en zorgde ervoor dat de nog onbekende Munch een expositie in de Vereniging van Berlijnse Kunstenaars kreeg.

Eind oktober 1892 reisde Munch met oude en nieuwe schilderijen naar Berlijn. Daar werd op 5 november 1892 Munch eerste solotentoonstelling geopend, met 55 doeken, in de nieuwe expositieruimte van het *Architektenhaus*. Maar door de felle protesten van critici en kunstenaars moest de expositie op 12 november 1892 alweer worden gesloten. Het was het eerste van de vele 'Munch-schandalen'.

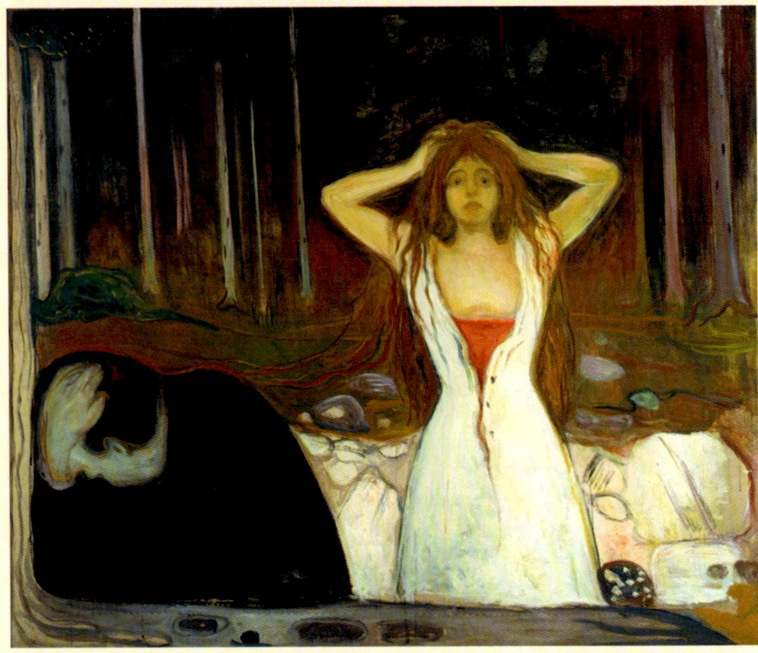

Ashes

Cendres

Asche

Cenizas

Ceneri

As

1894, Oil on canvas/Huile sur toile, 120,5 × 141 cm, Nasjonalgalleriet, Oslo

Munch's Berlin scandal

Shortly after the show opened, 23 members of the organizing club of artists protested the "hideous and common pictures." The chair, Anton von Werner, director of the Royal Academy of the Arts in Berlin, called a general meeting of the club at the Kaiser's behest which led to the immediate shutdown of the show. This first art scandal in the history of German Modernism was one of the reasons for the founding of the Berlin Secession under Max Liebermann (1847–1935).

Le « scandale Munch » de Berlin

Très peu de temps après l'inauguration de l'exposition, vingt-trois membres de la Société des artistes berlinois se déchaînent contre ces « tableaux affreux et vulgaires ». L'assemblée générale extraordinaire des membres de ladite Société, réunie par le président Anton von Werner, directeur de l'École royale des beaux-arts (Königliche Hochschule der Bildenden Künste), *sur ordre de l'empereur Guillaume II, décide la fermeture immédiate de l'exposition. Ce premier scandale artistique dans l'art moderne allemand fut – entre autres – l'occasion pour Max Liebermann (1847–1935) de fonder le mouvement de la « Sécession berlinoise ».*

Der Berliner Munch-Skandal

Schon kurz nach Ausstellungseröffnung empörten sich 23 Mitglieder des Vereins über die „scheußlichen und gemeinen Bilder". Die von dem Vorsitzenden, Anton von Werner, Direktor der Königlichen Hochschule der Bildenden Künste in Berlin, auf Befehl von Kaiser Wilhelm II. einberufene außerordentliche Hauptversammlung des Vereins führte zur sofortigen Schließung der Ausstellung. Dieser erste Kunstskandal in der deutschen Moderne war unter anderem ein Anlass für die Gründung der Berliner Sezession unter Max Liebermann (1847–1935).

Nude Study

Étude de nu

Aktstudie

Estudio de un desnudo

Studio di nudo

Naaktstudie

c.1900, Oil on canvas/Huile sur toile, 93 × 76 cm, KODE 3, Bergen

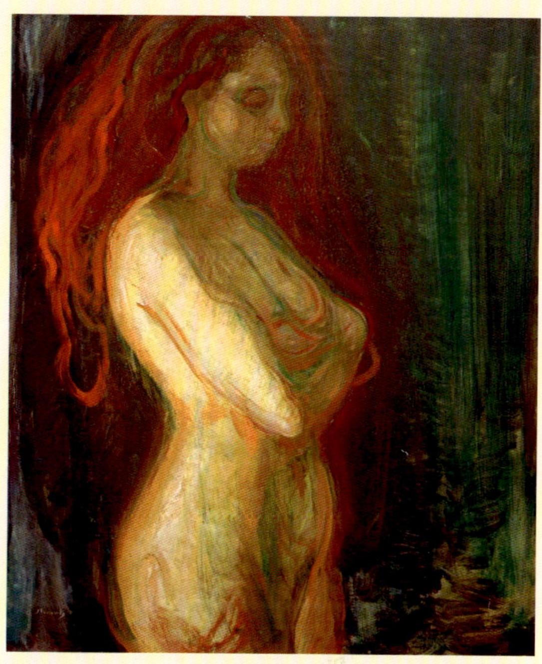

El escándalo de Munch de Berlín

Poco después de la inauguración de la exposición, 23 miembros de la Asociación se sintieron ofendidos por los "horrendos y pérfidos cuadros" de Munch. La Asamblea General Extraordinaria de la Asociación convocada por Anton von Werner, Director de la Real Academia de Artes Visuales de Berlín, por orden del emperador Guillermo II de Alemania, llevó al cierre inmediato de la exposición. Este primer escándalo del Modernismo alemán fue, entre otras razones, lo que dio origen a la Secesión de Berlín bajo Max Liebermann (1847–1935).

lo scandalo di Berlino di Munch

Subito dopo l'apertura della mostra, 23 membri della società si indignarono per i "quadri orrendi e indecenti". L'assemblea generale straordinaria della società, convocata su ordine dell'imperatore Guglielmo II dal presidente Anton von Werner, direttore dell'Istituto Superiore per le Arti figurative di Berlino, portò alla chiusura immediata della mostra. Questo primo scandalo artistico del Modernismo tedesco fu, tra l'altro, uno dei motivi per la fondazione della Secessione Berlinese di Max Liebermann (1847–1935).

Het Berlijnse schandaal rond Munch

Kort na de opening van de Munch-expositie toonden 23 leden van de Vereniging zich ontsteld over de "afgrijselijke en ordinaire" doeken. Anton von Werner, voorzitter van de Vereniging en directeur van de Koninklijke Hogeschool van Beeldende Kunsten in Berlijn, belegde op bevel van keizer Wilhelm II een buitengewone ledenvergadering, die besloot de expositie meteen te sluiten. Dit eerste schandaal in de geschiedenis van het Duitse modernisme leidde tot de oprichting van de Berliner Sezession onder leiding van Max Liebermann (1847–1935).

Despite the scandal, Munch decided to stay in Berlin and joined a group of artists, writers, and intellectuals with a large Scandinavian contingent. This group included the likes of Swedish playwright August Strindberg, Polish writer Stanislaw Przybyszewski, Norwegian sculptor Gustav Vigeland, Danish writer Holger Drachmann, and German art historian Julius Meier-Graefe. They met in the *Zum schwarzen Ferkel* pub and discussed such issues as Nietzsche's philosophy, occultism, psychology, and the dark aspects of sexuality. Munch opened a second show in Berlin in December 1893, including six paintings in a series entitled *Study for a Series: Love* with atmospheric motifs like *The Storm*, *Moonlight*, and *Starry Night*. Other motifs like *Vampire* showed a fear of embodied sexuality and of the "femme fatale" who uses the man and then sucks the life force out of him. Nevertheless, the painting that garnered the most attention was *Death in the Sickroom,* an emotionally scene as if from an Ibsen play. Here, too, the memory of his sister's death resurfaces. The woman dying in the chair turns her back to the viewer as another figure, representing Munch himself, watches from across the room.

These images are the beginning of Munch's main work, the series *Frieze of Life*, with which he wanted to give comprehensive expression to the "human drama."

En dépit de ce scandale, Munch décide de rester à Berlin où il s'intègre à un cercle d'artistes, de lettrés et d'intellectuels dans lequel les Scandinaves sont fortement représentés. À ce cercle appartiennent entre autres le dramaturge suédois August Strindberg, le poète polonais Stanisław Przybyszewski, le sculpteur norvégien Gustav Vigeland, l'écrivain danois Holger Drachmann et l'historien d'art allemand Julius Meier-Graefe. On se réunit à l'auberge *Au Porcelet noir (Zum schwarzen Ferkel)* pour y parler de la philosophie de Nietzsche, d'occultisme, de psychologie et des côtés sombres de la sexualité. En décembre 1893, Munch expose de nouveau à Berlin, avec entre autres six toiles groupées sous l'intitulé général « Étude pour une série : l'Amour », avec des sujets saturés d'ambiance tels que *La Tempête, Clair de lune* et *Nuit étoilée*. D'autres sujets comme *Vampire* traduisent l'angoisse devant la sexualité et la « femme fatale » qui exploite l'homme et se gorge de son sang. Le tableau *La Mort dans la chambre de la malade* force l'attention : dans cette scène glaciale qui paraît tirée d'un drame d'Ibsen, le souvenir de la mort de Sophie parvient à la lumière de la conscience. La mourante tourne le dos au spectateur, sous le regard d'un personnage qui représente Munch lui-même.

Avec ces toiles commence l'œuvre maîtresse de Munch : la suite de tableaux de la *Frise de la vie* avec laquelle il entend explorer et exprimer « le drame humain » de façon exhaustive.

Trotz dieses Skandals entschloss sich Munch in Berlin zu bleiben und gelangte in einen Kreis von Künstlern, Literaten und Intellektuellen, in denen auch Skandinavier stark vertreten waren. Zu diesem Kreis gehörten beispielsweise der schwedische Dramatiker August Strindberg, der polnische Dichter Stanislaw Przybyszewski, der norwegische Bildhauer Gustav Vigeland, der dänische Schriftseller Holger Drachmann und der deutsche Kunsthistoriker Julius Meier-Graefe. Man traf sich im Gasthaus „Zum schwarzen Ferkel" und diskutierte Nietzsches Philosophie, sowie Okkultismus, Psychologie und die dunklen Seiten der Sexualität. Im Dezember 1893 stellte Munch wieder in Berlin aus, darunter sechs Gemälde unter der Überschrift *Studie zu einer Serie: Liebe* mit stimmungsvollen Motiven,wie *Der Sturm*, *Mondschein* und *Sternennacht*. Andere Motive wie *Vampir* zeigen die Angst vor der gelebten Sexualität, bzw. der „femme fatale", die den Mann benutzt und aussaugt. Die meiste Aufmerksamkeit erzielte das Bild *Tod im Krankenzimmer*, eine eingefrorene Szene wie aus einem Ibsen-Schauspiel. Auch hier drängt die Erinnerung an den Tod der Schwester ans Licht des Bewusstseins. Die im Stuhl sitzende Sterbende kehrt dem Betrachter den Rücken zu, wird aber von einer Figur, die Munch selbst darstellt, in den Blick gerückt.

Mit diesen Bildern ist der Anfang für Munchs Hauptwerk, der Bilderfolge des sogenannten *Lebensfries* gelegt, mit dem er das „menschliche Drama" umfassend ausdrücken möchte.

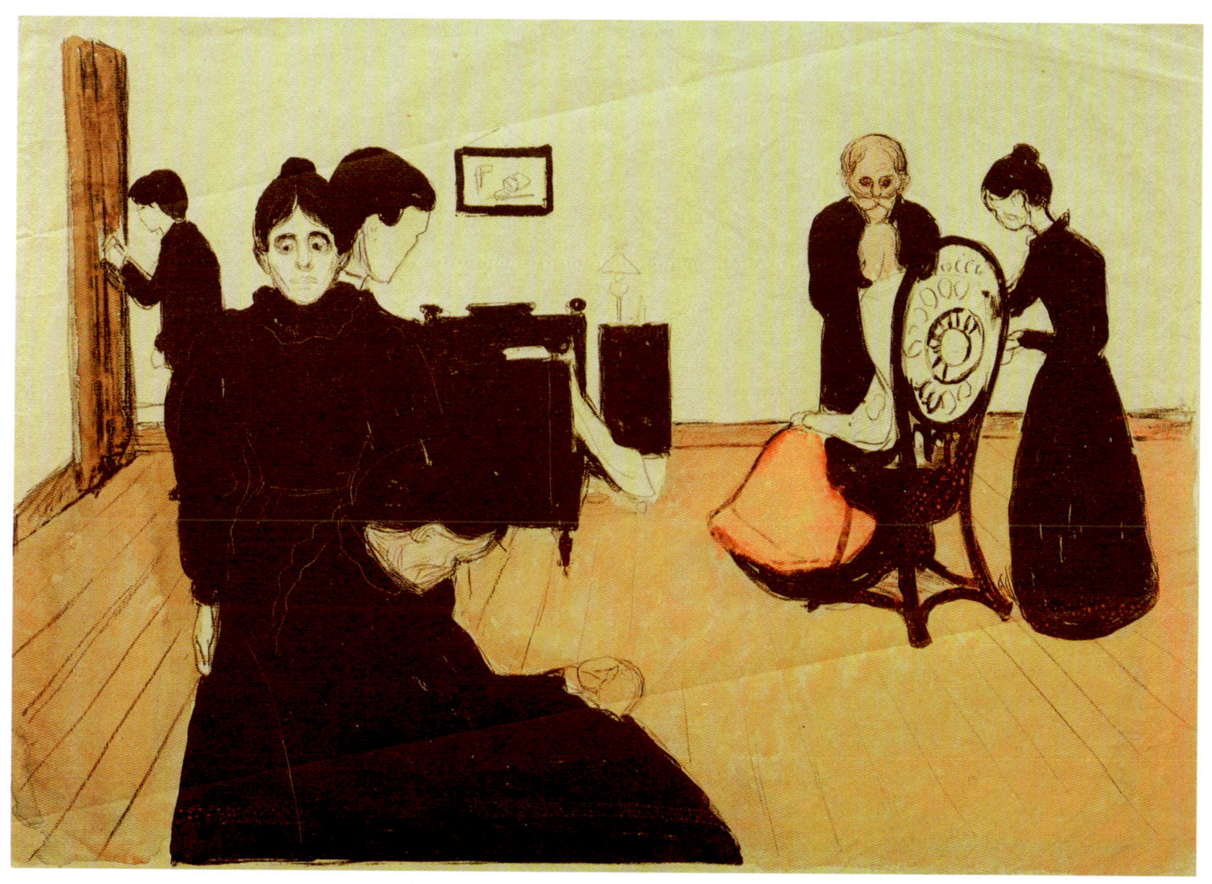

Death in the Sick Room

La Mort dans la chambre du malade

Tod im Krankenzimmer

Muerte en la habitación de la enferma

La morte nella stanza della malata

Dood in de ziekenkamer

1896, Lithograph/Lithographie, 30,3 × 55,8 cm, Munch-Museet, Oslo

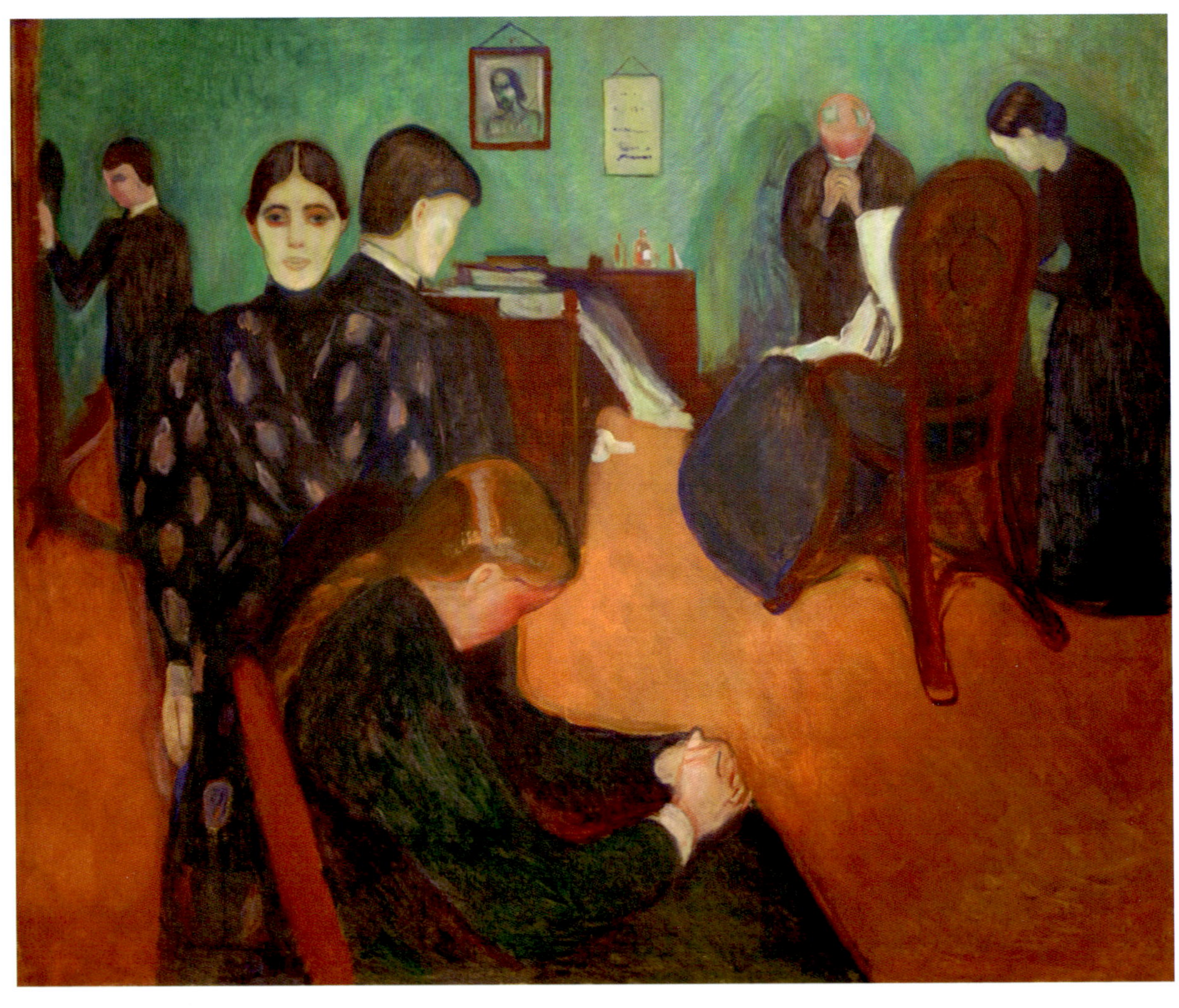

Death in the Sick Room

Tod im Krankenzimmer

La morte nella stanza della malata

La Mort dans la chambre du malade

Muerte en la habitación de la enferma

Dood in de ziekenkamer

1893, Oil on canvas/Huile sur toile, 136 × 160 cm, Munch-Museet, Oslo

A pesar del escándalo, Munch decidió permanecer en Berlín, donde tuvo la oportunidad de acceder a un selecto círculo de artistas, literatos e intelectuales, entre los que también había varios escandinavos. A este círculo pertenecía por ejemplo el dramaturgo sueco August Strindberg, el poeta polaco Stanislaw Przybyszewski, el escultor noruego Gustav Vigeland, el escritor danés Holger Drachmann y el historiador del arte Julius Meier-Graefe. Se solían reunir en la taberna "Zum schwarzen Ferkel" ("Al lechón negro") para debatir sobre la filosofía de Nietsche, el ocultismo, de sicología y el lado oscuro de la sexualidad. En diciembre de 1893 Munch vuelve a exponer en Berlín exhibiendo seis cuadros con el título *Estudio de una serie: amor* con temas muy expresivos tales como *La tormenta*, *Luz de luna* y *Noche estrellada*. Otras obras como *Vampiro* muestran el miedo de vivir la sexualidad, es decir, miedo a la mujer fatal que utiliza y exprime al hombre. El cuadro que más atención recibe es *Muerte en la habitación del hospital*, una imagen que parece extraída de un representación teatral de Ibsen. También en este caso la muerte de su hermana vuelve a brotar desde el subconsciente. La mujer moribunda, sentada en una silla, da la espalda al espectador, aunque una figura que representa al propio Munch atrae la mirada del espectador hacia ella.

Estos cuadros sientan las bases de la obra maestra de Munch, la secuencia de cuadros conocida como *Friso de la vida* con la que pretende expresar "la tragedia humana" en su conjunto.

Nonostante questo scandalo, Munch decise di restare a Berlino ed entrò a far parte di un circolo di artisti, letterati e intellettuali nel quale vi era anche una forte presenza di scandinavi. A questo circolo appartenevano ad esempio il drammaturgo svedese August Strindberg, il poeta polacco Stanislaw Przybyszewski, lo scultore norvegese Gustav Vigeland, lo scrittore danese Holger Drachmann e lo storico dell'arte tedesco Julius Meier-Graefe. Si incontravano alla taverna "Al porcellino nero" e discutevano della filosofia di Nietzsche, oltre che di occultismo, psicologia e il lato oscuro della sessualità. Nel dicembre 1893 Munch espose di nuovo a Berlino, tra cui vi erano sei dipinti con il titolo di *Studio per una serie: l'amore* con motivi suggestivi come *La tempesta*, *Chiaro di luna* e *Notte stellata*. Altri motivi come *Vampiro* mostrano la paura della sessualità vissuta, o della "femme fatale" che si approfitta dell'uomo dissanguandolo. La maggiore attenzione la ottenne il quadro *La morte nella stanza della malata*, che raffigura una scena congelata come un dramma di Ibsen. Anche qui il pittore insiste con il ricordo della morte della sorella alla luce della consapevolezza. La moribonda seduta in una sedia volge le spalle all'osservatore, ma viene messa in primo piano da una figura che rappresenta lo stesso Munch.

Questi dipinti rappresentano l'inizio dell'opera principale di Munch, la serie di quadri del cosiddetto *Fregio della vita*, con il quale egli voleva esprimere il "dramma umano" nel suo complesso.

Ondanks het schandaal besloot Munch in Berlijn te blijven, waar hij in kringen van kunstenaars, literaten en intellectuelen verbleef, onder wie ook veel Scandinaviërs. Tot deze kringen behoorde bijvoorbeeld ook de Zweedse toneelschrijver August Strindberg, de Poolse dichter Stanisław Przybyszewski, de Noorse beeldhouwer Gustav Vigeland, de Deense schrijver Holger Drachmann en de Duitse kunsthistoricus Julius Meier-Graefe. Men ontmoette elkaar in het café 'Zum schwarzen Ferkel' ('In het Zwarte Varken') en discussieerde over de filosofie van Nietzsche en over occultisme, psychologie en de duistere kanten van de seksualiteit. In december 1893 toonde Munch opnieuw werken in Berlijn, waaronder zes doeken onder de titel *Studie voor een serie: Liefde*, met gevoelvolle onderwerpen als *De storm*, *Maneschijn* en *Sterrennacht*. Andere motieven, zoals *Vampier*, laten de angst voor daadwerkelijk geleefde seksualiteit zien, voor de 'femme fatale' die de man benut en uitzuigt. De meeste aandacht trok echter het schilderij *Dood in de ziekenkamer*, een verstild tafereel als uit een toneelstuk van Ibsen. Ook hier dringt de herinnering aan de dood van Munchs zuster zich op. De stervende zit weliswaar op een stoel en keert de beschouwer de rug toe, maar wordt door de staande figuur in het midden (Munch zelf) bekeken.

Deze doeken vormden de inleiding tot Munchs belangrijkste werk, de schilderijenserie van het zogenaamde *Levensfries*, waarin hij het "menselijke drama" uitgebreid wilde verbeelden.

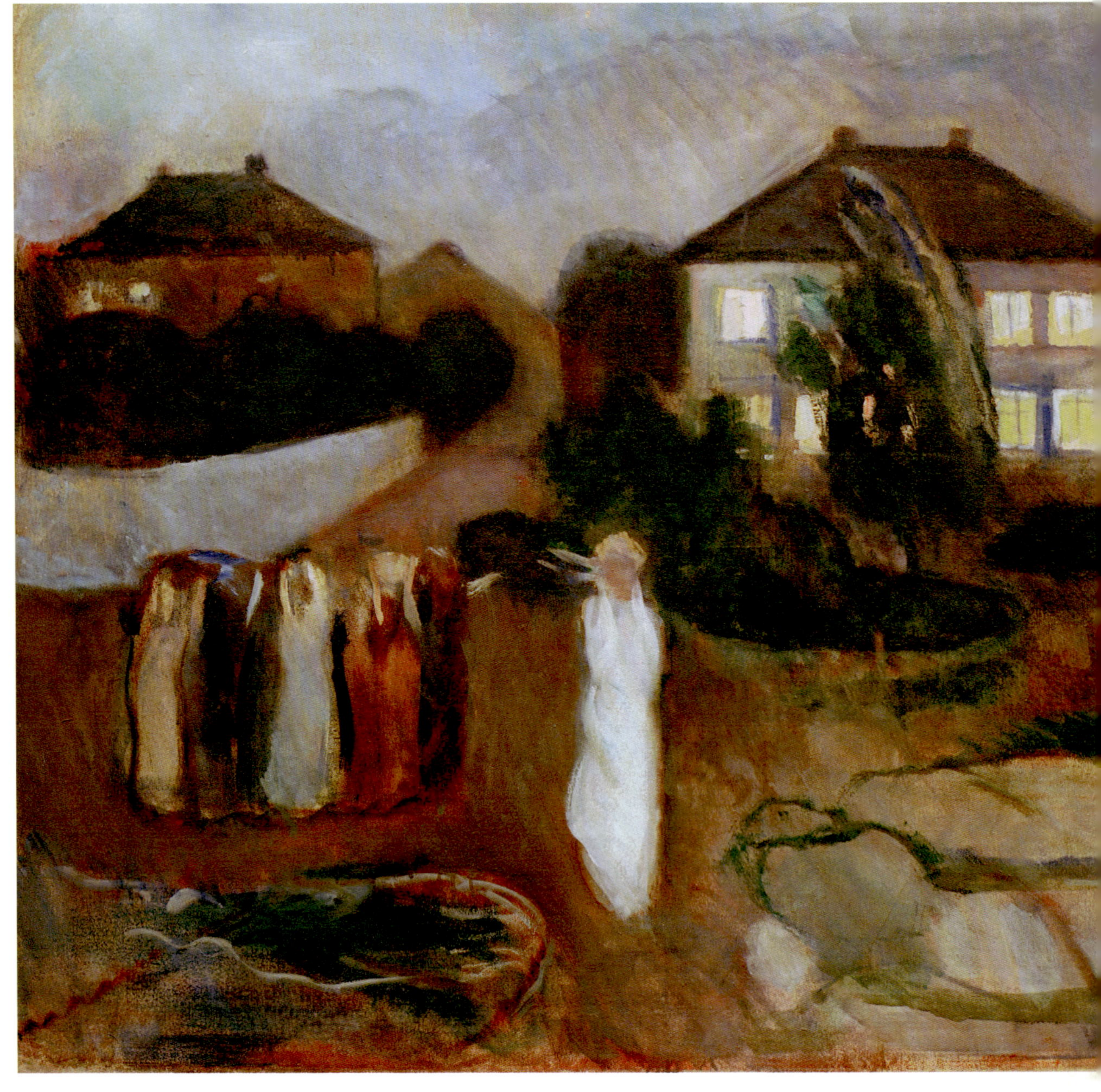

The Storm

La Tempête

Der Sturm

La tormenta

La tempesta

De storm

1893, Oil on canvas/Huile sur toile, 91,8 × 130,8 cm, Museum of Modern Art, New York

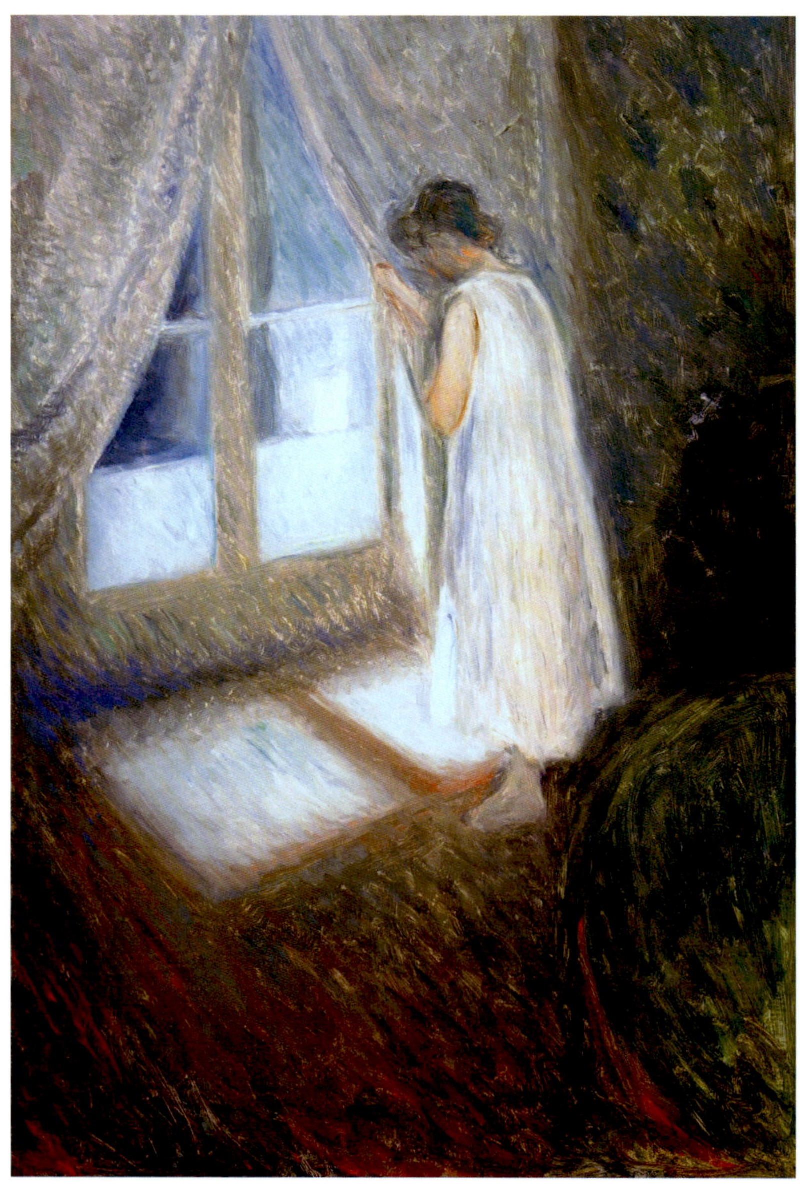

Girl at Window

La Jeune Fille à la fenêtre

Das Mädchen am Fenster

La chica de la ventana

Ragazza alla finestra

Het meisje aan het raam

1893, Oil on canvas/Huile sur toile, 96,5 × 65,4 cm, The Art Institute, Chicago

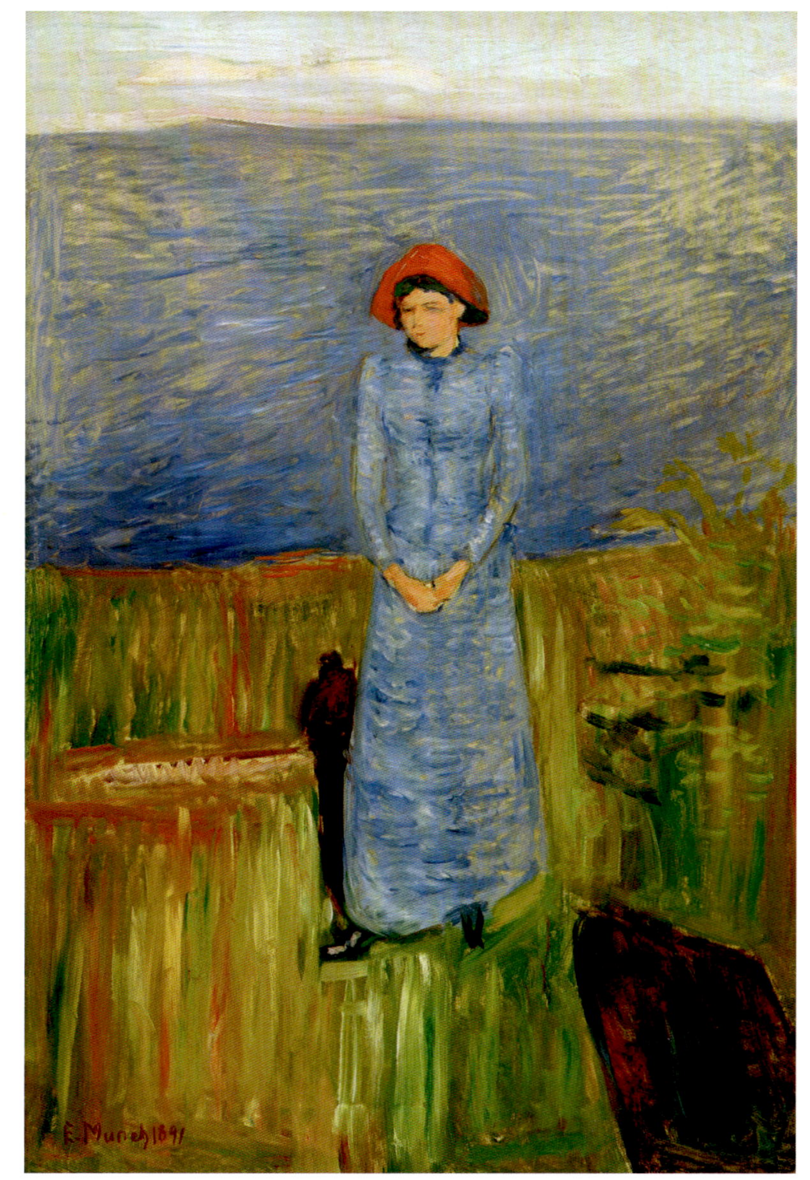

Women with Red Hat at the Fjord

Femme au chapeau rouge sur le Fjord (Harmonies bleues – Le chapeau rouge)

Frau mit rotem Hut beim Fjord

Mujer con sombrero rojo en el fiordo

Donna con cappello rosso al fiordo

Vrouw met rode hoed bij het fjord

1891, Oil on canvas/Huile sur toile,
99 × 65,5 cm, Private collection

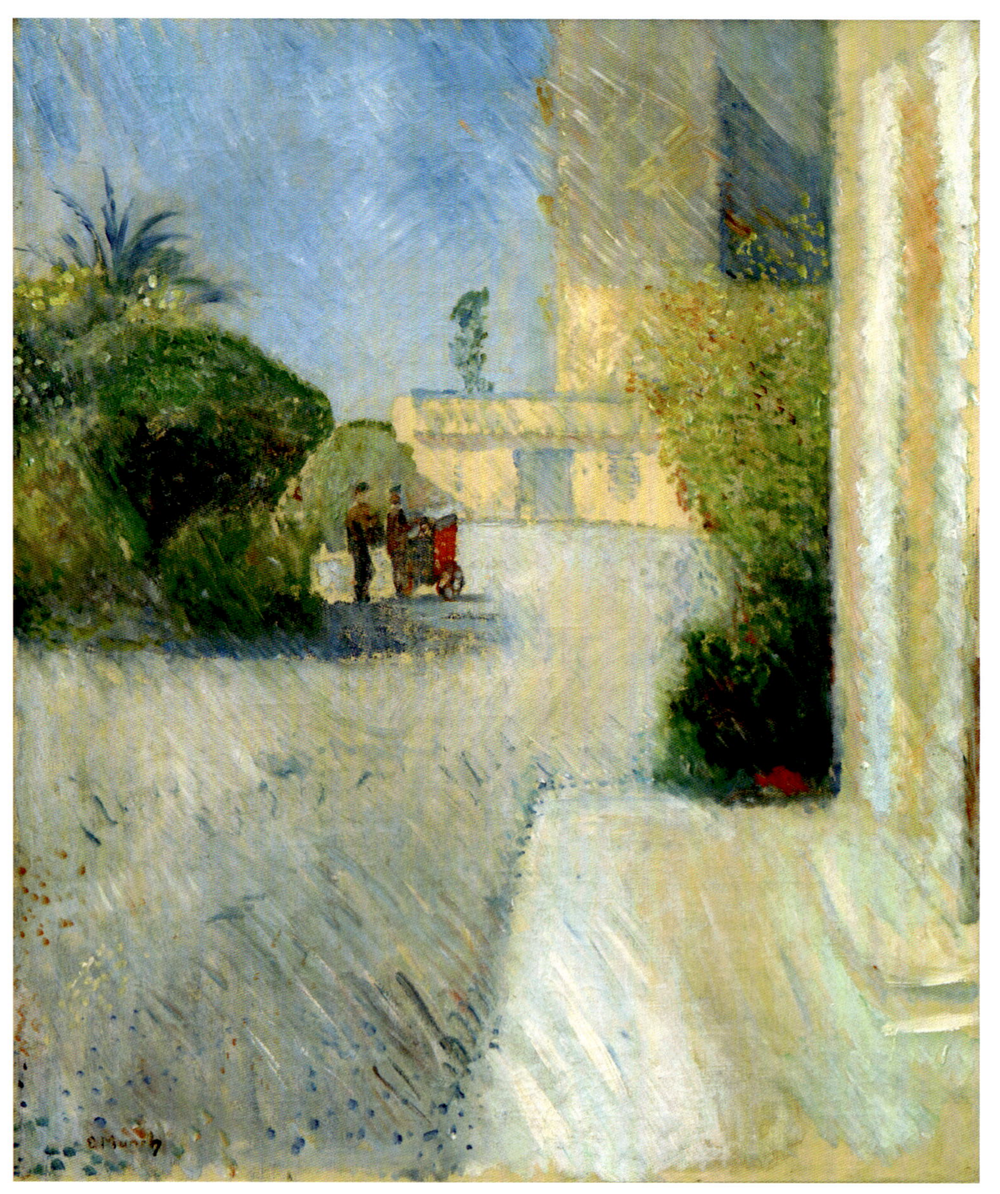

Sunny Day (Nice)

Jour ensoleillé à Nice

Sonnentag (Nizza)

Día soleado (Nizza)

Giorno di sole (Nizza)

Zonnedag (Nice)

1891, Oil on canvas/
Huile sur toile,
65 × 54 cm,
Private collection

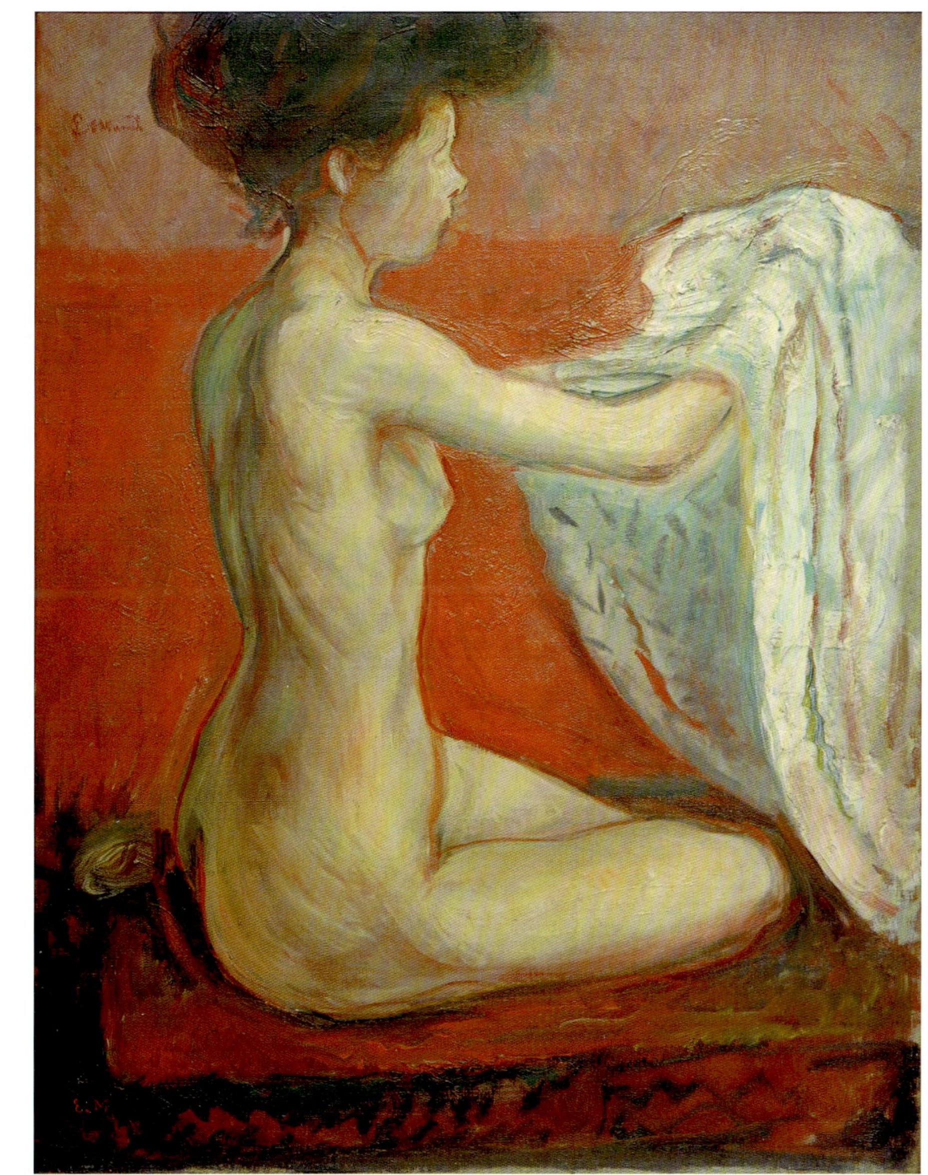

Parisian Model

Le Modèle parisien

Pariser Modell

Modelo parisina

Modella parigina

Parijs model

1896, Oil on canvas/Huile sur toile, 80 × 60 cm, Nasjonalgalleriet, Oslo

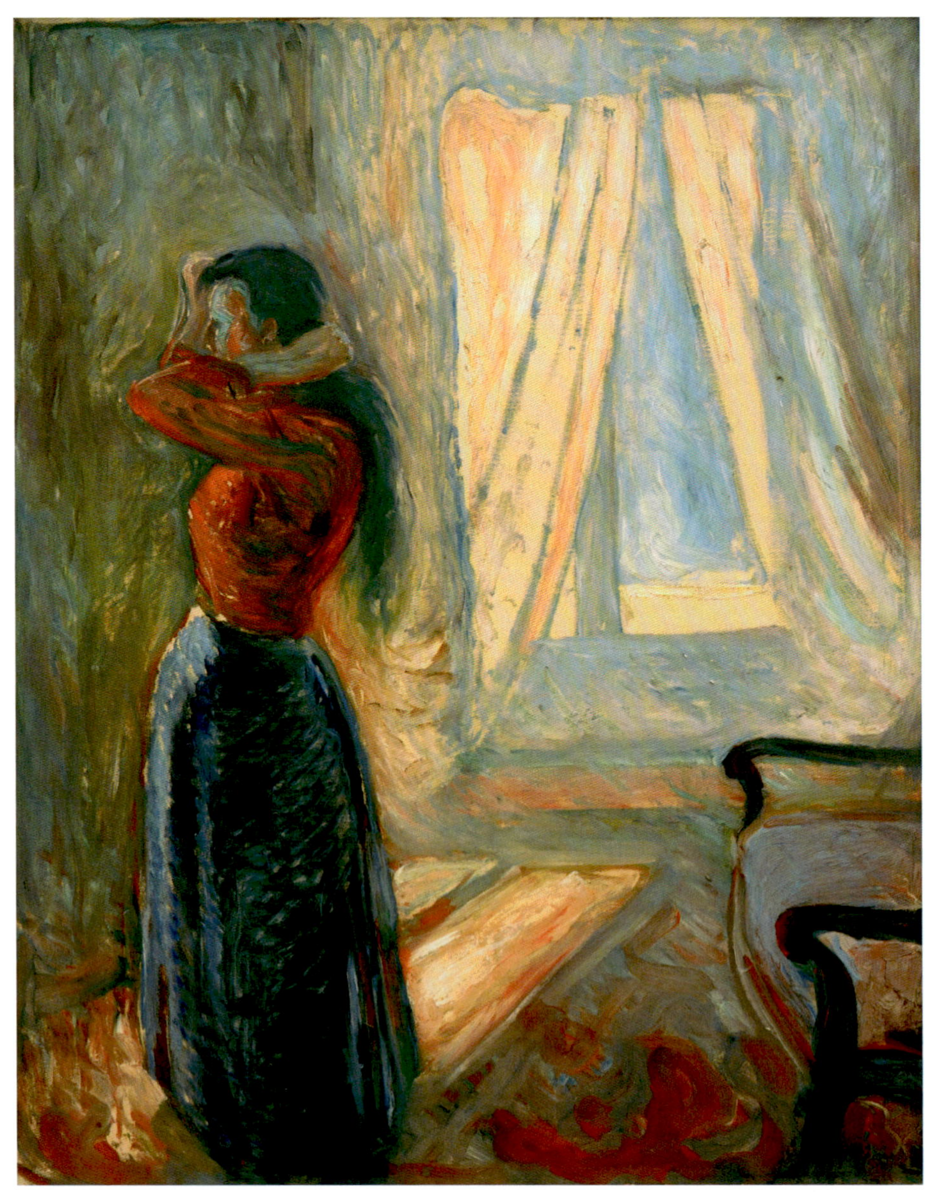

Woman Getting Ready

Femme à sa toilette

Frau bei der Toilette

Mujer bañándose

Donna alla toilette

Vrouw bij het toilet

1892, Oil on canvas/Huile sur toile, 91,8 × 72,5 cm, Private collection

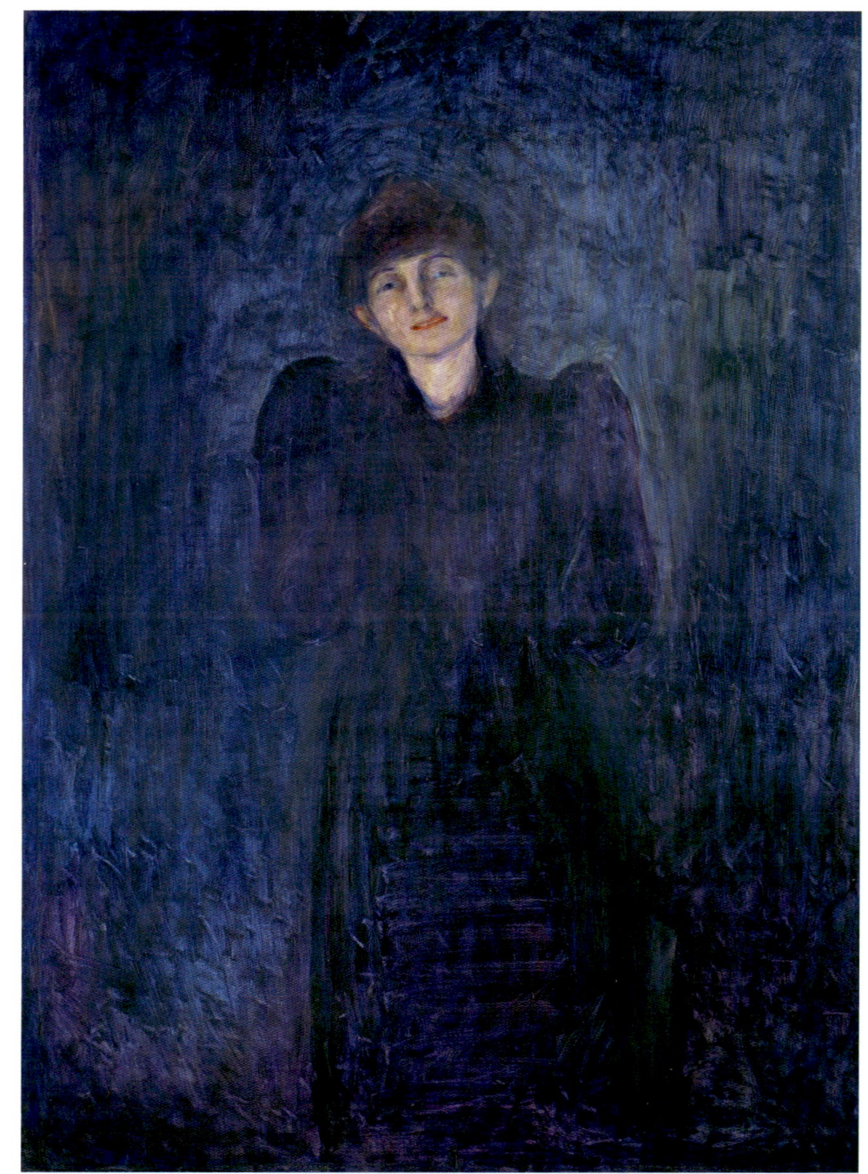

Dagny Juel Przybyszewka

Portrait de Dagny Juel Przybyszewska

Bildnis Dagny Juel Przybyszewska

Imagen de Dagny Juel Przybyszewka

Ritratto di Dagny Juel Przybyszewka

Portret van Dagny Juel Przybyszewska

1893, Oil on canvas/Huile sur toile,
148,5 × 99,5 cm, Munch-Museet, Oslo

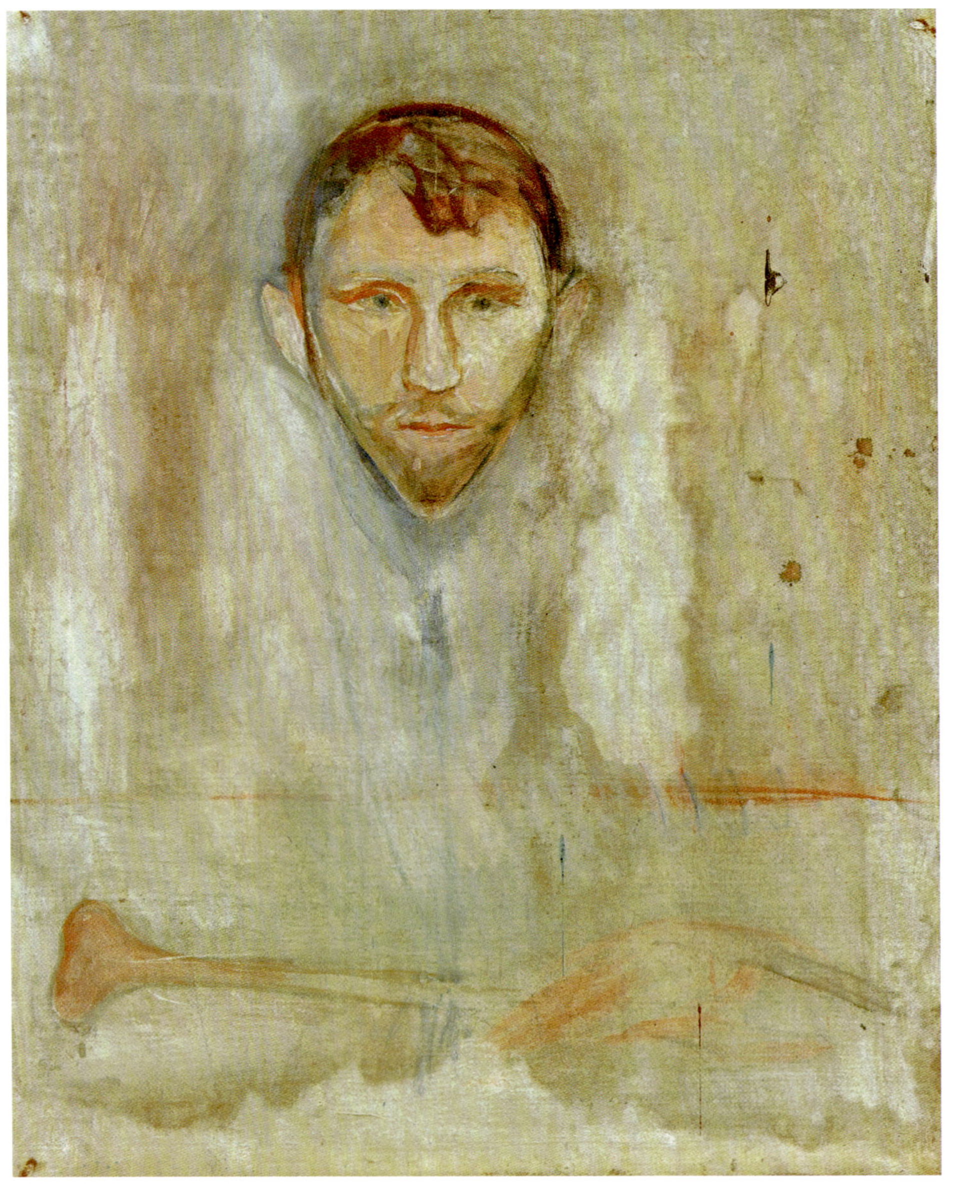

Stanislaw Przybyszewski

Portrait de Stanislaw Przybyszewski (au bras de squelette)

Bildnis Stanislaw Przybyszewski

Imagen de Stanislaw Przybyszewski

Ritratto di Stanislaw Przybyszewski

Portret van Stanisław Przybyszewski

1893–94, Tempera on canvas
Tempéra sur toile, 75 × 60 cm,
Munch-Museet, Oslo

Stanislaw Przybyszewski

Portrait de Stanislaw Przybyszewski

Bildnis Stanislaw Przybyszewski

Imagen de Stanislaw Przybyszewski

Ritratto di Stanislaw Przybyszewski

Portret van Stanisław Przybyszewski

1895, Charcoal and oil on cardboard/Fusain et huile sur carton, 62,5 × 55,5 cm, Munch-Museet, Oslo

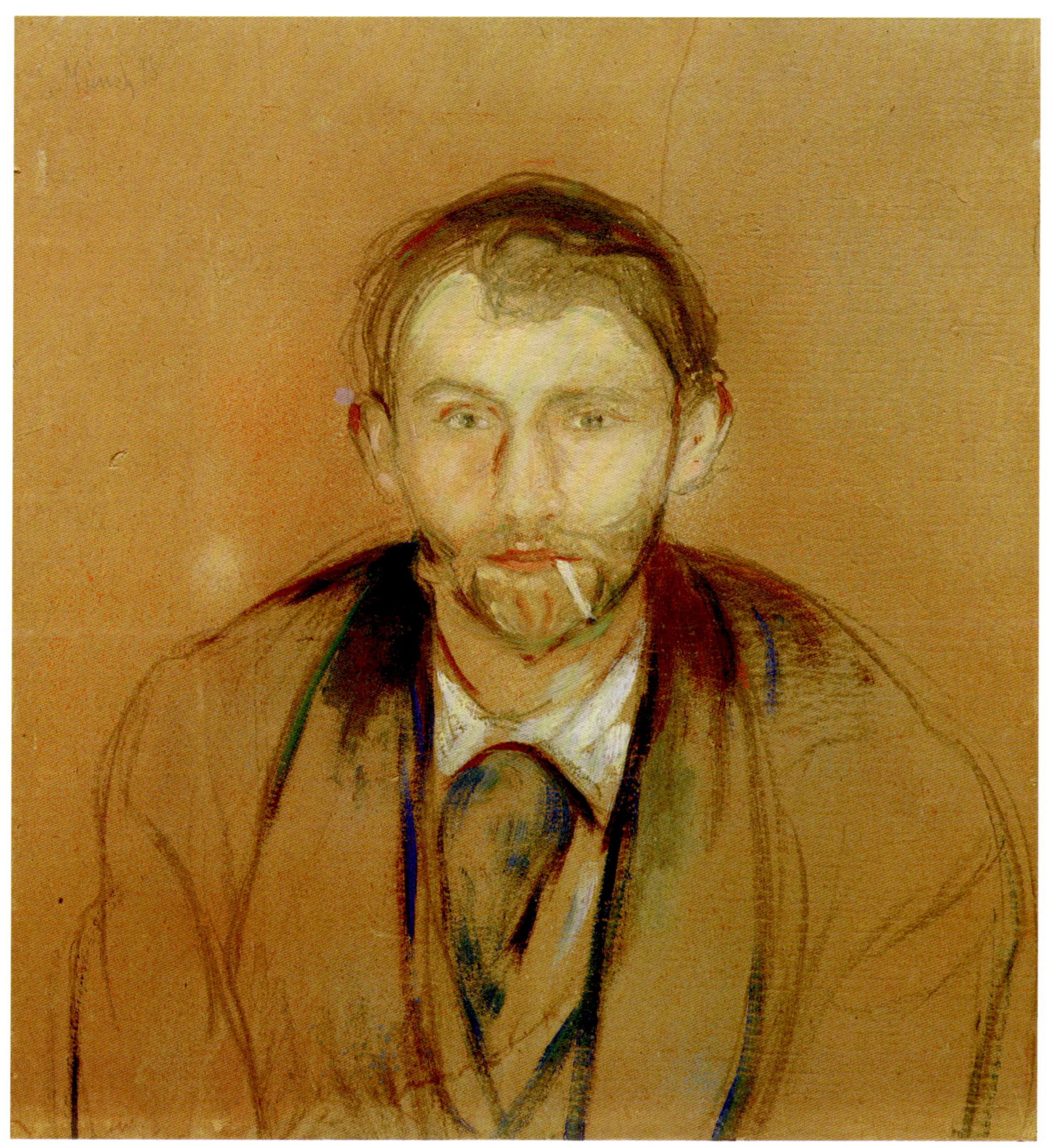

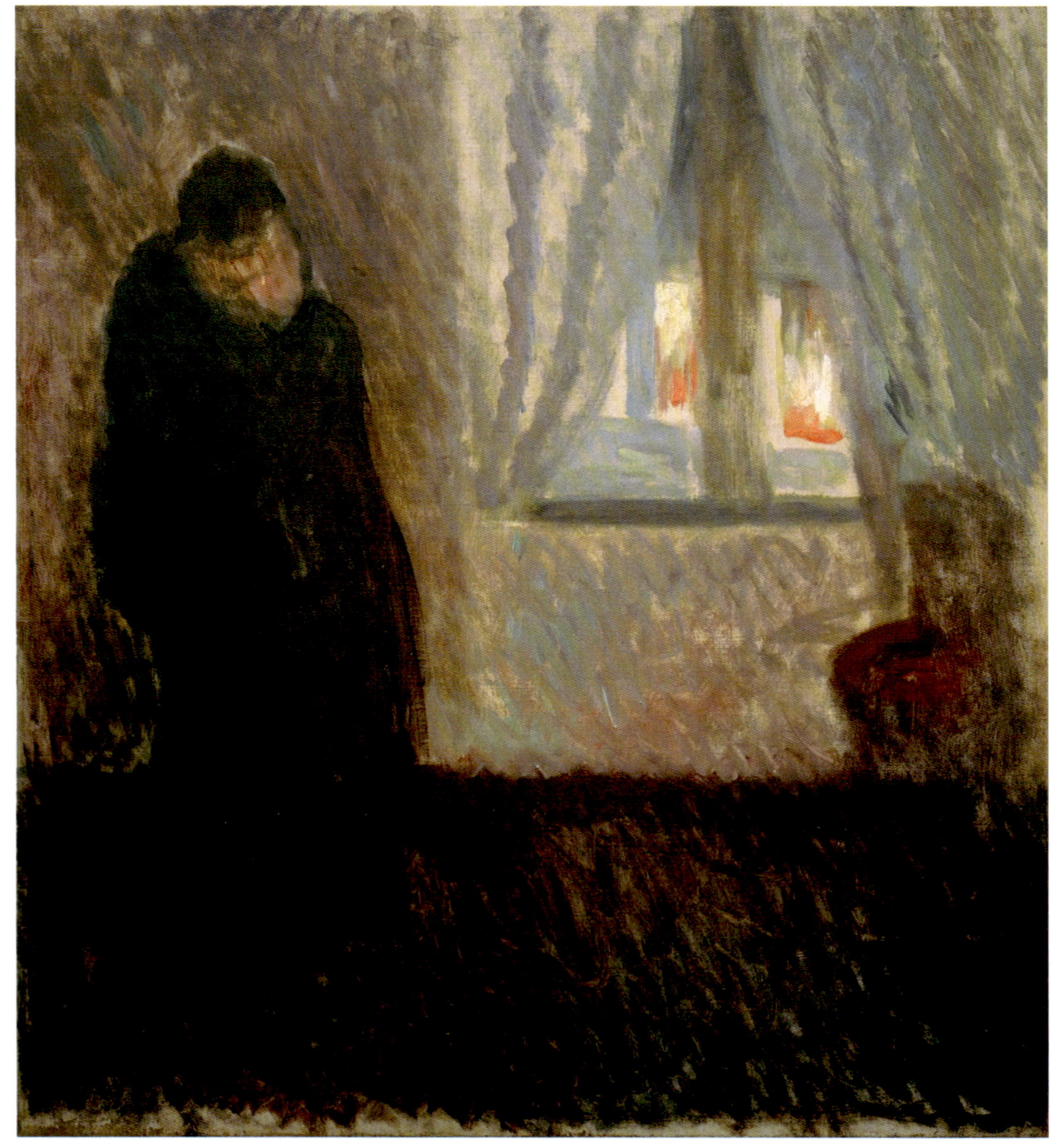

The Kiss

Le Baiser

Der Kuss

El beso

Il Bacio

De kus

1892, Oil on canvas/ Huile sur toile, 71,5 × 64,5 cm, Munch-Museet, Oslo

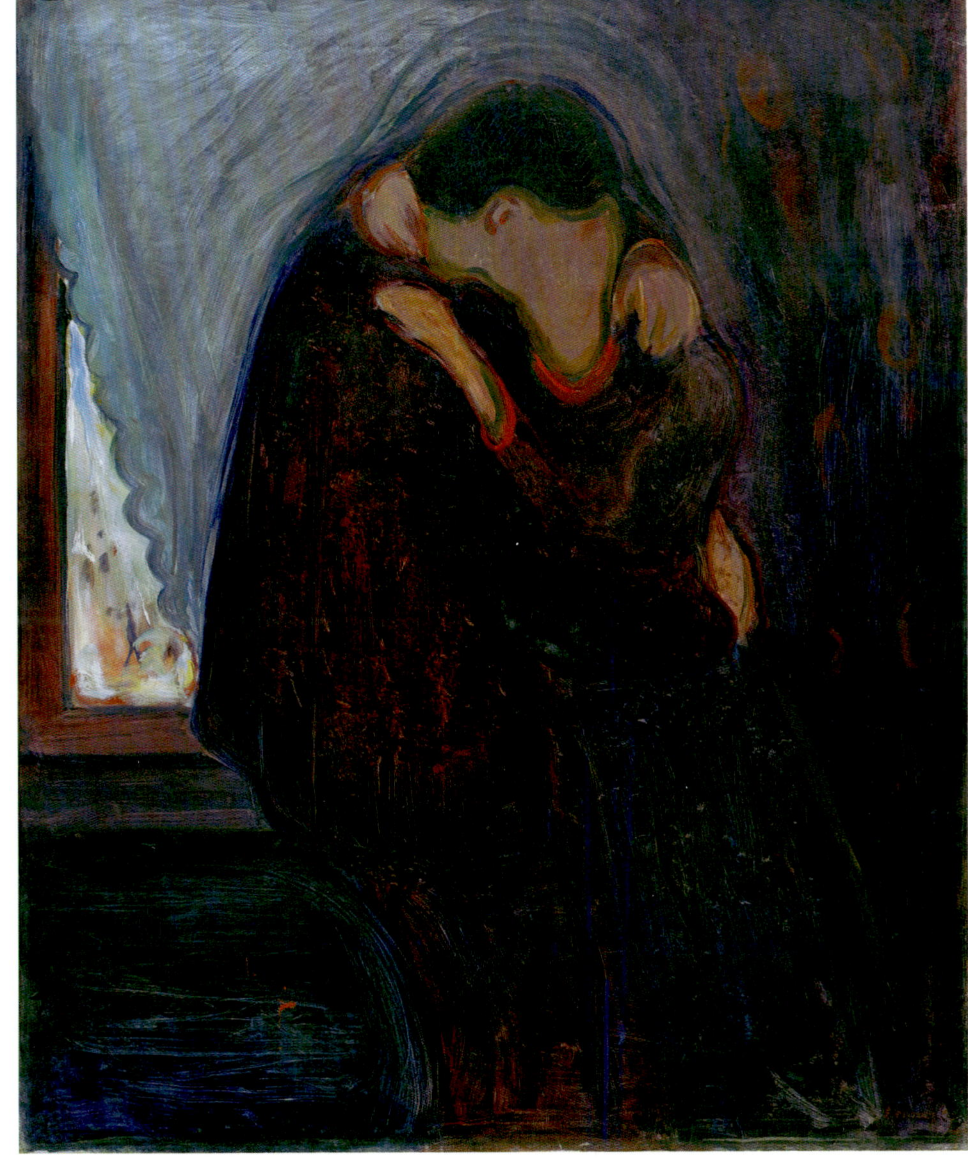

The Kiss

Le Baiser

Der Kuß

El beso

Il Bacio

De kus

1897, Oil on canvas/ Huile sur toile, 99 × 81 cm, Munch-Museet, Oslo

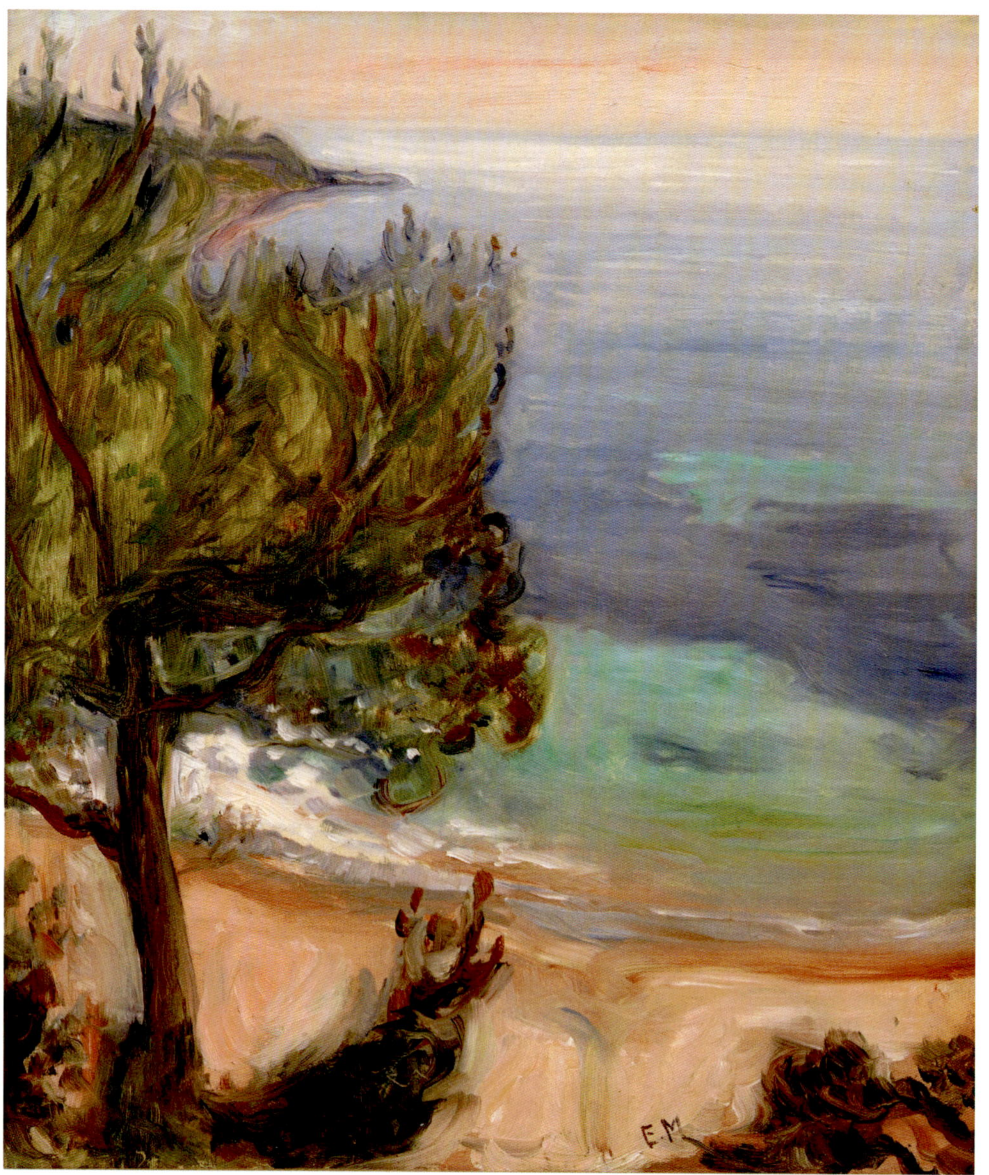

Landscape near Nice

Paysage près de Nice

Landschaft bei Nizza

Paisaje de Niza

Paesaggio a Nizza

Landschap bij Nice

*1892, Oil on canvas/
Huile sur toile,
55 × 46 cm,
Private collection*

Moonlight

Clair de lune

Mondschein

Luz de luna

Chiaro di luna

Maneschijn

*1893, Oil on canvas/
Huile sur toile,
140,5 × 137 cm,
Nasjonalgalleriet, Oslo*

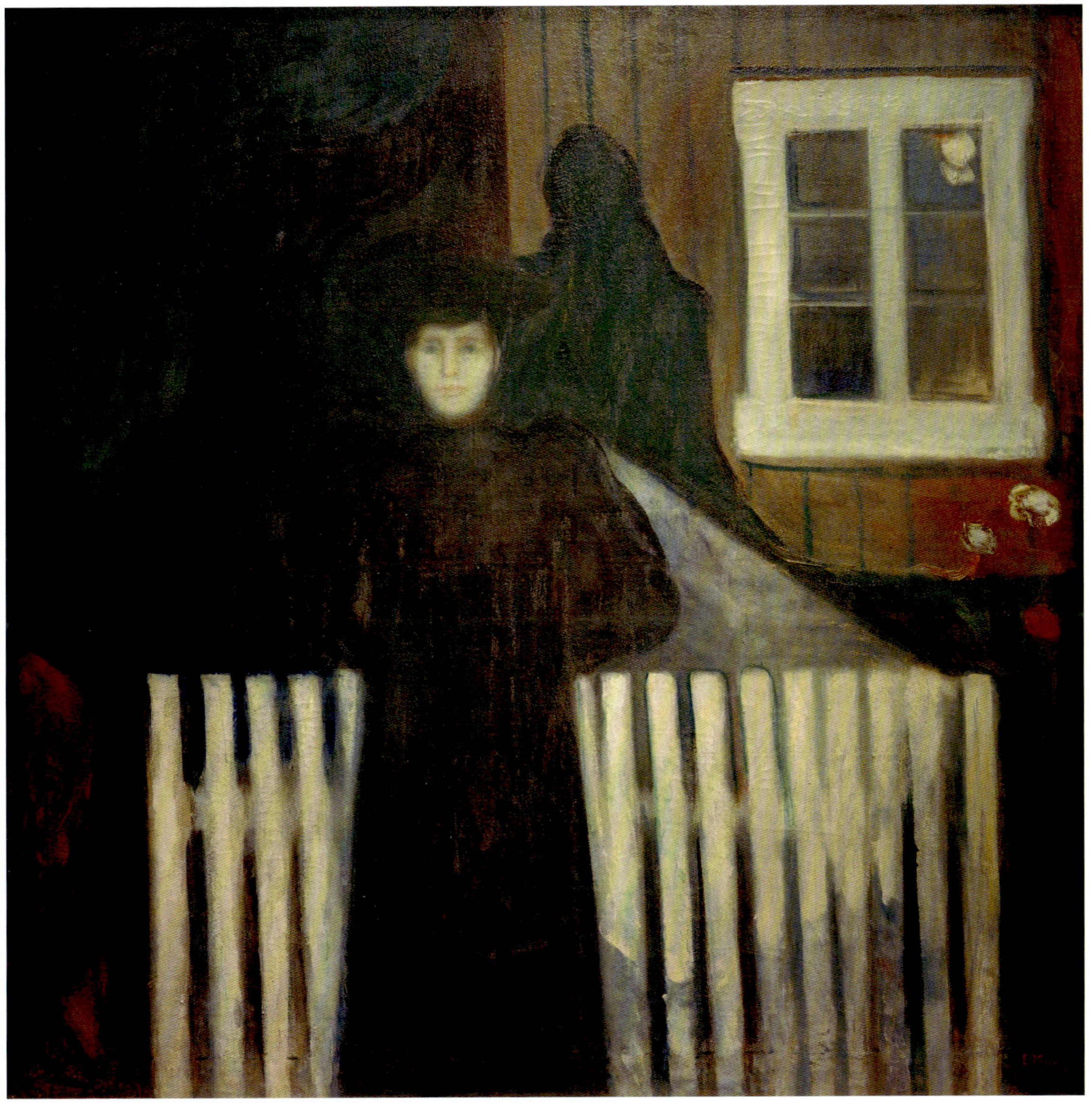

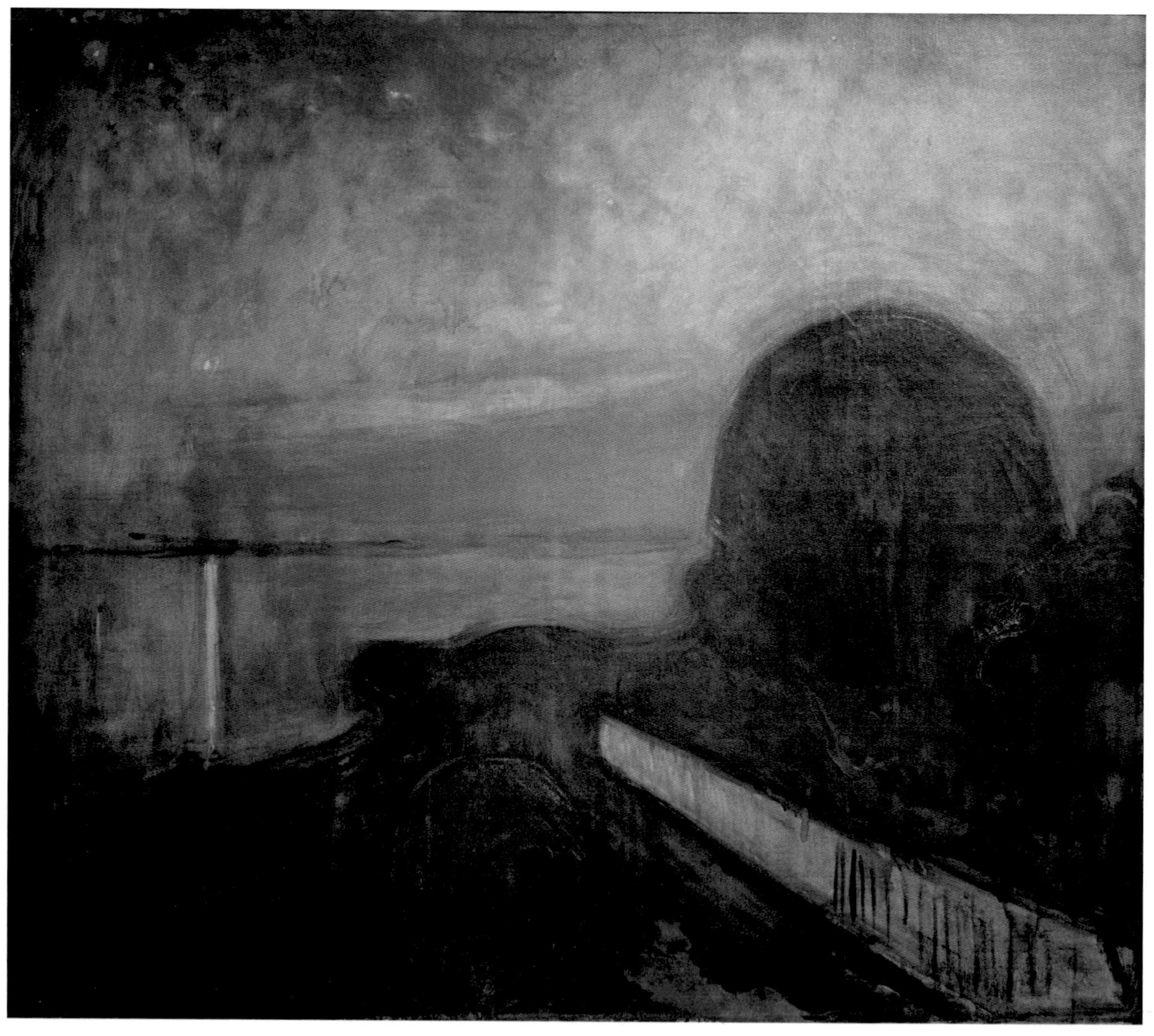

Starry Night ***Sternennacht*** ***Notte stellata***

Nuit étoilée (2e version) ***Noche estrellada*** ***Sterrennacht***

1895–97, Oil on canvas/Huile sur toile, 108,5 × 120,5 cm, Von der Heydt-Museum, Wuppertal

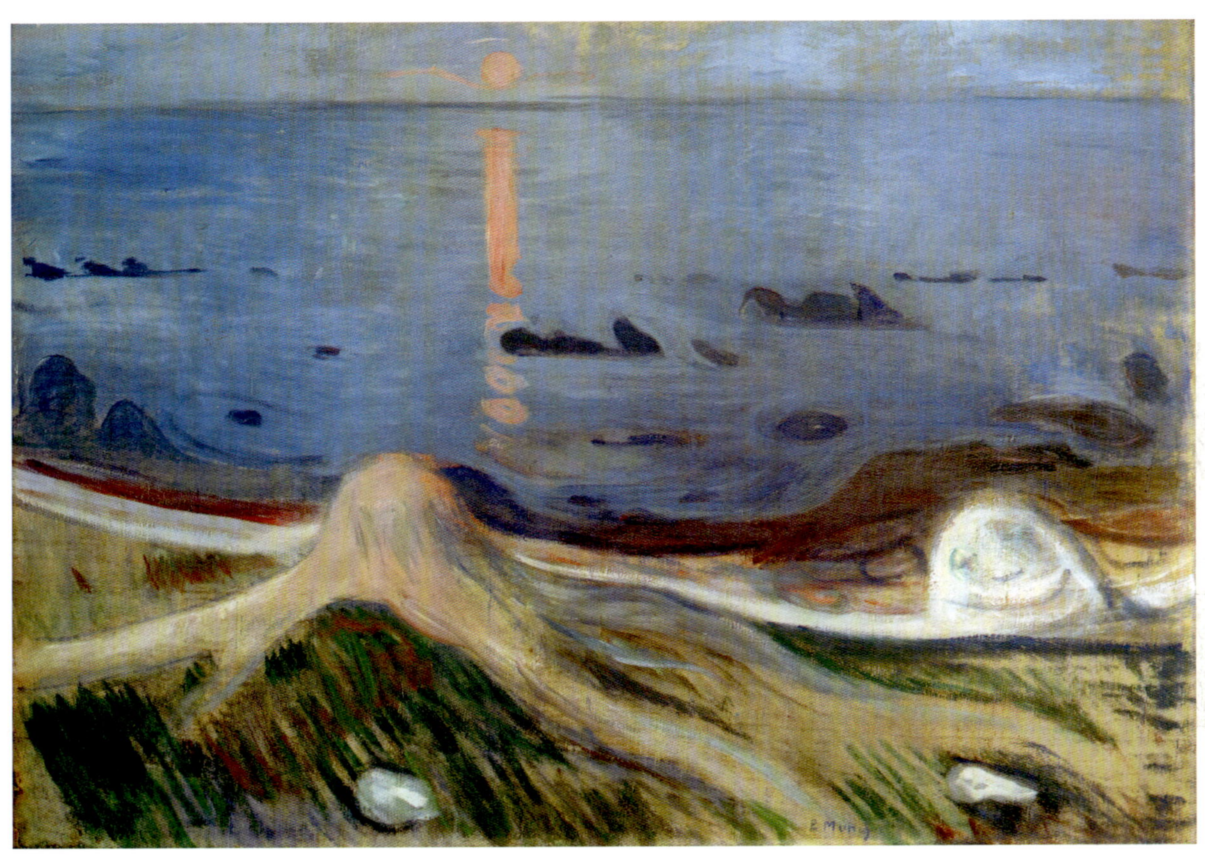

Beach Mysticism

Le Mystère de la plage (Plage mystique)

Strandmystik

Mística de la playa

Mistica della spiaggia

Strandmystiek

1892, Oil on canvas/Huile sur toile, 100 × 140 cm, Würth Collection, Künzelsau

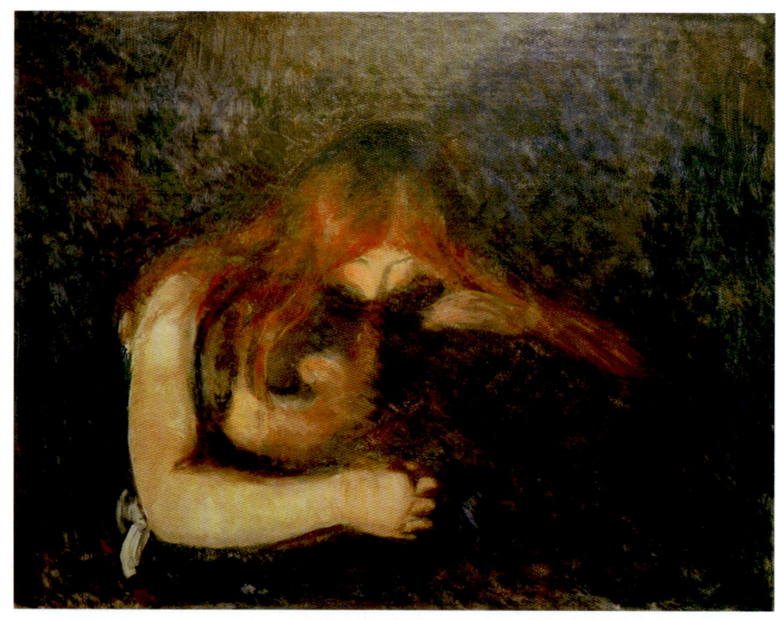

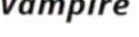

Vampire

Vampire

Vampir

Vampiro

Vampiro

Vampier

1893, Oil on canvas/Huile sur toile, 80,5 × 100,5 cm, Konstmuseum, Göteborg

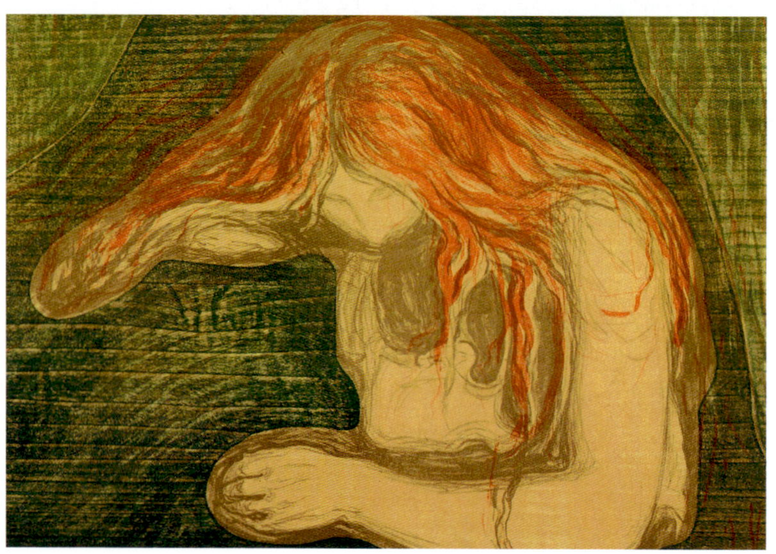

Vampire

Vampire

Vampir

Vampiro

Vampiro

Vampier

1894, Lithography and woodcut/ Lithographie et bois gravé,38 × 55 cm, Kunsthalle, Hamburg

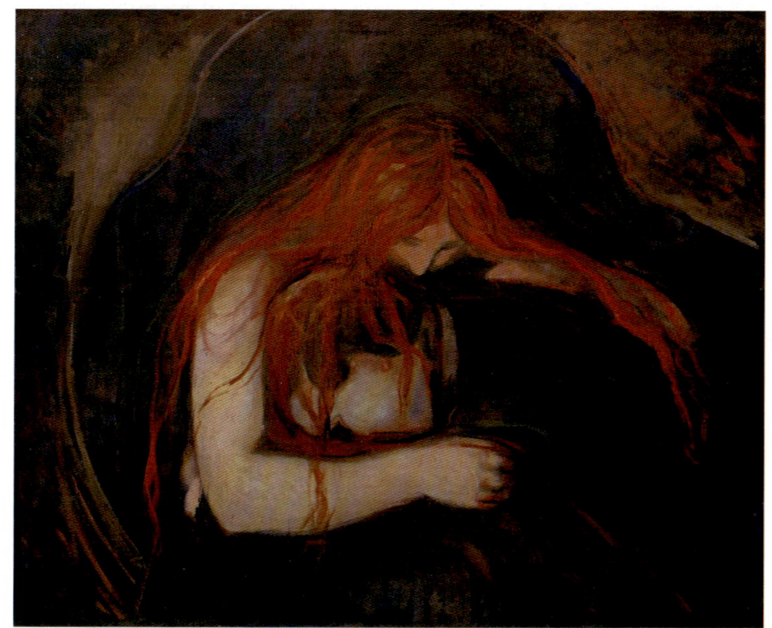

Vampire

Vampire

Vampir

Vampiro

Vampiro

Vampier

1893–94, Oil on canvas/Huile sur toile, 91 × 109 cm, Munch-Museet, Oslo

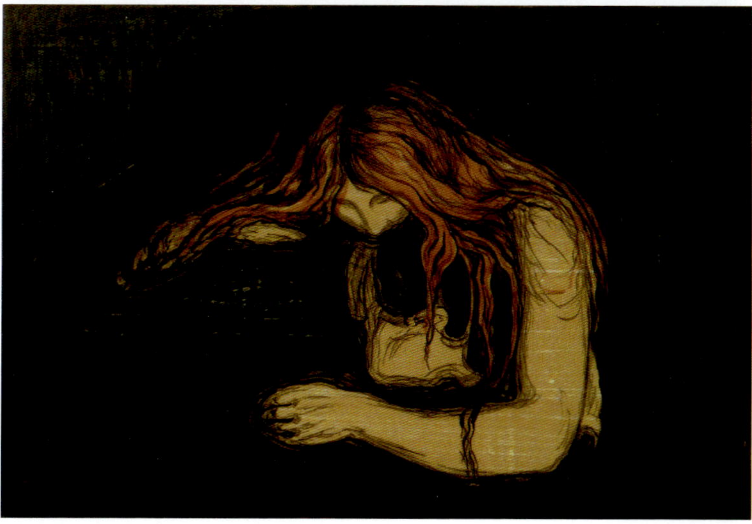

Vampire II

Vampire II

Vampir II

Vampiro II

Vampiro II

Vampier II

1895–1901, Lithography and woodcut/ Lithographie et bois gravé, 38 × 55,2 cm, Eberhard W. Kornfeld Collection, Bern

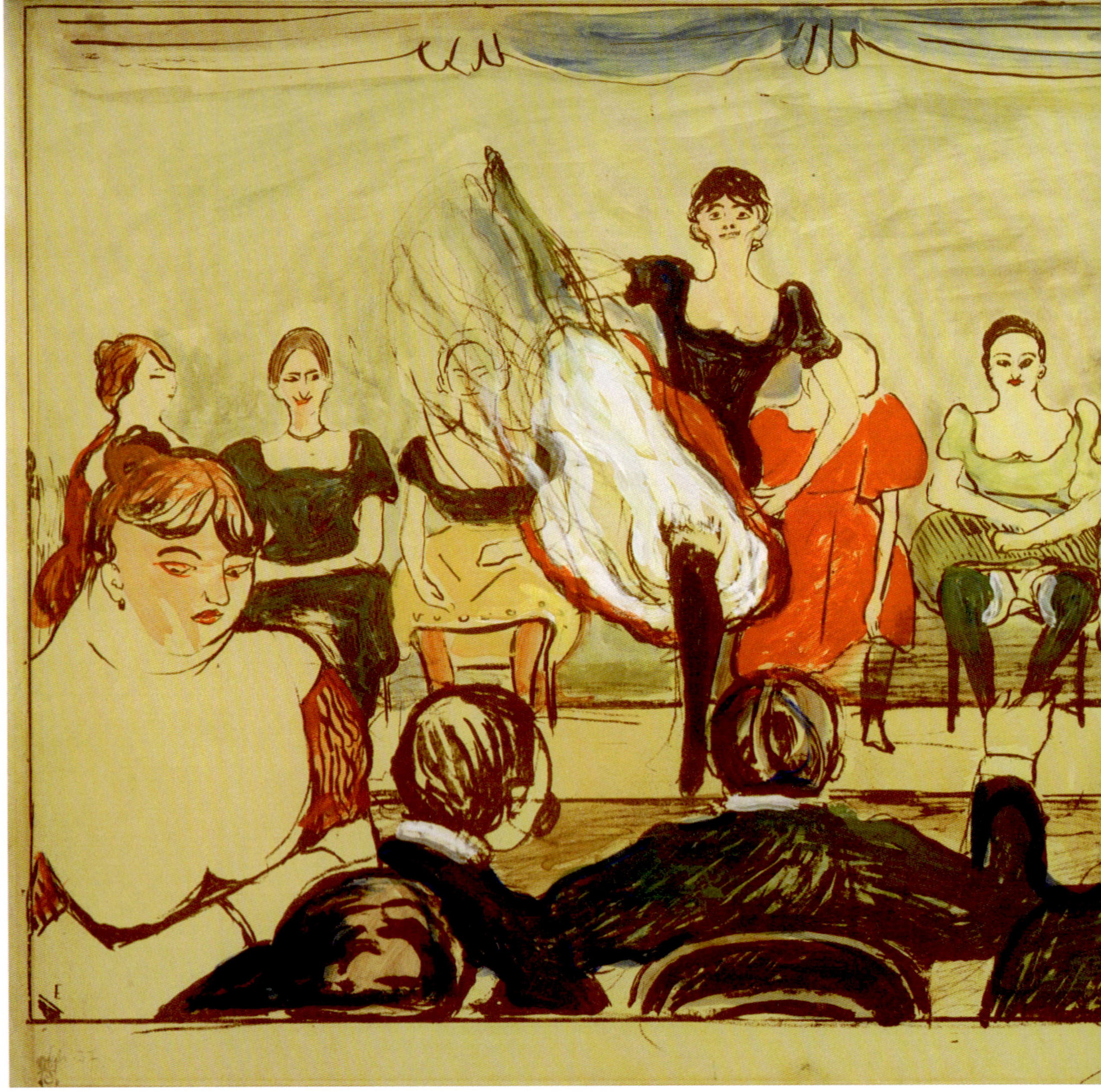

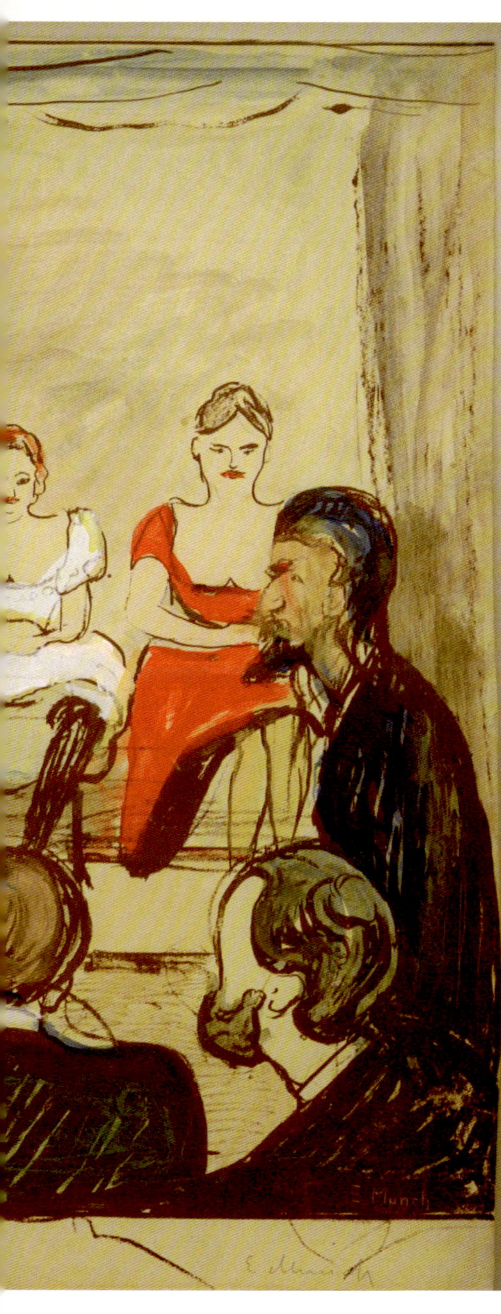

Tingle-Tangle

Le Bastringue (Cabaret de bas étage)

Tingeltangel

Tingeltangel

Can-can

Variété

1895, Lithograph/Lithographie, 41 × 62,8 cm, Private collection

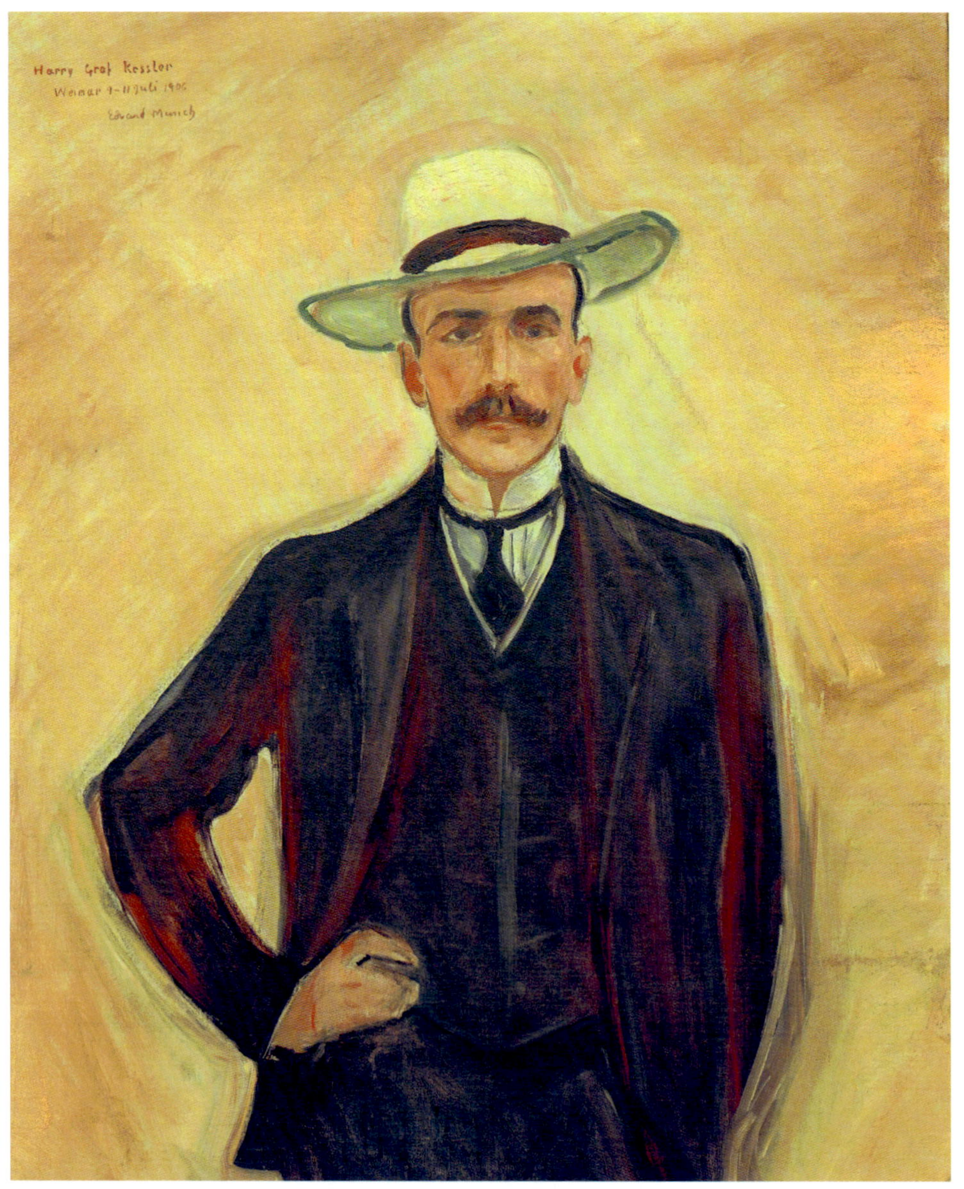

Harry Graf Kessler **(detail)**

Portrait d'Harry Graf Kessler **(détail)**

Bildnis Harry Graf Kessler **(Detail)**

Imagen de Harry Graf Kessler **(detalle)**

Ritratto di Harry Graf Kessler **(dettaglio)**

Portret van Harry Graf Kessler **(uitsnede)**

1906, Oil on canvas/Huile sur toile, 200 × 84 cm, Nationalgalerie, Berlin

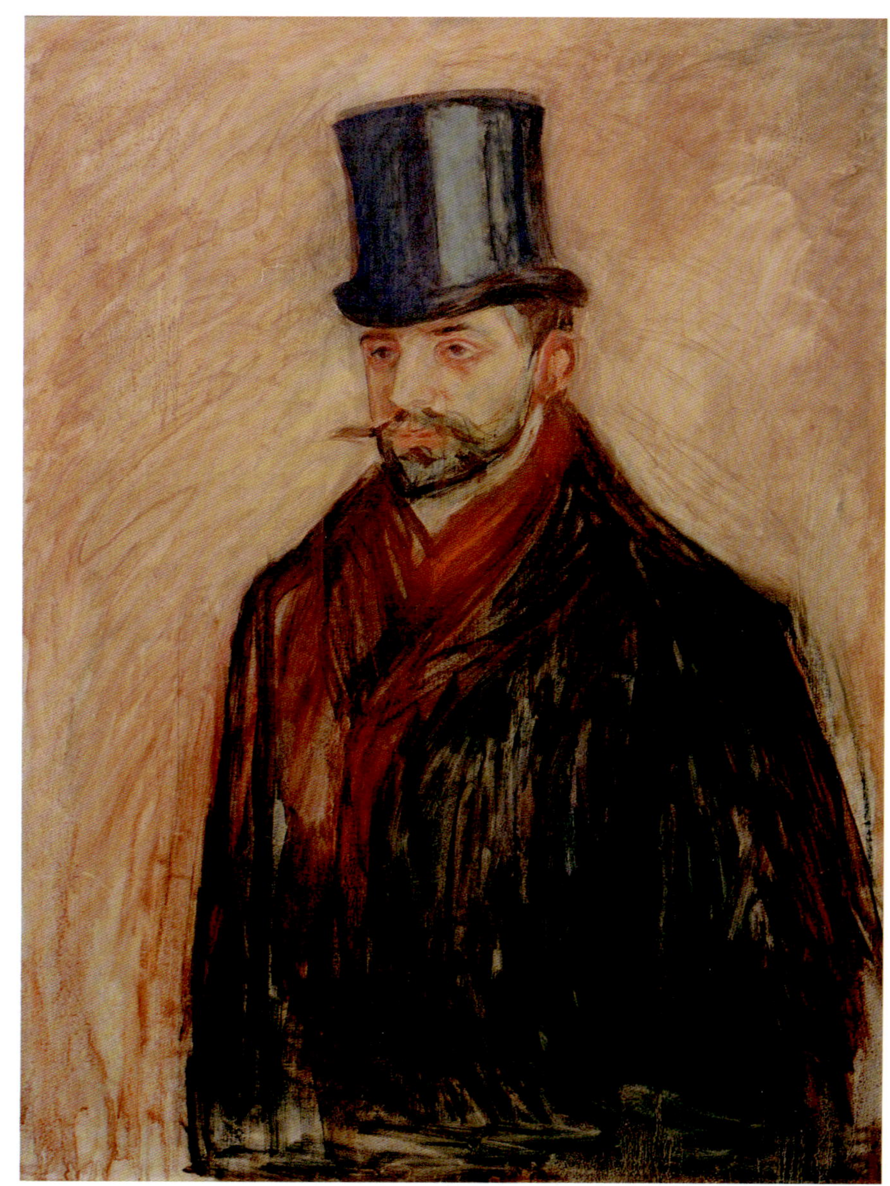

Julius Meier-Graefe

Portrait de Julius Meier-Graefe

Bildnis Julius Meier-Graefe

Imagen de Julius Meier-Graefe

Ritratto di Julius Meier-Graefe

Portret van Julius Meier-Graefe

c. 1895, Oil on canvas/Huile sur toile, 100 × 75 cm, Nasjonalgalleriet, Oslo

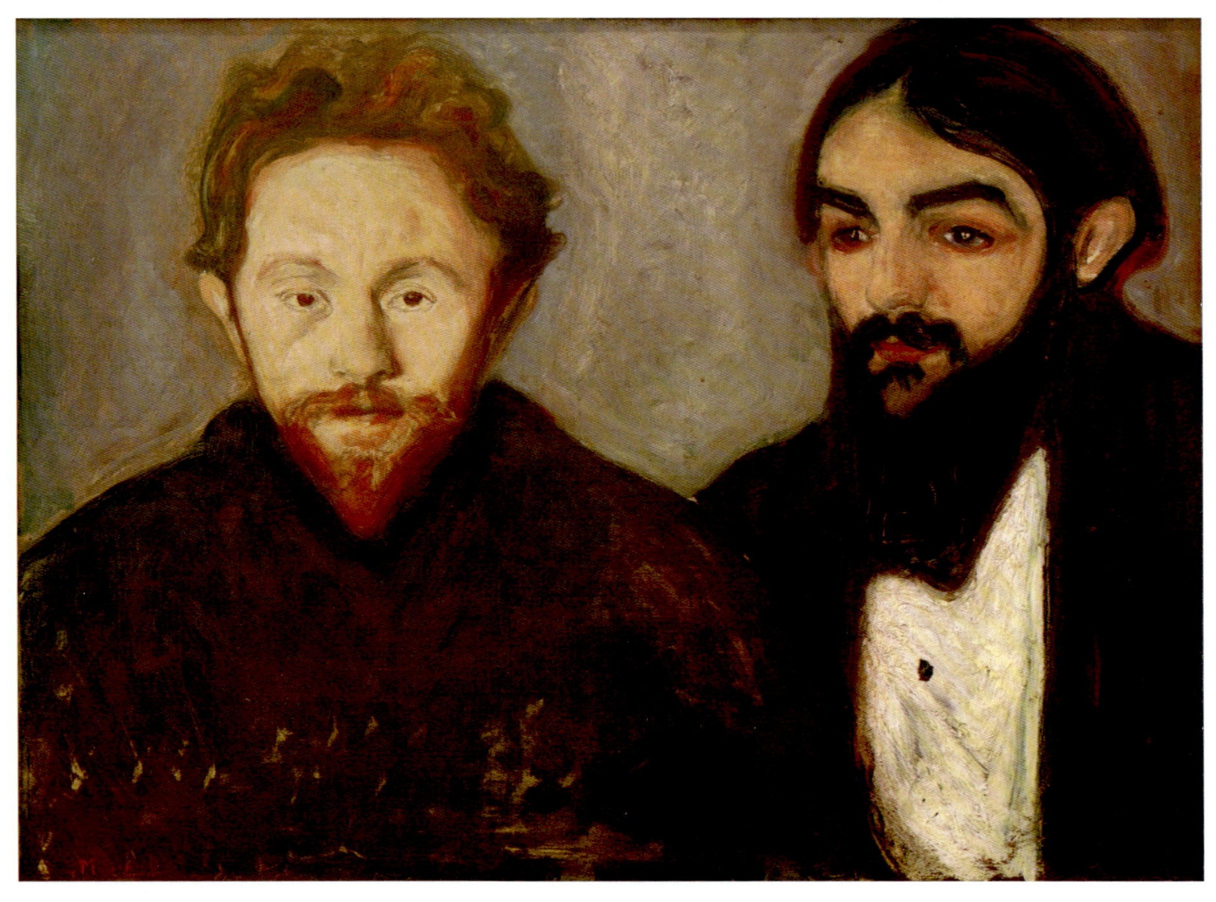

Paul Herrmann and Paul Contard

Le Peintre Paul Herrmann et le docteur Paul Contard

Bildnis Paul Herrmann und Paul Contard

Imagen de Paul Herrmann und Paul Contard

Ritratto di Paul Herrmann e Paul Contard

Portret van Paul Herrmann en Paul Contard

1897, Oil on canvas/Huile sur toile, 54 × 73 cm, Belvedere, Wien

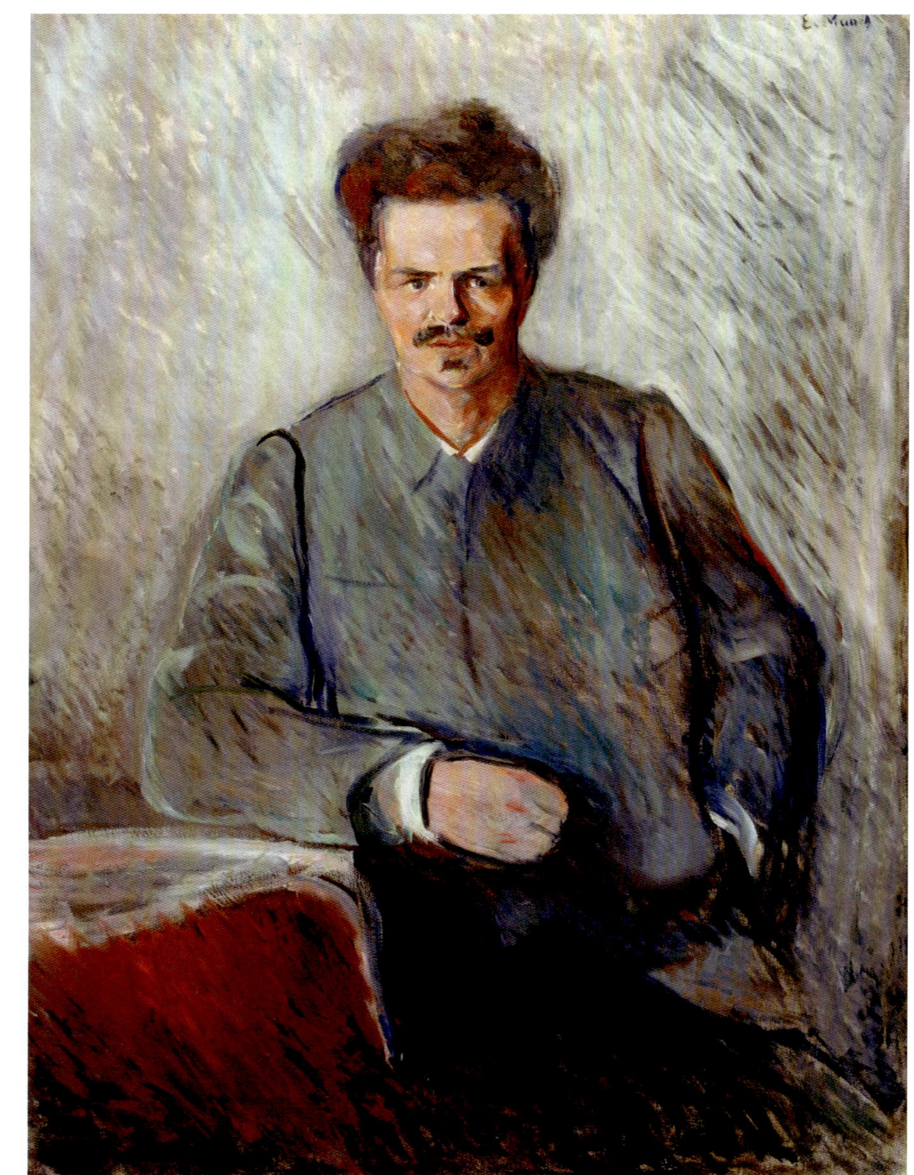

August Strindberg

L'Auteur August Strindberg

Bildnis August Strindberg

Imagen de August Strindberg

Ritratto di August Strindberg

Portret van August Strindberg

1892, Oil on canvas/Huile sur toile, 122 × 91 cm, Moderna Museet, Stockholm

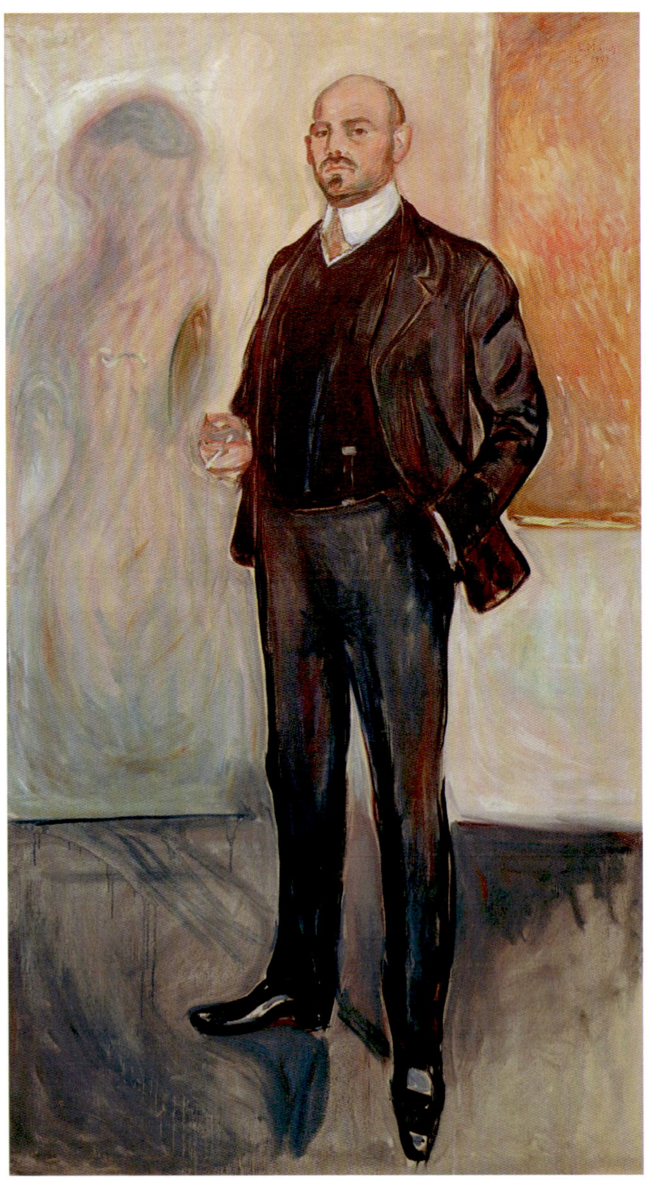

Walther Rathenau

Portrait de Walther Rathenau

Bildnis Walther Rathenau

Imagen de Walther Rathenau

Ritratto di Walther Rathenau

Portret van Walther Rathenau

1907, Oil on canvas/Huile sur toile, 200 × 110 cm, Stadtmuseum, Berlin

Studenterlunden (A Summer's Night)

Nuit d'été à Studenterlunden

Studenterlunden (Sommernacht)

Studenterlunden (noche de verano)

Studenterlunden (Notte d'estate)

Studenterlunden (Zomernacht)

1899, Oil on canvas/Huile sur toile, 101 × 91 cm,
Pérez Simón Collection, Mexico

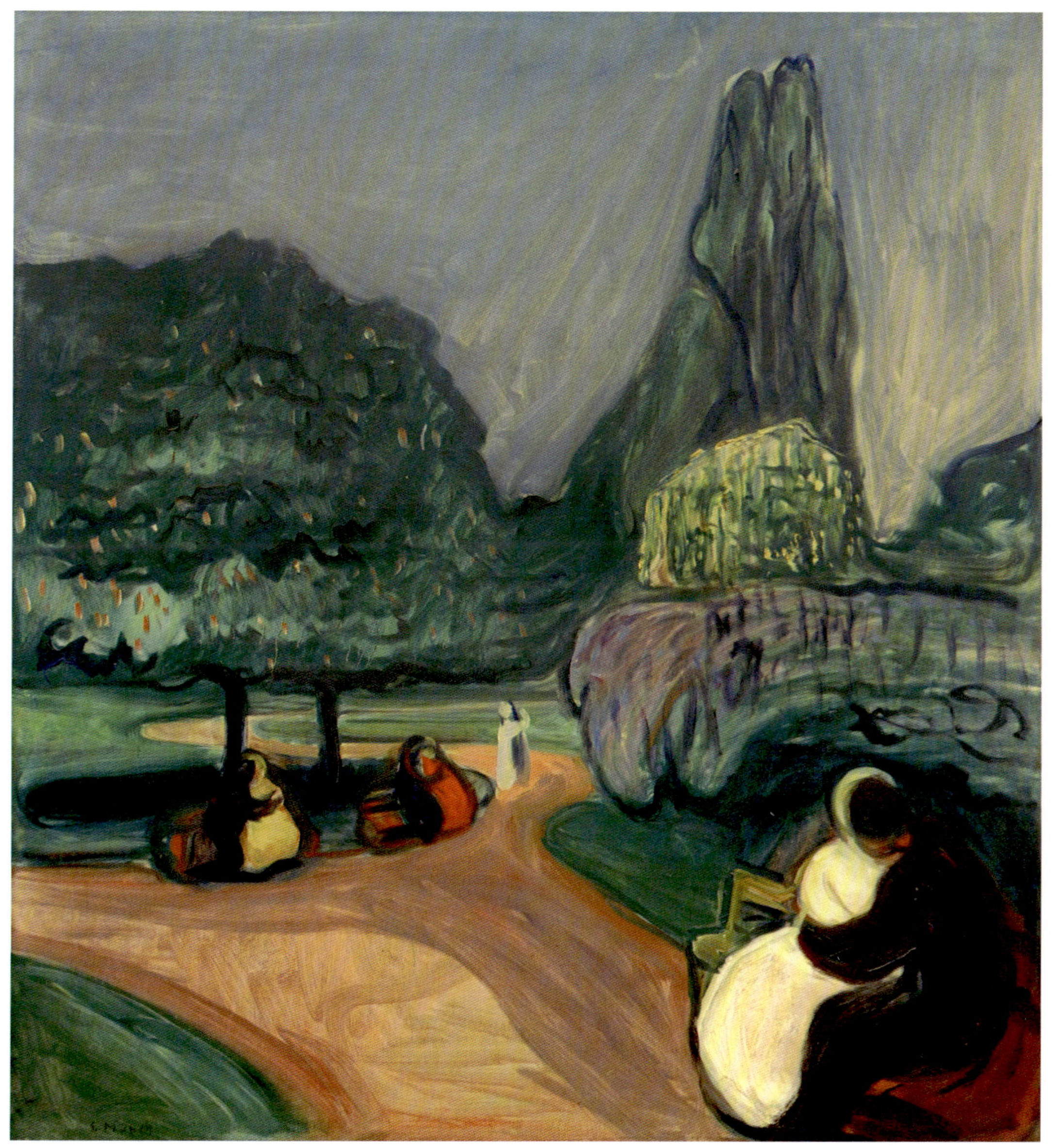

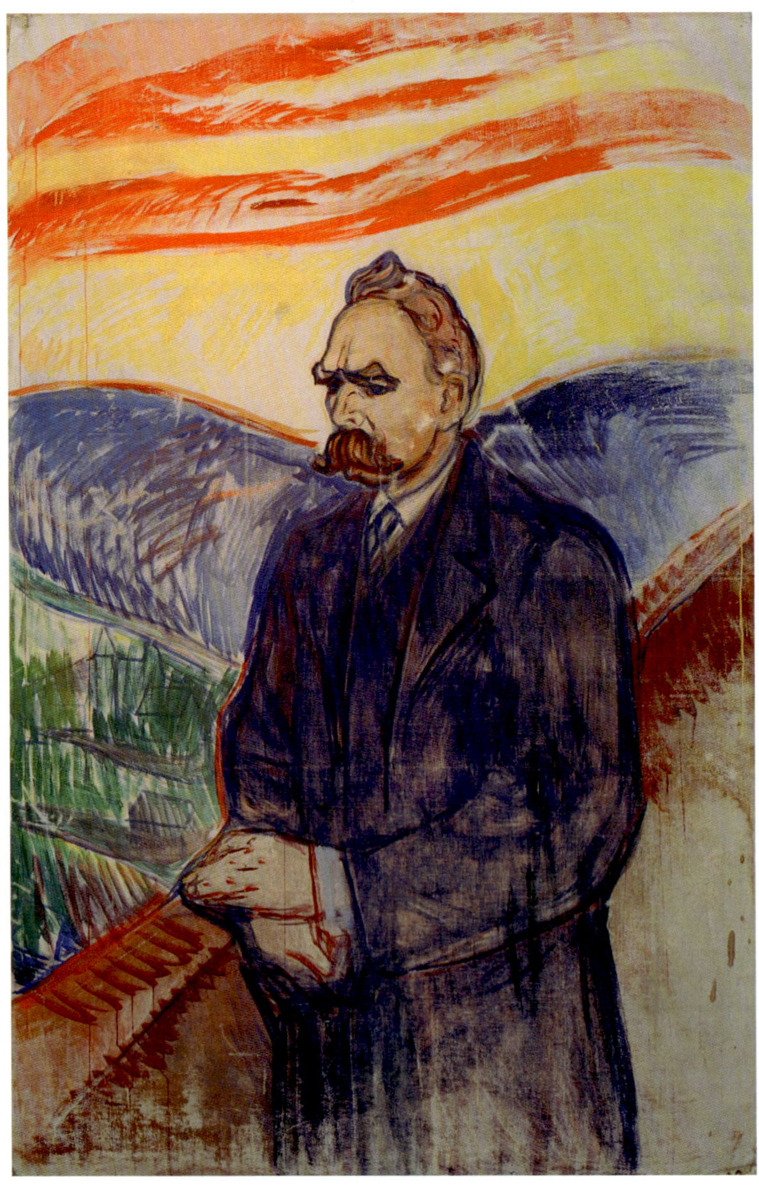

Friedrich Nietzsche

Portrait de Friedrich Nietzsche (2e version)

Bildnis Friedrich Nietzsche

Imagen de Friedrich Nietzsche

Ritratto di Friedrich Nietzsche

Portret van Friedrich Nietzsche

1906, Oil and tempera on canvas/Huile et tempéra sur toile, 201 × 130 cm, Munch-Museet, Oslo

Dancing on the Beach

Danse sur la plage

Der Tanz am Strand

Baile en la playa

La danza sulla riva

De dans aan het strand

1899-1900, Oil on canvas/Huile sur toile, 96 × 99 cm, Národní galerie, Praha

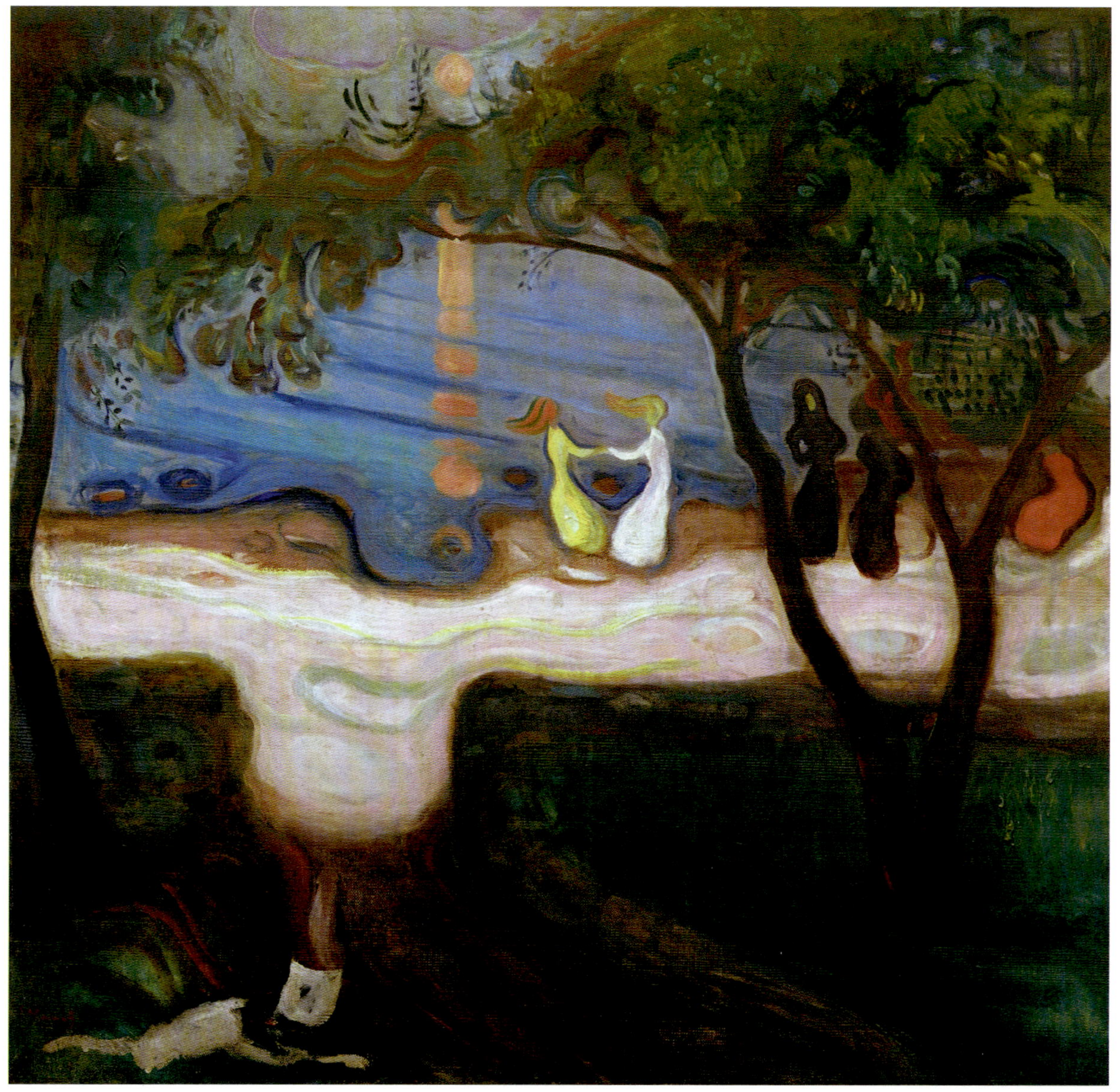

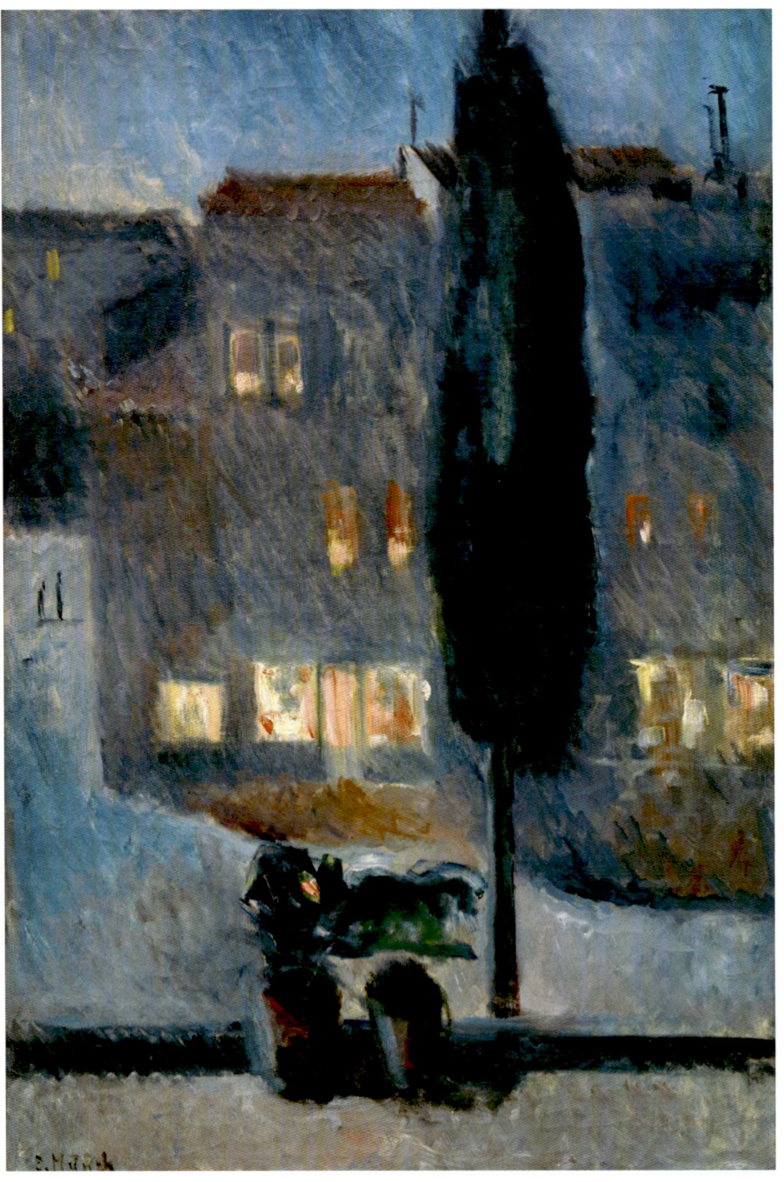

The Cypresses

Le Cyprès

Die Zypresse

Ciprés

Il cipresso

De cipres

1891, Oil on canvas/Huile sur toile,
81 × 54 cm, Private collection

Jealousy

Jalousie

Eifersucht

Celos

Gelosia

Jaloezie

1907, Oil on canvas/Huile sur toile,
89 × 82,5 cm, Munch-Museet, Oslo

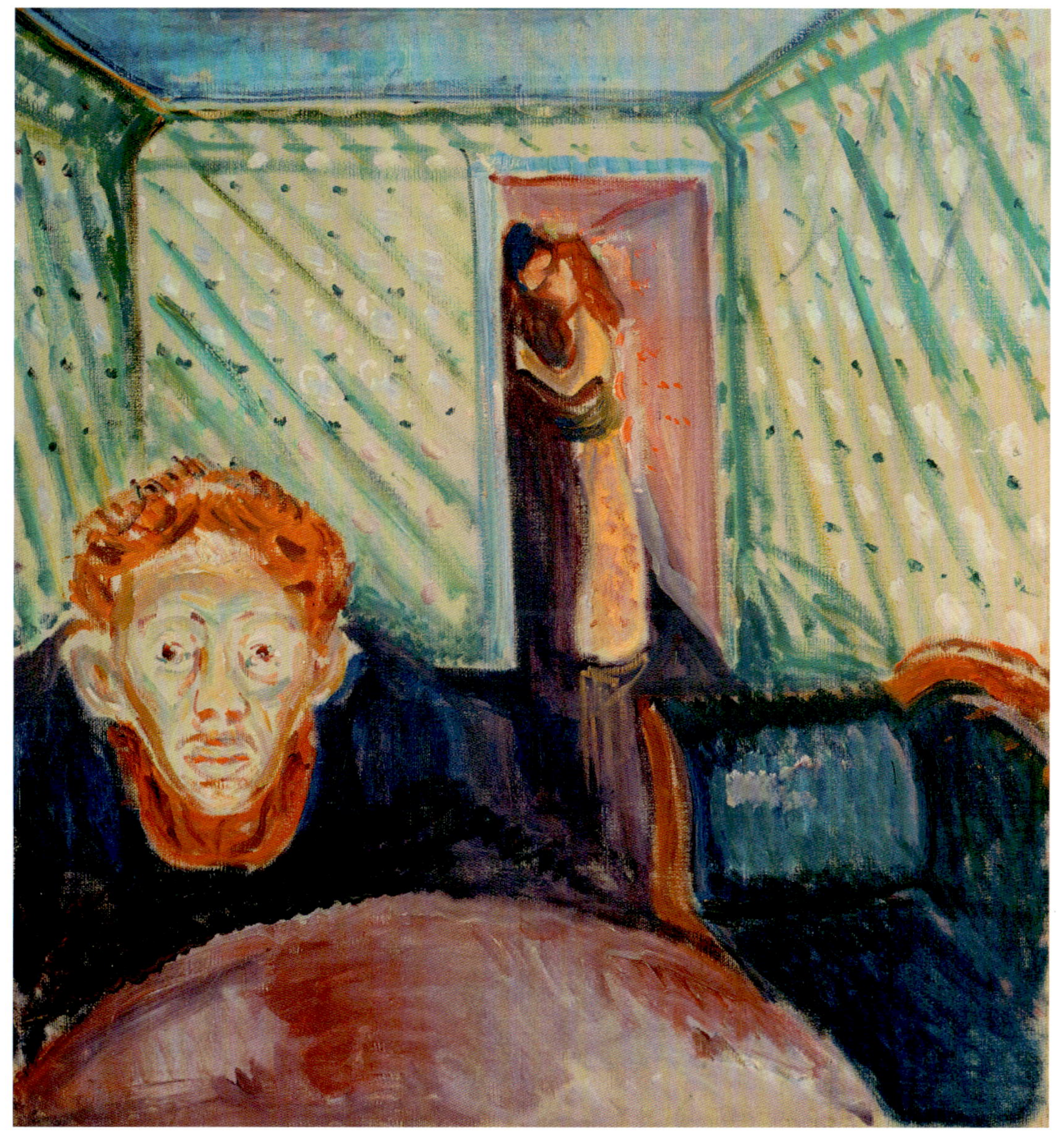

Jealousy
Munch's friend in Berlin, writer Stanislaw Przybyszewski, served as the model for the grouchy man in the fore, suppressing a vision seen on the left. The eye is then taken to a paradisiacal garden with a woman opening herself up seductively and a man handing her flowers. In fact, the writer was plagued with jealousy over his young Norwegian wife, Dagny Juel. She had finally opted to wed the writer among the many bachelors on offer, but this had failed to assuage the writer's jealousy.

Jalousie
Le poète polonais Stanisław Przybyszewski, ami berlinois de Munch, sert de modèle pour l'homme renfrogné figurant au premier plan, obsédé par une vision représentée à gauche du tableau. La vue ouvre sur un jardin paradisiaque, avec une femme qui s'ouvre à la tentation et un homme qui lui tend des fleurs. Le poète était effectivement dévoré par une jalousie que provoquait sa jeune épouse, la Norvégienne Dagny Juel : elle avait certes fini par le préférer parmi ses multiples soupirants, mais cela ne suffisait pas à éteindre cette jalousie maladive.

Eifersucht
Der Berliner Freund Munchs, der Dichter Stanislaw Przybyszewski, stand Modell für den griesgrämig schauenden Mann im Vordergrund, den eine Vision bedrängt, die links zu sehen ist. Der Blick geht in einen paradiesischen Garten mit einer verführerisch sich öffnenden Frau und einem Mann, der ihr Blumen reicht. Tatsächlich war der Dichter von Eifersucht geplagt, die seine junge Frau, die Norwegerin Dagny Juel, betraf. Sie hatte sich zwar unter vielen Freiern schließlich für den Dichter entschieden, was aber dem Eifersuchtsdrama keinen Abbruch tat.

Celos
El amigo berlinés de Munch, el poeta Stanislaw Przybyszewski hizo en esta ocasión de modelo para dar vida al huraño hombre que aparece en el primer plano del cuadro, atormentado por la visión que aparece a su izquierda. Su mirada se dirige hacia un jardín paradisíaco en el que hay una seductora mujer abriéndose el vestido y un hombre que le da flores. En verdad el poeta sentía celos de su joven mujer noruega Dagny Juel. Aunque entre varios de sus clientes del prostíbulo, la mujer finalmente se había decidido por el poeta, esto no podía fin a los trágicos celos que él sentía.

Gelosia
L'amico berlinese di Munch, il poeta Stanislaw Przybyszewski, posò da modello per l'uomo dall'aspetto tetro in primo piano, che sembra ossessionato dalla visione a sinistra del quadro. Lo sguardo spazia in un giardino paradisiaco con una donna seducente che si spoglia e un uomo che le porge dei fiori. In effetti il poeta era tormentato dalla gelosia per la sua giovane fidanzata, la norvegese Dagny Juel. Alla fine aveva scelto il poeta tra molti spasimanti, ma il dramma della gelosia non fu il motivo della rottura.

Jaloezie
Munchs vriend uit Berlijn, de dichter Stanisław Przybyszewski, stond model voor de neerslachtig kijkende man op de voorgrond, die wordt geplaagd door het visioen dat links van hem is te zien: in een paradijselijke tuin krijgt een vrouw wier jurk verleidelijk is geopend, bloemen aangereikt door een man. De dichter werd inderdaad geplaagd door jaloezie met betrekking tot zijn jonge vrouw, de Noorse Dagny Juel. Zij had weliswaar besloten om na talloze geliefden voor de Poolse dichter te kiezen, maar daarmee kwam er nog geen einde aan zijn jaloersheid.

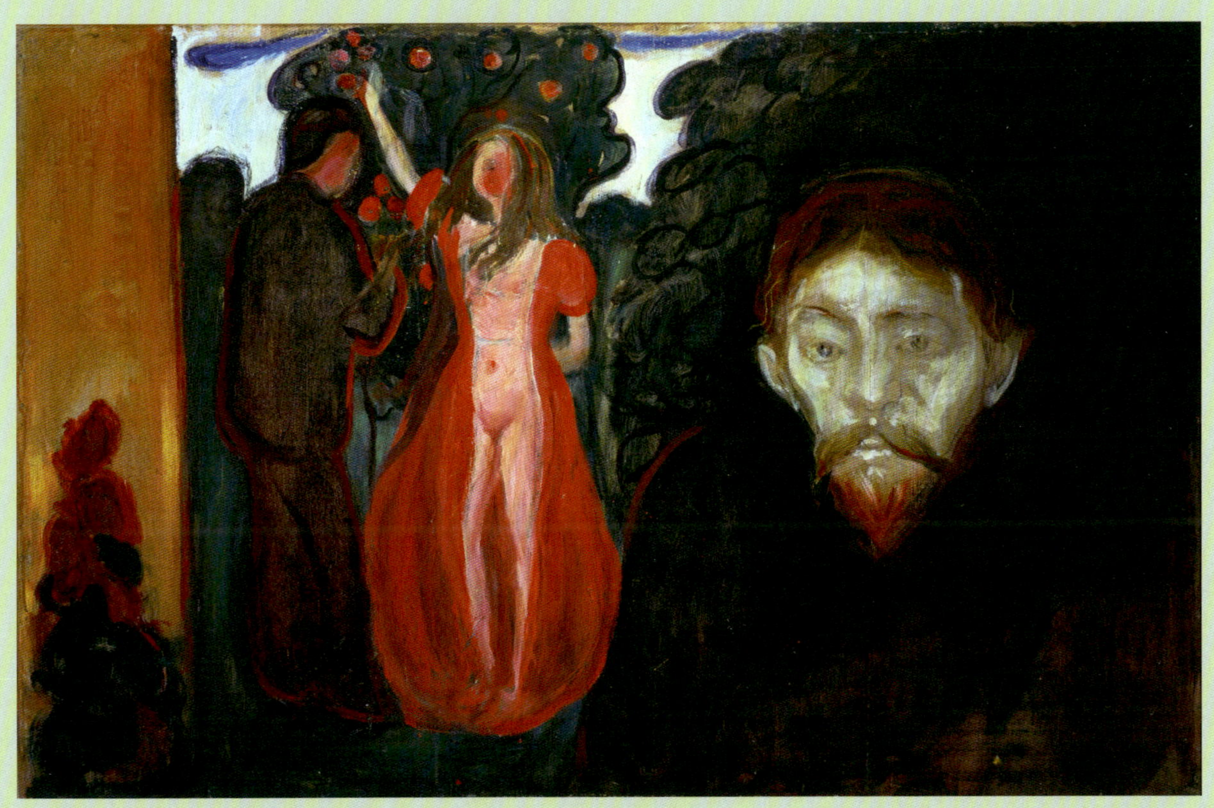

Jealousy

Jalousie

Eifersucht

Celos

Gelosia

Jaloezie

1895, Oil on canvas/Huile sur toile, 66,8 × 100 cm, KODE 3, Bergen

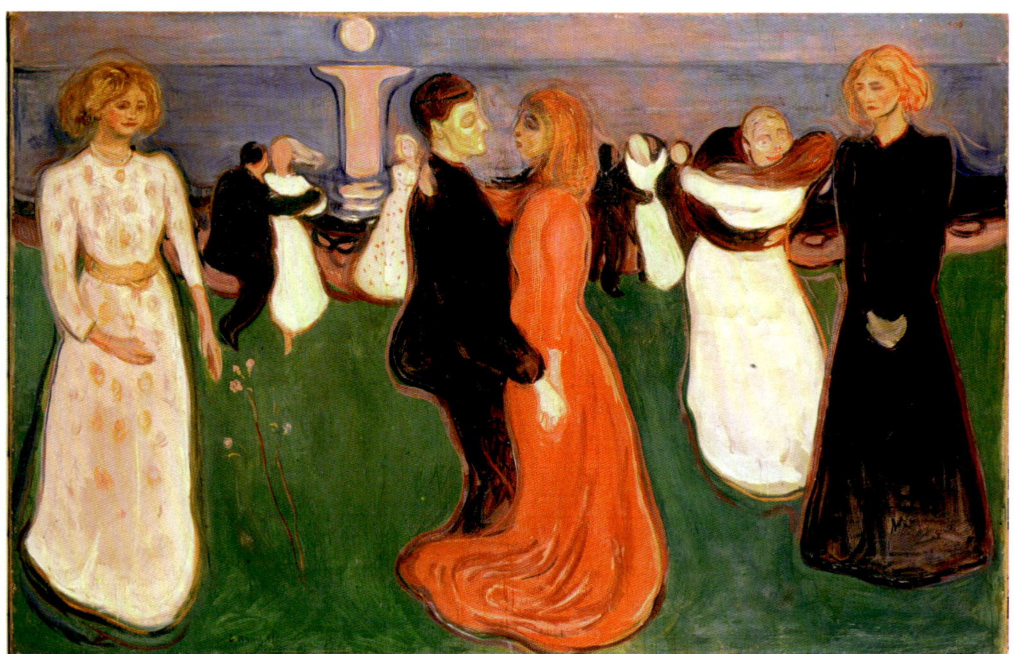

The Dance of Life

La Danse de la vie

Der Tanz des Lebens

El baile de la vida

La danza della vita

De dans van het leven

1899–1900, Oil on canvas/Huile sur toile, 125 × 191 cm, Nasjonalgalleriet, Oslo

The Frieze of Life – A Poem of Life, Love, and Death

When in 1893 Munch showed another selection of his works in Berlin, he selected those depicting certain motifs and places which he loaded with magic and mysticism with one-of-a-kind, casual painting technique. The most important stage for Munch's dramas was Åsgårdstrand, a fishing village that become a popular spot for a day at the beach about 50 miles southwest. It was there that Munch had rented himself a little fisherman's hut in 1889. The protected fjord with its lovely trees subsequently became the scene for a number of Munch's psychological scenes. The natural setting was both

***« La Frise de la vie »* – Un poème sur la vie, sur l'amour et sur la mort**

En 1893, lorsque Munch présente à nouveau à Berlin une sélection de ses tableaux, ceux-ci sont consacrés à des sujets et des lieux tout à fait précis, qu'il traite avec la technique picturale « relâchée » qui lui est propre, chargée de magie et de mystère. La scène la plus importante pour les actions figurées par Munch est Åsgårdstrand, village de pêcheurs (et station balnéaire) situé à environ 80 kilomètres au sud-ouest d'Oslo, où il louait une maisonnette depuis 1889. Le fjord protégé avec sa belle forêt sera toujours par la suite le lieu des scènes psychologiques qu'il représente. Toutefois, le décor

***Der Lebensfries* – Ein Gedicht vom Leben, von der Liebe und vom Tod**

Als Munch 1893 in Berlin erneut eine Auswahl seiner Bilder zeigte, waren es ganz bestimmte Motive und Orte, die er mit seiner eigenartig nachlässigen Maltechnik mit Magie und Zauber auflud. Die wichtigste Bühne für Munchs Dramen war Åsgårdstrand, ein etwa 80 Kilometer südwestlich von Oslo gelegener Bade- und Fischerort, in dem sich Munch 1889 ein kleines Fischerhäuschen gemietet hatte. Der geschützte Fjord mit seinem schönen Baumbestand wird in der Folge immer wieder zum Schauplatz für Munchs Psycho-Szenen. Die Naturvorlage wird aber bei Munch vereinfacht

Letting Go
Séparation
Loslösung
Desapego
Separazione
Onthechting

1896, Oil on canvas/Huile sur toile, 96,5 × 127 cm, Munch-Museet, Oslo

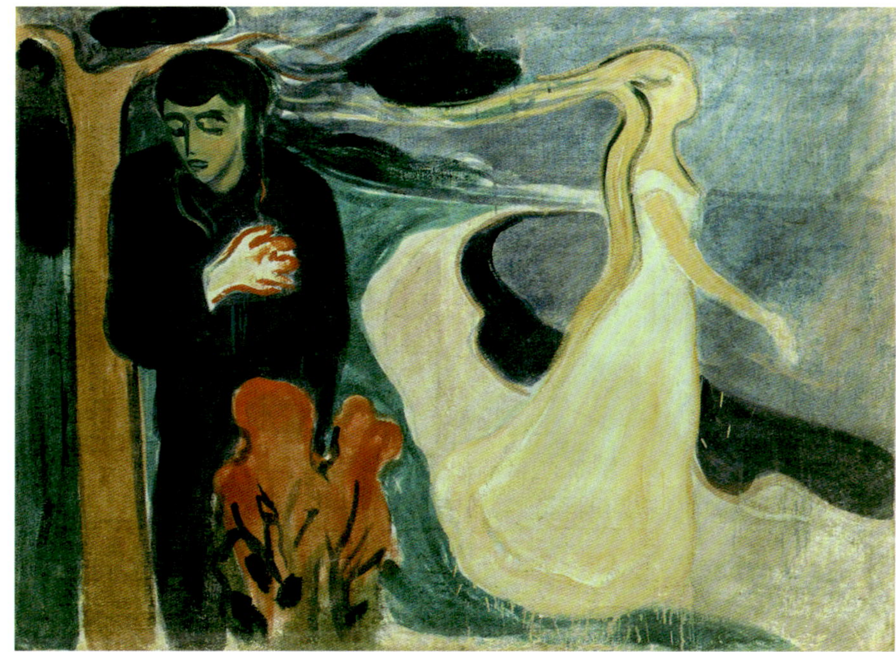

El friso de la vida – Una poema sobre la vida, el amor y la muerte
Cuando Munch en 1893 vuelve a exponer en Berlín, exhibe únicamente una selección de sus obras con temas y lugares muy concretos, a los que le insufla magia gracias a su peculiar técnica pictórica descuidada. El escenario más importante para las dramáticas composiciones de Munch era Aasgaardstrand, un lugar para bañistas y pescadores, a alrededor 80 kilómetros del sureste de Oslo, donde Munch alquiló una casita de pescadores en 1889. El fiordo, protegido por un precioso bosque, se convierte desde entonces por tanto en el perfecto escenario para las escenas de terror

Il fregio della vita – un poema sulla vita, l'amore e la morte
Nel 1893 Munch espose di nuovo a Berlino una selezione dei suoi quadri, in cui c'erano motivi e luoghi ben precisi che egli caricò di magia e incantesimo con la sua tecnica pittorica singolarmente trascurata. Il palcoscenico più importante per i drammi di Munch era Aasgaardstrand, una località balneare e di pesca a circa 80 chilometri a sud-ovest di Oslo, dove nel 1889 l'artista affittò una piccola casa di pescatori. Il fiordo riparato con il suo bel patrimonio forestale divenne di conseguenza il luogo di rappresentazione delle scene psicologiche di Munch. Il modello di

Het Levensfries – een gedicht van leven, liefde en dood
Als Munch in 1893 in Berlijn nieuw werk exposeert, zijn het bijzondere motieven en plekken die hij met gevoel voor het magische weet op te roepen, in zijn eigen, 'onzorgvuldige' schildertechniek. Het schouwtoneel voor zijn drama's is nu het strand van Aasgaard, een badplaatsje op zo'n tachtig kilometer ten zuidwesten van Oslo. Daar heeft Munch in 1889 een vissershuisje gehuurd. Het beschutte fjord met zijn fraaie bossen zal vaak het decor voor Munchs psychologische verbeelding vormen. Maar de weergave van de natuur wordt vereenvoudigd en tegelijk monumentaler, waarbij het natuurlijke

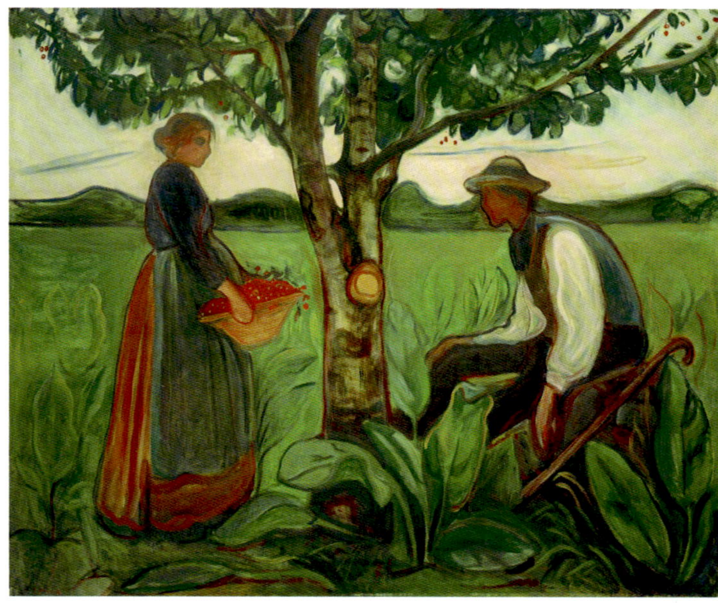

Fertility

Fertilité

Fruchtbarkeit

Fertilidad

Fertilità

Vruchtbaarheid

1898, Oil on canvas/Huile sur toile, 120 × 140 cm, Private collection

simplified and monumentalized by Munch, with the shapes and form of nature reduced to a few basic templates. Pine trees became dark poles rearing their way into the sky, the beach became a billowing mass of light, the moon's beams became a rigid column of light, all unmistakably symbolic of the feminine and masculine that Munch repeatedly wanted to confront one another in his works. To give his images a stronger coherence and to organize them thematically, the painter opted to show them in the form of a "frieze of life", first at the Berlin Secession in 1902 and then at the Leipzig gallery of P.F. Beyer und Sohn in the following year.

naturel est à la fois simplifié et en même temps « monumentalisé » par Munch ; les formes naturelles y sont réduites à quelques formules de base. Les pins deviennent des tiges sombres et dressées ; la plage, une masse claire et flottante ; le clair de lune, une colonne lumineuse verticale dans le champ iconographique. Autant de symboles sans équivoque du masculin et du féminin, que Munch fait régulièrement apparaître en opposition réciproque dans ses tableaux. Afin de donner à ceux-ci une cohérence plus forte et de les articuler de façon thématique, le peintre présente ses chefs-d'œuvre sous la forme d'une « frise de la vie » – une première fois en 1902 dans le cadre de la Sécession berlinoise, puis en 1903 dans la galerie leipzigoise P.F. Beyer & Sohn.

und zugleich monumentalisiert, die Naturformen auf einige Grundformeln reduziert. Aus Kieferbäumen werden dunkle, aufragenden Stangen, aus dem Strand eine wabernde, helle Masse, aus dem Mondschein eine steif ins Bild ragende Lichtsäule, alles unmissverständliche Zeichen für Weibliches und Männliches, das Munch in seinen Bildern immer wieder gegeneinander antreten lässt. Um seinen Bilder stärkeren Zusammenhalt zu geben und thematisch zu gliedern, zeigt der Maler seine Hauptwerke in Form eines „Lebensfries", erstmals 1902 in der Berliner Sezession und 1903 in der Leipziger Galerie P.F. Beyer und Sohn.

Metabolism

Métabolisme

Metabolismus

Metabolismo

Metabolismo

Metabolisme

1899, Oil on canvas/Huile sur toile, 175 × 143 cm, Munch-Museet, Oslo

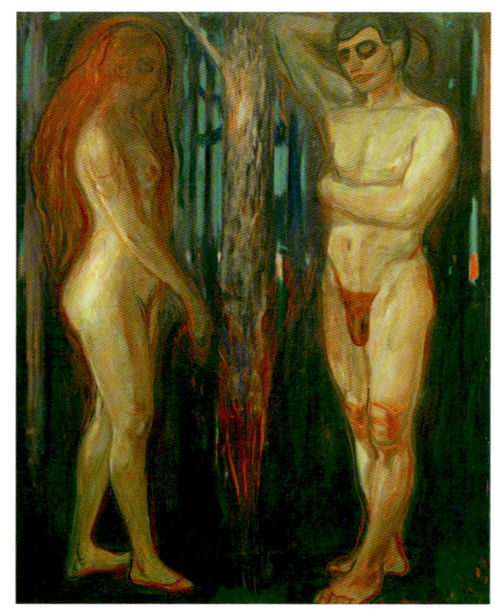

de Munch. Aunque el autor tiende a simplificar y monumentalizar los bastidores de la naturaleza, reduciendo sus formas a unas pocas fórmulas generales. Los pinares se convierten en oscuros postes ascendientes, la playa en una clara masa que se va extendiendo, la luz de la luna en una rígida barra luminosa que penetra en el cuadro; todos ellos símbolos inequívocos de las partes femeninas y lo masculinas que Munch siempre vuelve a hacer coincidir en sus cuadros. Para dar a su obra más contenido y estructurarla por temas el pintor expone sus principales obras en forma de "friso de la vida" por primera vez en la Sezession de Berlín, en 1902, y en la Leipziger Galerie P.F. Beyer und Sohn, en 1903.

natura fu però semplificato da Munch e allo stesso tempo monumentalizzato, e le forme naturali ridotte ad alcune formule di base. Gli alberi di pino ispirano le barre scure e dominanti, la spiaggia una massa aleggiante e chiara, il chiaro di luna una colonna di luce che si innalza rigida sul quadro, tutti segni inequivocabili di femminile e maschile che Munch nei suoi dipinti pone continuamente a confronto l'uno con l'altro. Per dare una coesione più forte ai suoi quadri e suddividerli tematicamente, il pittore espone le sue opere principali nella forma di un "fregio della vita", presentato per la prima volta nel 1902 nella Secessione Berlinese e nel 1903 nella galleria di Lipsia P.F. Beyer e figlio.

tot basisvormen wordt teruggebracht. Dennenbomen worden donkere, oprijzende stangen, het strand een zinderende massa, het maanlicht een starre lichtzuil door het beeldvlak. Dit alles getuigt ook van het vrouwelijke en mannelijke, dat Munch in zijn werk vaak contrasteert. Om zijn werk een sterkere samenhang te geven en thematisch in te delen, openbaart de kunstenaar zijn hoofdwerk in de vorm van een "levensfries", dat in 1902 voor het eerst in de Berliner Sezession voor het eerst word geëxposeerd en in 1903 in de Leipzigse galerie van P.F. Beyer und Sohn wordt getoond.

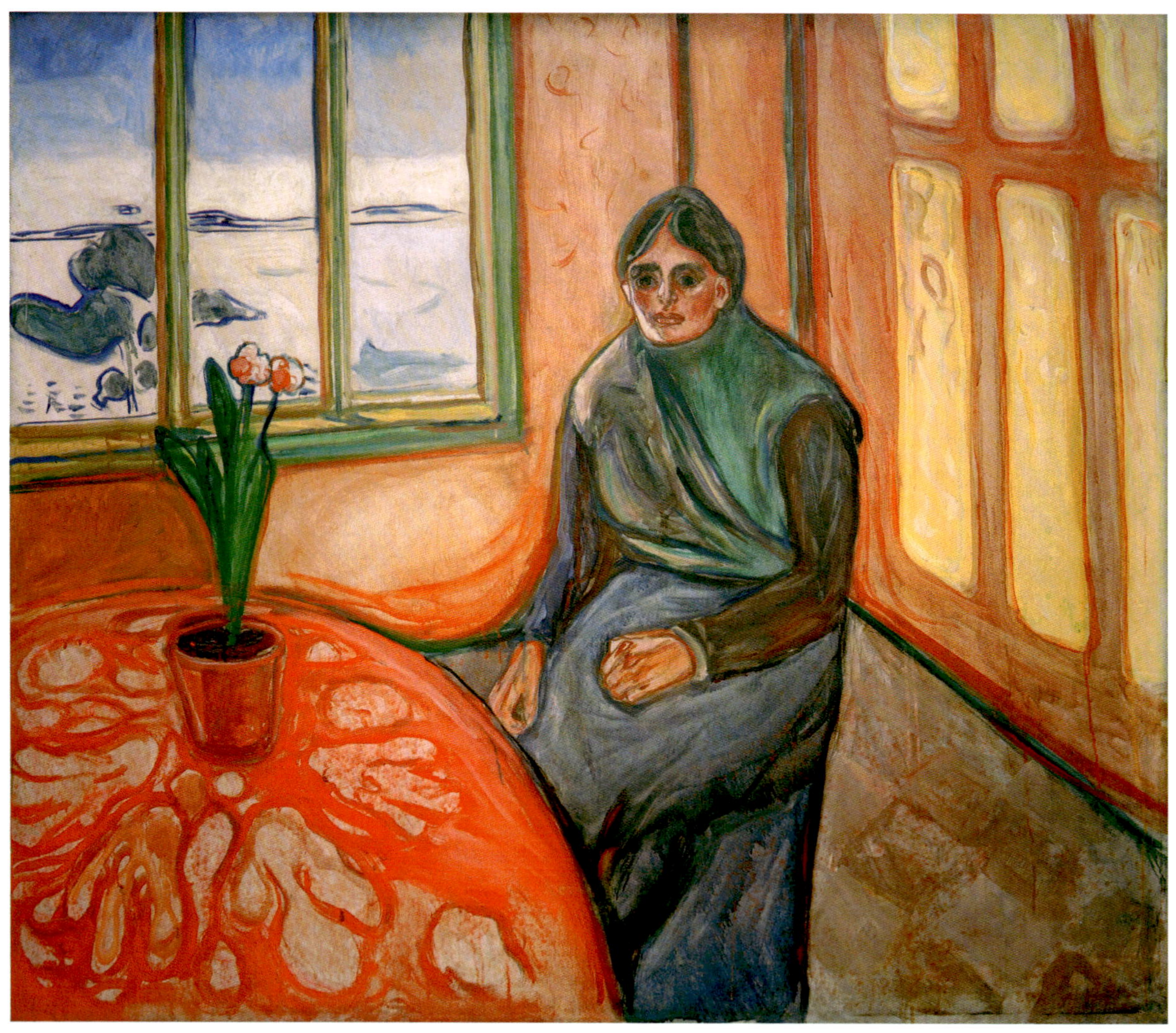

Melancholy. Laura ***Melancholie. Laura*** ***Malinconia. Laura***
Mélancolie. Laura ***Melancolía. Laura*** ***Melancholie. Laura***
1899, Oil on canvas/Huile sur toile, 110 × 126 cm, Munch-Museet, Oslo

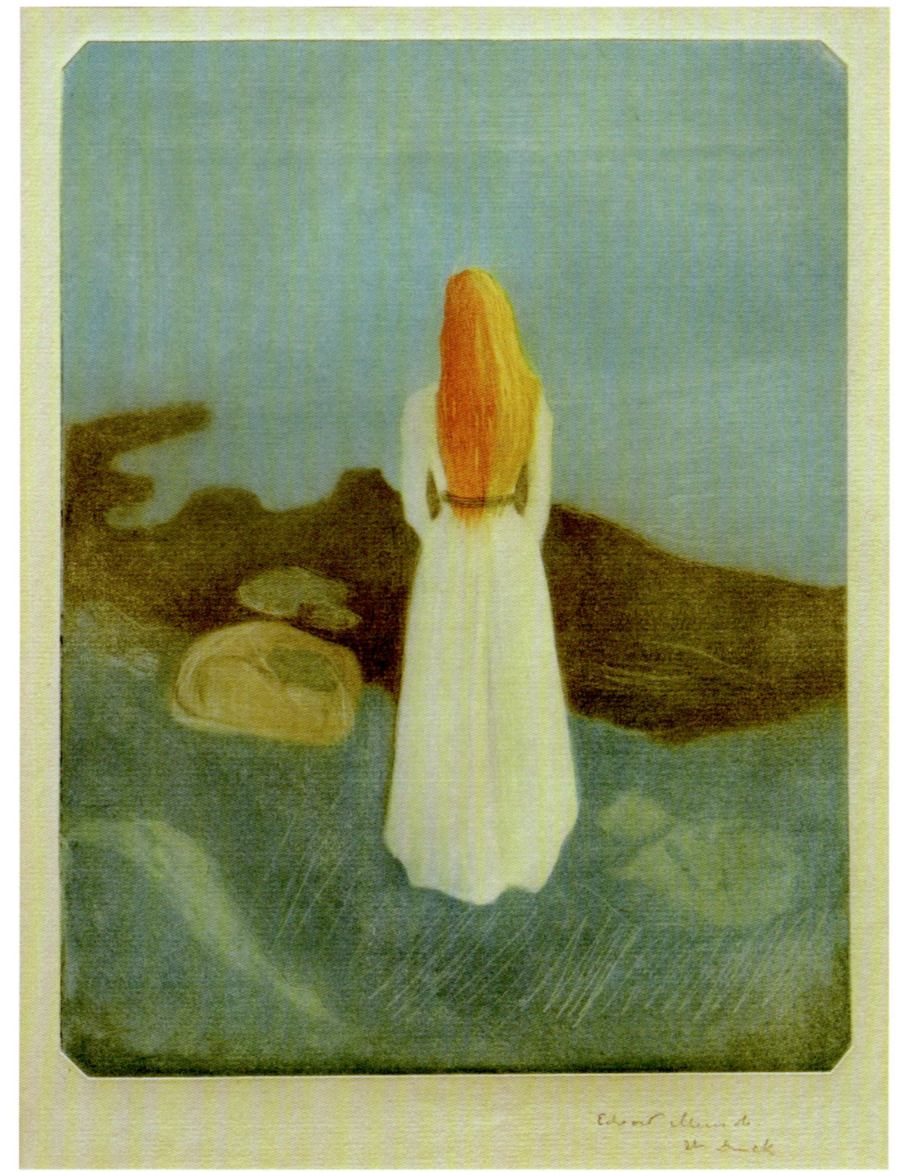

Young Woman on Beach

Jeune femme sur le rivage

Junge Frau am Strand

Joven mujer en la playa

Giovane donna sulla spiaggia

Jonge vrouw aan het strand

1896, Aquatint and dry point etching/ Aquatinte, eau-forte et pointe sèche, 28,5 × 21,6 cm, Munch-Museet, Oslo

Puberty
A pubescent girl sits on the bed in a tense posture and stares with wide-open eyes at the image. Her naked flesh disrupts the white field of the bedsheet. She has pulled in her arms across her lap as if she wants to hide from her fear. To the rear, the girl's shadow has asserted itself like a second ego that wants to take the childlike soul into the new realms of adulthood and budding sexuality.

Puberté
Une jeune adolescente nue est assise sur un lit, comme prostrée ; elle regarde tétanisée, les yeux grands ouverts, vers l'extérieur du tableau. Son corps à la carnation claire dessine une croix avec le drap de lit blanc. Elle a croisé ses deux bras maigres et trop longs sur sa poitrine, comme si elle voulait cacher la cause de son angoisse. Derrière la jeune fille est dressée son ombre, qui va conduire cette âme enfantine dans le royaume nouveau de l'adolescence et de la sexualité naissante.

Pubertät
Ein nacktes heranwachsendes Mädchen sitzt in verkrampfter Haltung auf dem Bett und starrt angespannt mit weit geöffneten Augen aus dem Bild. Sein heller Körper kreuzt das weiße Bettlaken. Die zu langen Arme hat es über dem Schoß verschränkt, als wolle es den Anlass der Angst verbergen. Hinter dem Mädchen hat sich sein Schatten verselbstständigt, der wie ein zweites Ich die kindliche Seele in ein neues Reich des Erwachsenseins und der aufkeimenden Sexualität führen will.

Pubertad
Una chica desnuda, en plena edad de desarrollo, se encoge sobre sí misma, sentada encima de la cama, con los ojos bien abiertos y dirigiendo su mirada fija hacia fuera del cuadro. Su claro cuerpo forma una cruz sobre la impoluta sábana blanca. Tiene sus brazos, demasiado largos, cruzados sobre el regazo, como si quisiese esconder sus miedos. Detrás de la chica aparece una gran sombra, quien actuando como su segundo yo, quiere llevarse el alma infantil de la chica al nuevo reino del ser adulto y de su creciente sexualidad.

Pubertà
Una ragazza nuda adolescente è seduta sul letto in atteggiamento impacciato ed emerge dal quadro con lo sguardo teso e gli occhi spalancati. Il suo corpo chiaro ha le braccia incrociate sulle lenzuola bianche. Incrocia le braccia troppo lunghe sopra il grembo, come se volesse nascondere la causa dell'angoscia. Dietro la ragazza la sua ombra sembra diventare autonoma, e come un secondo Io vuole guidare l'anima infantile nel nuovo regno dell'età adulta e della sessualità germogliante.

Puberteit
Een naakt pubermeisje zit verkrampt op een bed en staart gespannen en met opengesperde ogen naar de beschouwer. Het heldere lichaam is gekruist met het witte laken. De te lange armen liggen gevouwen in de schoot, alsof het meisje de oorzaak van haar angst wil verbergen. Achter haar is haar schaduw een eigen leven gaan leiden, alsof haar tweede ik de kinderziel naar een nieuw domein van volwassenheid en ontluikende seksualiteit wil leiden.

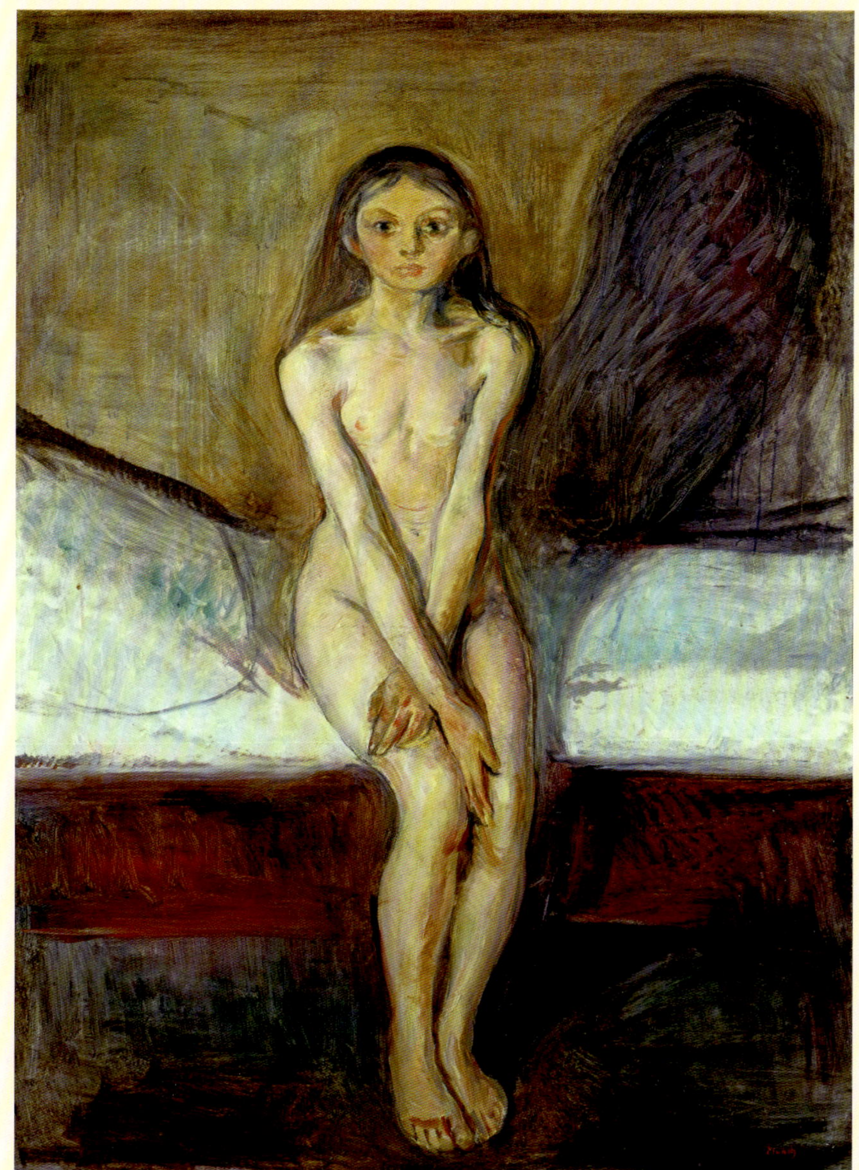

Puberty

Puberté

Pubertät

Pubertad

Pubertà

Puberteit

1894–95, Oil on canvas/Huile sur toile, 151,5 × 110 cm, Nasjonalgalleriet, Oslo

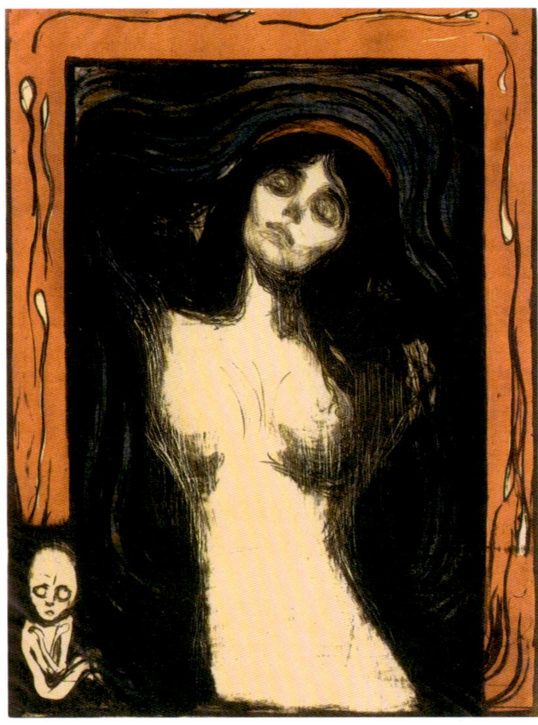

Madonna (Annunication)

La Madone (Conception)

Madonna (Empfängnis)

Madonna (concepción)

Madonna (concepimento)

Madonna (Ontvangenis)

1895, Lithograph/Lithographie, 60,5 × 54,2 cm, Staatliche Graphische Sammlung, München

On the first wall, which Munch dedicated to the theme of "Stirrings of Love," he presented two works that were already famous by 1903: *The Kiss* (1897) and *Madonna* (1894–95). Does *The Kiss* show a farewell scene or the start of a love affair? Both bodies are almost melded together into a single whole in the half-dark. No painter had ever before shown just how strange and drastic the mystery of love can be. *Madonna* makes even more of an impression as the completely naked woman peels herself out of the mist, self-consciously offering her body to

Sur le premier mur consacré au thème de « L'Éveil de l'amour », il a déjà présenté dès 1903 deux tableaux devenus célèbres, *Le Baiser* et *La Madone*. Le premier (1897) évoque-t-il une scène d'adieu ou le début d'une relation amoureuse ? Les deux corps sont unis dans la pénombre, comme fondus ensemble. Aucun autre peintre avant Munch n'a représenté le mystère de l'amour de façon plus effrayante et plus radicale. Plus impressionnant encore, *La Madone* (1894–95) représente une femme nue qui a l'air de sortir d'une brume, en offrant très consciemment

An der ersten Wand, die Munch dem Thema „Erwachende Liebe" widmete, hatte er 1903 auch schon die beiden berühmten Werke *Der Kuss* und *Madonna* präsentiert. Zeigt der *Kuss* (1897) eine Abschiedsszene oder eine beginnende Liebesaffäre? Beide Körper sind im Halbdunkel wie in einem Guss vereint. Unheimlicher und drastischer hat wohl kein Maler vor Munch das Mysterium Liebe dargestellt. Noch eindrücklicher ist das Bild *Madonna* (1894–95). Die vollkommen nackte Frau schält sich wie aus einem Nebel heraus, ihren Körper selbstbewusst

Madonna (Annunication)
La Madone (Conception)
Madonna (Empfängnis)
Madonna (concepción)
Madonna (concepimento)
Madonna (Ontvangenis)
1895–1902, Color Lithograph/Lithographie, 55,8 × 34,8 cm, Private collection

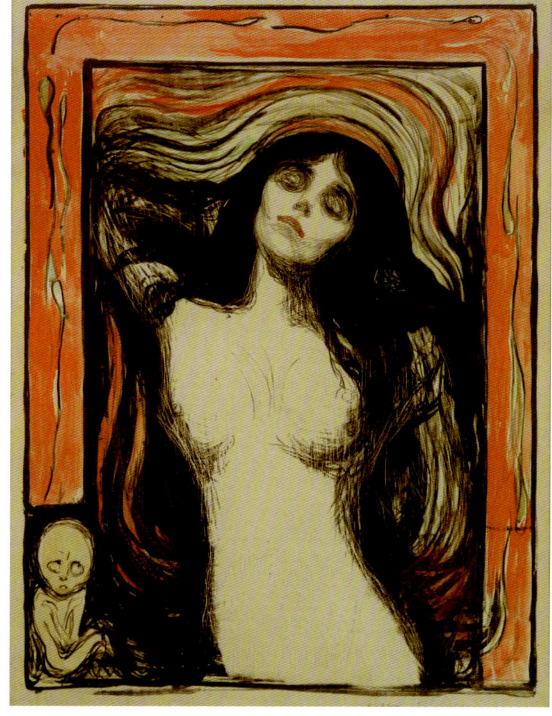

En la primera pared, a la que Munch dedicó la obra *Despertar del amor*, ya había expuesto en 1903 sus famosas obras *El beso* y *Madonna*. No queda claro si *El beso* (1897) muestra el final o el inicio de una historia de amor. Ambos cuerpos se unen bajo la penumbra fundiéndose en uno solo. Ningún pintor anterior a Munch había representado el misterio del amor de una manera tan lúgubre y vehemente. El cuadro *Madonna* (1894–95) es todavía más impactante. Una mujer completamente desnuda aparece envuelta en una nube de niebla y ofrece, con total

Sulla prima parete, che Munch dedicò al tema *Risveglio dell'amore*, nel 1903 l'artista aveva già presentato entrambe le famose opere *Il Bacio* e *Madonna*. Il *Bacio* (1897) mostra una scena di addio o una storia d'amore che inizia? I due corpi sono uniti nella penombra come totalmente fusi. Nessun pittore prima di Munch aveva raffigurato il mistero dell'amore in modo così inquietante e drastico. Ancora più impressionante è il quadro *Madonna* (1894–95). La donna completamente nuda sembra emergere dalla nebbia, offrendo consapevolmente il suo

Op de eerste wandschildering die Munch aan het onderwerp 'ontluikende liefde' wijdde, had hij in 1903 al de beide beroemde werken *De kus* en *Madonna* tentoongesteld. Het is niet duidelijk of *De kus* (1897) een afscheidsscène of een beginnende romance verbeeldt. Beide lichamen zijn in de schaduw tot één geheel versmolten. Weinig schilders hebben het mysterie van de liefde verontrustender en onheilspellender uitgebeeld. Nog indringender is het schilderij *Madonna* (1894–95), waarin een geheel naakte vrouw uit een nevel naar voren komt en haar

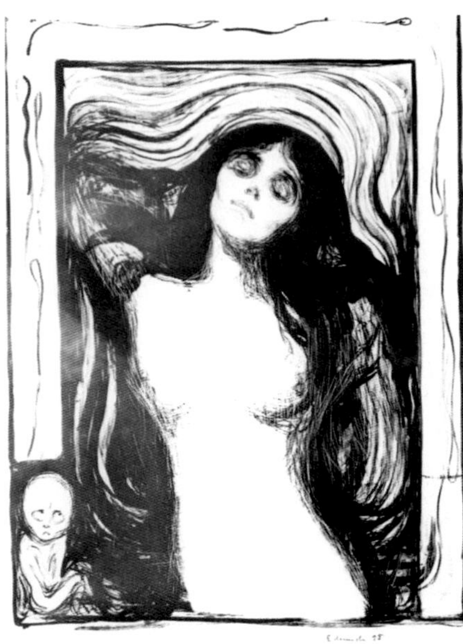

Madonna
La Madone
Madonna
Madonna
Madonna
Madonna
1895, Lithograph/Lithographie, 60 × 44 cm, Galleri Würth, Hagan

the viewer. The hair falling down her back, the head tilted to the side, and the slightly opened, red lips make the woman even more seductive, even under the soft light of a red halo which almost comes across like the red light of a whorehouse. And yet the woman remains torn between Ophelia and Salome, between lust and longing, waking and slumber, revealing and hiding. An image at the center of the *Frieze of Life* as shown in Berlin in 1902 acts like a summative statement of Munch's vision of woman: *The Woman in Three Stages* (ca. 1894). Munch later recreated this image during his late years (1925–29), albeit more brightly and with more detail:

The woman in the white dress on the left corresponds to a nymph who

son corps au spectateur. Les longs cheveux noirs tombants, la tête penchée de côté et les lèvres rouges légèrement ouvertes rendent cette femme encore plus attirante – même sous la lumière blafarde d'une auréole rouge qui évoque plutôt la lanterne d'une maison close. Et pourtant, cette même femme semble être partagée entre Ophélie et Salomé – entre désir et nostalgie, entre éveil et sommeil, entre exhibition et dissimulation. Au centre du mur de la *Lebensfries* à Berlin, en 1902, est accroché un tableau qui sonne comme un résumé de l'image de la femme selon Munch : *Les Trois Âges de la femme* (1894). Dans son œuvre tardif (1925–29), Munch reprendra ce tableau dans une nouvelle version, plus claire et plus détaillée.

dem Betrachter anbietend. Die lang herabfallenden schwarzen Haare, der seitlich geneigte Kopf und die leicht geöffneten roten Lippen machen die Frau noch verführerischer, selbst unter dem fahlen Licht eines roten Heiligenscheins, der eher wie die rote Lampe eines Bordells wirkt. Und doch bleibt die Frau eingespannt zwischen Ophelia und Salome, zwischen Begierde und Sehnsucht, Wachen und Schlafen, Zeigen und Verbergen. Im Zentrum der *Lebensfries*-Wand hing 1902 in Berlin ein Bild, das wie eine Zusammenfassung des Munchschen Frauenbildes wirkt: *Die Frau in drei Stadien* (um 1894). Munch hat im Spätwerk (1925–29) dieses Bild in einer anderen helleren und detaillierteren Fassung wiederholt:

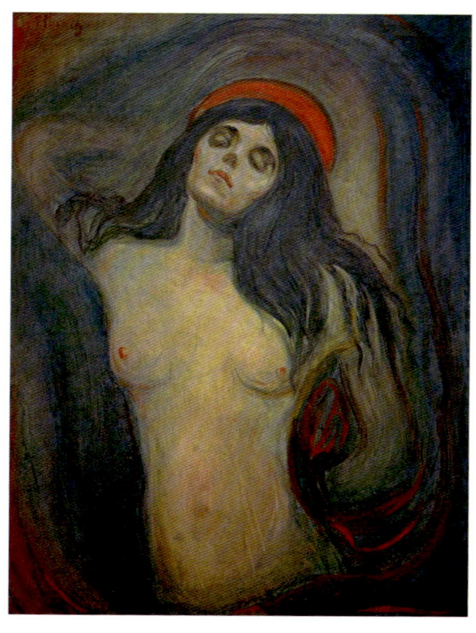

Madonna

La Madone

Madonna

Madonna

Madonna

Madonna

1893–94, Oil on canvas/
Huile sur toile, 90 × 68,5 cm
Munch-Museet, Oslo

Madonna

La Madone

Madonna

Madonna

Madonna

Madonna

1894–95, Oil on canvas/
Huile sur toile, 97 × 75 cm,
Private collection

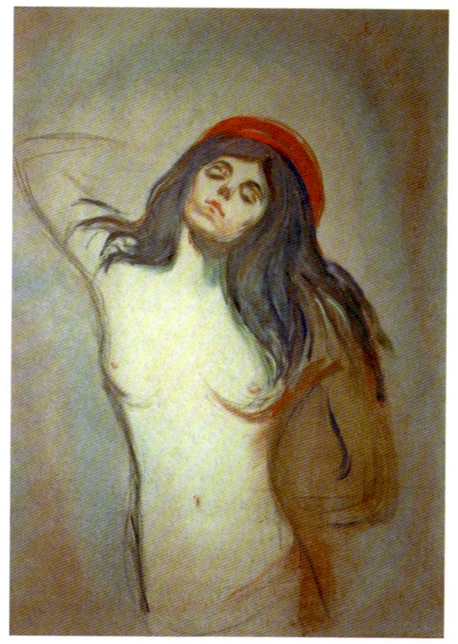

seguridad en sí misma, su cuerpo al espectador. Con su largo cabello negro suelto, la cabeza ladeada y los labios rojos semiabiertos, la mujer es todavía más seductora, incluso bajo la tenue aureola roja que la rodea y que en verdad recuerda a las luces rojas de un burdel. Y sin embargo sigue encajada entre Ofelia y Salomé, entre el deseo y la nostalgia, la vigilia y el sueño, el mostrarse y el esconderse. En el centro de la pared de *El friso de la vida* que se expuso en 1902 en Berlín, había un cuadro que parece resumir la imagen que Munch tenía de la mujer: *La mujer en tres fases* (alrededor de 1894). Munch repitió en sus obras más tardías (1925–29) este cuadro con una concepción diferente, con más claridad y más detalles:

corpo all'osservatore. I lunghi capelli neri ricadenti, la testa inclinata di lato e le labbra rosse leggermente aperte la rendono ancora più affascinante, persino sotto la luce fioca di un'aureola rossa, che ha lo stesso effetto della lampada rossa di un bordello. Tuttavia la donna rimane tesa tra Ofelia e Salomè, tra brama e desiderio, tra veglia e sonno, tra il mostrare e il nascondere. Al centro della parete del *Fregio della vita*, nel 1902 a Berlino era appeso un quadro che è come un riassunto dei quadri di donne di Munch: *La donna in tre fasi* (del 1894). Nelle sue opere della maturità (1925–29) Munch ridipinse questo quadro in una versione più chiara e dettagliata:

La donna a sinistra con il vestito bianco rappresenta una ninfa che si

lichaam zelfbewust aan de beschouwer aanbiedt. Het lange zwarte haar, het zijwaarts gebogen hoofd en de licht geopende, rode lippen maken de vrouw nog verleidelijker, zelfs in het vale licht van een rood aureool, dat eerder doet denken aan het rode schijnsel van een bordeel. Toch houdt de vrouw het midden tussen Ophelia en Salomé, tussen lust en verlangen, waken en slapen, tonen en verbergen. In het midden van de *Levensfries*-wand hing in 1902 in Berlijn een werk dat als een samenvatting van Munchs beeld van vrouwen kan worden opgevat: *De vrouw in drie stadia* (rond 1894). In zijn late werk (1925–29) voerde Munch dit schilderij in een lichtere en gedetailleerder versie opnieuw uit: de vrouw in de witte jurk, links,

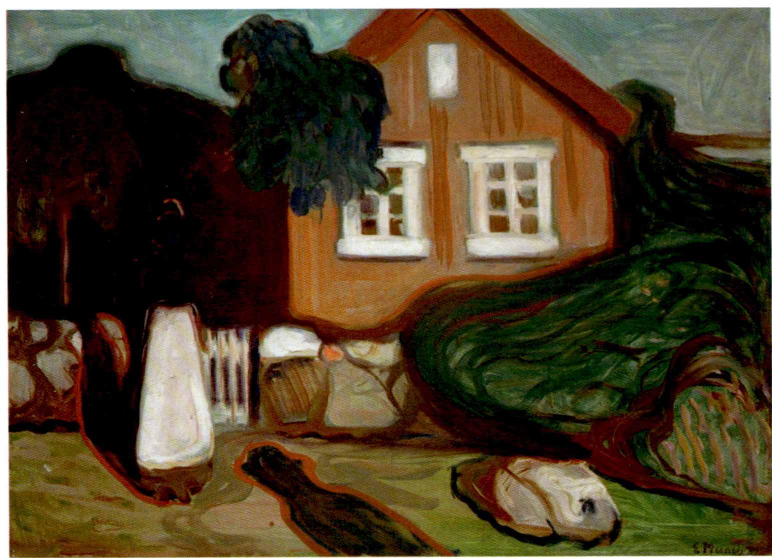

House in the Moonlight

Maison au clair de lune

Haus im Mondschein

Casa a la luz de la luna

Casa al chiaro di luna

Huis in het maanlicht

1895, Oil on canvas/Huile sur toile, 81 × 100,5 cm, KODE 3, Bergen

withdraws herself from masculine lust. At the center is naked temptation with legs spread wide open and arms behind her head, shamelessly giving her nakedness over to the male gaze. The third figure is in the shadow, wearing mourning clothes, quite probably another memory of Munch's sister's death, but also symbolizing rejection and retreat. To the right is a male figure standing under some trees, turned away from the three women. Is this a self-portrait of the artist or an embodiment of the Paris of mythology facing his choice of the three?

At the Leipzig show in 1903, Munch replaced this image with the *Dance of Life* (1899–1900), an image which is now much better known. The misanthropic artist had turned a banal dance scene in Åsgårdstrand into a strikingly haunting

La femme de gauche, vêtue de blanc, correspond à une nymphe qui se soustrait au désir de l'homme. La représentation du milieu est celle de la Tentation nue, jambes écartées et bras repliés derrière la tête, crûment exposée aux regards de l'homme. La troisième figure se présente dans l'ombre, en habit de deuil : rappel évident de la mort de Sophie, mais aussi symbole de renoncement et de retraite. Dans la partie droite du tableau, une silhouette masculine est debout sous des arbres, à l'écart des trois femmes. Doit-on y voir une sorte d'autoportrait du peintre, ou une incarnation de l'antique Pâris, à l'instant du choix fatidique ?

Dans l'exposition de 1903 à Leipzig, Munch remplace cette toile par *La Danse de la vie* (1899–1900). L'artiste

Die Frau links mit dem weißen Kleid entspricht einer Nymphe, die sich der männlichen Begierde entzieht. In der Mitte steht die nackte Versuchung mit gespreizten Beinen und hinter dem Kopf verschränkten Armen, ihre Nacktheit dem männlichen Blick schonungslos preisgebend. Die dritte Figur steht in Trauerkleidung im Schatten, wohl wieder an den Tod der Schwester erinnernd, aber hier auch symbolisch für Entsagung und Rückzug. Im rechten Teil des Gemäldes steht eine männliche Gestalt unter Bäumen, den drei Frauen jedoch abgewandt. Soll man hier ein Selbstbildnis des Malers annehmen, oder eine Verkörperung des antiken Paris, der seine Wahl treffen muss?

In der Leipziger Ausstellung von 1903 hatte Munch dieses Bild ersetzt durch den heute bekannteren *Tanz des Lebens*

The Voice (A Summer's Night)
La Voix (Nuit d'été)
Die Stimme (Sommernacht)
La voz (noche de verano)
La voce (notte estiva)
De stem (Zomernacht)
1893–c. 1907, Oil on canvas/Huile sur toile, 90 × 119,5 cm, Munch-Museet, Oslo

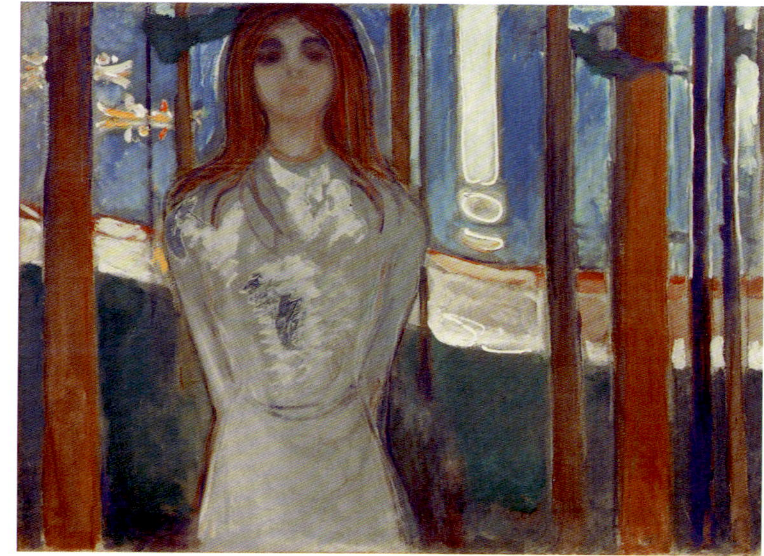

La mujer de la derecha lleva un vestido blanco. Representa a una ninfa escapando al deseo del hombre. En el medio vemos a la Tentación desnuda con las piernas abiertas y los brazos cruzados detrás de la cabeza, entregando despiadadamente su desnudez al ojo del hombre. La tercera figura está de luto en la sombra. Vuelve a recordarnos la muerte de la hermana del autor, aunque en este caso también simboliza la renuncia y la retirada. En la parte derecha del cuadro aparece una figura masculina debajo de unos árboles que le da la espalda a las tres mujeres. Se podría suponer que se trata de un autorretrato del autor o del ser mitológico Paris que debe tomar su decisión.

En la exposición de Leipzig de 1903, Munch había sustituido este cuadro por el *Baile de la vida* (1899–1900),

sottrae al desiderio maschile. Nel centro si trova la tentazione nuda con le gambe allargate e le braccia incrociate dietro la testa, rivelando impudicamente la sua nudità allo sguardo maschile. La terza figura, nell'ombra e in abito da lutto, ricorda ancora una volta la morte della sorella, ma qui è anche un simbolo di sacrificio e rinuncia. Nella parte destra del dipinto c'è una figura maschile sotto gli alberi, che però si allontana dalle tre donne. Si deve qui supporre che si tratti di un autoritratto del pittore, o una personificazione dell'antica Parigi che deve fare la sua scelta?

Nella mostra di Lipsia del 1903 Munch sostituì questo quadro con quello oggi noto come *La danza della vita* (1899/1900). L'artista misantropo creò una scena opprimente e spettrale da una banale scena di danza nel

is een nimf die zich onttrekt aan de mannelijke lust. In het midden staat de naakte verzoeking, met gespreide benen en achter het hoofd gekruiste armen, die haar naaktheid aan de blik van de man blootgeeft. De derde figuur staat in rouwkleding in de schaduw en herinnert opnieuw aan Munchs overleden zuster; maar zij staat ook symbool voor opoffering en overgave. In het rechterdeel staat een mannelijke figuur onder de bomen, die zich echter van de vrouwen heeft afgekeerd. Moeten we hier een zelfportret van de kunstenaar in herkennen, of een belichaming van de antieke held Paris, die zijn keuze moet maken?

Op de expositie van 1903 in Leipzig had Munch dit schilderij al vervangen door het nu bekendere Dans van het leven (1899–1900). De misantrope

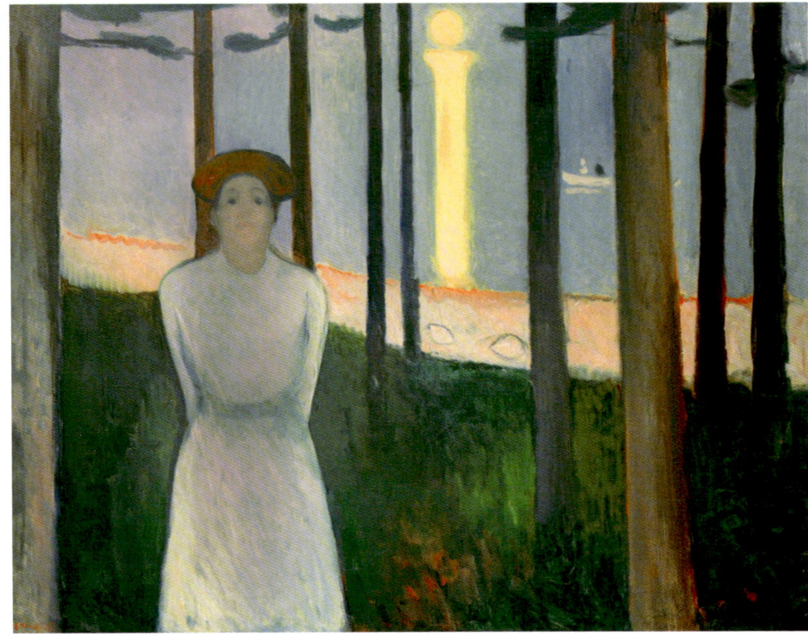

The Voice (A Summer's Night)

Rêve d'une nuit d'été (La Voix)

Die Stimme (Sommernacht)

La voz (noche de verano)

La voce (notte estiva)

De stem (Zomernacht)

1893, Oil on canvas/Huile sur toile, 87,9 × 108 cm, Museum of Fine Arts, Boston

scene where the *three women* turn up like some unpleasant variant of *The Kiss*, to which the woman only acquiesces unwillingly.

While the second series of images addressed "The Ephemeral Passing of Love," i.e. the melancholy of abandonment, the third series addresses "The Fear of Living." This last series included such well-known pieces as *The Scream*, *Anxiety*, and *Evening on Karl Johan*, where Munch had turned Oslo's grandest boulevard into a landscape full of ghosts. A crowd pushes towards the viewer in an endless stream down the street shrouded in a dusky, almost deathly light. The figures come across as more dead

misanthrope y a fait d'une banale scène de danse à Åsgårdstrand une scène fantomatique et pesante, dans laquelle *Les Trois Âges* apparaissent comme une variante de la représentation du *Baiser* (que la femme reçoit malgré elle).

Tandis que la deuxième série de tableaux sur le thème « Fanaison et fin de l'amour » représente la mélancolie de l'abandon ou de la déréliction, la troisième série étudie quant à elle « l'Angoisse devant la vie ». Y sont intégrés des tableaux aussi connus que *Le Cri*, *Angoisse* et *Soirée sur l'avenue Karl-Johan*. La prestigieuse artère d'Oslo y est devenue une parade de morts-vivants : un flot de passants hagards se presse à la rencontre du spectateur,

(1899–1900). Der misanthrope Künstler hat aus einer banalen Tanzszene in Åsgårdstrand eine bedrückende gespenstische Szene gemacht, in der die *Drei Frauen* genauso auftauchen wie eine eher unangenehme Variante des *Kusses*, den die Frau nur widerwillig hinnimmt.

Während die zweite Bilderreihe mit dem Thema „Verblühen und Vergehen der Liebe" die Melancholie des Verlassen-werdens beziehungsweise Verlassen-seins darstellt, zeigte die dritte Reihe die „Angst vorm Leben". Hier waren so bekannte Bilder wie *Der Schrei*, *Angst* und *Abend auf der Karl-Johann-Straße* integriert. Aus dem Prachtboulevard Oslos ist eine

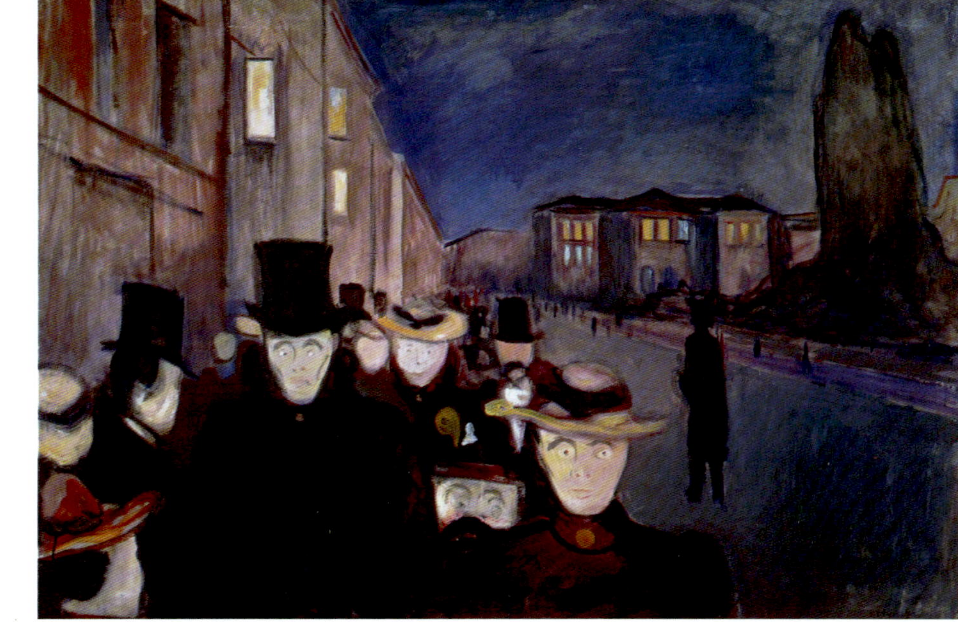

Evening on the Karl Johan

Soirée sur l'avenue Karl-Johan

Abend auf der Karl-Johann-Straße

Atardecer en la avenida Karl Johan

Sera sul viale Karl Johann

Avond op de Karl-Johansgate

1892, Oil on canvas/ Huile sur toile, 85 × 121 cm, KODE 3, Bergen

actualmente mucho más conocido. El autor que era un misántropo, convirtió la postal de un banal baile en Åsgårdstrand en una angustiosa imagen fantasmagórica, en la que aparecen las *tres mujeres*, al igual que lo hace *el beso*, en una versión más bien desagradable, donde la mujer intenta rechazar al hombre.

Mientras que en la segunda hilera de cuadros plasma, con el tema "El marchitar y la desaparición del amor", la melancolía que provoca el abandono, es decir, el haber sido abandonado, en la tercera hilera de cuadros lo hace con "Pánico a la vida". En esta fila había obras tan conocidas como *El grito*, *Miedo* y *Atardecer en la Avenida Karl Johan*.

Åsgårdstrand, nel quale le *tre donne* appaiono piuttosto come una variante sgradevole del *Bacio*, che la donna accetta solo infastidita.

Mentre la seconda serie di quadri con il tema "Sfiorire e svanire dell'amore" rappresenta la malinconia dell'abbandono o meglio dell'essere abbandonato, la terza serie mostra "l'angoscia di vivere". Qui furono integrati quadri conosciuti come *L'Urlo*, *Angoscia* e *Sera sul viale Karl Johann*.

Il viale principale di Oslo è diventato un paesaggio spettrale: una folla che incalza l'osservatore scorre come un flusso infinito lungo la strada, che è distesa nella luce cupa come un lenzuolo funebre. Anche le figure

kunstenaar heeft van een gewone dansscène in Åsgårdstrand een bedrukkend tafereel gemaakt, waarin '*de drie vrouwen*' evenzeer opduiken als in een minder opgewekte versie van *De kus*, die de vrouw met weerzin ondergaat.

Terwijl de tweede schilderijenserie, over het 'verwelken en vergaan van de liefde', de melancholie van het verlaten worden uitbeeldde, toonde de derde serie de 'angst voor het leven'. Hierin waren ook beroemde werken als *De schreeuw*, *Angst en Avond op de Karl-Johansgate* opgenomen. De prachtige boulevard in het centrum van Oslo is in een naargeestig landschap veranderd: een eindeloze stroom mensen trekt

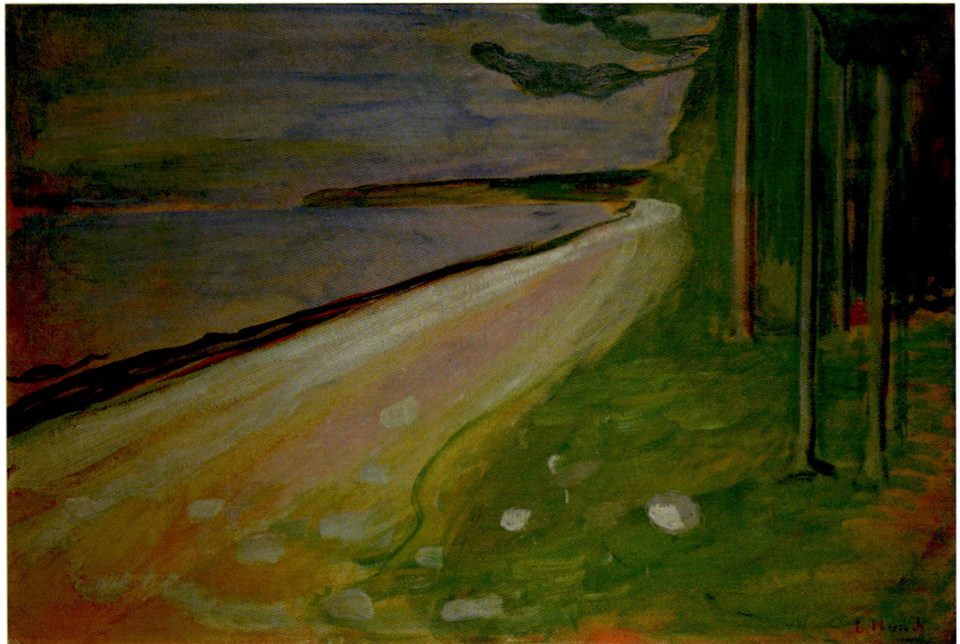

Beach near Åsgårdstrand

Plage d'Åsgårdstrand

Strand bei Åsgårdstrand

Playa en Åsgårdstrand

Spiaggia di Åsgårdstrand

Het strand bij Åsgårdstrand

1895–96, Oil on canvas/Huile sur toile, 57,5 × 83,5 cm, Private collection

than alive as they push their way out of the painting, with cheerless stares, seemingly staggering their way to a funeral. In the background, the three-winged parliament building watches with windows brightly lit up like eyes looking down on the strange goings-on and representing the power of social repression and scrutiny.

en descendant l'avenue qui prend des allures de linceul dans la lumière crépusculaire. Autant de personnages plus morts que vivants, qui se pressent hors du champ, visages sans joie figés comme des masques, tous habillés de noir comme pour un enterrement. En arrière-plan veille le Parlement, bâtiment aux trois ailes percées de fenêtres éclairées comme autant d'yeux, regardant cet inquiétant défilé, tout en symbolisant la surveillance constante et la répression potentielle de la société.

Spuklandschaft geworden: Eine den Betrachter bedrängende Menge zieht in einem endlosen Strom die Straße hinunter, die im düsteren Licht wie ein Leichentuch daliegt. Eher tot als lebendig wirken auch die Gestalten, die aus dem Bild drücken, freudlos und maskenstarr die Gesichter, in Schwarz verhüllt wie zu einer Beerdigung wankend. Im Hintergrund wacht das dreiflügelige Parlamentsgebäude, mit hell erleuchteten Fenstern wie Augen, die auf das unheimliche Geschehen herunterblicken und gleichzeitig für die gesellschaftliche Repression und Überwachung stehen.

Female Nude on the Beach

Femme nue sur le rivage

Weiblicher Akt am Strand

Desnudo de mujer en la playa

Nudo femminile sulla spiaggia

Vrouwelijk naakt aan het strand

c. 1898, Oil on wood/ Huile sur bois, 39,5 × 59,5 cm, Private collection

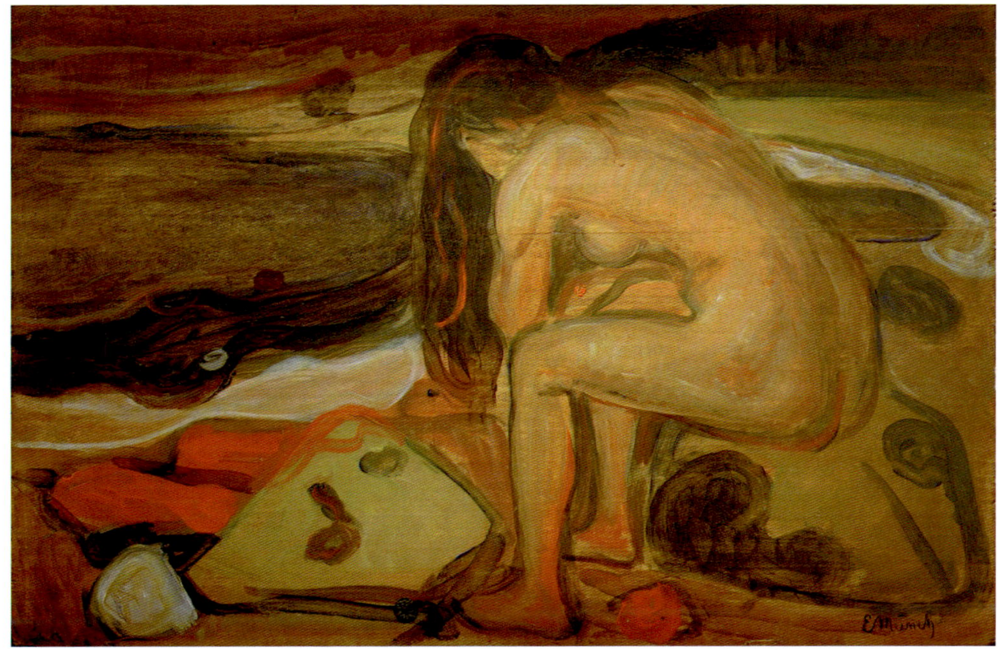

La avenida más cara de Oslo se convierte en un paisaje fantasmagórico: Un marabunta de gente que asedia al espectador desciende formando una infinita fila la calle adquiriendo, bajo la sombría luz, la apariencia de una mortaja. Más muertas que vivas también parecen las figuras. Con sus caras sombrías e inmóviles, completamente cubiertas de negro como si fuesen a un entierro, parecen salirse del cuadro. El Parlamento de tres alas con ventanas iluminadas que parecen ojos vigilantes y que representa la represión y el control social, observa desde el fondo el siniestro acontecimiento.

che emergono dal quadro sembrano più morte che vive, i visi infelici e rigidi come maschere, velati di nero e barcollanti come a un funerale. Sullo sfondo veglia il palazzo del Parlamento a tre ali, con finestre illuminate di chiaro come occhi che osservano dall'alto un avvenimento inquietante e nel contempo rappresentano la repressione sociale e il controllo.

door de straat en dringt zich aan de beschouwer op. In een vaal licht wordt de boulevard als een lijkwade uitgebeeld, waar de mensen meer dood dan levend aan het beeldvlak willen ontsnappen. Met vreugdeloze blik en in het zwart gehuld lijken ze wankelend op weg te zijn naar hun begrafenis. Op de achtergrond waakt het Parlementsgebouw met zijn drie vleugels over de scène, met ramen als ogen, die oplichten en symbool staan voor sociale repressie en controle.

The Scream
A haggard figure stands on a bridge that abruptly heads into the abyss. He emits a silent scream that appears to emanate wave-like into the surrounding landscape. In the background, two dark figures step out from meandering through space. According to Munch, this image was in response to a personal experience of fear in the face of nature's power, unfolding without regard to human suffering. The waves in the landscape could be understood as the sound waves of the scream, but they also embrace the screaming man like a uterus which has given birth to the man into a hostile environment.

Le Cri
Sur un pont qui se perd dans les profondeurs se dresse une maigre silhouette, hurlant un cri silencieux qui semble se propager dans l'espace environnant sous forme de mouvements ondulatoires. En arrière-plan, deux personnages obscurs s'extraient des méandres du champ iconographique. Si l'on en croit Munch, l'occasion de ce tableau a été une expérience personnelle d'angoisse face à la puissance de la nature, qui se développe sans se soucier des souffrances de l'homme. Les ondulations dans le paysage pourraient être comprises comme les ondes sonores du cri – mais elles entourent également le personnage hurlant comme une sorte d'utérus d'où il aurait été expulsé dans un monde hostile.

Der Schrei
Auf einer jäh in die Tiefe führenden Brücke steht eine hagere Gestalt, die einen lautlosen Schrei ausstößt, der sich in der Landschaft in wellförmigen Bewegungen auszubreiten scheint. Im Hintergrund schälen sich zwei dunkle Figuren aus den Mäandern des Raums. Nach Munch war der Anlass zu diesem Bild ein eigenes Angsterlebnis angesichts der Macht der Natur, die sich unberührt vom Leiden des Menschen entfaltet. Die Wellenbewegungen in der Landschaft könnten als Schallwellen des Schreis verstanden werden, umgeben die Figur aber auch wie ein Uterus, aus dem sie in eine feindliche Umwelt entlassen wurde.

El grito
En un puente que cruza el abismo una flaca figura emite un grito sordo que parece expandirse por todo el paisaje en forma de movimiento ondular. Al fondo aparecen dos oscuras figuras desde el meandro del espacio. Según Munch el hecho que motivó este cuadro fue una sensación de miedo que él mismo experimentó ante el poder de la naturaleza, que se desarrolla con independencia del sufrimiento del ser humano. Los movimientos sísmicos en el paisaje se pueden entender como la onda sonora del grito, aunque también rodean q la figura como si se tratase de un útero del que la figura es expulsada hacia el mundo hostil.

L'Urlo
Su un ponte che precipita nell'abisso si trova una figura magra che emette un urlo silenzioso, che sembra estendersi nel paesaggio con movimenti ondulati. Sullo sfondo sgusciano dai meandri dello spazio due figure scure. Secondo Munch il motivo di questo quadro era la propria esperienza di angoscia nei confronti della forza della natura, che si schiude intatta dalle sofferenze dell'uomo. I movimenti ondulati del paesaggio si possono intendere come le onde acustiche dell'urlo, che circondano la figura come se fosse un utero, dal quale essa viene liberata nell'ambiente ostile.

De schreeuw
Op een brug zonder einde staat een uitgemergelde gestalte die een geluidloze schreeuw uitstoot. De schreeuw lijkt zich in een golf door het landschap te verspreiden. Op de achtergrond maken twee duistere figuren zich los uit de glooiende ruimte. Volgens Munch berustte dit schilderij op een eigen angstaanval over de macht van de natuur, die zich onberoerd door het menselijk lijden lijkt te ontvouwen. De golfbewegingen in het landschap kunnen als geluidsgolven van de schreeuw worden opgevat, maar ze omgeven de figuur ook als de baarmoeder van waaruit hij in een vijandige wereld is geworpen.

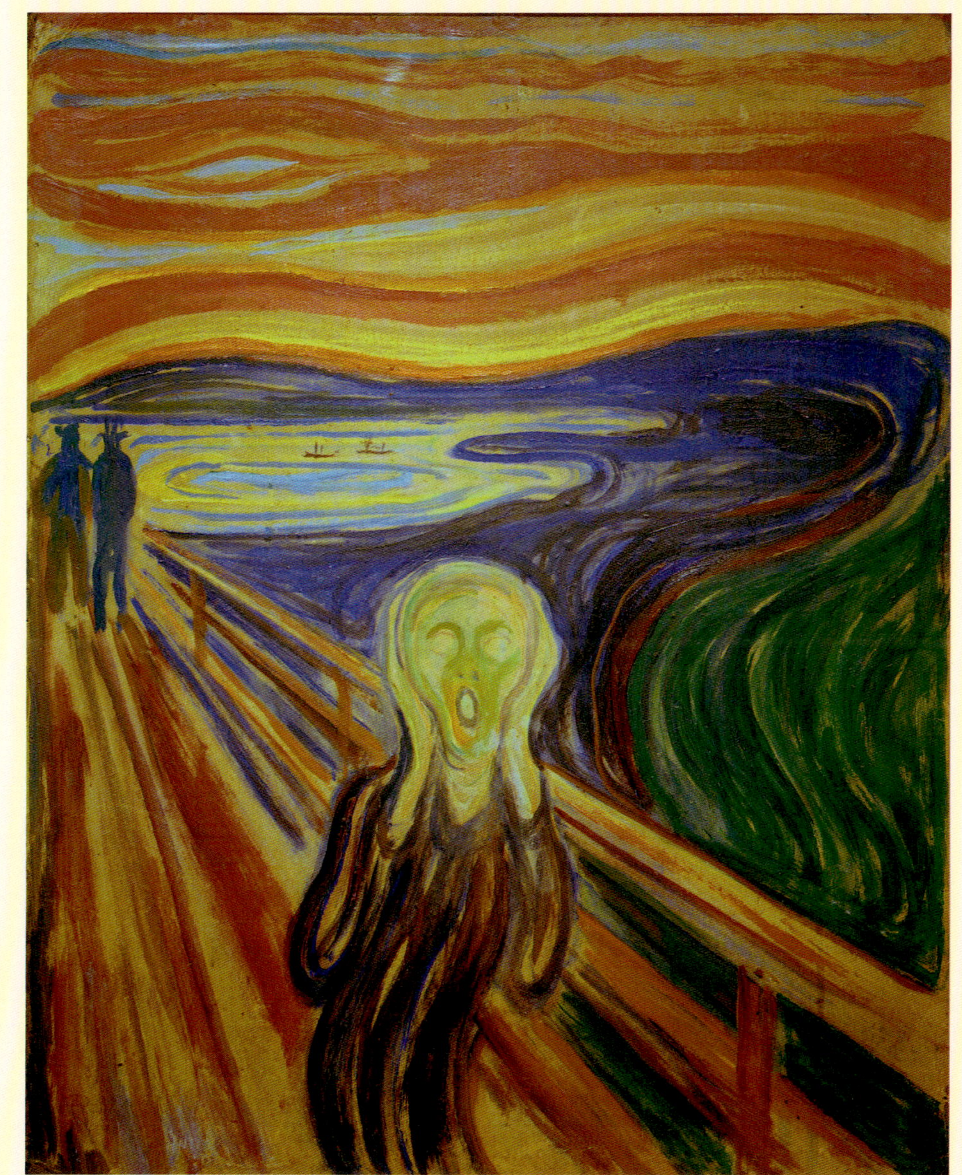

The Scream

Le Cri

Der Schrei

El grito

L'Urlo

De schreeuw

1893, Oil, tempera, chalk on cardboard/Huile, tempéra et pastel sur carton, 83,5 × 66 cm, Munch-Museet, Oslo

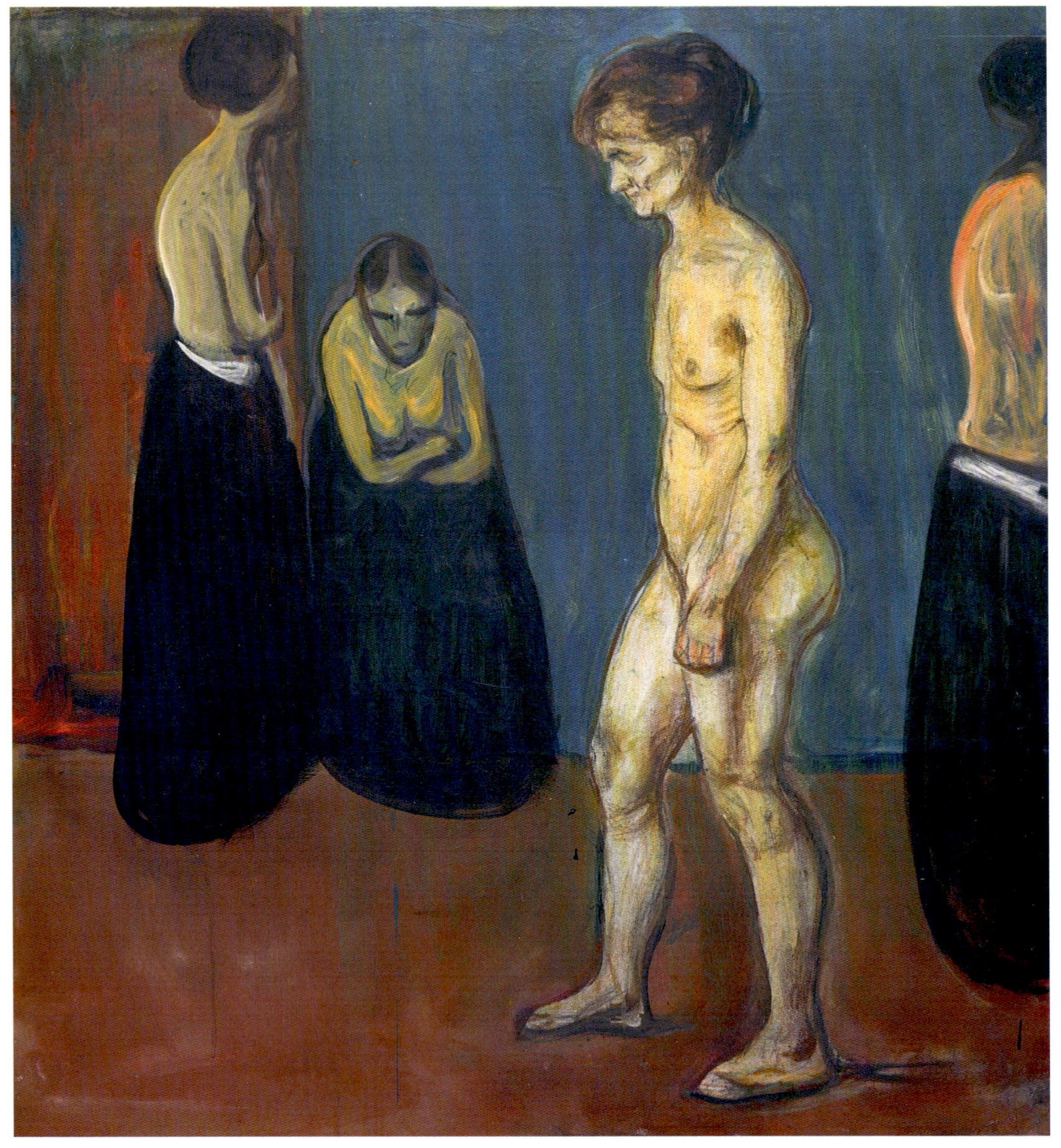

At the Women's Hospital

À l'hôpital des femmes

Im Frauenhospital

En el hospital de mujeres

Donne in ospedale

In het vrouwenhospitaal

*1897–99, Oil on canvas/
Huile sur toile, 110,5 × 101 cm,
Munch-Museet, Oslo*

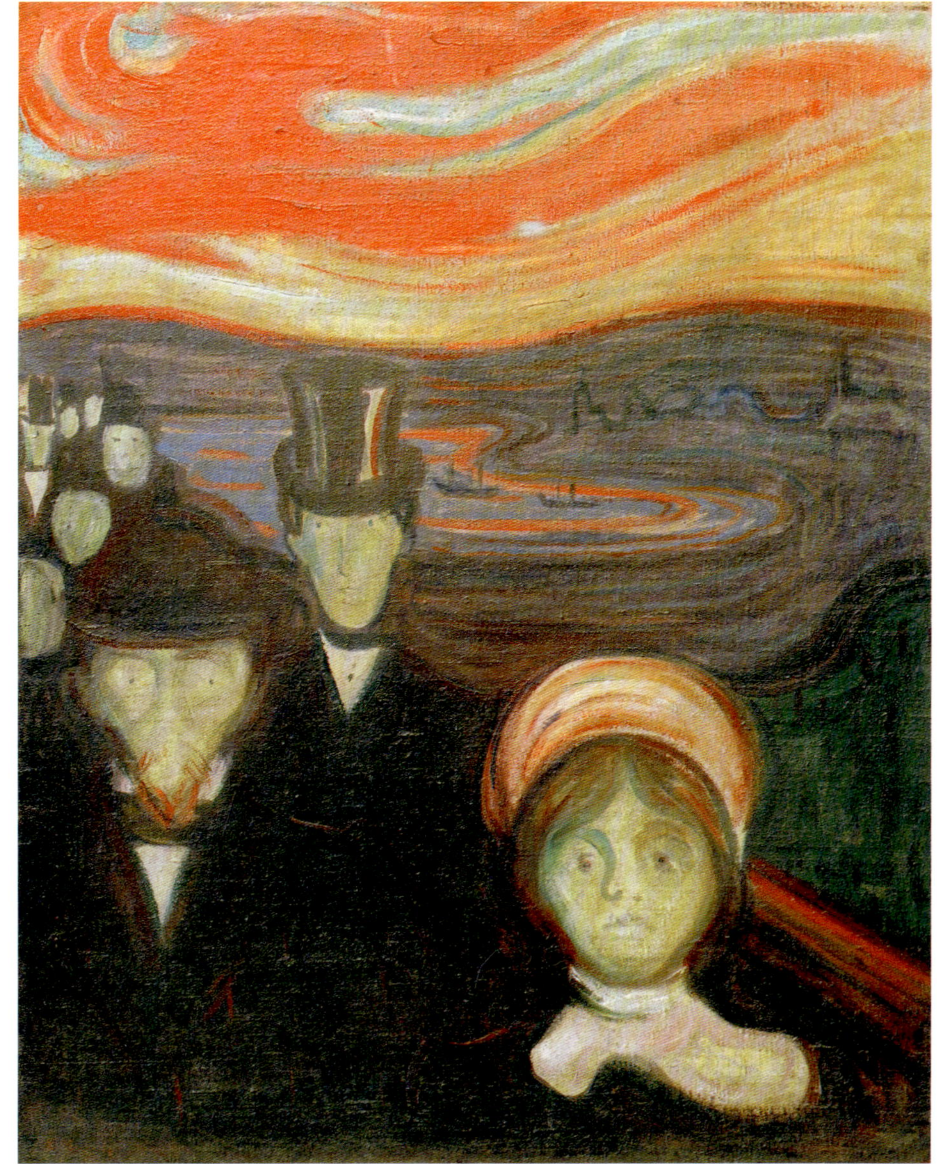

Fear

Angoisse

Angst

Miedo

Angoscia

Angst

*1894, Oil on canvas/
Huile sur toile, 94 × 74 cm,
Munch-Museet, Oslo*

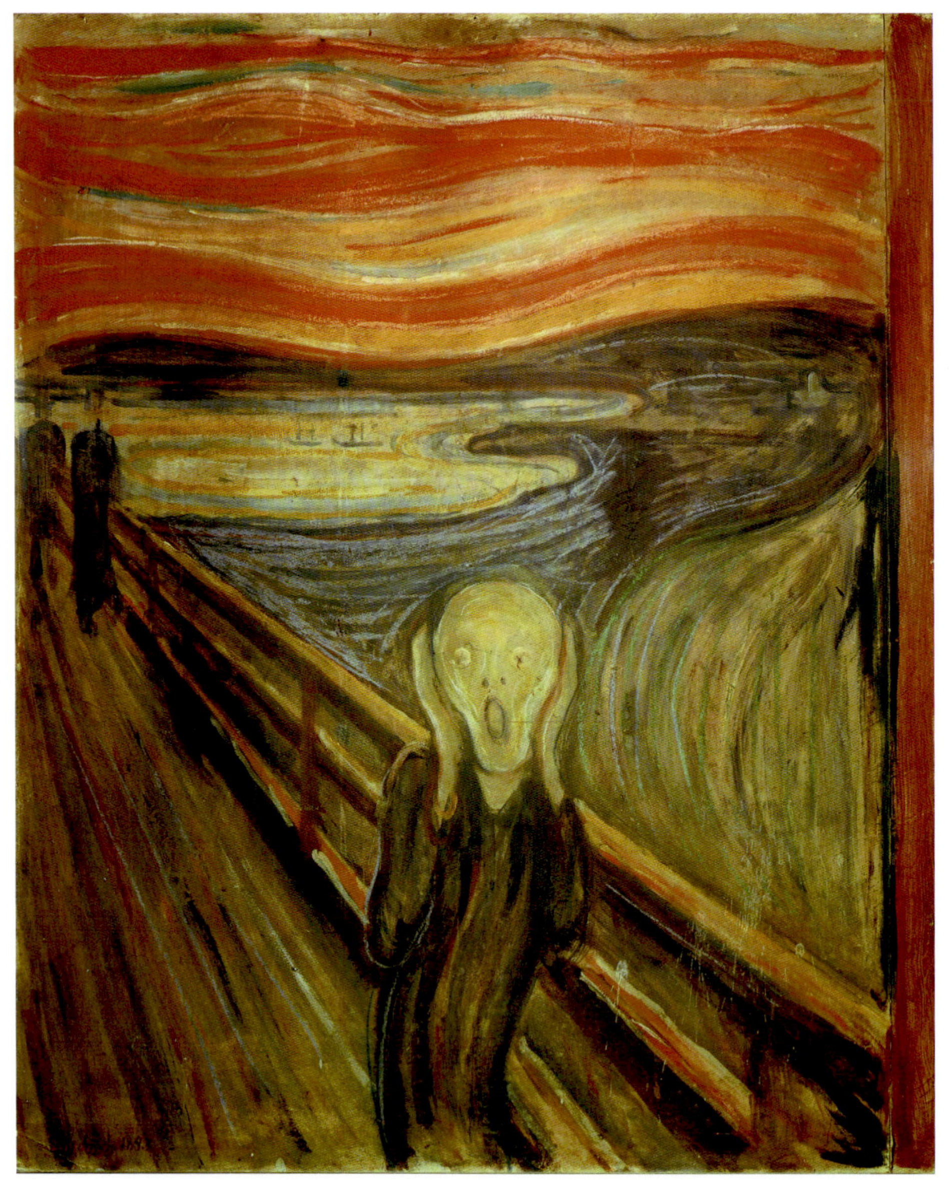

The Scream

Le Cri

Der Schrei

El grito

L'Urlo

De schreeuw

1893, Oil on paperboard/ Tempéra et huile sur carton, 91 × 73,5 cm, Nasjonalgalleriet, Oslo

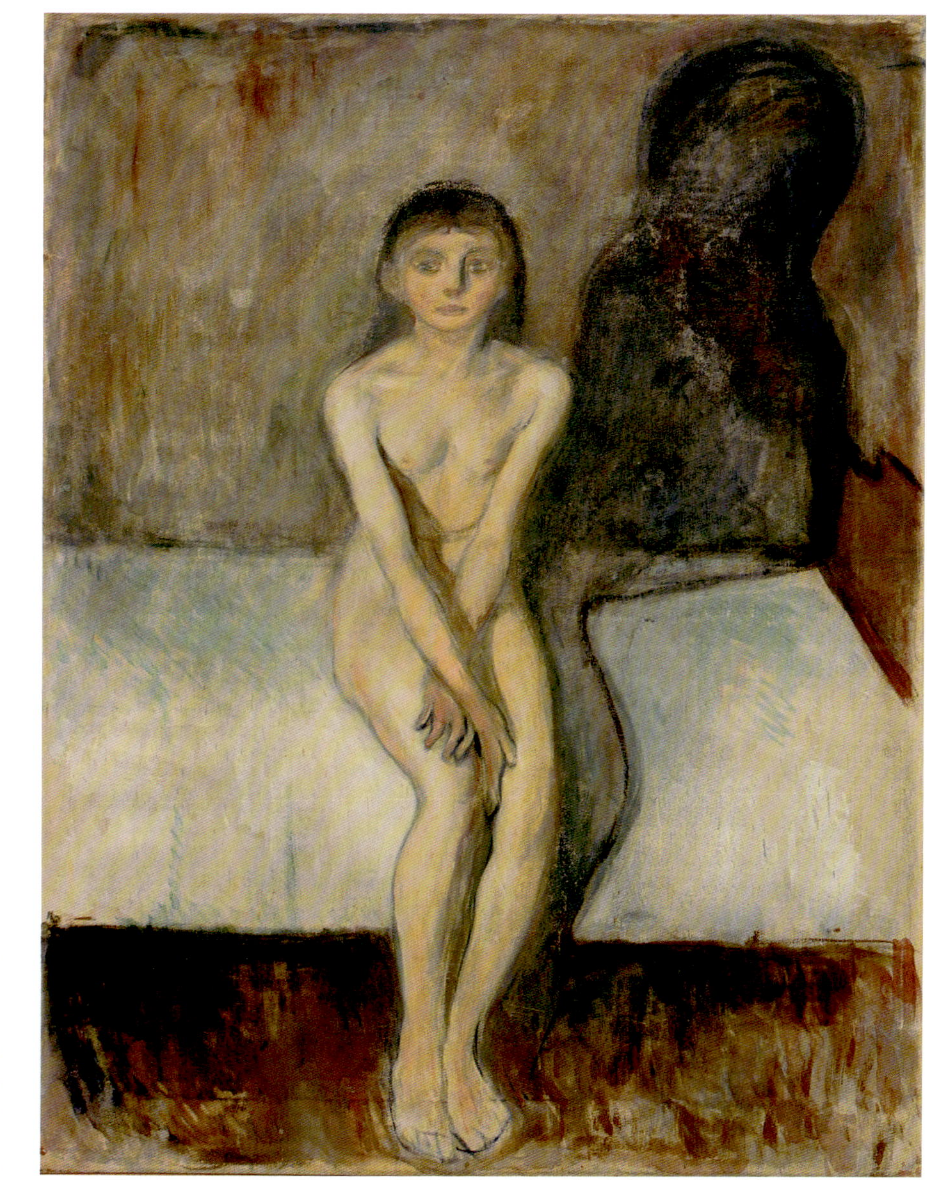

Puberty

Puberté

Pubertät

Pubertad

Pubertà

Puberteit

1893, Oil on canvas/Huile sur toile, 150 × 112 cm, Munch-Museet, Oslo

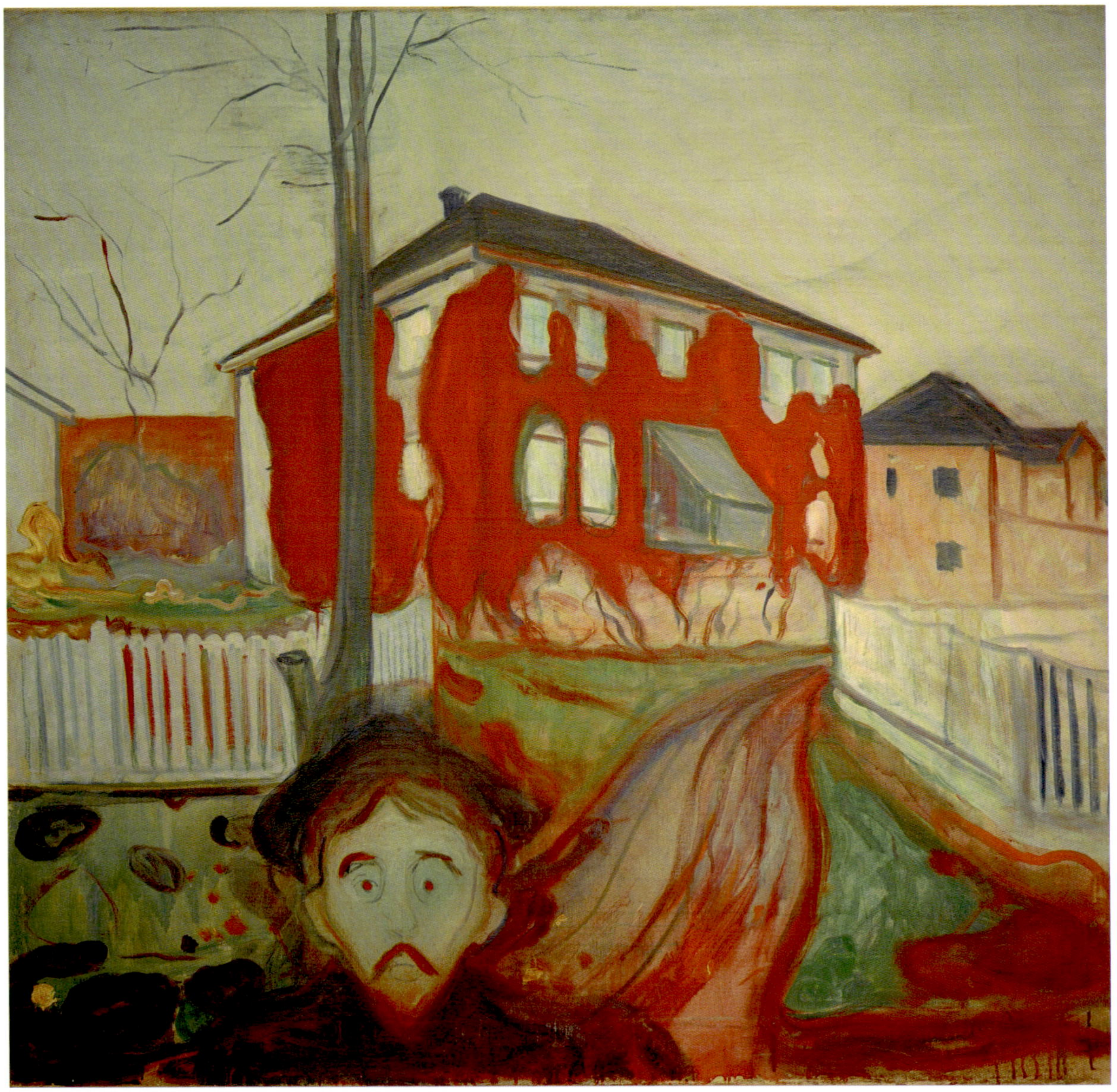

Red, Wild Wine

La Vigne vierge rouge

Roter Wilder Wein

Vino tinto salvaje

Vino rosso

Rode wilde wijn

1898–1900,Oil on canvas/Huile sur toile, 119,5 × 121 cm, Munch-Museet, Oslo

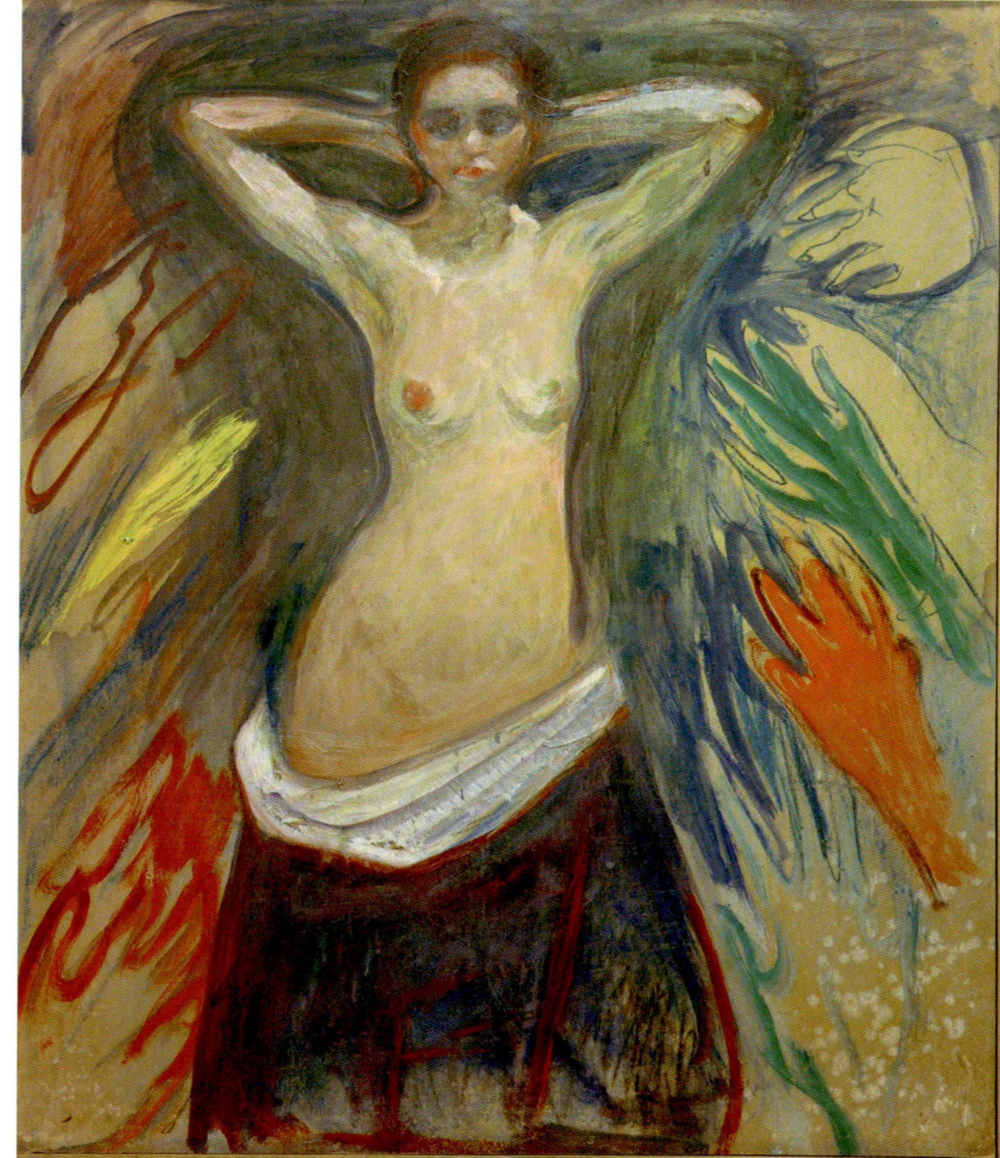

The Hands

Les Mains

Die Hände

Las manos

Le mani

De handen

1893, Oil and colored chalk on cardboard/ Huile et craies de couleur sur carton, 89 × 76,5 cm, Munch-Museet, Oslo

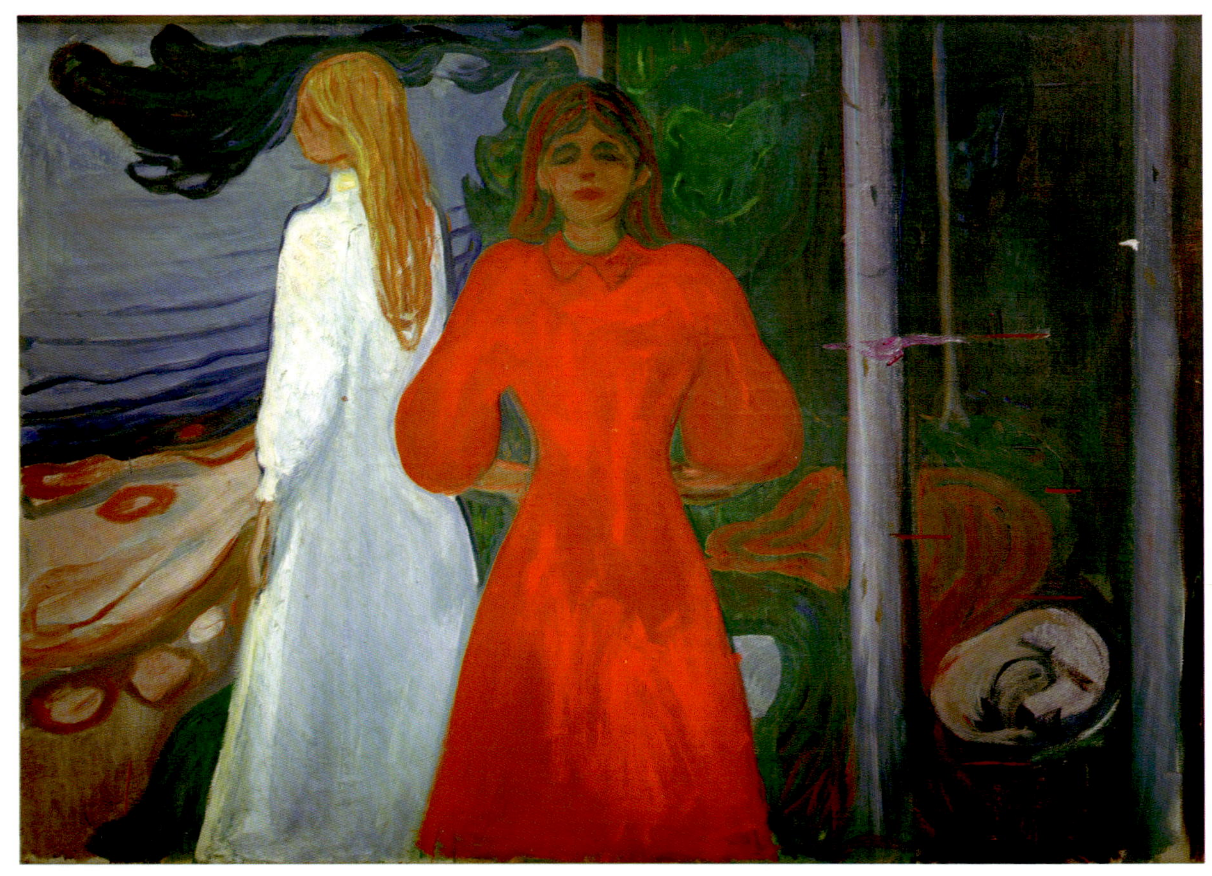

Red and White

Rouge et blanc

Rot und Weiß

Rojo y blanco

Rosso e bianco

Rood en wit

1894, Oil on canvas/Huile sur toile, 93,5 × 129,5 cm, Munch-Museet, Oslo

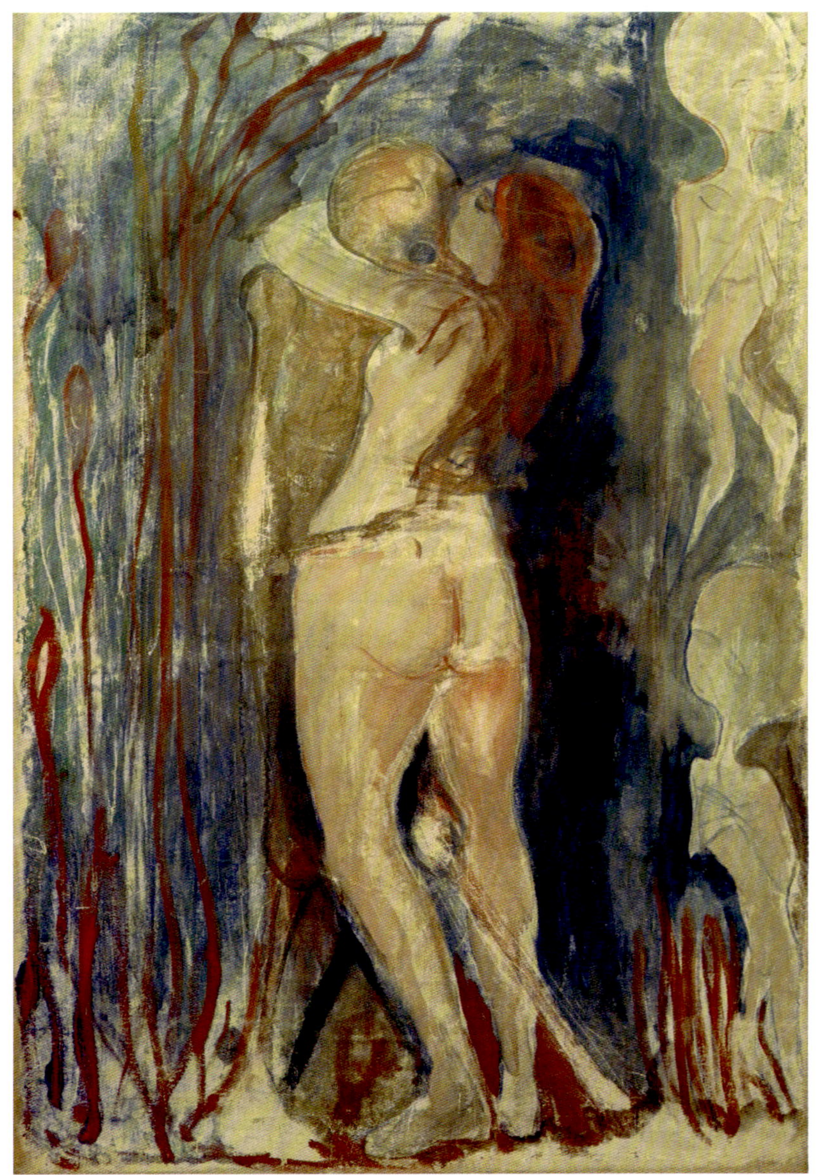

The Girl and Death

La Jeune Fille et la Mort

Das Mädchen und der Tod

La chica y la muerte

La ragazza e la morte

Het meisje en de dood

1893, Oil on canvas/Huile sur toile, 128,5 × 86 cm, Munch-Museet, Oslo

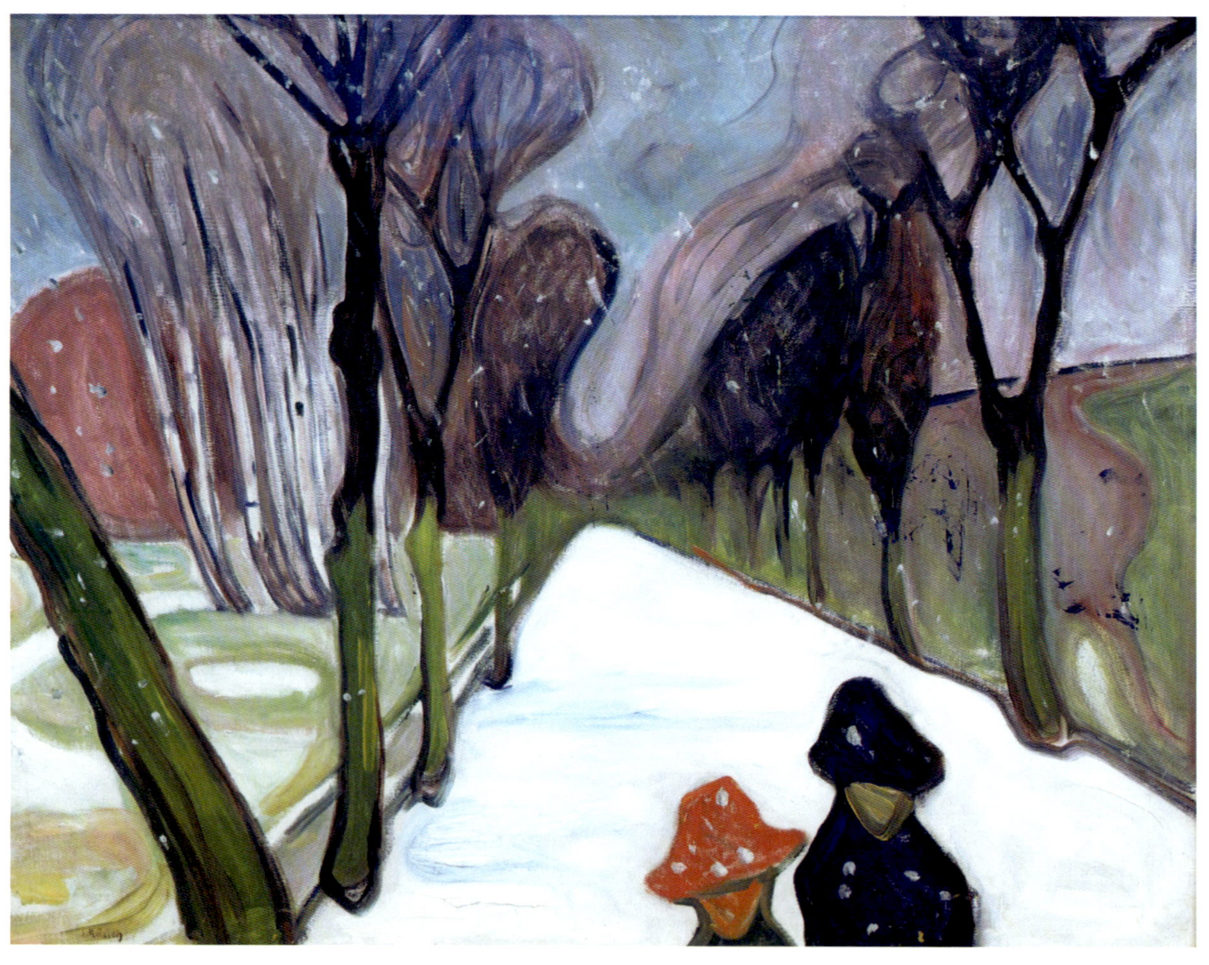

New Snow in the Avenue
Neige fraîche sur l'avenue
Neuschnee in der Allee
Nieve recién caída de la alameda
Neve fresca entro stradone
Nieuwe sneeuw op de laan

1906, Oil on canvas/Huile sur toile, 80 × 100 cm, Munch-Museet, Oslo

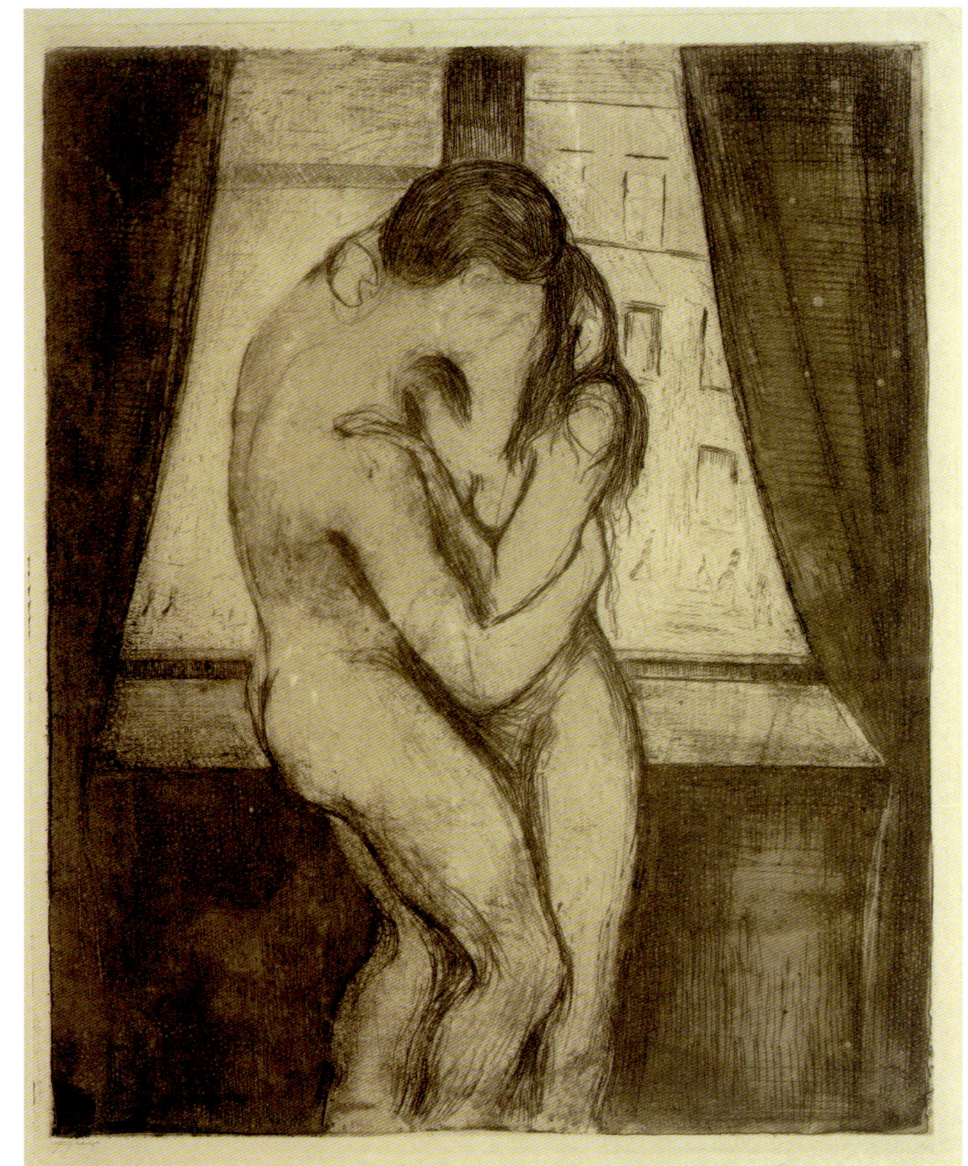

The Kiss

Le Baiser

Der Kuss

El beso

Il Bacio

De kus

1895, Dry point etching/ Eau-forte et pointe sèche, 35,6 × 31,8 cm, Kunsthalle, Hamburg

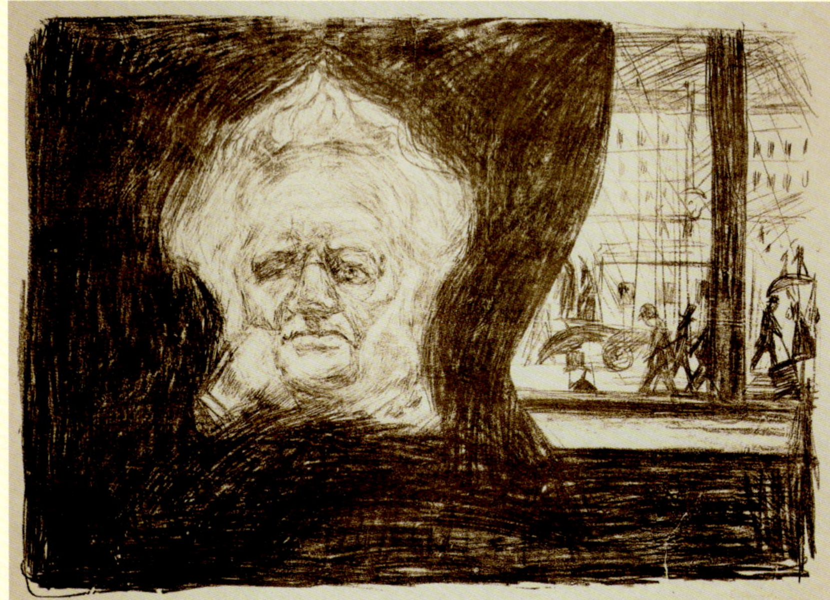

Ibsen in the Grand Hotel Café

Ibsen au café du Grand Hôtel

Ibsen im Café des Grand Hotel

Ibsen en el Café del Grand Hotel

Ibsen al caffè del Grand Hotel

Ibsen in het café van het Grand Hotel

1902, Lithograph/Lithographie,
43,4 × 59,5 cm, Private collection

Munch and Literature
Munch was inspired by literary works in a way not often seen in other artists. For example, his countryman Henrik Ibsen, Swedish playwright August Strindberg, Jens Peter Jacobsen' Niels Lyhne, *Knut Hamsun's* Pan, *as well as the likes of Heinrich Heine, Fyodor Dostoyevsky, and Émile Zola were all important sources of inspiration. Munch also tried his hand at literary pursuits, including plans to publish some of his drawings with poems he had written. His estate included a dramatic poem entitled* The City of Free Love.

Munch et la littérature
Munch s'est inspiré pour ses tableaux d'ouvrages littéraires, comme peu d'autres artistes l'ont fait. Par exemple, des ouvrages d'Ibsen, Strindberg, Jacobsen (Nerls Lyhne) *et Hamsun* (Pan), *mais aussi des poèmes de Heine et des romans de Zola, ont été pour lui d'importantes sources d'inspiration. Le peintre lui-même s'est lancé parfois dans la littérature : il projetait de donner une suite poétique à certains de ses travaux graphiques. Et dans son héritage se trouvait une composition dramatique intitulée* La Cité de l'amour libre.

Munch und die Literatur
Munch ließ sich wie kaum ein anderer Künstler von Werken der Literatur zu seinen Gemälden inspirieren. Zum Beispiel Ibsen, Strindberg, Jacobsens Niels Lyhne, *Hamsuns* Pan, *aber auch Heinrich Heines Lyrik, Dostojewski und Zola waren bedeutende Inspirationsquellen. Auch Munch selbst unternahm eigene literarische Versuche. Er plante, eine Folge seiner Grafik mit eigenen Gedichten herauszugeben, und in seinem Nachlass fand sich eine dramatische Dichtung mit dem Titel* Die Stadt der freien Liebe.

The Day After

Le Lendemain

Der Tag danach

El día después

Il giorno dopo

De dag erna

1894, Dry point etching and aquatinta/ Eau-forte, pointe sèche et aquatinte, 41,2 × 44,5 cm, Staatsgalerie, Stuttgart

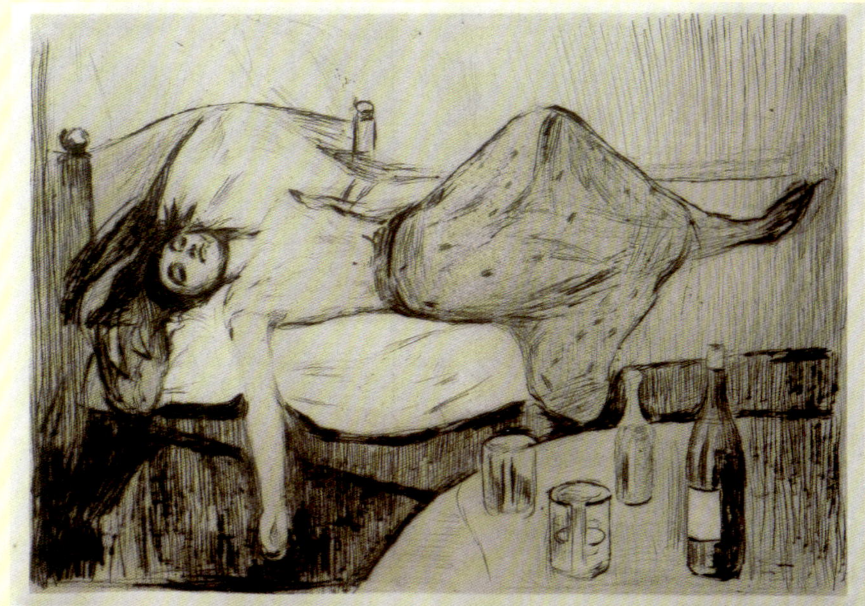

Munch y la literatura

Probablemente ningún otro artista se haya inspirado para crear sus cuadros tanto en la literatura como Munch. Ibsen, Strindberg, Niels Lyhne *de Jacobsen,* Pan *de Hamsun, pero también Heinrich Heines Lyrik, Dostojewski y Zola por ejemplo, fueron para él importantes fuentes de inspiración. También el propio Munch intentaría realizar algunas creaciones literarias. Quería editar una serie con sus litografías acompañadas de poemas escritos por él. Entre sus obras póstumas encontramos un poema dramático con el título* La ciudad del amor libre.

Munch e la letteratura

Per i suoi quadri Munch si lasciò ispirare dalle opere letterarie come quasi nessun altro artista. Ad esempio Ibsen, Strindberg, Niels Lyhne *di Jacobsen,* Pan *di Hamsun, ma anche le liriche di Heinrich Heine, Dostojewski e Zola furono notevoli fonti di ispirazione. Anche lo stesso Munch fece dei tentativi letterari. Progettò di pubblicare una serie delle sue opere grafiche con le proprie poesie, e nella sua eredità si trovò un poema drammatico dal titolo* La città dell'amore libero.

Munch en de literatuur

Als weinig andere kunstenaars liet Munch zich in zijn schilderwerken inspireren door de literatuur. Voorbeelden zijn Ibsen, Strindberg, Jacobsens Niels Lyhne, *Hamsuns* Pan; *ook het dichtwerk van Heinrich Heine, Dostojewski en Zola waren belangrijke inspiratiebronnen. Zelf waagde Munch zich ook aan literair werk. Hij wilde een reeks grafische werken uitgeven, vergezeld van eigen gedichten. En in zijn nalatenschap werd een groot verhalend gedicht met de titel* De stad van de vrije liefde *aangetroffen.*

The final series of the "Frieze of Life" was reserved for death, replete with paintings of the death of people who were loved and are mourned by their families. This includes "Death in the Sick Room," which was reminiscent of his early work *The Sick Child*. His sister Sophie sits in the wicker chair, having just died, with her father and an aunt standing nearby, while the artist is shown, turning away from the scene.

Munch gave a very clear and telling statement about the "Frieze of Life", which would eventually go on to be shown in Copenhagen, Christiania, and Prague after the original Berlin and Leipzig shows:

"The Frieze of Life has been conceived as a series of images that show life in its entirety. The rambling line of the beach moves through the entire frieze, with the constantly motion of the sea in the background. Life with all its cares and joys breathes under the canopy of trees. The frieze is perceived as a poem of life, of love, and of death..."

La dernière série de la « Frise de la vie » est réservée à la mort. Ce sont des tableaux sur la mort d'êtres chers, pleurés par leur famille – comme La Mort dans la chambre de la malade, qui se rattache au chef-d'œuvre précoce *L'Enfant malade*. Dans le fauteuil en rotin repose Sophie, la sœur morte ; devant elle se tiennent le père et une tante, cependant que l'artiste lui-même se détourne de la scène.

Munch s'est exprimé en termes très clairs et très concrets sur cette « Frise de la vie » présentée non seulement à Berlin et Leipzig, mais aussi à Copenhague, à Christiania et à Prague :

« La Frise de la vie est conçue comme une série d'œuvres cohérentes, qui doivent donner ensemble une représentation de la vie. À travers toute la frise court la ligne largement ondulée du rivage, derrière laquelle se brise l'éternelle agitation de la mer ; sous les frondaisons des arbres respire la vie multiforme, avec ses joies et ses peines. La frise est ressentie comme un poème de la vie, de l'amour et de la mort... »

Der letzte Teil des „Lebensfries" thematisiert den Tod. Es sind Bilder vom Sterben geliebter Menschen, die von der Familie betrauert werden, wie *Tod im Krankenzimmer*, das an das frühe Meisterwerk *Das kranke Kind* anschließt. Im Korbsessel ruht die verstorbene Schwester Sophie, vor ihr der Vater und eine Tante, während der Künstler selbst sich von der Szene abwendet.

Munch hat sich zum „Lebensfries", der neben Berlin und Leipzig auch in Kopenhagen, Christiania und Prag gezeigt wurde, selbst in einer sehr klaren und einprägsamen Sprache geäußert:

„Der Fries des Lebens ist als eine Reihe zusammengehörender Bilder gedacht, die gesamthaft ein Bild des Lebens geben sollen. Durch den ganzen Fries hindurch zieht sich die weit geschweifte Strandlinie, hinter der das ewig bewegte Meer brandet; unter Baumkronen atmet das vielfältige Leben mit seinen Sorgen und Freuden. Der Fries ist als ein Gedicht vom Leben, von der Liebe und vom Tod empfunden..."

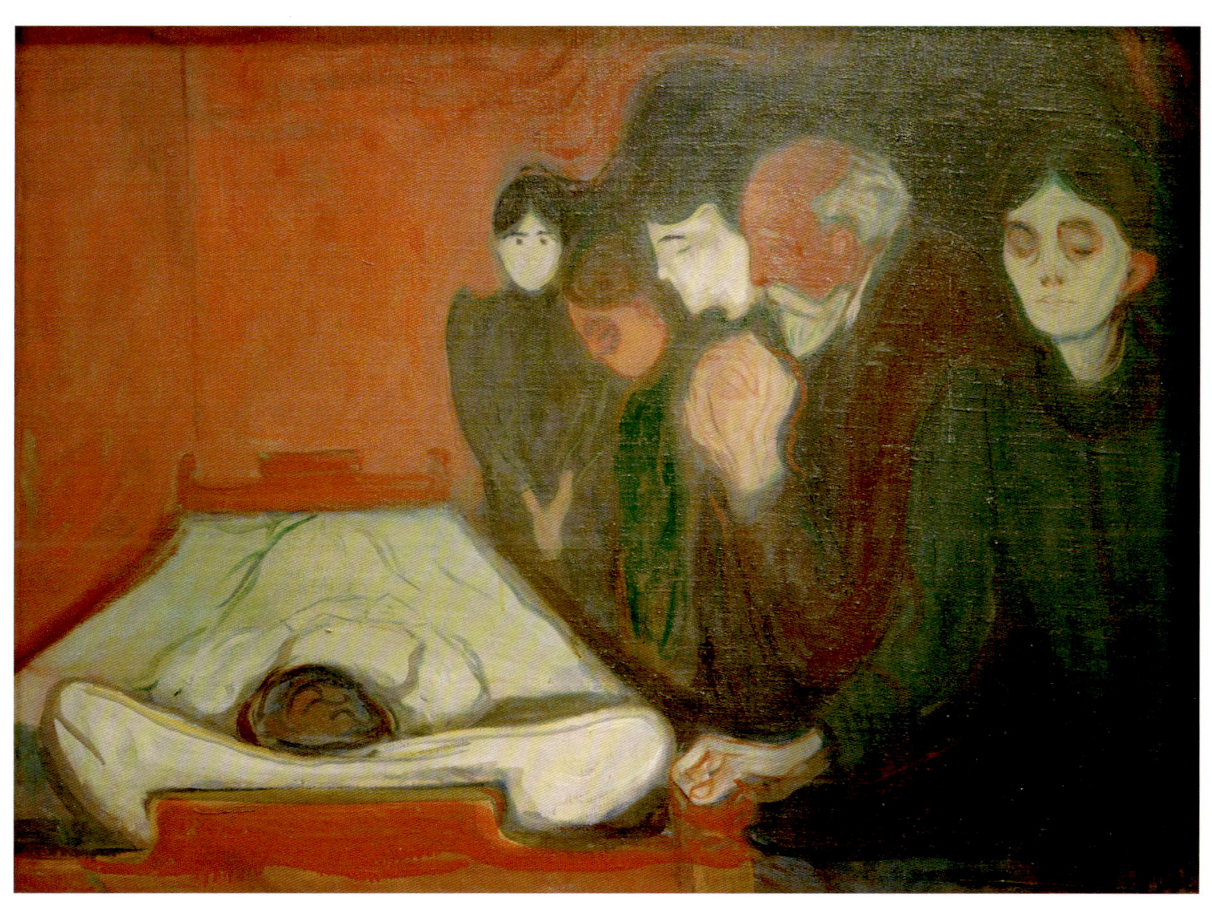

The Deathbed ***Am Totenbett*** ***Al capezzale di un defunto***

Au chevet de la morte ***En el lecho de muerte*** ***Aan het sterfbed***

1895, Oil on canvas/Huile sur toile, 90,2 × 120,5 cm, KODE 3, Bergen

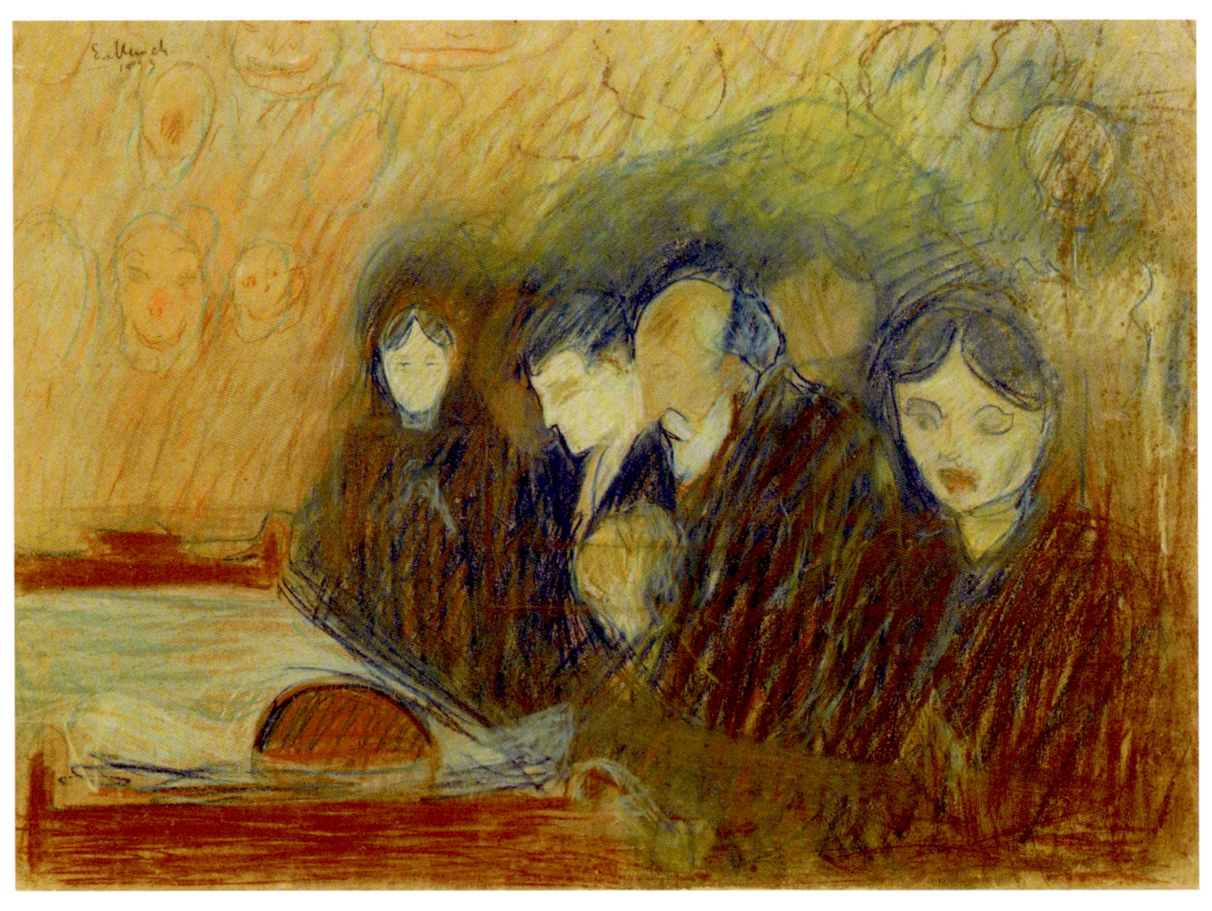

The Deathbed (Fever) ***Am Totenbett (Fieber)*** ***Al capezzale di un defunto (febbre)***

Au chevet de la morte (Fièvre) ***En el lecho de muerte (fiebre)*** ***Aan het sterfbed (Koorts)***

1893, Pastel and pencil on cardboard/Pastel et crayon sur carton, 59 × 78,5 cm, Munch-Museet, Oslo

La última hilera del "Friso de la vida" está dedicada a la muerte. Incluye cuadros que tratan sobre el fallecimiento de seres queridos, rodeados por sus familias quienes los lloran, como es el caso de *Muerte en la habitación del hospital* que coloca detrás de su primera obra maestra *La niña enferma* para cerrar la serie. Su difunta hermana Sophie descansa sobre un sillón de mimbre. Delante de ella vemos al padre y a una tía, mientras que el propio artista sale de la habitación.

Munch fue muy claro al hablar de su "Friso de la vida", obra que se expuso, además de en Berlín y Leipzig, en Copenhague, Cristiania y Praga

Comentó la obra en un lenguaje muy fácil de retener: "El friso de la vida está diseñado como un conjunto de cuadros para ser expuestos en una secuencia, cuyo objetivo es ofrecer una imagen de la vida. A través de todo el friso se extiende el litoral con amplias curvas, detrás del que rompe el eterno mar en movimiento. Bajo las copas de los árboles respira la vida en todas sus variantes con sus preocupaciones y alegrías. Entiendo el friso como un poema sobre la vida, al amor y la muerte..."

L'ultima serie del "Fregio della vita" è riservata alla morte. Si tratta di quadri di persone care che furono pianti dalla famiglia, come *Morte nella stanza della malata,* che fa seguito al capolavoro precedente *La fanciulla malata*. La sorella deceduta Sophie giace in una poltrona di vimini, davanti a lei ci sono il padre e una zia, mentre l'artista stesso si allontana dalla scena.

Munch aveva espresso in un linguaggio molto chiaro e appropriato il "Fregio della vita", che oltre che a Berlino e Lipsia fu esposto anche a Copenaghen, Christiania e Praga:

"Il Fregio della vita è concepito come una serie di dipinti collegati che devono fornire un quadro completo della vita. Tutto il fregio è attraversato dalle linee sinuose della spiaggia, dietro la quale si infrange in eterno il mare mosso, mentre sotto le chiome degli alberi respira la varietà della vita con le sue gioie e i suoi dolori. Il fregio è percepito come un poema sulla vita, l'amore e la morte..."

Zijn laatste serie, het "Levensfries", is voorbehouden aan de dood. Het zijn schilderijen van stervende dierbaren omringd door treurende familieleden, zoals *Dood in de ziekenkamer*, dat aansluit op Munchs vroege meesterwerk *Het zieke kind*. In de leunstoel zit Munchs gestorven zuster Sophie; vóór haar staan haar vader en een tante, terwijl de kunstenaar zich zelf afzijdig houdt.

Munch zelf sprak in duidelijke en indringende woorden over het "Levensfries", dat niet alleen in Berlijn en Leipzig maar ook in Kopenhagen, Kristiania en Praag werd getoond:

"Het Fries van het Leven is bedoeld als een reeks bij elkaar horende schilderijen, die tezamen een beeld van het leven moeten geven. Door het hele fries heen loopt de weidse lijn van het strand, waarachter de branding van de eeuwige zee breekt; onder de boomkruinen ademt het veelvuldige leven, met zijn zorgen en vreugden. Het fries is als een gedicht over het leven, over de liefde en ervaren door de dood..."

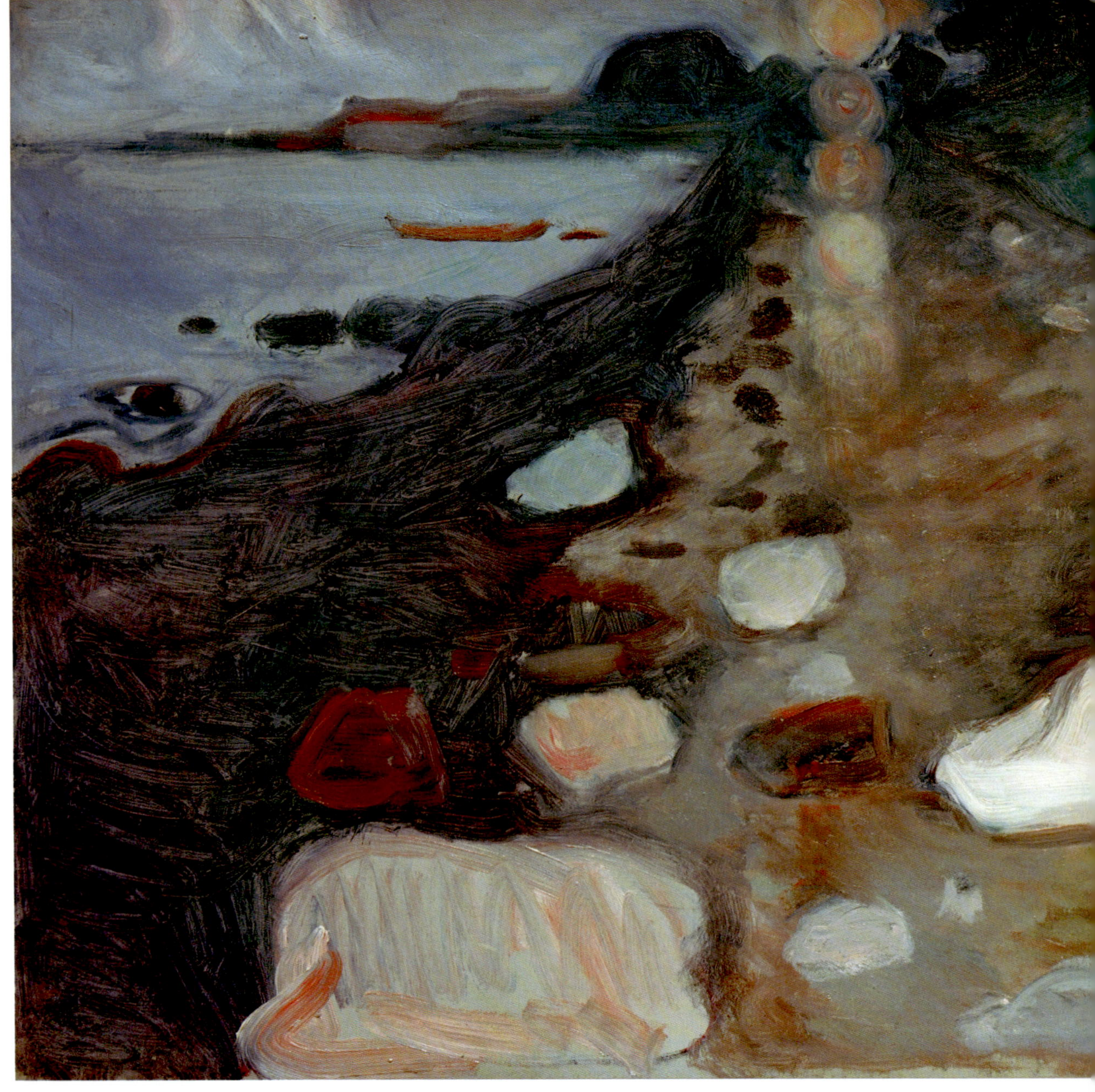

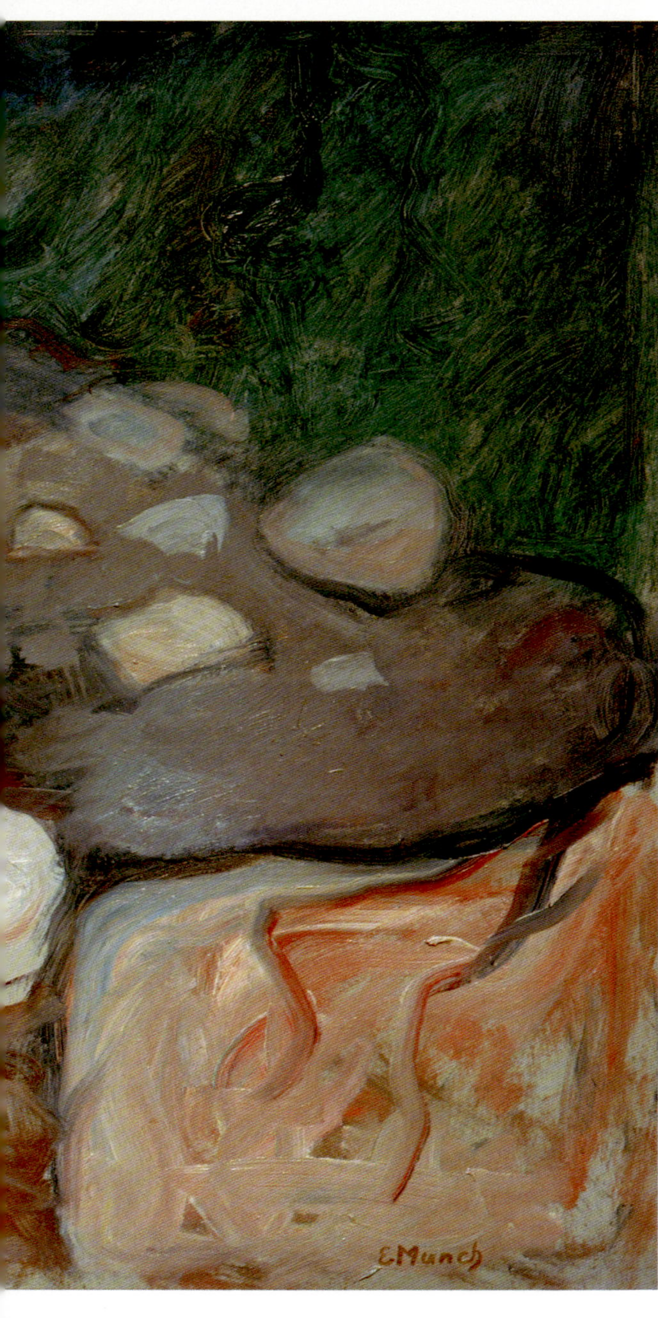

Moonlight on the Beach

Clair de lune sur le rivage

Mondschein am Strand

Luz de luna en la playa

Chiaro di luna sulla spiaggia

Maneschijn aan het strand

1892, Oil on canvas/Huile sur toile, 62,5 × 96 cm, KODE 3, Bergen

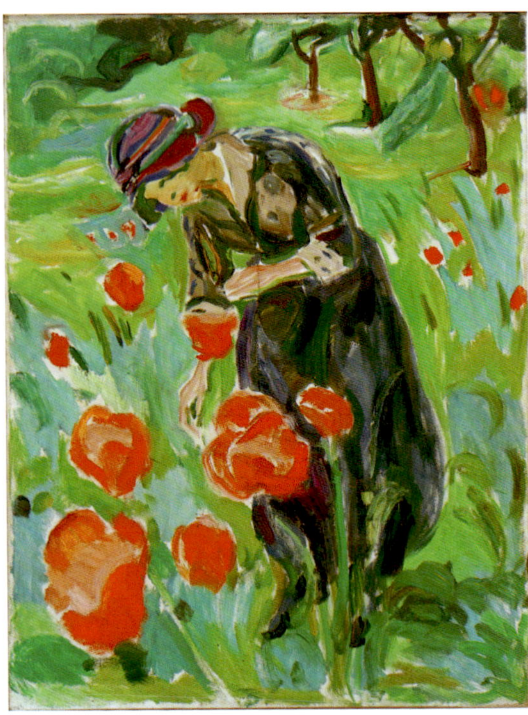

Woman with Poppies

Femme et coquelicots

Frau mit Mohnblumen

Mujer con amapolas

Donna con papaveri

Vrouw met klaprozen

1918–19, Oil on canvas/Huile sur toile, 100 × 75 cm, Munch-Museet, Oslo

Late successes – portraits, landscapes, and self-portraits

It was after the turn of the century that Munch was finally able to achieve his big break, albeit in Germany where artists' groups like *Der Blaue Reiter* and *Die Brücke* were paving the way to Expressionism. At the Sonderbund exhibition in 1912 in Cologne, Munch showed 32 works alongside the likes of Van Gogh, Cézanne, Gauguin, and Picasso which further pushed his international recognition. There were also private collectors who had begun to build their own Munch collection

Les succès tardifs – Portraits, paysages et autoportraits

Après le tournant du siècle, Munch peut enfin percer de façon décisive, et en Allemagne où il ouvre la voie à l'expressionnisme avec les groupes d'artistes du *Blaue Reiter* (le Cavalier bleu) et de la *Brücke* (le Pont), à Dresde. L'exposition de 1912, à Cologne, place Munch – avec 32 tableaux présentés – au niveau des Van Gogh, Cézanne, Gauguin ou Picasso, et favorise sa reconnaissance internationale. À cela viennent s'ajouter les achats des collectionneurs privés qui constituent

Späte Erfolge – Porträts, Landschaften und Selbstbildnisse

Nach der Jahrhundertwende konnte Munch endlich den entscheidenden Duchbruch erzielen, und zwar in Deutschland, wo sich mit den Künstlergruppen „Der Blaue Reiter" und „Die Brücke" in Dresden die Entwicklung zum Expressionismus anbahnte. Die Sonderbund-Ausstellung 1912 in Köln stellte Munch mit 32 gezeigten Bildern auf eine Stufe mit van Gogh, Cézanne, Gauguin und Picasso und förderte seine internationale Anerkennung. Hinzu kamen private

Two Women on the Beach
Deux femmes sur le rivage
Zwei Frauen am Strand
Dos mujeres en la playa
Due donne sulla spiaggia
Twee vrouwen aan het strand
1935, Oil on canvas/Huile sur toile, 93 × 118 cm, Munch-Museet, Oslo

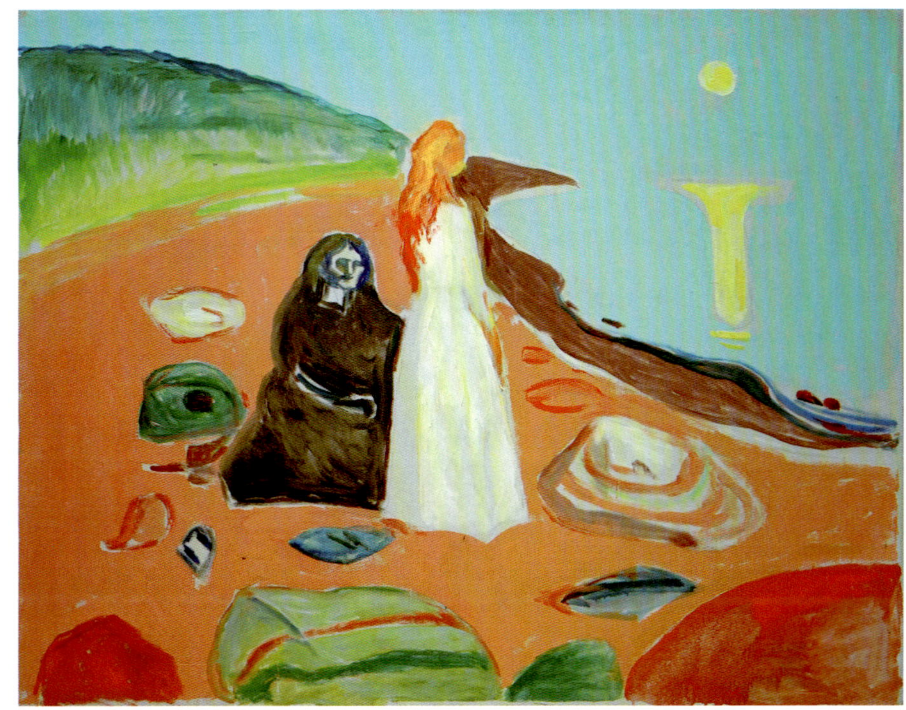

Éxitos tardíos – Retratos, paisajes y autorretratos

Después del cambio de siglo, Munch por fin obtiene el éxito decisivo, en concreto en Alemania, donde por aquel entonces entre los grupos de artistas *Der Blaue Reiter (El Jinete Azul)* y *Die Brücke* (*El Puente*) de Dresde se forjaba el desarrollo del Expresionismo. La exposición del Sonderbund de 1912 en Colonia ponía a Munch, con 32 obras mostradas, al mismo nivel que Van Gogh, Cézanne, Gauguin y Picasso, fomentando con ello su reconocimiento a nivel internacional. Pronto

Successi seguenti – ritratti, paesaggi e autoritratti

Con il passaggio nel nuovo secolo Munch riuscì finalmente ad ottenere il successo decisivo, e precisamente in Germania, dove avviò lo sviluppo dell'Espressionismo con il gruppo di artisti del *Cavaliere azzurro* e del *Ponte* di Dresda. Nella mostra Sonderbund del 1912 a Colonia furono esposti 32 quadri di Munch sullo stesso piano di van Gogh, Cézanne, Gauguin e Picasso, e questo incrementò il suo riconoscimento internazionale. Arrivarono collezionisti privati che

Late successen – portretten, landschappen en zelfportretten

Na de eeuwwisseling kwam voor Munch eindelijk de beslissende doorbraak, en wel in Duitsland, waar de ontwikkeling naar het expressionisme werd geleid door de kunstenaarsgroepen *Der Blaue Reiter* en *Die Brücke* in Dresden. Op de Sonderbund-expositie van 1912 in Keulen kreeg Munch met 32 schilderijen evenveel aandacht als Van Gogh, Cézanne, Gauguin en Picasso, wat zijn erkenning bevorderde. Daarbij kwam dat privéverzamelaars hun eigen Munch-collecties begonnen op

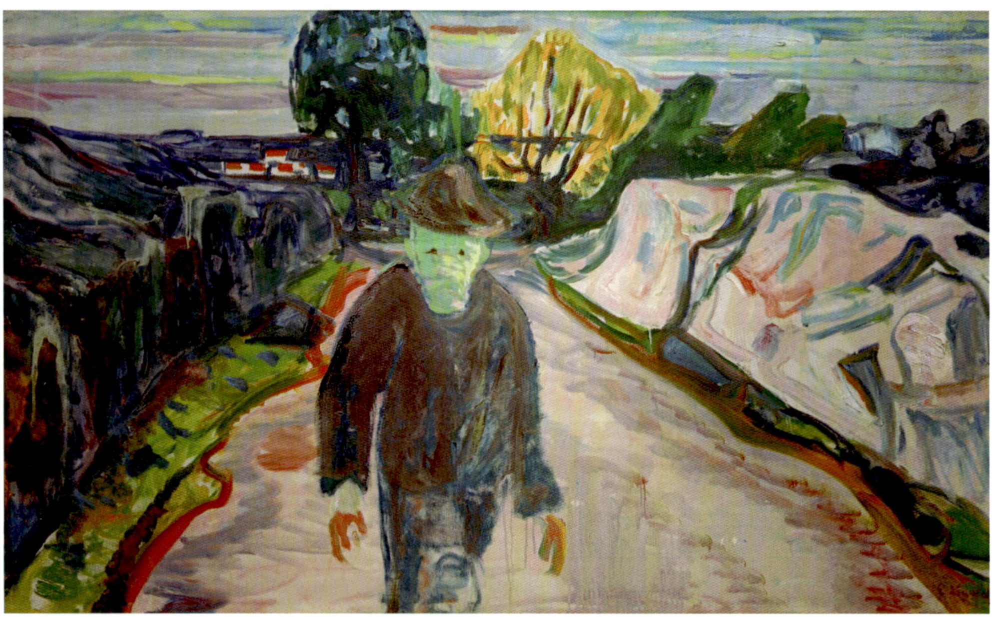

The Murderer

Le Meurtrier

Der Mörder

El asesino

L'assassino

De moordenaar

1910, Oil on canvas/ Huile sur toile, 94,4 × 154,4 cm, Munch-Museet, Oslo

or, in the case of Dr. Max Linde, to commission entire series of paintings. It was during this time that group portraits and full-length portraits of individuals became important themes in Munch's work. Age also gained significance as a theme as Munch addressed his own getting old and his increasing self-destructiveness aided by alcohol. An unhappy love affair with Tulla Larssen became a torment that the aging artist never quite got over.

Various commissions took Munch to every corner of Germany, where he spent most of his time between 1902 and 1908. He decided to address his alcoholism with a half year's stay in a Copenhagen clinic in 1908, after which Munch return to Norway for the rest

alors leur collection personnelle ou qui commanditent des séries complètes de tableaux, comme dans le cas du docteur Max Linde. À cette époque, les tableaux de groupe ou les portraits en pied deviennent des sujets prépondérants. Autre thème d'importance grandissante : celui de l'âge auquel se confronte aussi Munch, avec la hantise de son vieillissement personnel et de son « autodestruction » par l'alcool. Une histoire d'amour malheureuse avec Tulla Larsen devint alors un tourment que l'artiste vieillissant ne réussit jamais à surmonter totalement.

Diverses commandes lui font alors parcourir toute l'Allemagne, où il réside la plupart du temps entre 1902

Sammler, die eine eigene Munch-Sammlung aufbauten oder wie im Fall von Dr. Max Linde ganze Bilderfolgen in Auftrag gaben. In dieser Zeit wurden Gruppenbildnisse oder Porträts in Ganzfigur zu wichtigen Themen. An Bedeutung gewann auch das Thema „Lebensalter", in dem sich Munch auch mit seinem eigenen Altersprozess und der zunehmenden Selbstzerstörung durch Alkohol auseinander setzte. Eine unglückliche Liebesgeschichte mit Tulla Larssen wurde zu einem quälenden Konflikt, den der alternde Künstler nie ganz überwand.

Verschiedene Malaufträge führen ihn quer durch Deutschland, wo er sich zwischen 1902 und 1908 überwiegend aufhält. Wegen der

The Murderer on the Boulevard

Meurtre sur la route

Der Mörder in der Allee

El asesino en la avenida

L'assassino nel viale

De moordenaar in de steeg

1919, Oil on canvas/Huile sur toile, 110 × 138 cm, Munch-Museet, Oslo

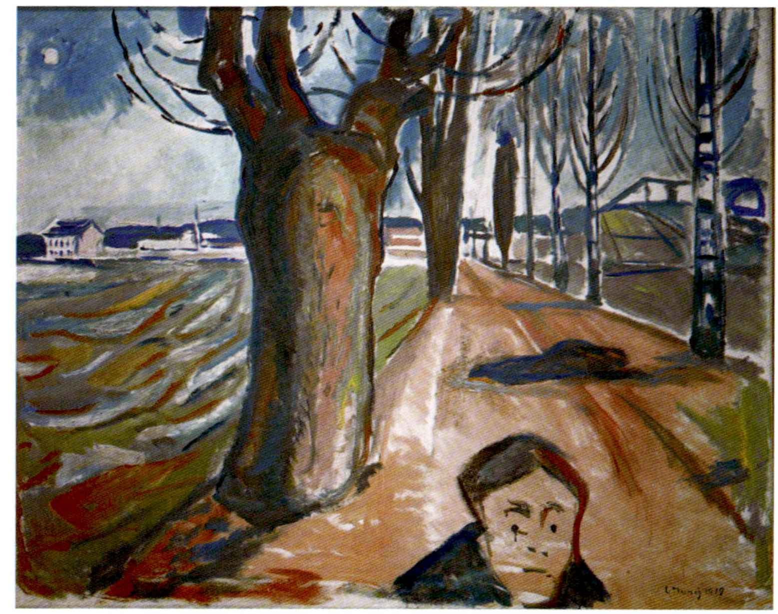

coleccionistas privados le pedirían encargos para sus colecciones propias como es el caso del Dr. Max Linde que le encargó una secuencia de cuadros entera. En este tiempo los cuadros con imágenes de grupo o retratos de cuerpo entero se convierten en obras importantes. Asimismo cobra también importancia el tema de la "edad", en el que el Munch se enfrentaba a su propio proceso de envejecimiento y creciente autodestrucción motivada por el alcohol. El desamor con Tulla Larssen lo llevó a un amargo conflicto interno, que el artista nunca pudo superar.

Varios encargos de pinturas lo llevan por toda Alemania, donde reside mayoritariamente entre 1902 y 1908. Debido a sus problemas de alcoholismo,

crearono la propria collezione di Munch o, come nel caso del Dr. Max Linde, lo incaricarono di intere serie di quadri. In questo periodo i temi principali erano i ritratti di gruppo o a figura intera. Anche il tema "l'età della vita" divenne significativo, nel quale Munch si occupò anche del suo processo di invecchiamento e della crescente autodistruzione causata dell'alcool. Una storia d'amore sfortunata con Tulla Larssen si trasformò in un conflitto tormentato, che l'artista sulla via della vecchiaia non superò mai completamente.

Diversi incarichi singoli lo condussero attraverso la Germania, dove soggiornò prevalentemente tra il 1902 e il 1908. A causa dei suoi problemi con l'alcool,

te bouwen of zelfs, zoals in het geval van dr. Max Linde, opdracht gaven tot hele schilderijreeksen. In deze tijd werden het groepsportret of het portret ten voeten uit belangrijke motieven. Ook het thema 'levensfasen' werd belangrijker, waarin waarbij Munch zich ook bezighield met zijn eigen ouderdom en zijn zelfdestructie door de alcohol. Een ongelukkige liefdesaffaire met Tulla Larssen groeide uit tot een slepend conflict, waar de ouder wordende kunstenaar nooit meer helemaal overheen kwam.

Verschillende schilderopdrachten voerden Munch door heel Duitsland, waar hij tussen 1902 en 1908 veel verbleef. Vanwege zijn alcoholproblemen besloot hij in 1908

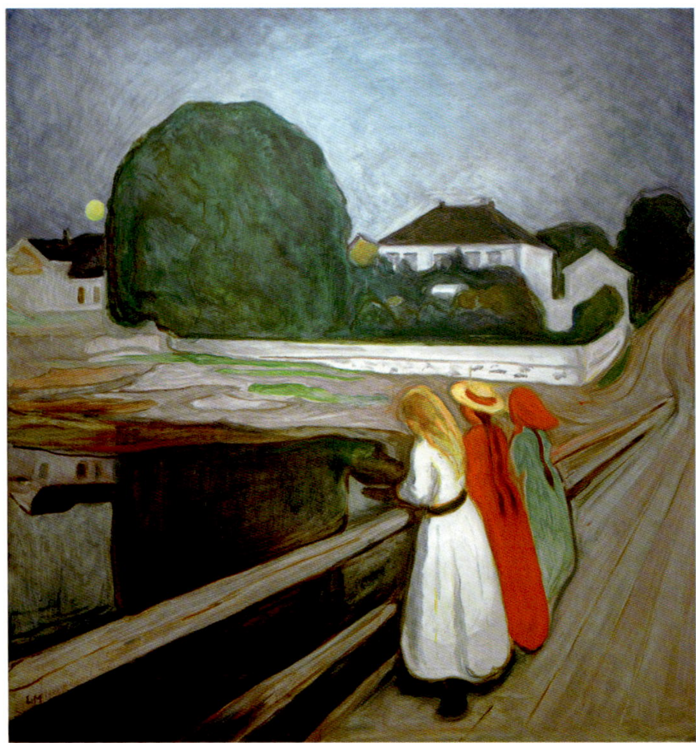

Girls on the Pier

Les Jeunes Filles sur le pont

Mädchen auf dem Pier

Chica en el muelle

Ragazza sul ponte

Meisjes op de pier

c. 1901, Oil on canvas/Huile sur toile, 136 × 125 cm, Nasjonalgalleriet, Oslo

of his life. He first rented a house in Kragerø, a coastal town in the south where he painted a series of winter landscapes. He also began work on decorating the new ceremonial hall at what would become Oslo University. The eleven paintings were hung there in 1916. The main motif shows a sunrise over the Oslo Fjord. In 1916, Munch purchased the Ekely estate near Christiania. The works done here show people in harmony with nature in clear, bold colors. Bu there were still various themes laden with conflict, such as

et 1908. En raison de ses problèmes d'alcoolisme, Munch se résout en 1908 à un séjour de six mois dans une clinique de Copenhague. De 1909 à sa mort, il va désormais vivre en Norvège – où il loue d'abord une maison à Kragerø, petite ville côtière dans le sud du pays. Il y peint une série de paysages hivernaux et commence parallèlement à travailler sur la décoration de la nouvelle salle des fêtes de l'université d'Oslo : les 11 panneaux réalisés y seront finalement installés en 1916. Le sujet principal représente un lever de soleil

Alkoholprobleme entschließt sich Munch 1908 zu einem halbjährigen Aufenthalt in einer Kopenhagener Klinik. Von 1909 bis zum Lebensende lebte Munch dann in Norwegen. Er mietete zunächst ein Haus in Kragerø, einer Küstenstadt im Süden des Landes. Hier malte er eine Reihe von Winterlandschaften und begann mit den Arbeiten zur Ausschmückung des neuen Festsaals der heutigen Osloer Universität. 1916 wurden die elf Bilder in der Aula montiert. Das Hauptmotiv zeigt einen Sonnenaufgang

Summer's Night on Åsgårdstrand
Nuit d'été à Åsgårdstrand
Sommernacht in Åsgårdstrand
Noche de verano en Åsgårdstrand
Notte d'estate ad Åsgårdstrand
Zomernacht in Åsgårdstrand
1904, Oil on canvas/Huile sur toile, 99 × 103,5 cm, Musée d'Orsay, Paris

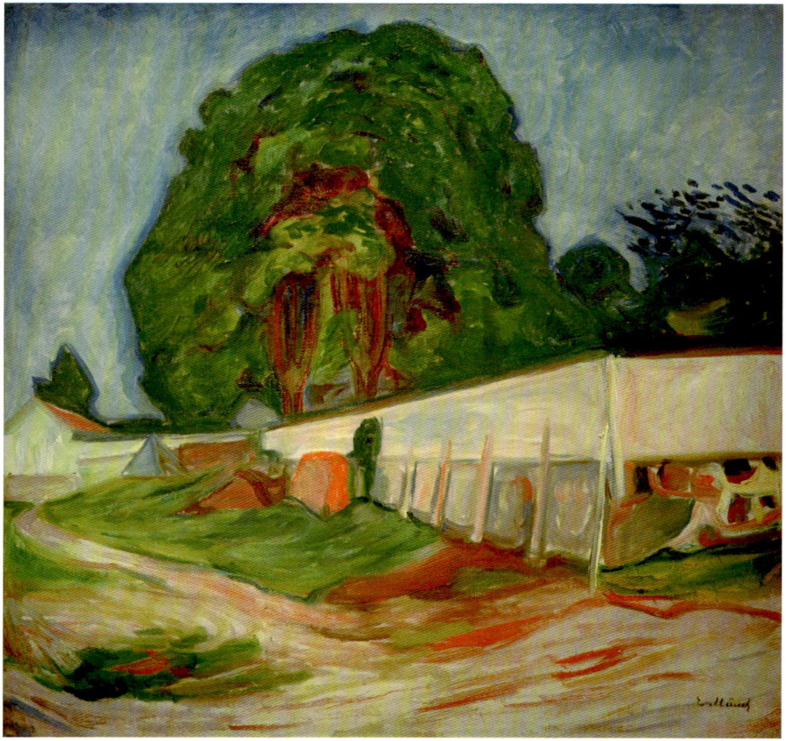

Munch decide ingresar en 1908 durante medio año en una clínica de Copenhague. Tras este periodo, Munch vivirá desde 1909 hasta su muerte en Noruega. Primero alquila una casa en Kragerø, una ciudad costera al sur del país. Allí pinta una serie de paisajes invernales y empieza con los trabajos de decoración del salón de fiestas de la actual Universidad de Oslo. En 1916 sus once cuadros se montan en el salón de actos. El tema central muestra la salida del sol sobre el fiordo de Oslo. En 1916 Munch compra la parcela Ekely

nel 1908 Munch decise di trascorrere un soggiorno di sei mesi in una clinica di Copenaghen. Dal 1909 fino alla fine della sua vita Munch visse quindi in Norvegia. All'inizio affittò una casa a Kragerø, una città costiera nel sud del paese. Qui dipinse una serie di paesaggi invernali e iniziò a lavorare alla decorazione della nuova sala delle feste dell'odierna Università di Oslo. Nel 1916 furono montati gli undici quadri nell'aula. Il motivo principale mostra il sorgere del sole sul Oslofjord. Nel 1916 Munch acquistò la proprietà

om zich een half jaar te later behandelen in een kliniek in Kopenhagen. Vanaf 1909 tot aan zijn dood woonde Munch in Noorwegen. Eerst huurde hij een huis in Kragerø, een kustplaatsje in het zuiden van het land. Hier schilderde hij een reeks winterlandschappen en begon aan zijn werken voor de nieuwe aula van de Universiteit van Oslo. In 1916 werden de elf schilderingen in de zaal aangebracht. Het hoofdmotief toont een zonsopgang boven de Oslofjord. In 1916 kocht Munch het landgoed Ekely bij Kristiania. Voortaan schilderde hij figuren in

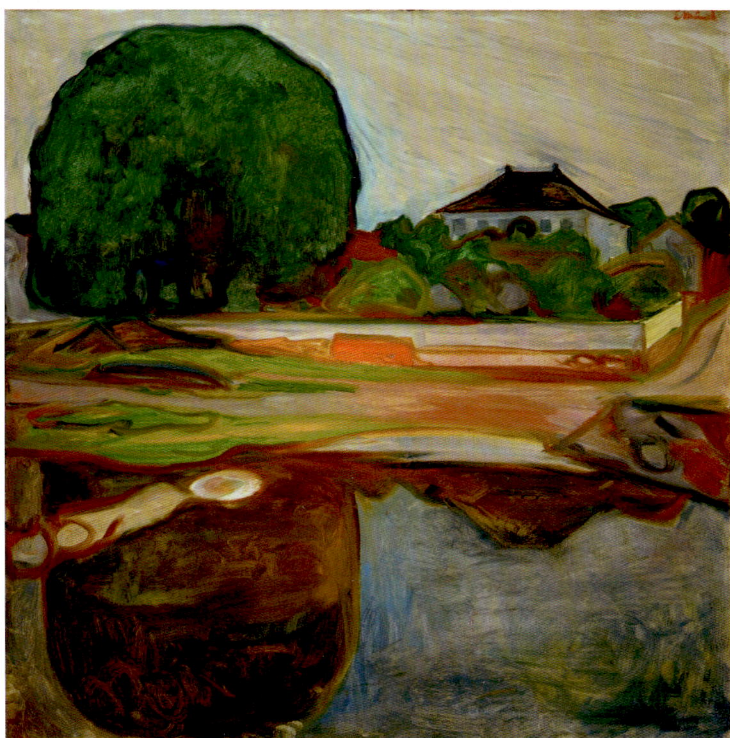

Åsgårdstrand

c. 1900, Oil on canvas/Huile sur toile, 100,3 × 95,6 cm, Private collection

aging or the eternal struggle between man and woman. Munch died on January 23, 1944, leaving his estate to the city of Oslo, which opened the Munch Museum in 1963.

sur l'Oslofjord. Cette même année 1916, Munch hérite du domaine Ekely, à Christiania. Les êtres humains sont désormais représentés en couleurs claires et puissantes, en union harmonieuse avec la nature. Mais l'on note aussi la persistance de sujets conflictuels qui reprennent l'éternel antagonisme entre l'homme et la femme, ou le vieillissement de l'artiste. Munch meurt le 23 janvier 1944 à Ekely. Son héritage échoit à la ville d'Oslo, qui en tirera de quoi ouvrir un musée Munch – inauguré en 1963.

über dem Oslofjord. 1916 erwarb Munch das Gut Ekely bei Christiania. Nun werden Menschen im Einklang mit der Natur in klaren, kräftigen Farben geschildert. Aber immer noch gibt es auch konfliktgeladene Themen, die den ewigen Kampf zwischen Mann und Frau oder das eigene Alter thematisieren. Munch stirbt am 23.1.1944. Seinen Nachlass übernimmt die Stadt Oslo, die damit 1963 das Munch-Museum eröffnet.

Girls on the Pier

Jeunes filles sur le pont

Mädchen auf dem Pier

Chica en el muelle

Ragazza sul ponte

Meisjes op de pier

1904/25, Oil on canvas/Huile sur toile, 143 × 158,5 cm, Munch-Museet, Oslo

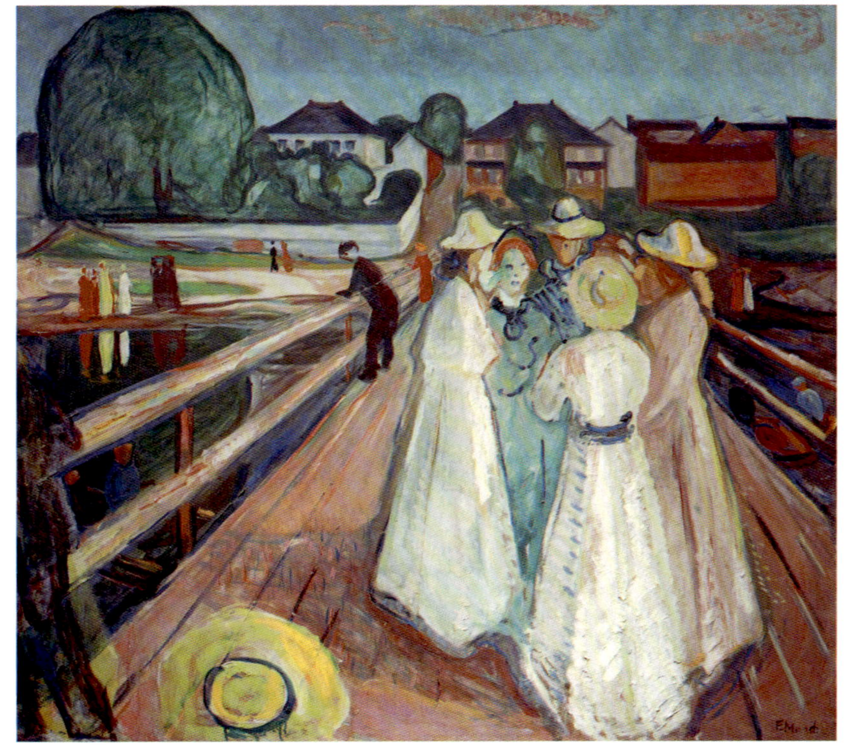

en Cristiania. Ahora pinta a personas en armonía con la naturaleza con colores claros y vivos. Sin embargo, sigue creando obras en las que se narran conflictos, cuyo tema central es la eterna lucha entre el hombre y la mujer o el propio envejecimiento. Munch muere el 23 de enero de 1944. La ciudad de Oslo hereda su patrimonio y en 1963 abre el Museo de Munch.

Ekely a Christiania. Gli uomini erano ora raffigurati in armonia con la natura con colori chiari e forti. Ma c'erano sempre anche temi carichi di conflitti, che tematizzavano l'eterna lotta tra uomo e donna o la propria vecchiaia. Munch morì il 23 gennaio 1944. Lasciò la sua eredità alla città di Oslo, che aprì il Museo Munch nel 1963.

harmonie met de natuur, in heldere, krachtige kleuren. Maar hij schilderde ook problematischer thema's, zoals de eeuwige strijd tussen de seksen en zijn eigen veroudering. Munch overleed op 23 januari 1944. De stad Oslo ontfermde zich over zijn nalatenschap, waardoor in 1963 het Munch-Museum kon worden geopend.

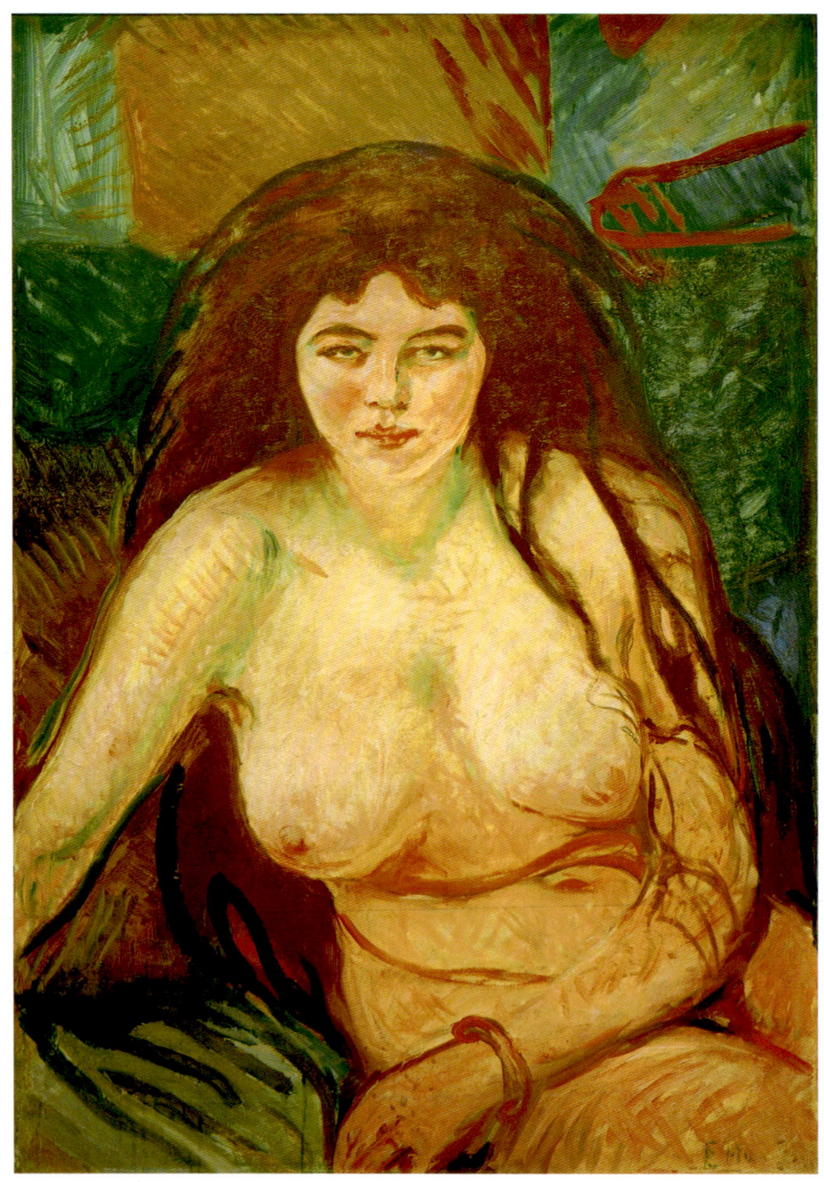

The Beast

Nu féminin, la teigne

Das Biest

La bestia

La bestia

Het beest

1901, Oil on canvas/Huile sur toile, 94,5 × 63,5 cm, Sprengel Museum, Hannover

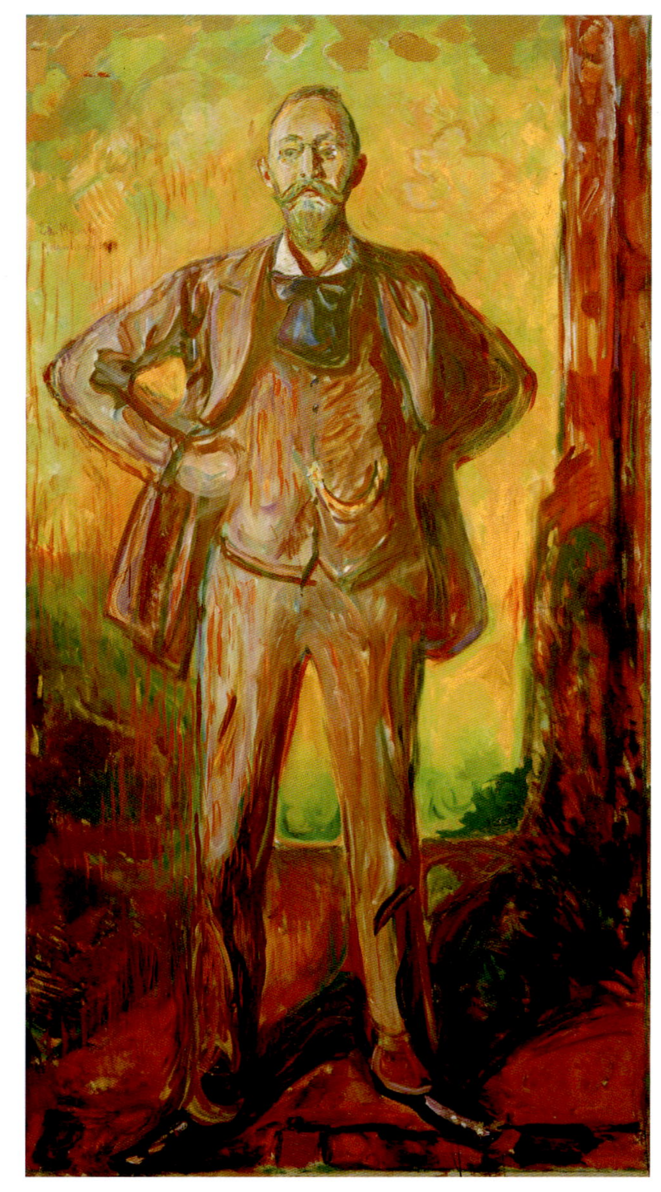

Prof. Daniel Jacobson

Portrait du professeur Daniel Jacobson

Bildnis Prof. Daniel Jacobson

Imagen del Prof. Daniel Jacobson

Ritratto del Prof. Daniel Jacobson

Portret van prof. Daniel Jacobson

1909, Oil on canvas/Huile sur toile, 205 × 111 cm, Munch-Museet, Oslo

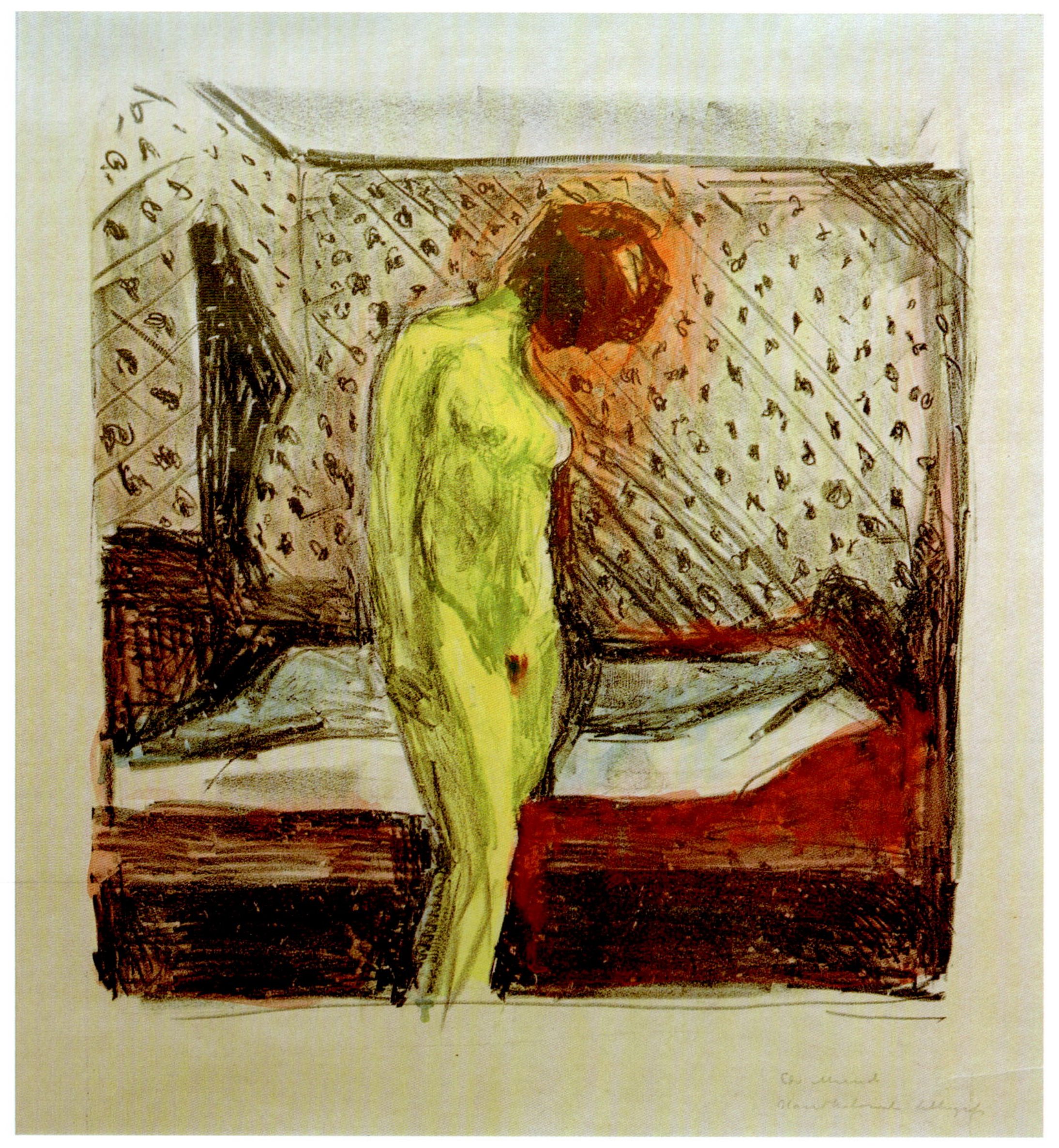

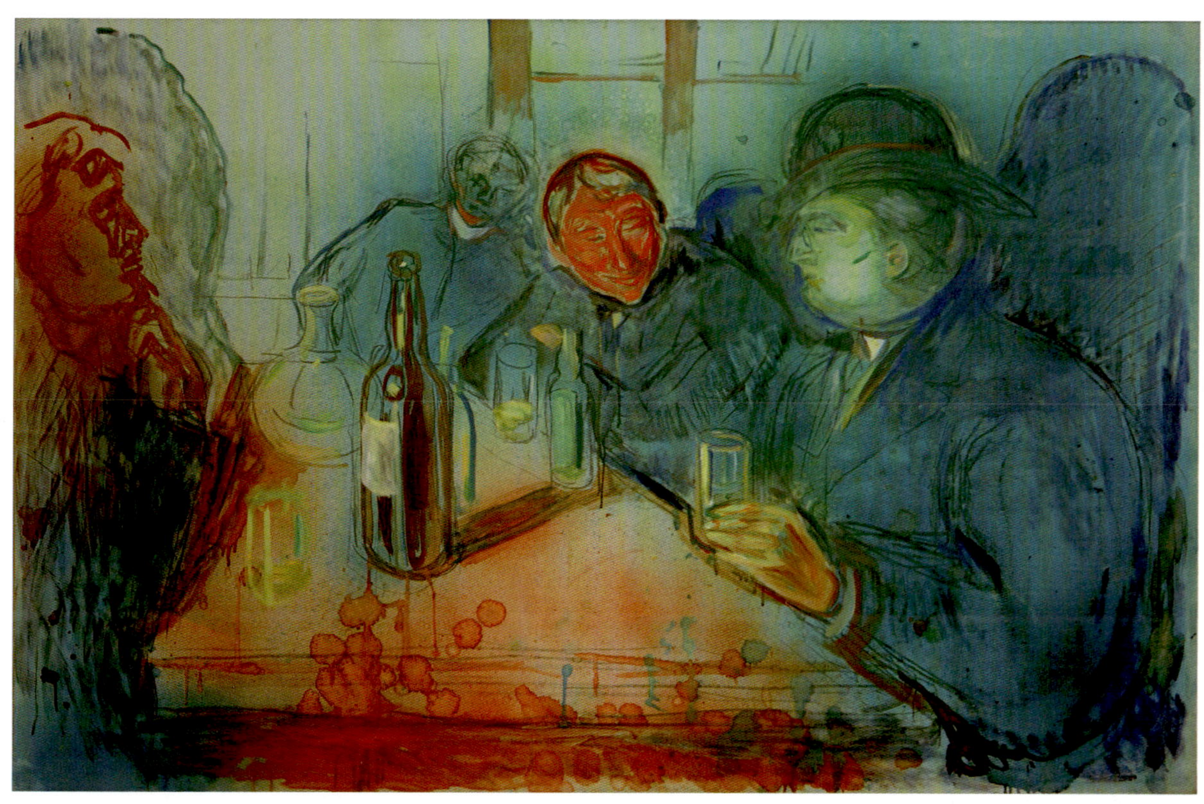

Young Woman Weeping

Femme en pleurs

Weinende junge Frau

Chica joven llorando

Giovane donna in lacrime

Huilende jonge vrouw

1930, Lithograph with water colors/Lithographie aquarellée, 38,3 × 36,5 cm, Private collection

The First Glass

Le Premier Verre

Das erste Glas

El primer vaso

Il primo bicchiere

Het eerste glas

p. 1907, Oil and chalk on canvas/Huile et fusain sur toile, 109 × 160 cm, Munch-Museet, Oslo

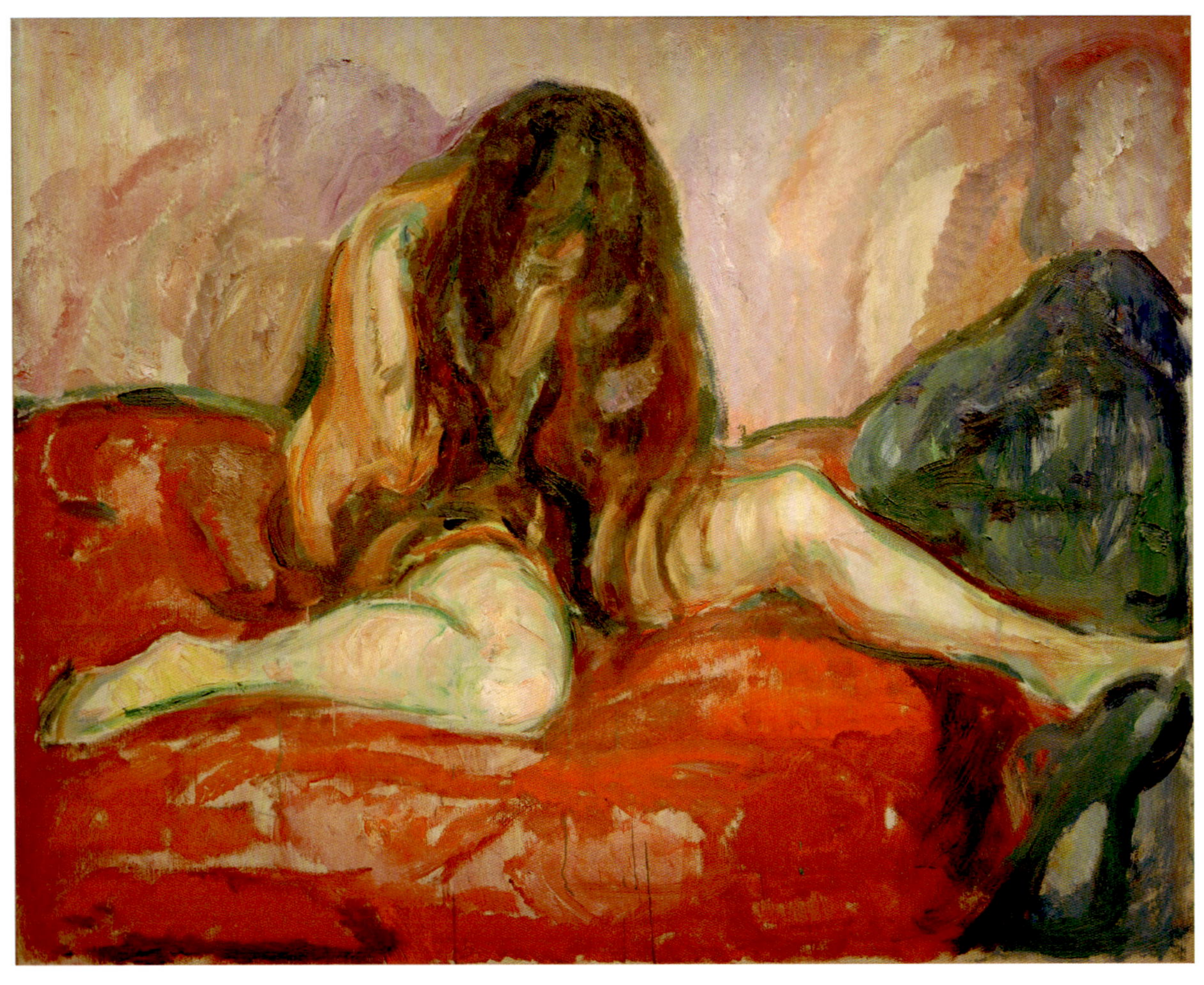

Weeping Nude ***Weinender Akt*** ***Nudo piangente***
Nu en pleurs ***Desnudo llorando*** ***Huilend naakt***
1913, Oil on canvas/Huile sur toile, 110,5 × 135 cm, Munch-Museet, Oslo

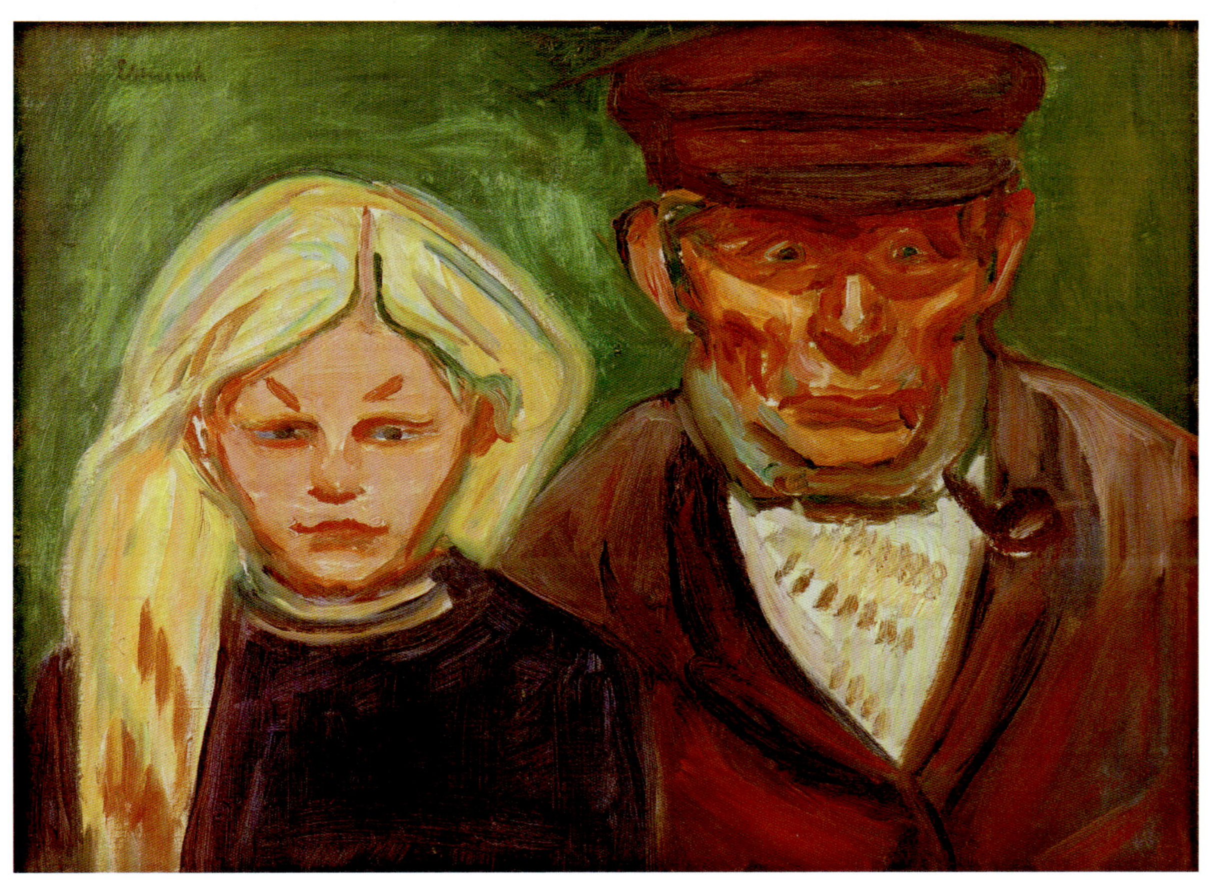

The Fisherman and His Daughter ***Der Fischer und seine Tochter*** ***Il pescatore e sua figlia***
Le Pêcheur et sa fille ***El pescador y su hija*** ***De visser en zijn dochter***
c. 1902, Oil on canvas/Huile sur toile, 48,5 × 66,5 cm, Städel Museum, Frankfurt

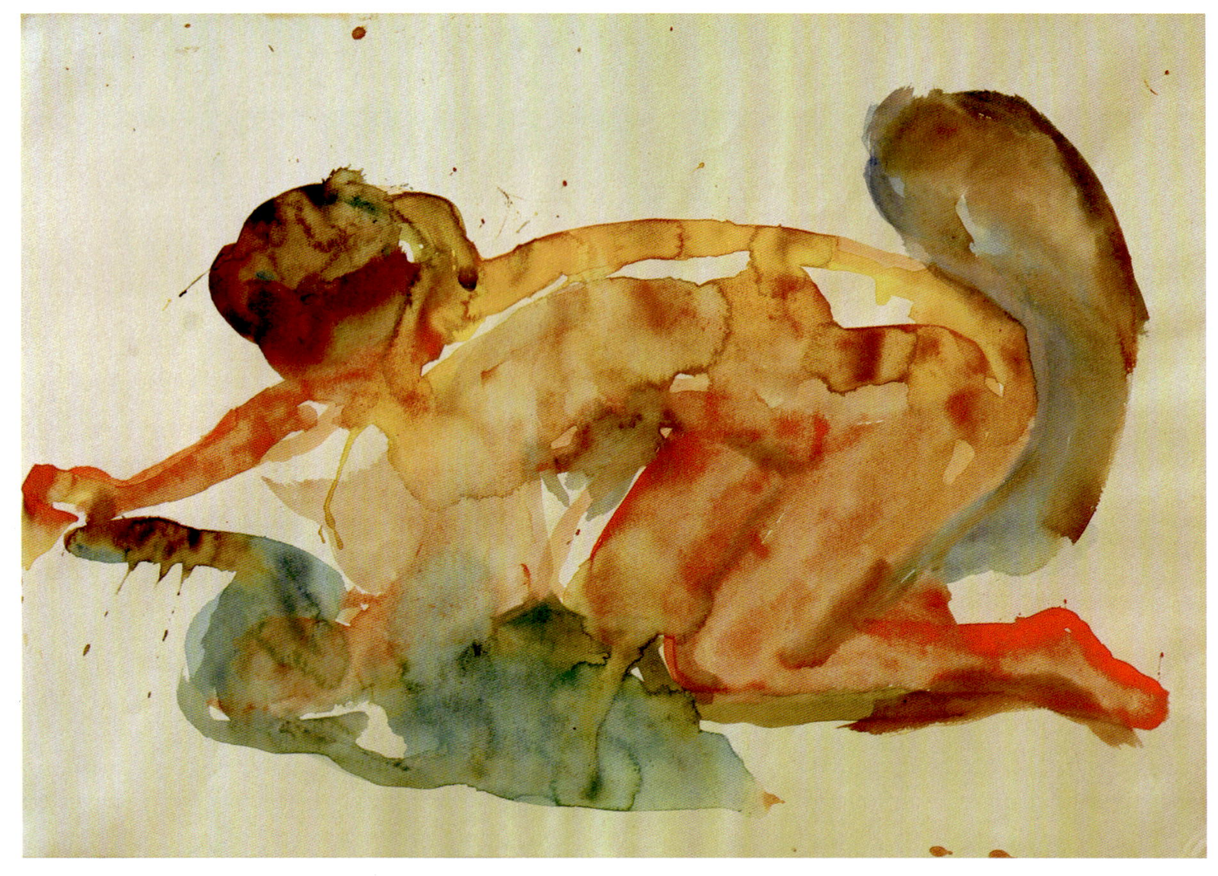

Kneeling Nude
Nu agenouillé
Kniender Akt
Desnudo de rodillas
Nudo inginocchiato
Knielend naakt
1919–21, Water color/Aquarelle, 25,3 × 35,5 cm, Munch-Museet, Oslo

The Esche Children
Les Enfants Esche
Die Esche-Kinder
Los hijos de Esche
I bambini Esche
De kinderen Esche
1905, Oil on canvas/Huile sur toile, 148 × 162,5 cm, Private collection

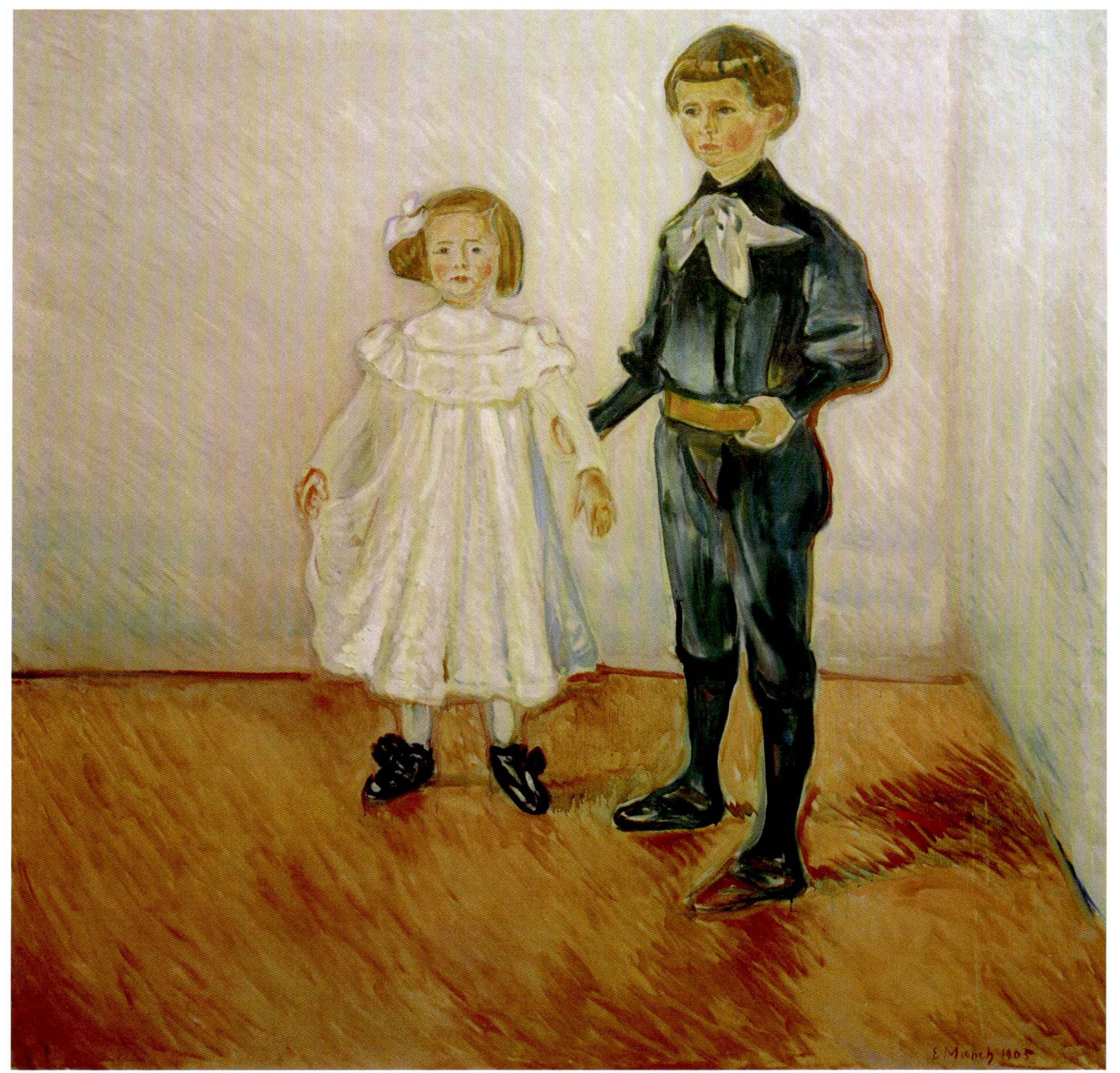
E Munch 1905

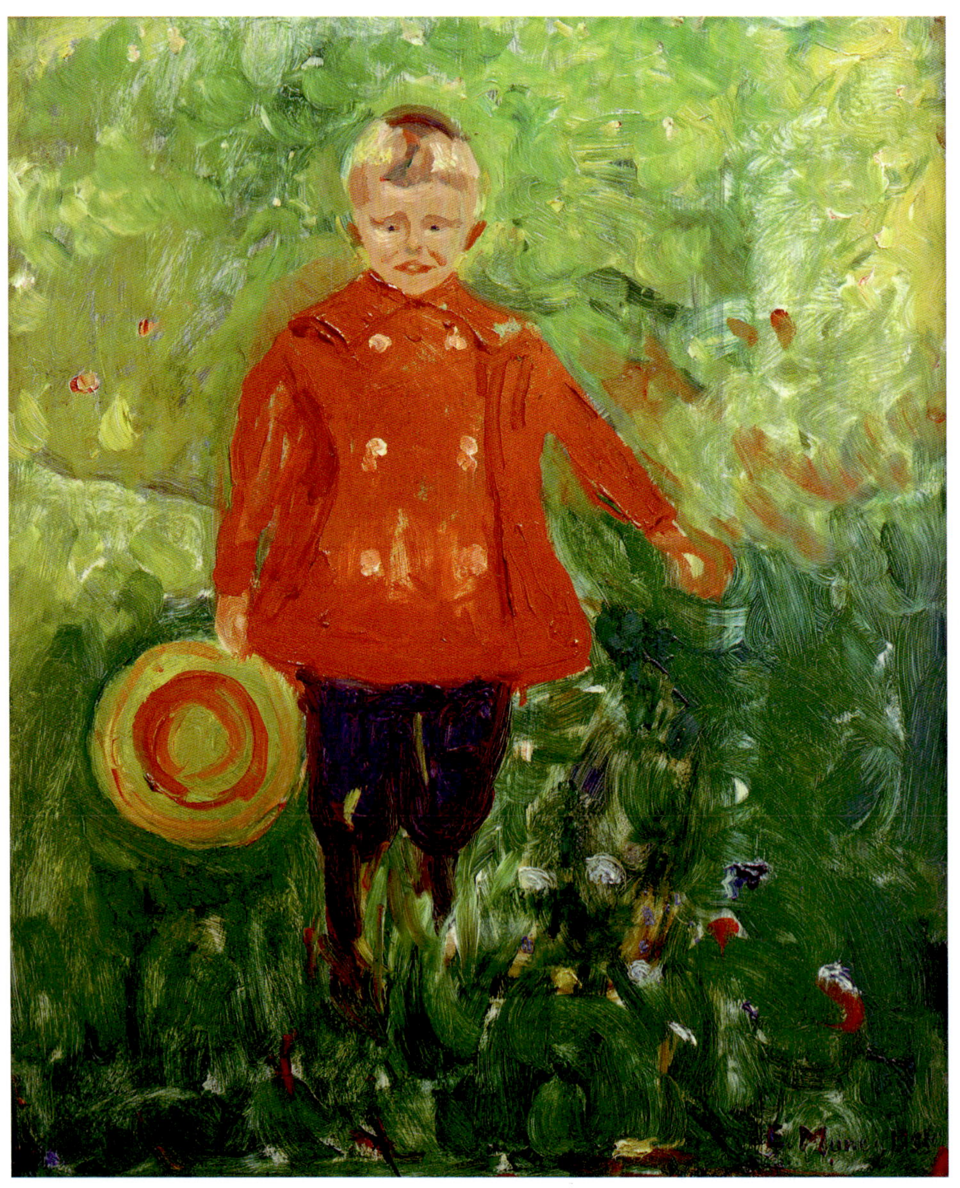

Boy with Jacket

Jeune garçon en veste

Knabe mit Jacke

Chico con chaquete

Ragazzo con giacca

Knaap met jas

*1903, Oil on wood/
Huile sur bois, 50 × 40 cm,
Museum für Kunst und
Kulturgeschichte, Lübeck*

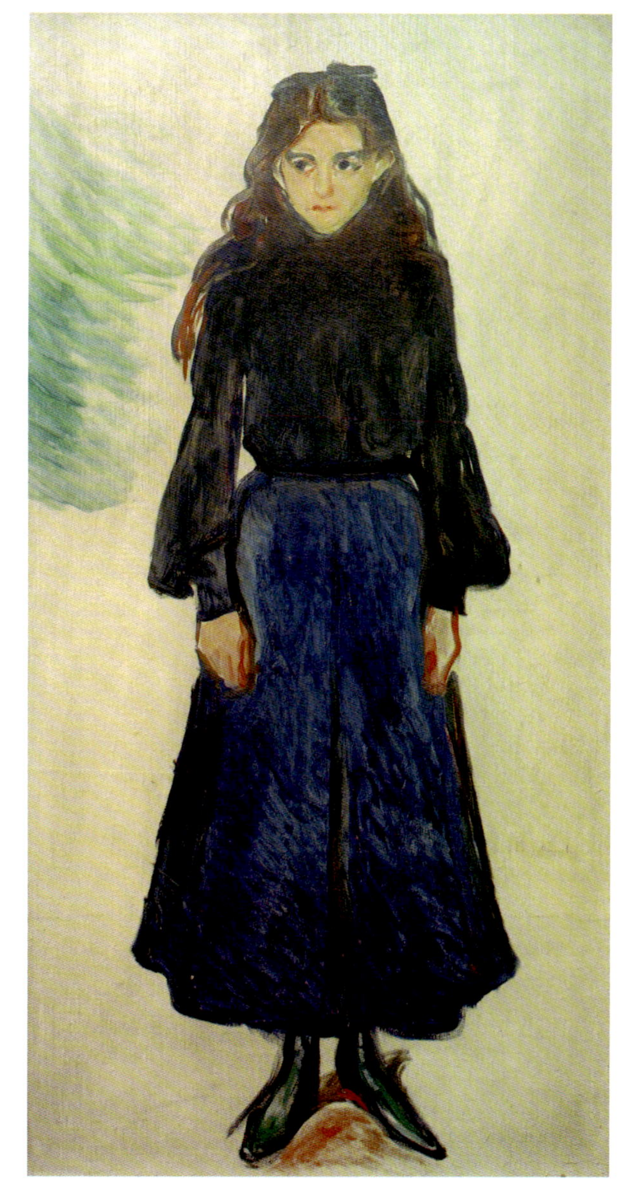

The Sad Girl

La Fille triste

Das traurige Mädchen

La chica triste

La ragazza triste

Het verdrietige meisje

1904, Oil on canvas/Huile sur toile, 140 × 72 cm, Private collection

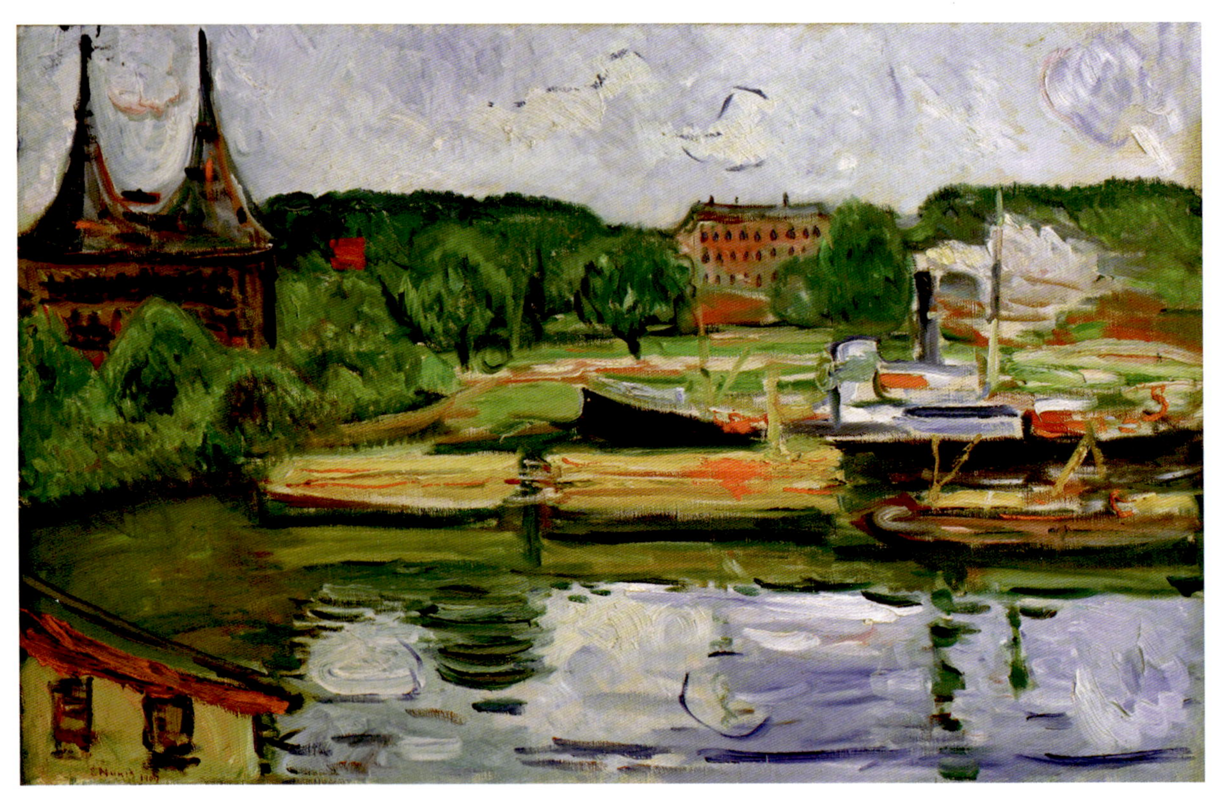

Lübeck Harbor with the Holsten Gate

Le Port de Lübeck et la Holstentor

Lübecker Hafen mit Holstentor

Puerto de Lübeck con Puerta de Holsten

Porto di Lubecca con la Holstentor

De haven van Lübeck met de Holstentor

1907, Oil on canvas/Huile sur toile, 84 × 130 cm, Nationalgalerie, Berlin

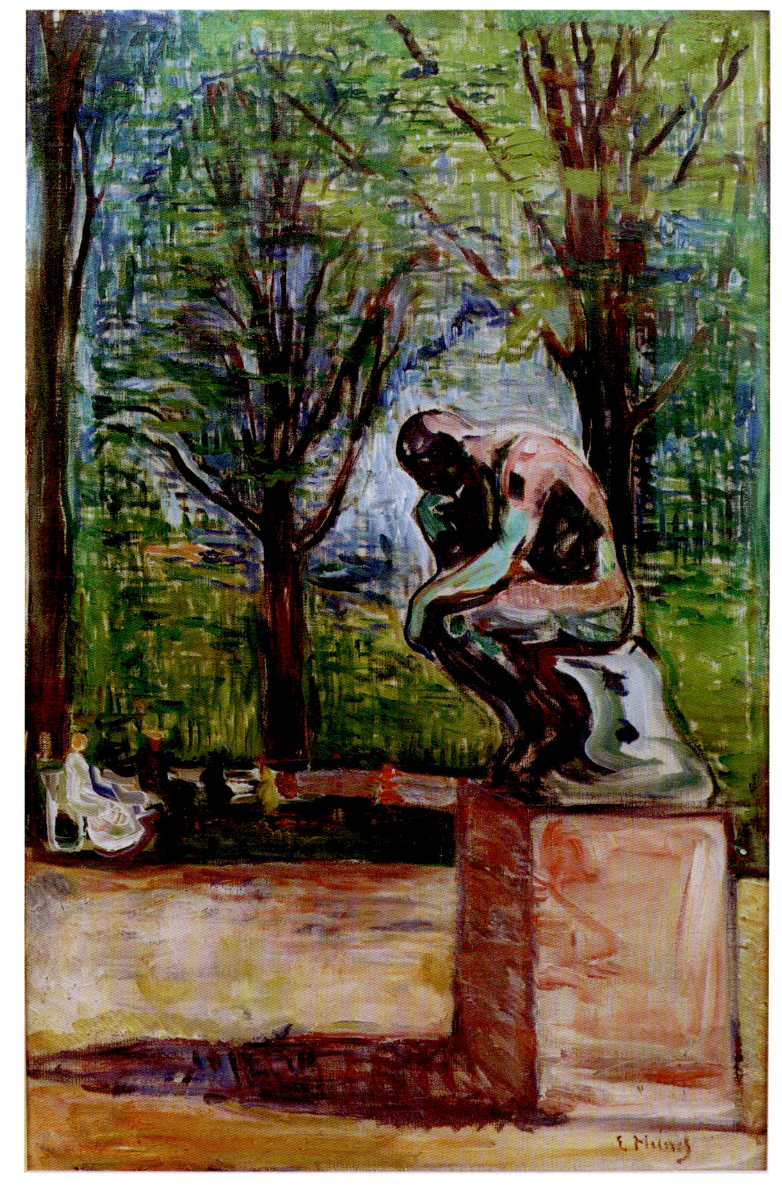

Rodin's Thinker

Le Penseur de Rodin dans le parc du docteur Linde à Lübeck

Der Denker von Rodin

El pensador de Rodin

Il pensatore di Rodin

De Denker van Rodin

c. 1907, Oil on canvas/Huile sur toile, 122 × 78 cm, Musée Rodin, Paris

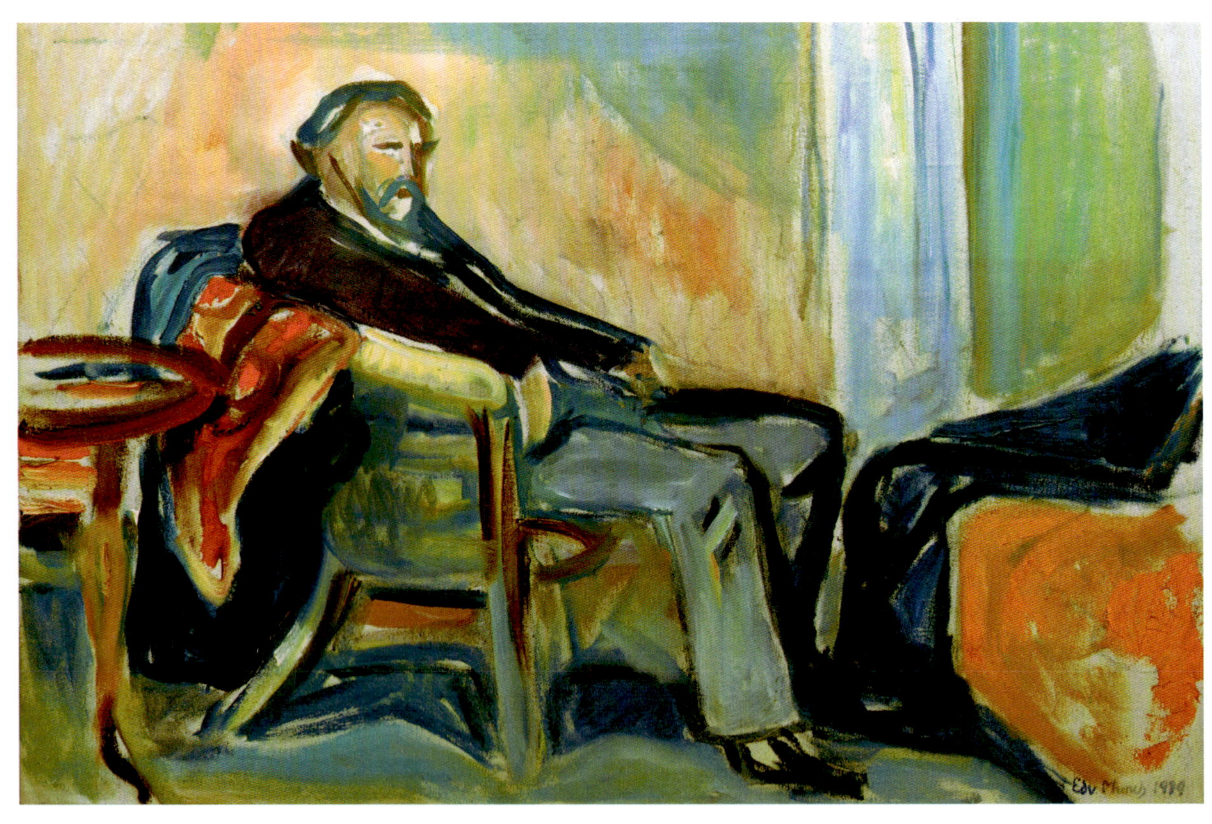

Self-Portrait after the Spanish Flu

Autoportrait après la grippe espagnole

Selbstbildnis nach der Spanischen Grippe

Autorretrato tras la fiebre española

Autoritratto dopo la febbre spagnola

Zelfportret na de Spaanse griep

1919, Oil on canvas/Huile sur toile, 60 × 90 cm, Museum für Kunst und Kulturgeschichte, Lübeck

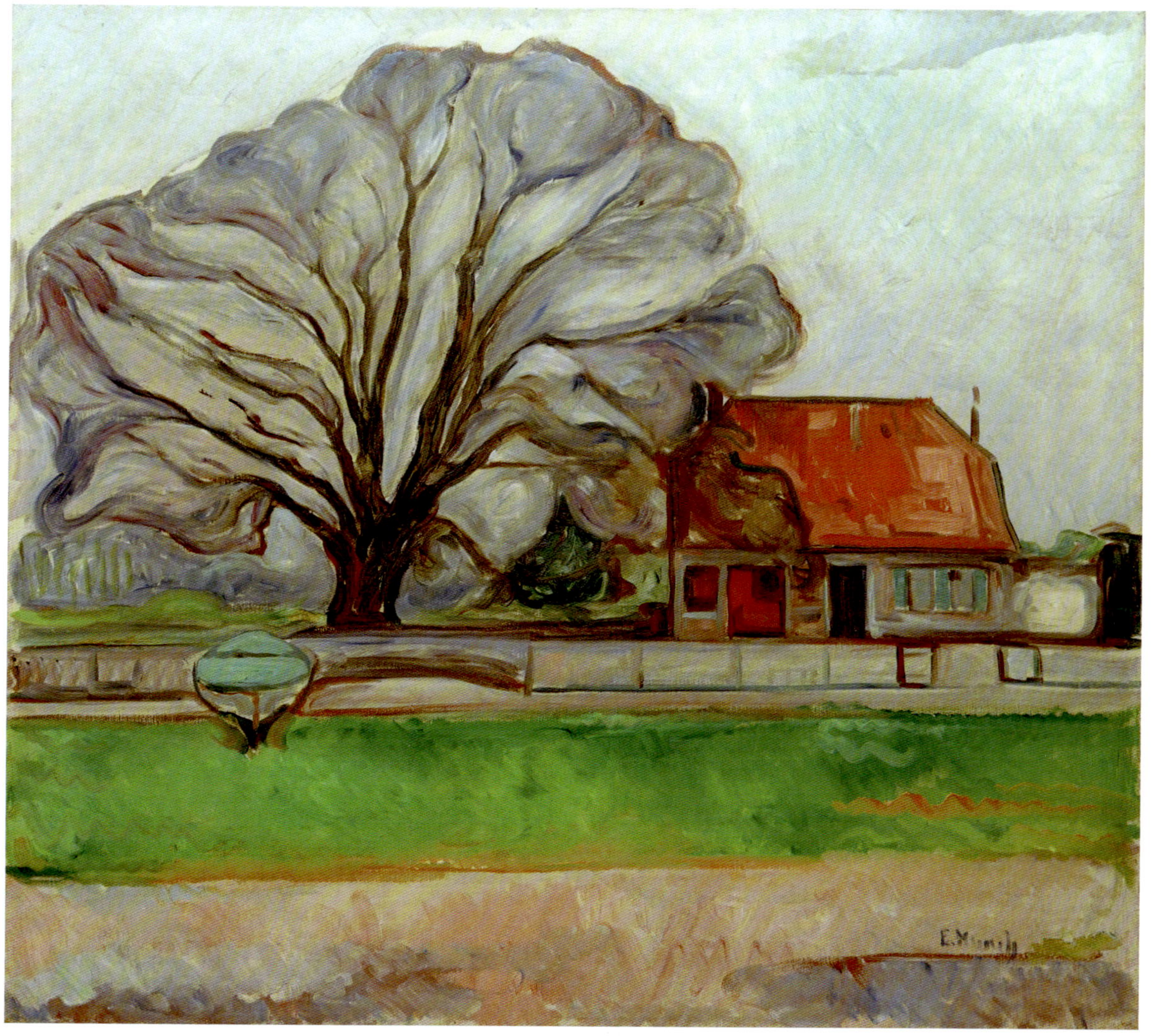

Tree above the Red Roof | ***Baum über dem roten Dach*** | ***Albero sul tetto rosso***
Arbre au-dessus d'un toit rouge | ***Árbol enima del techo rojo*** | ***Boom boven het rode dak***

1903, Oil on canvas/Huile sur toile, 90 × 100,5 cm, Munch-Museet, Oslo

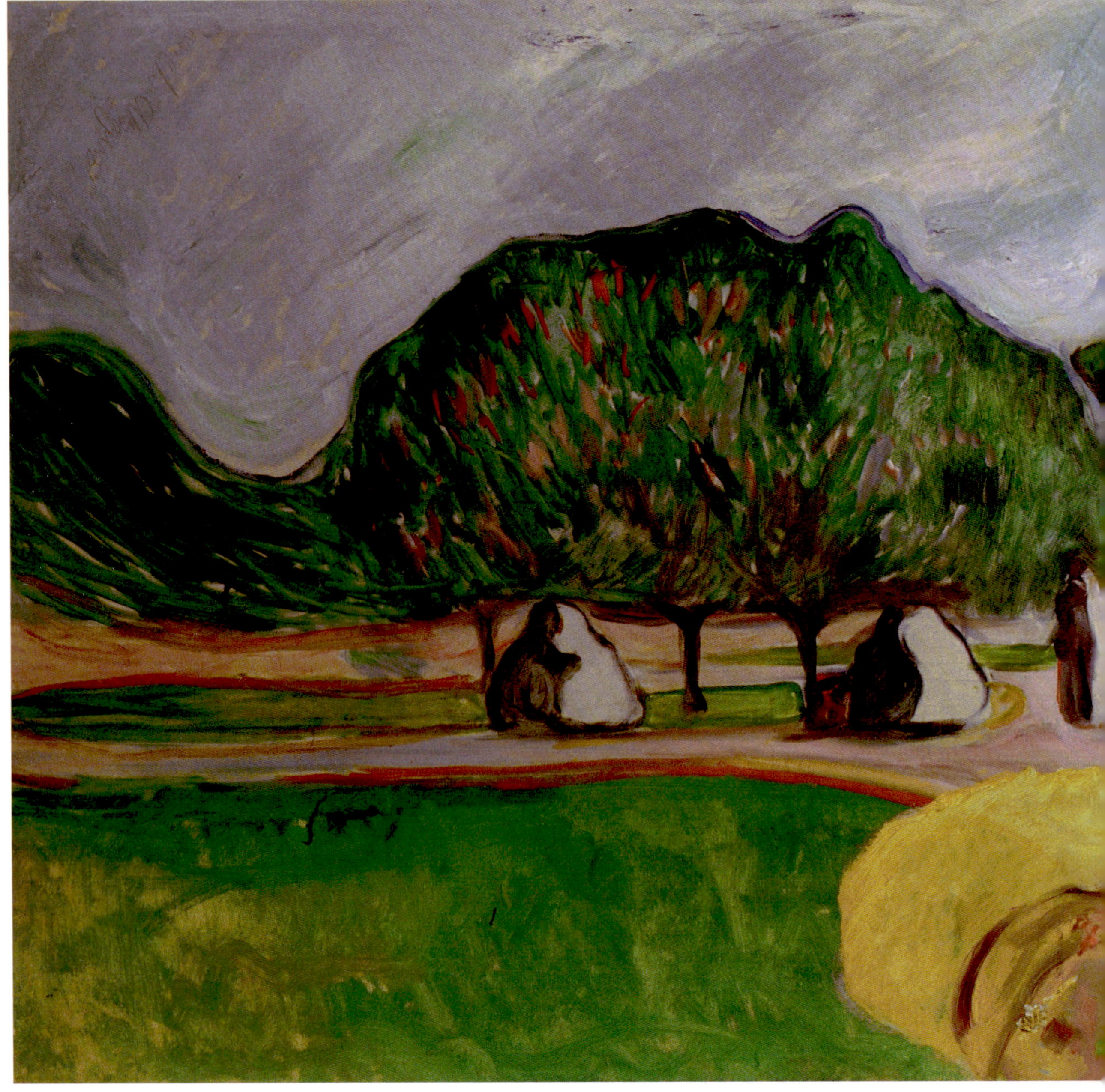

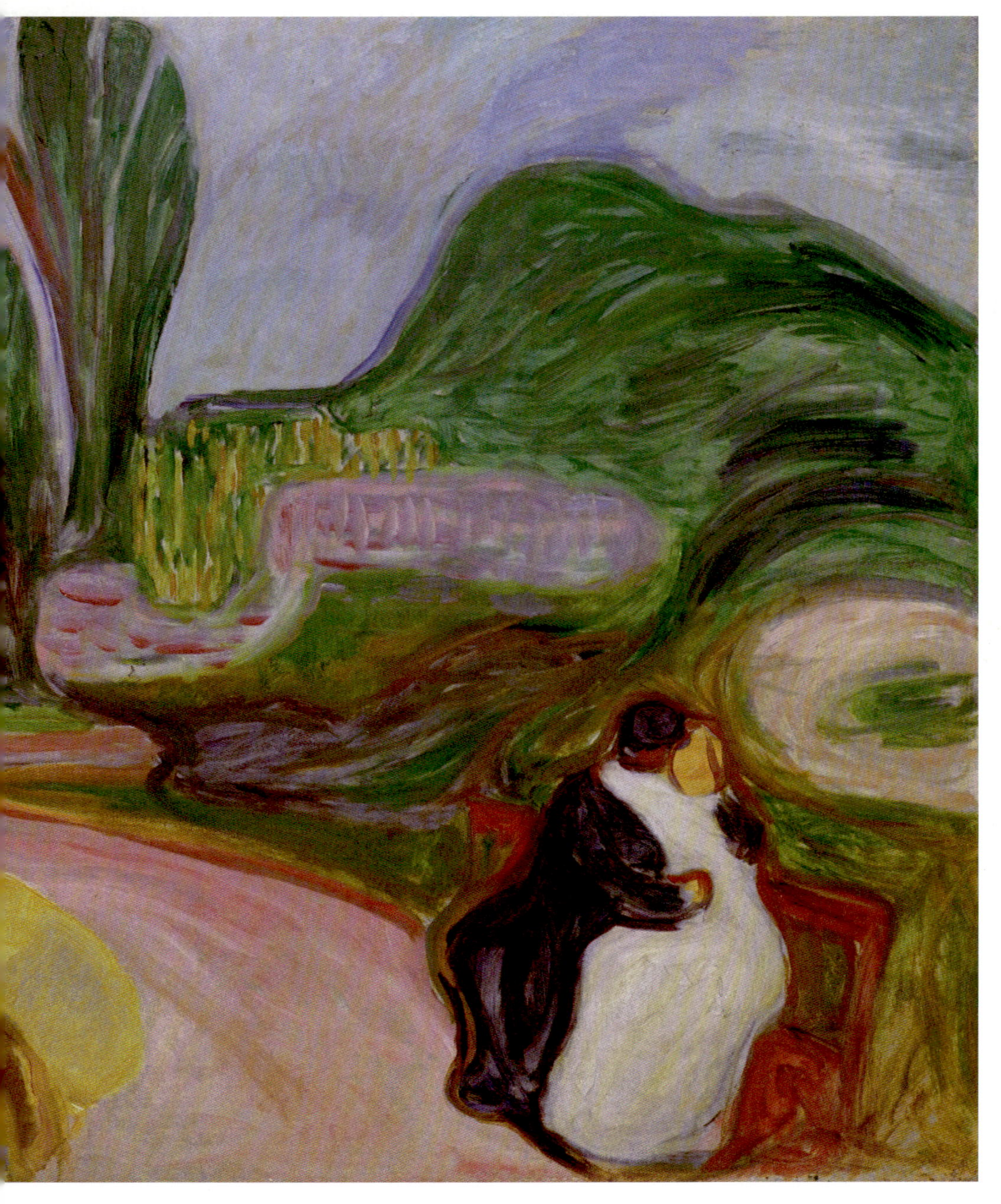

Couples in the Park

Couples d'amoureux dans un parc

Liebespaare im Park

Enamorados en el parque

Coppie di innamorati nel parco

Stel in het park

1904, Oil on canvas/ Huile sur toile, 91 × 170,5 cm, Munch-Museet, Oslo

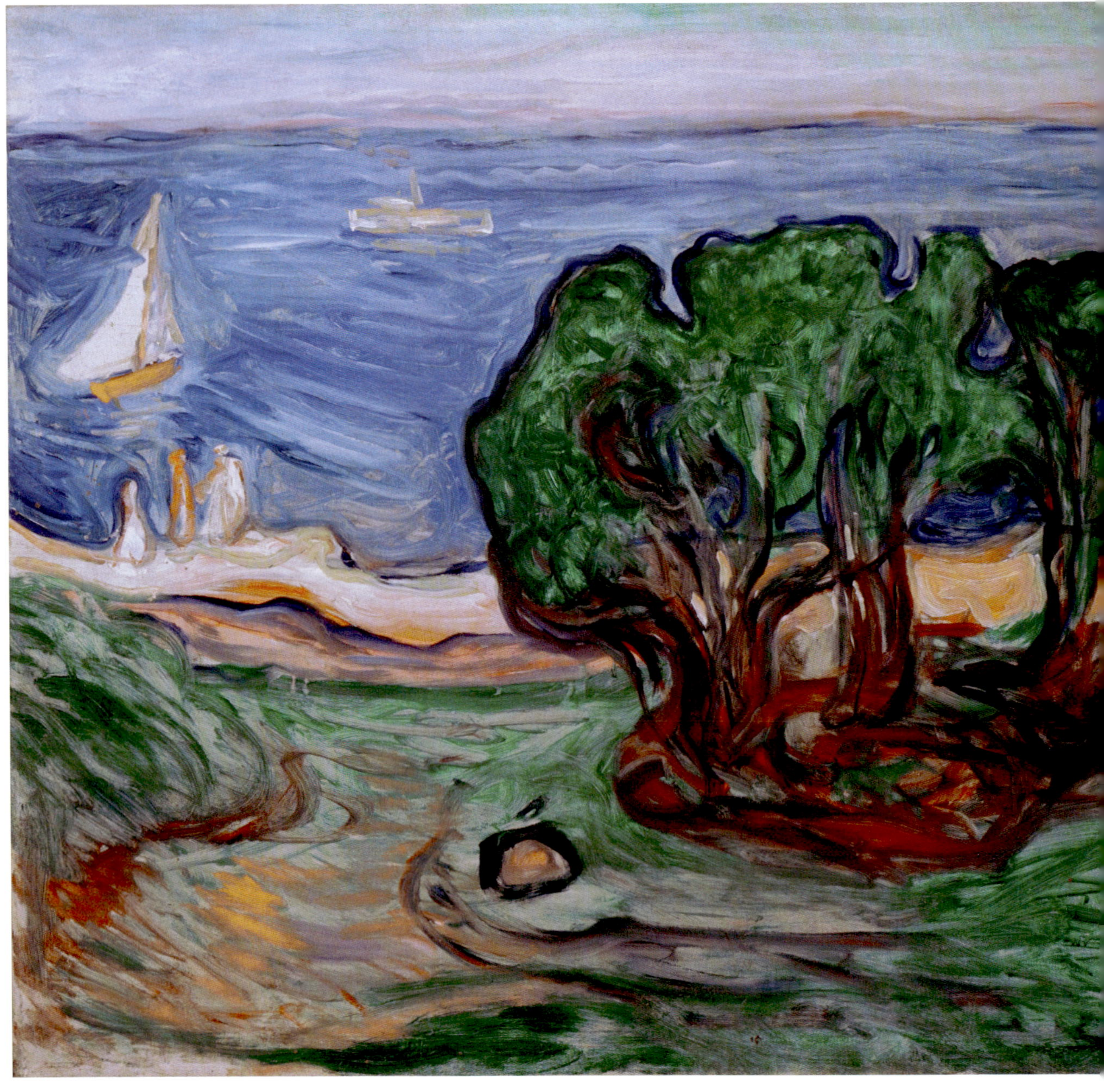

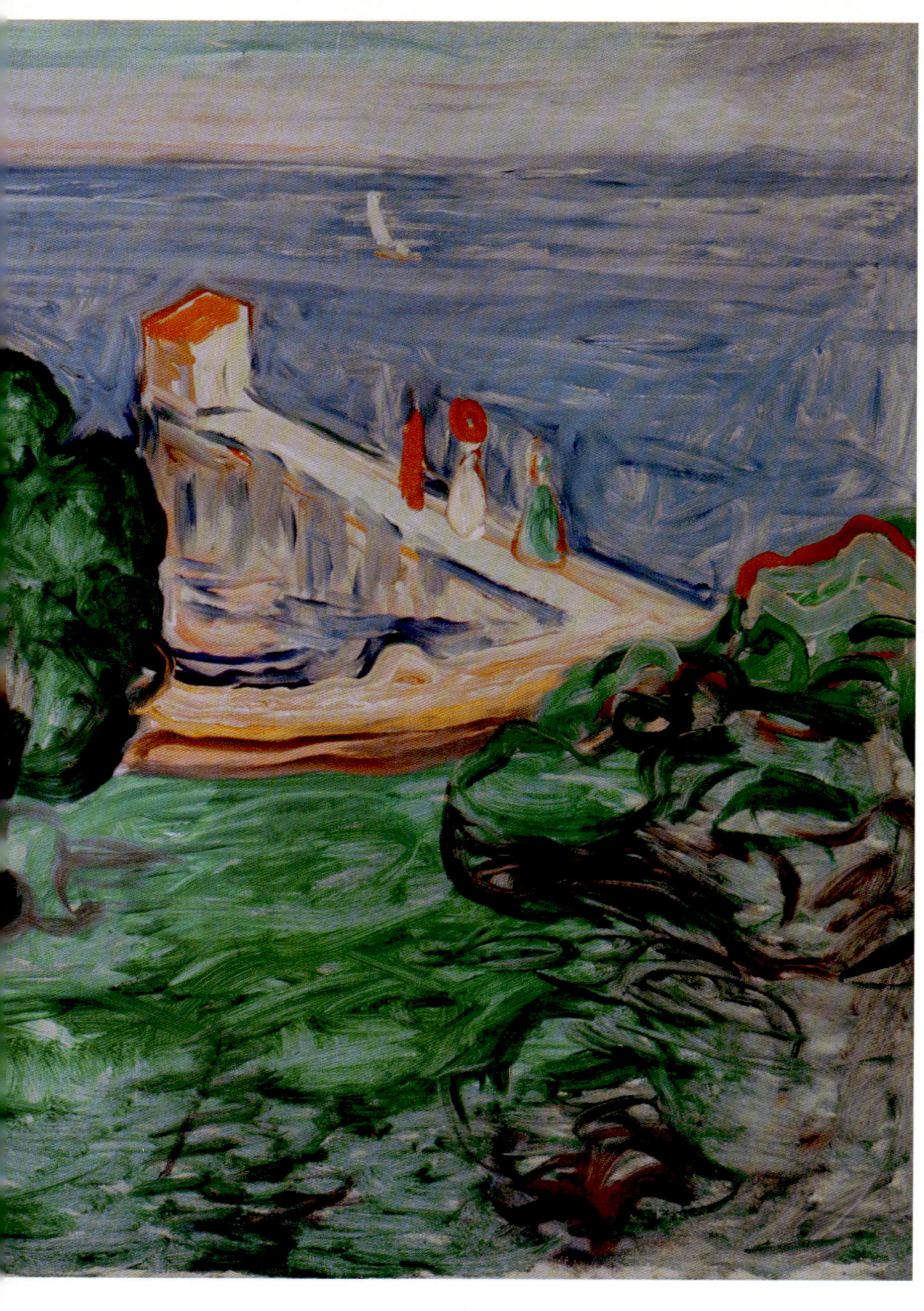

Trees on the Seaside

Arbres au bord de la mer

Bäume am Meer

Árboles cerca del mar

Alberi sul mare

Bomen aan zee

1904, Oil on canvas/Huile sur toile, 92 × 173 cm, Munch-Museet, Oslo

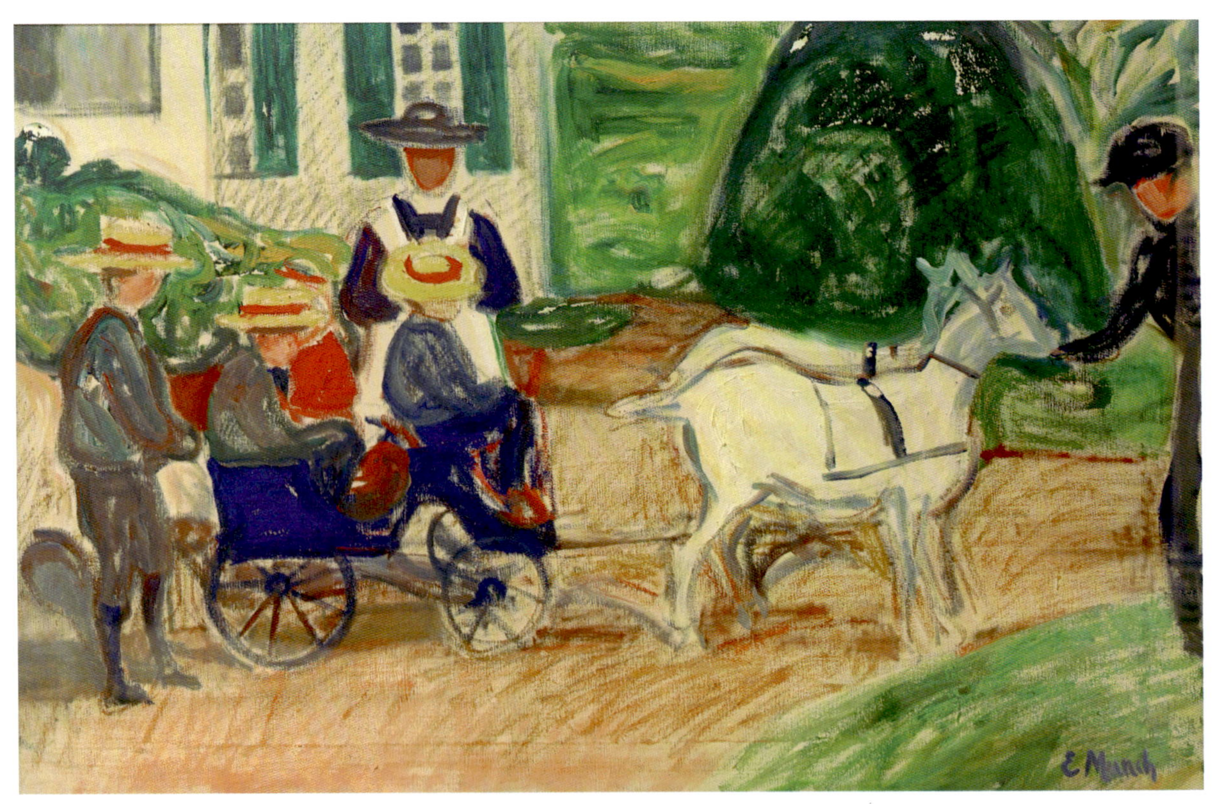

The Goat Cart

La Carriole aux chèvres

Der Ziegenwagen

El carro de cabras

Il carro delle capre

De geitenkar

1903, Oil on canvas/Huile sur toile, 63 × 93,8 cm, Private collection

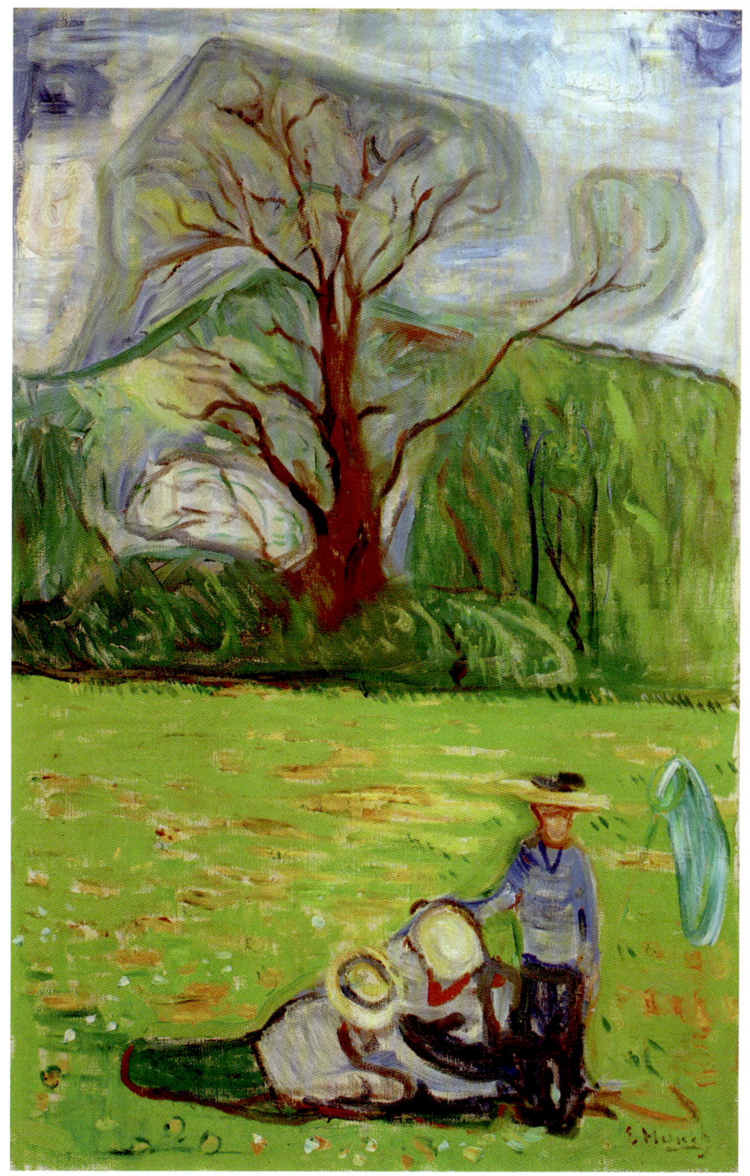

Spring Landscape

Paysage de printemps

Frühlingslandschaft

Paisaje de primavera

Paesaggio primaverile

Voorjaarslandschap

1903, Oil on canvas/Huile sur toile, 126,5 × 80 cm, Private collection

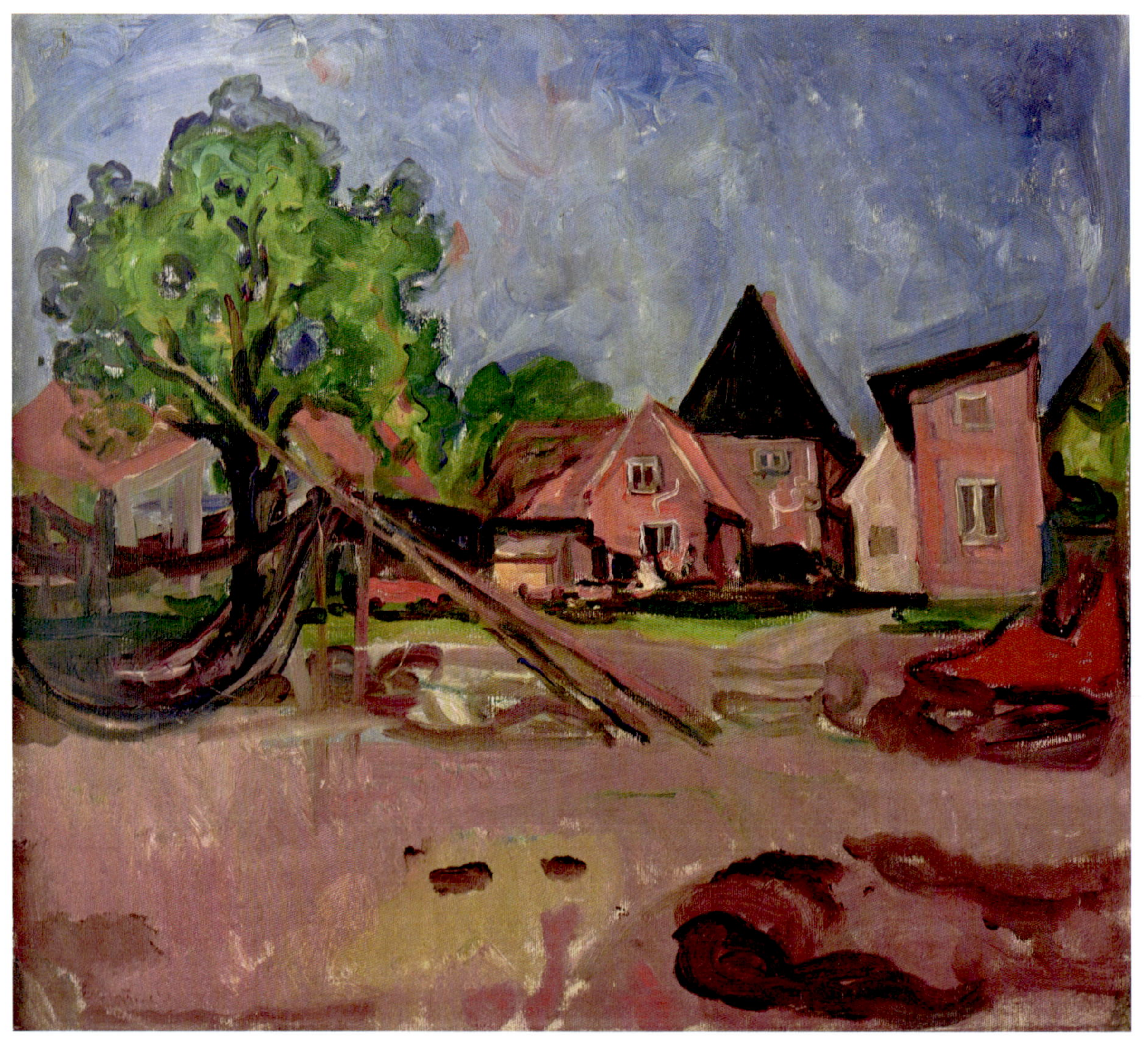

Travemünde

1904, Oil on canvas/Huile sur toile, 65 × 70 cm, Museum für Kunst und Kulturgeschichte, Lübeck

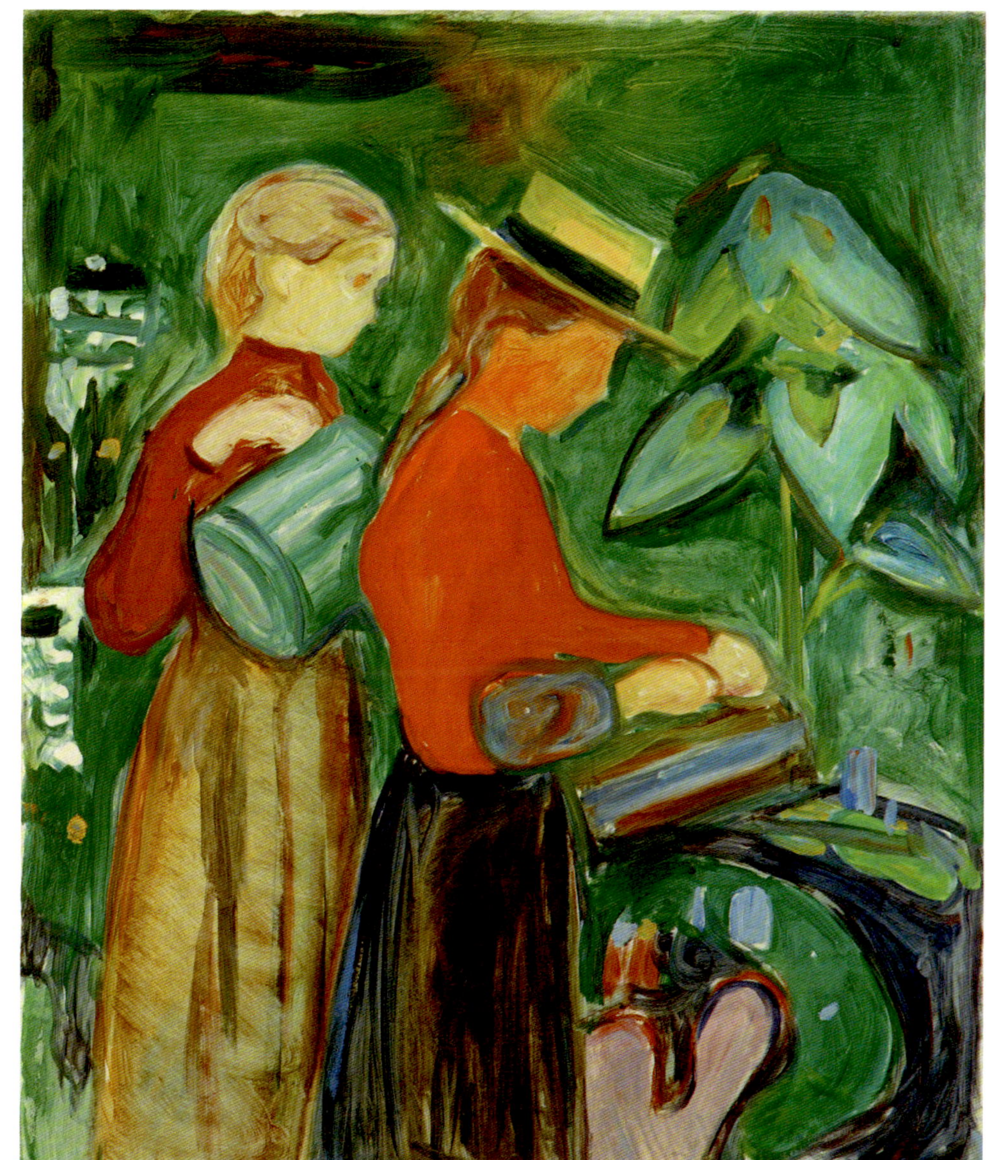

Girls Watering Flowers

Jeunes filles arrosant des fleurs

Mädchen beim Blumengießen

Chica regando flores

Ragazza con innaffiatoio

Meisjes die planten water geven

1904, Oil on canvas/Huile sur toile, 100 × 80 cm, Munch-Museet, Oslo

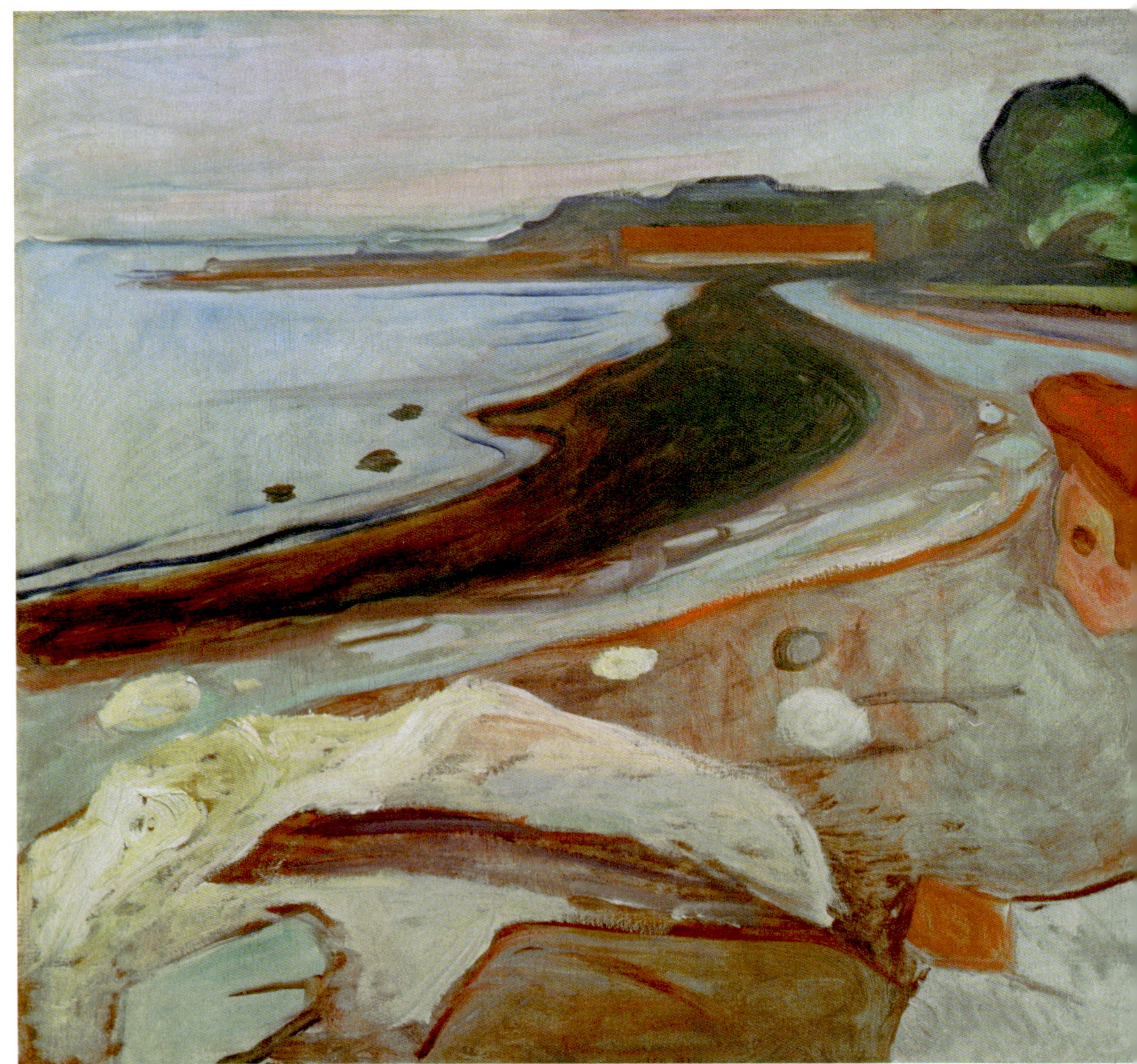

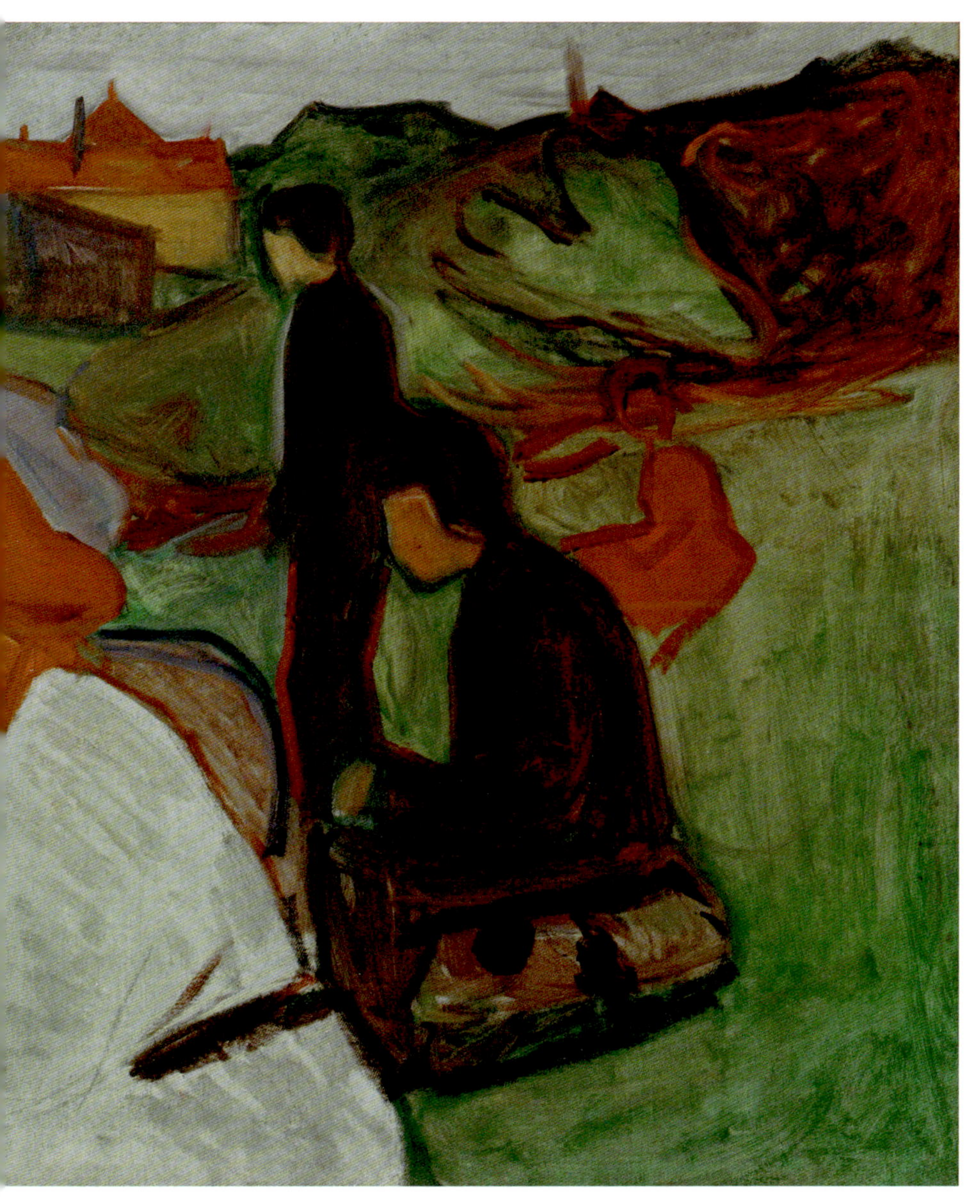

Youth at the Seaside

Jeunes gens au bord de la mer

Jugend am Meer

Juventud en la playa

Giovani al mare

Jeugd aan zee

1904, Oil on canvas/
Huile sur toile, 92 × 173 cm,
Munch-Museet, Oslo

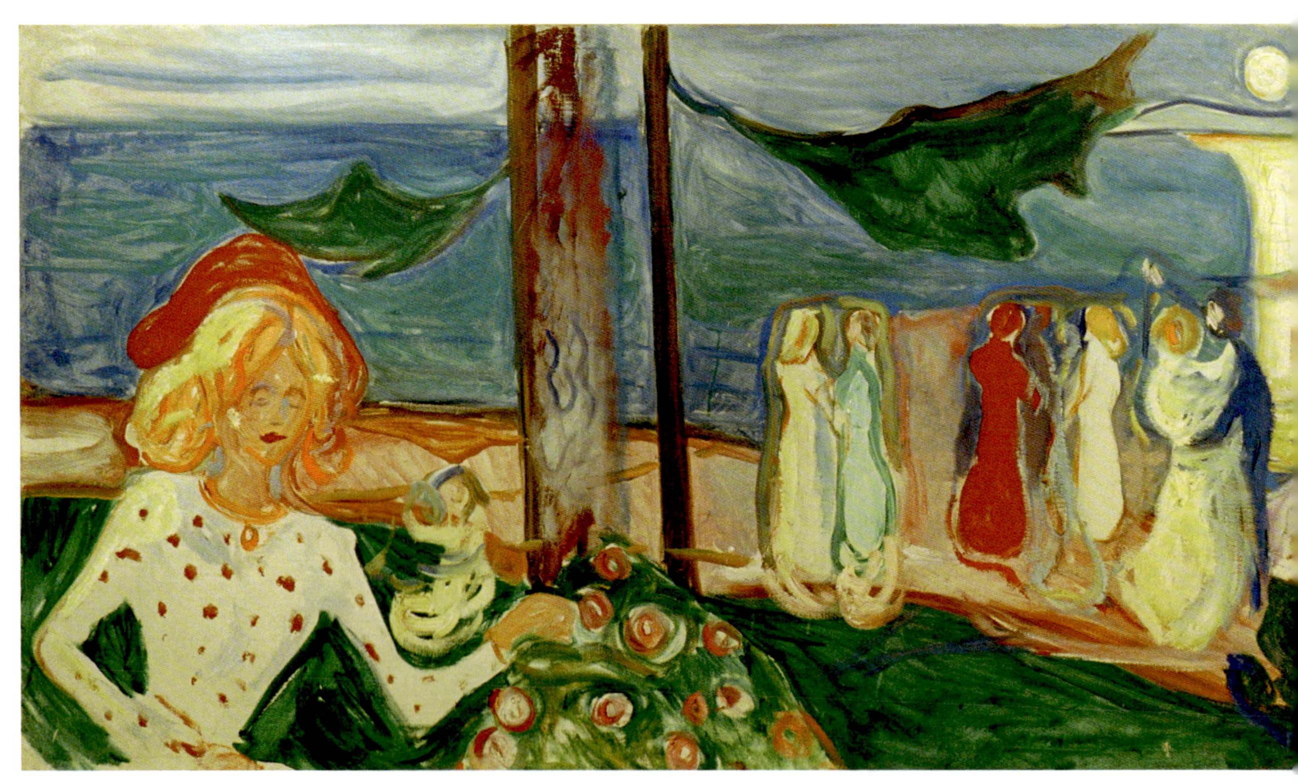

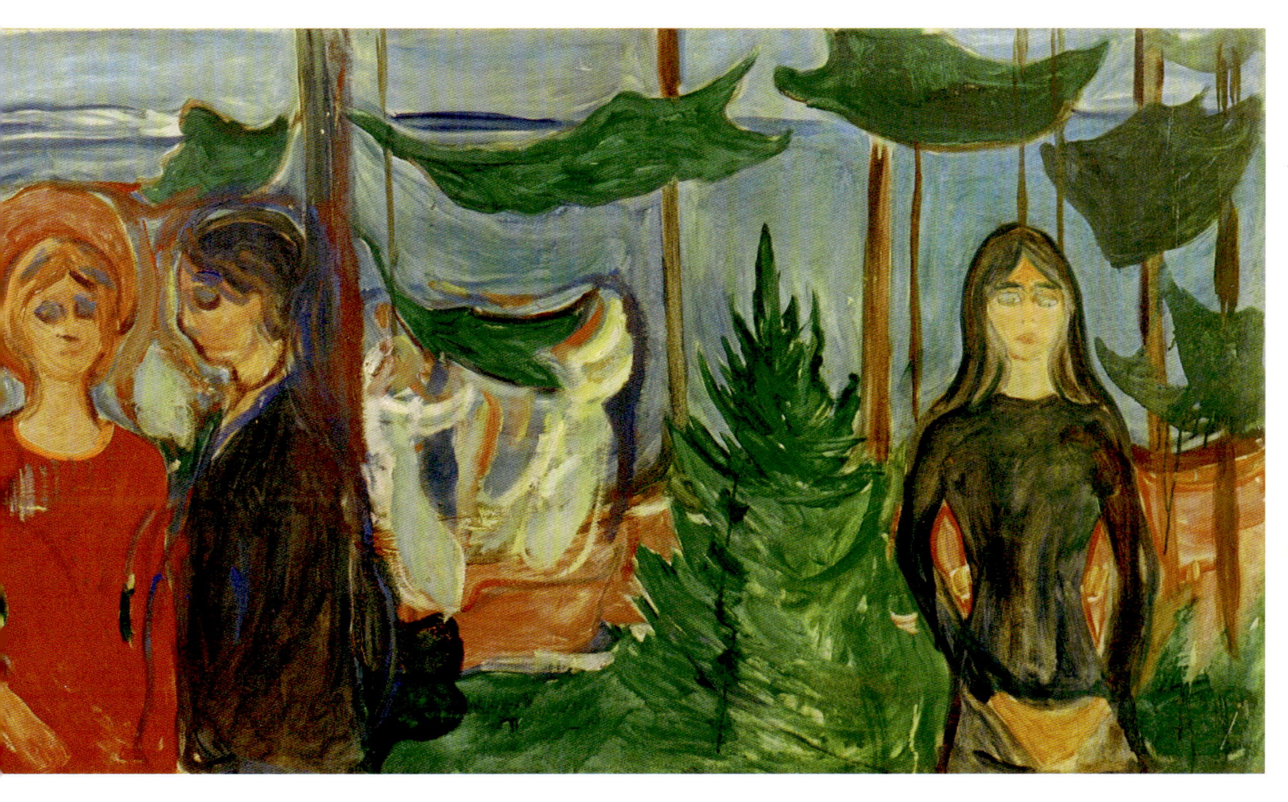

Dancing on the Beach

Danse sur le rivage

Tanz am Strand

Baile en la playa

Danza sulla riva

Dans aan het strand

1904, Oil on canvas/Huile sur toile, 90 × 315 cm, Munch-Museet, Oslo

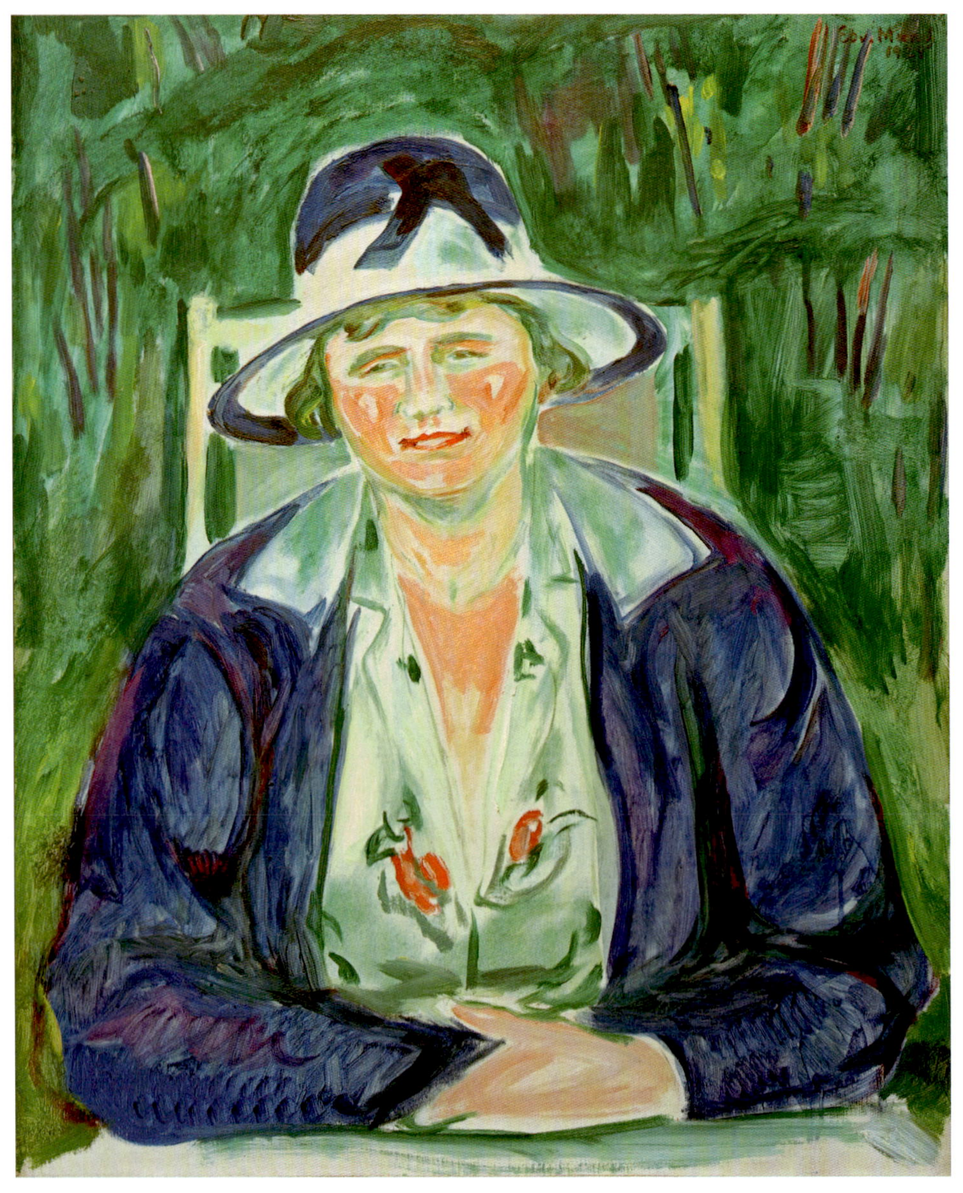

Woman in Blue (Mrs Hoffmann)

La Dame en bleu (Portrait de madame Hoffmann)

Dame in Blau (Porträt der Frau Hoffmann)

La mujer de azul (retrato de Frau Hoffmann)

Dama in blu (ritratto della signora Hoffmann)

Dame in het blauw (Portret van mevr. Hoffmann)

1927, Oil on canvas/ Huile sur toile, 92 × 73 cm, Private collection

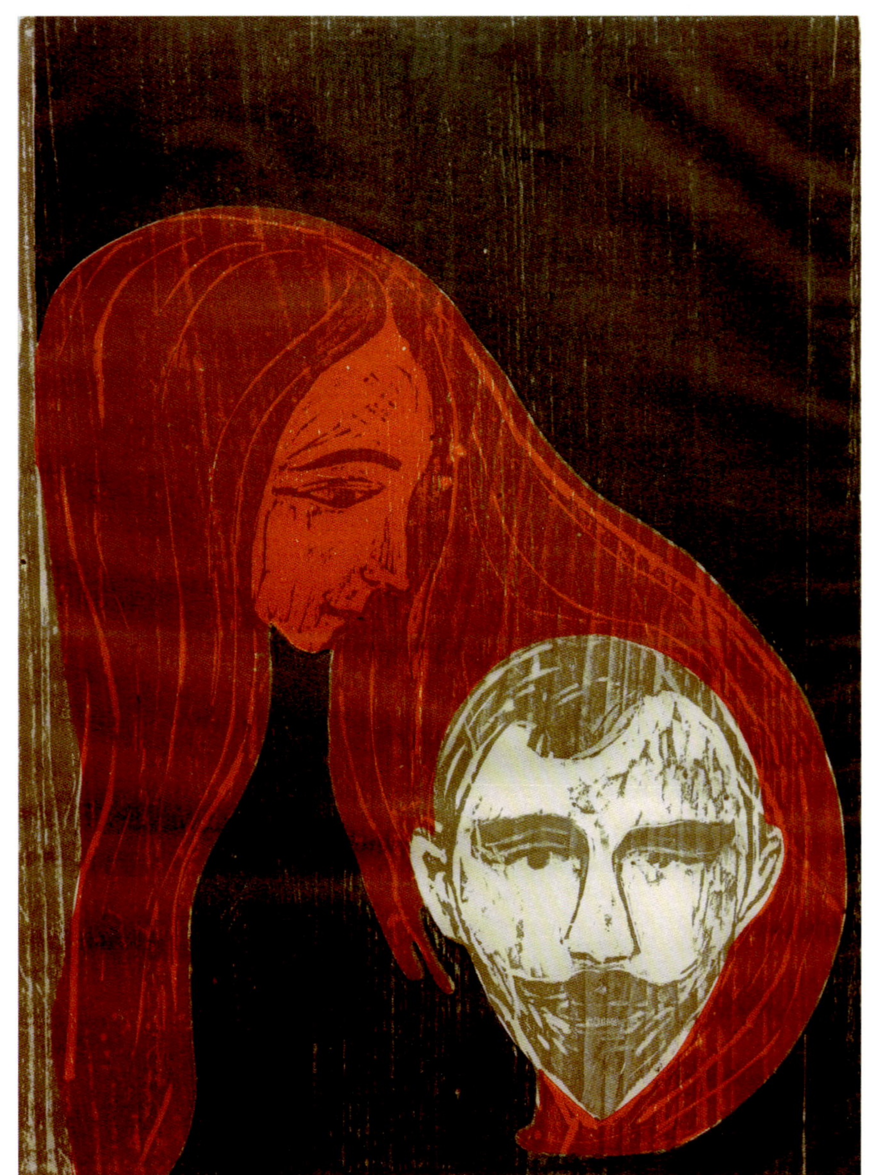

A Man's Head Caught in a Woman's Hair

Tête d'homme dans des cheveux de femme

Männerkopf in Frauenhaar

Cabeza de un hombre en el cabello de una mujer

Testa d'uomo tra capelli di donna

Mannenhoofd in vrouwenhaar

1896, Color woodcut/Bois gravé, 54,6 × 38 cm, Munch-Museet, Oslo

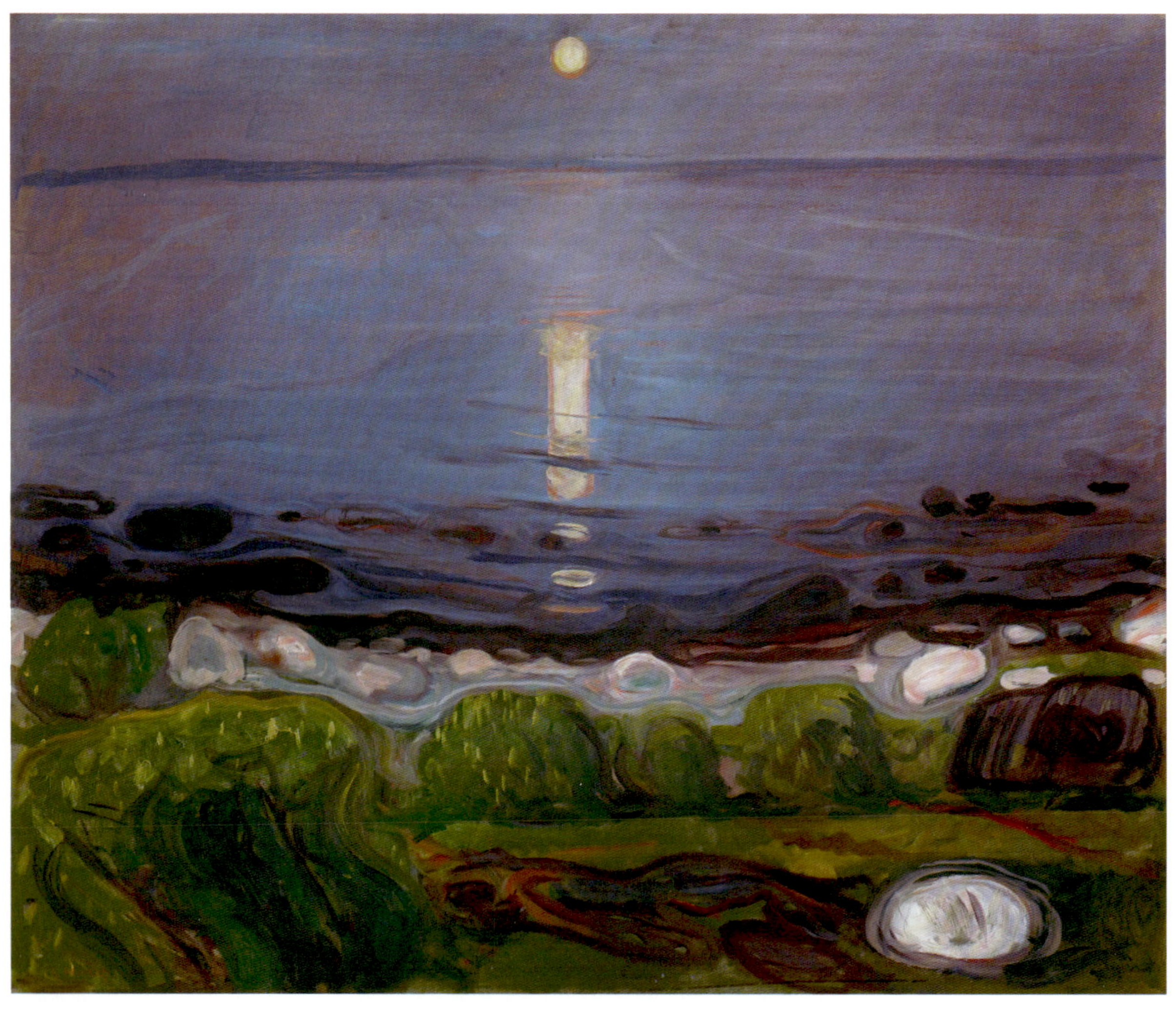

A Summer's Night on the Beach ***Eine Sommernacht am Strand*** ***Una notte d'estate sulla spiaggia***
Nuit d'été sur le rivage ***Una noche de verano en la playa*** ***Zomernacht aan het strand***
1902, Oil on canvas/Huile sur toile, 103 × 120 cm, Belvedere, Wien

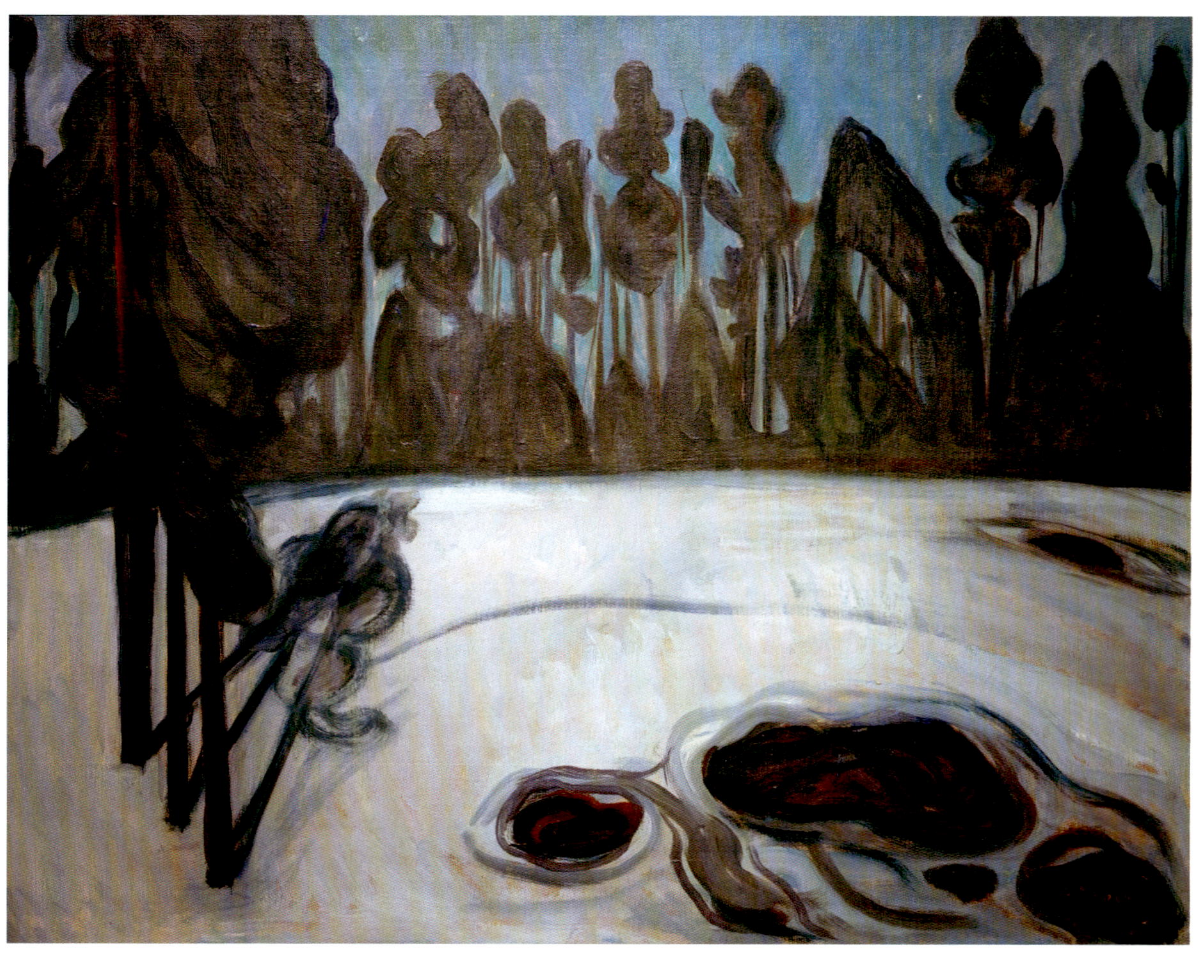

Winter Landscape ***Winterlandschaft*** ***Paesaggio invernale***
Paysage d'hiver ***Paisaje de invierno*** ***Winterlandschap***
c. 1900, Oil on canvas/Huile sur toile, 59,5 × 74 cm, Museum Folkwang, Essen

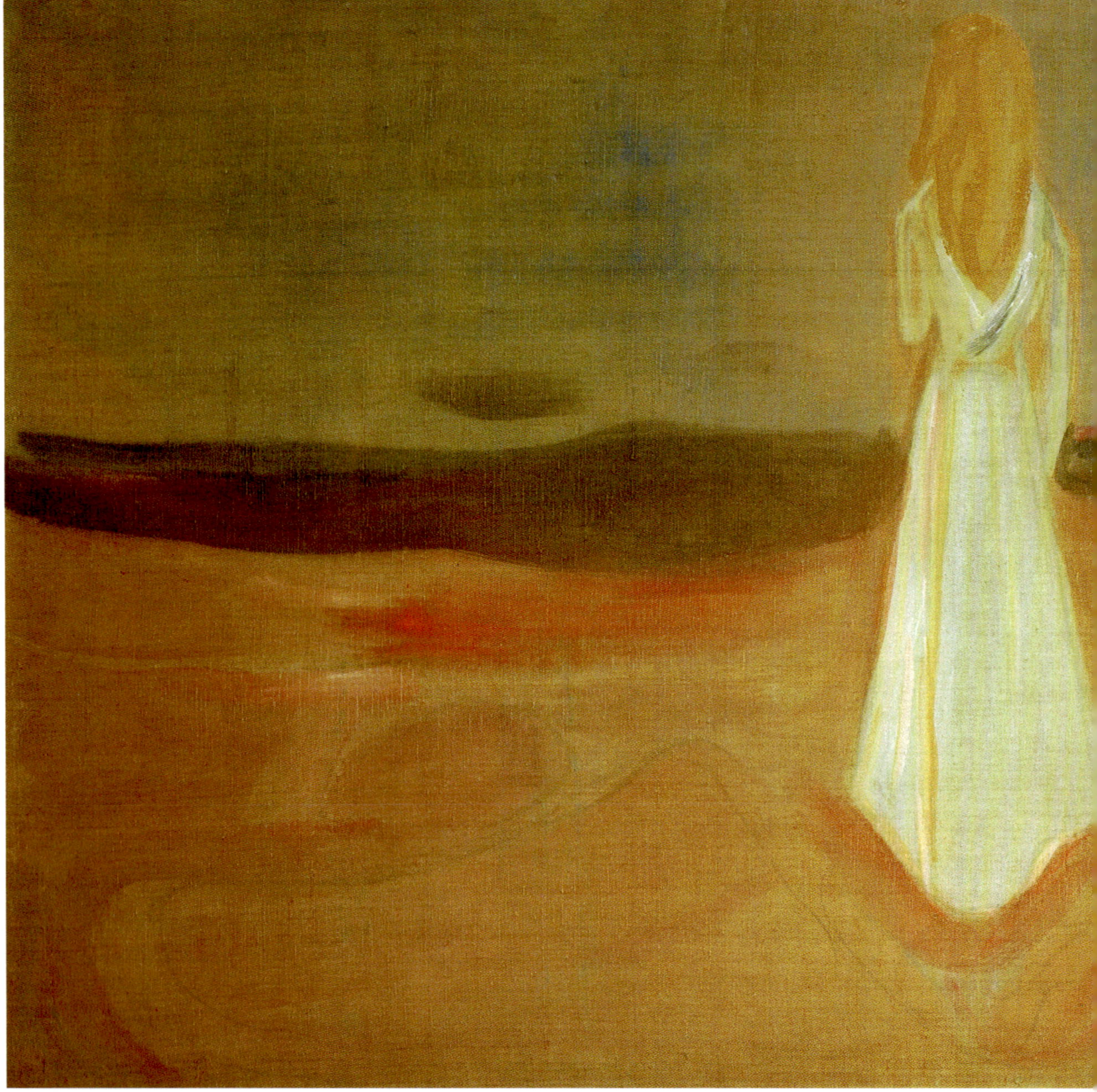

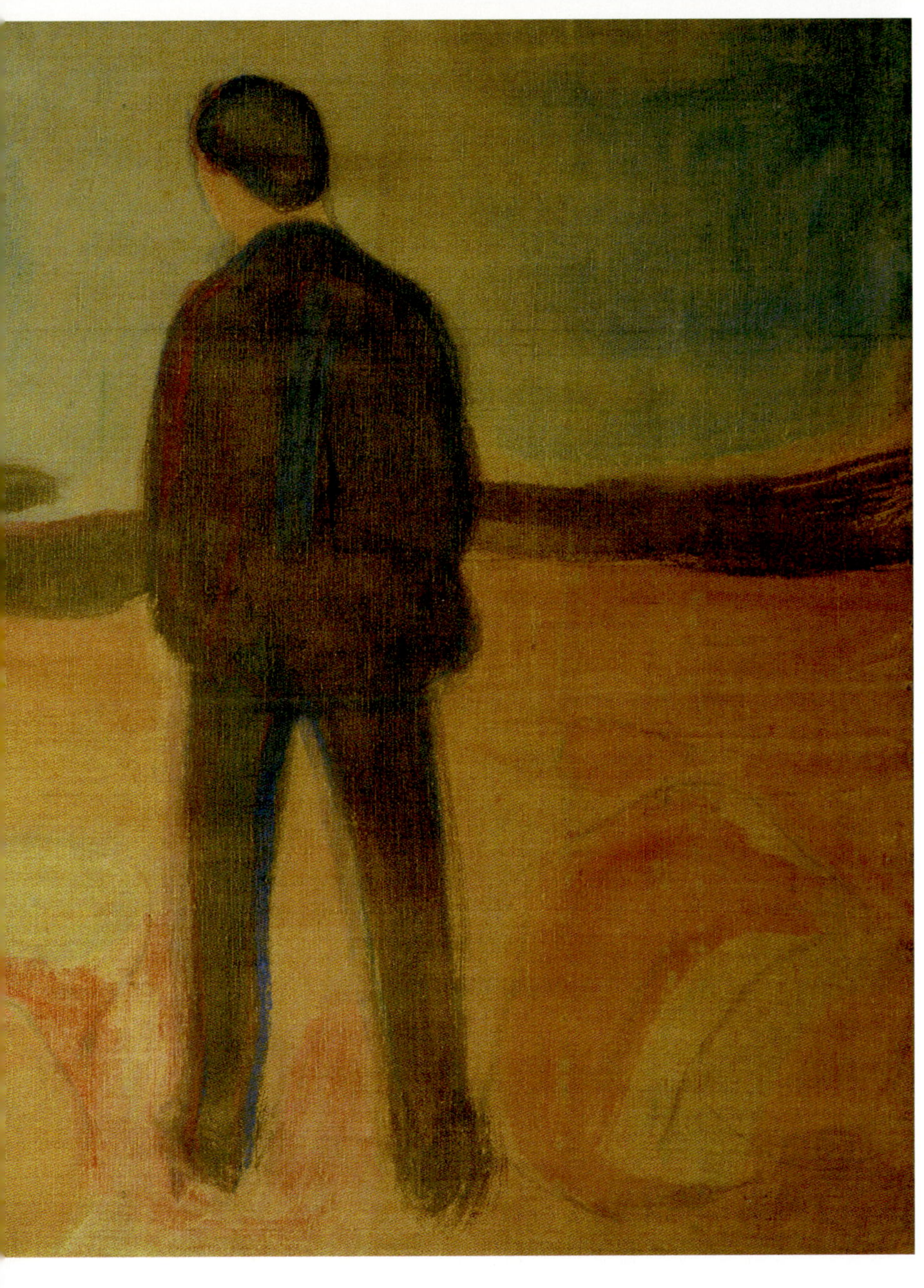

A Summer's Night

Nuit d'été

Sommernacht

Noche de verano

Notte d'estate

Zomernacht

c. 1906–07, Oil on canvas/ Huile sur toile, 89,5 × 159,5 cm, Museum Folkwang, Essen

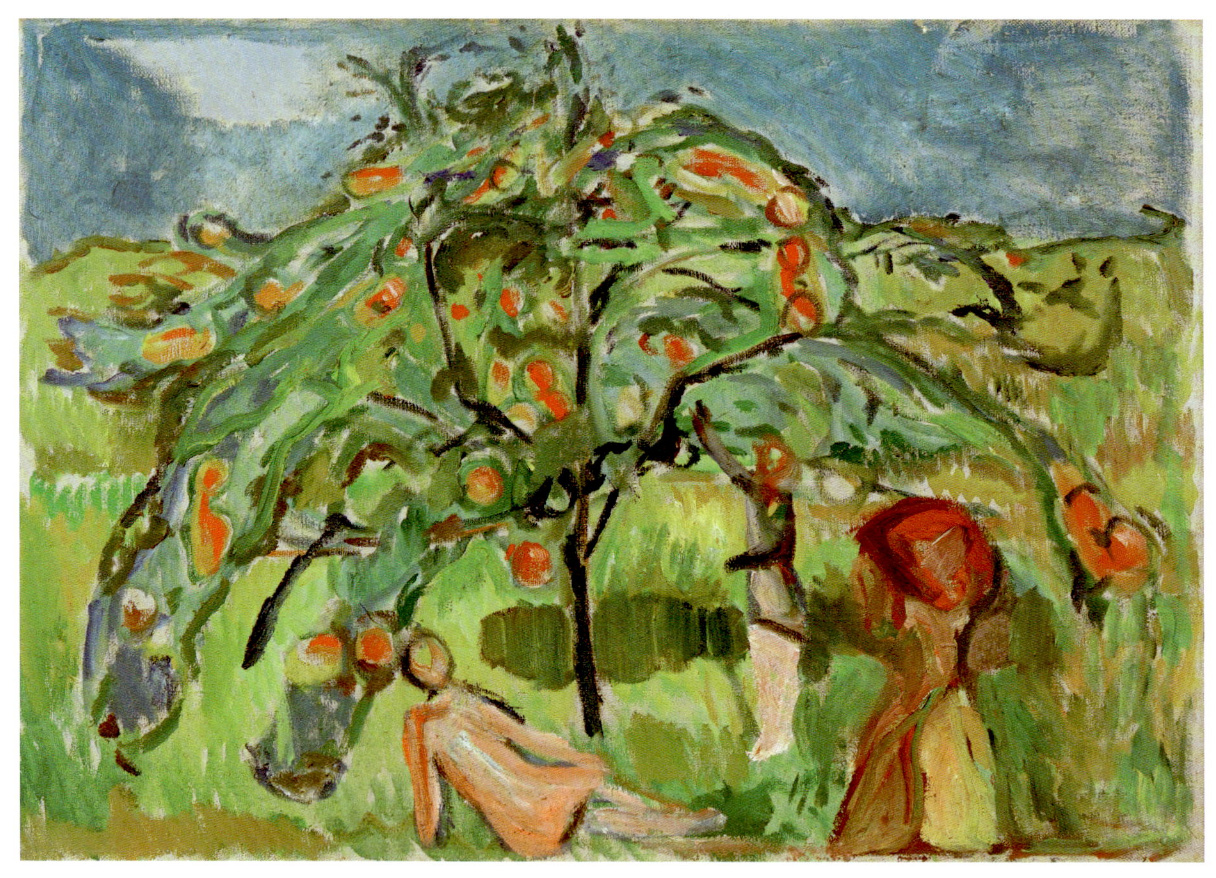

Children under the Apple Tree

Les Enfants sous le pommier

Kinder unterm Apfelbaum

Niños bajo el manzano

Bambini sotto il melo

Kinderen onder de appelboom

1919, Oil on canvas/Huile sur toile, 72 × 100 cm, Munch-Museet, Oslo

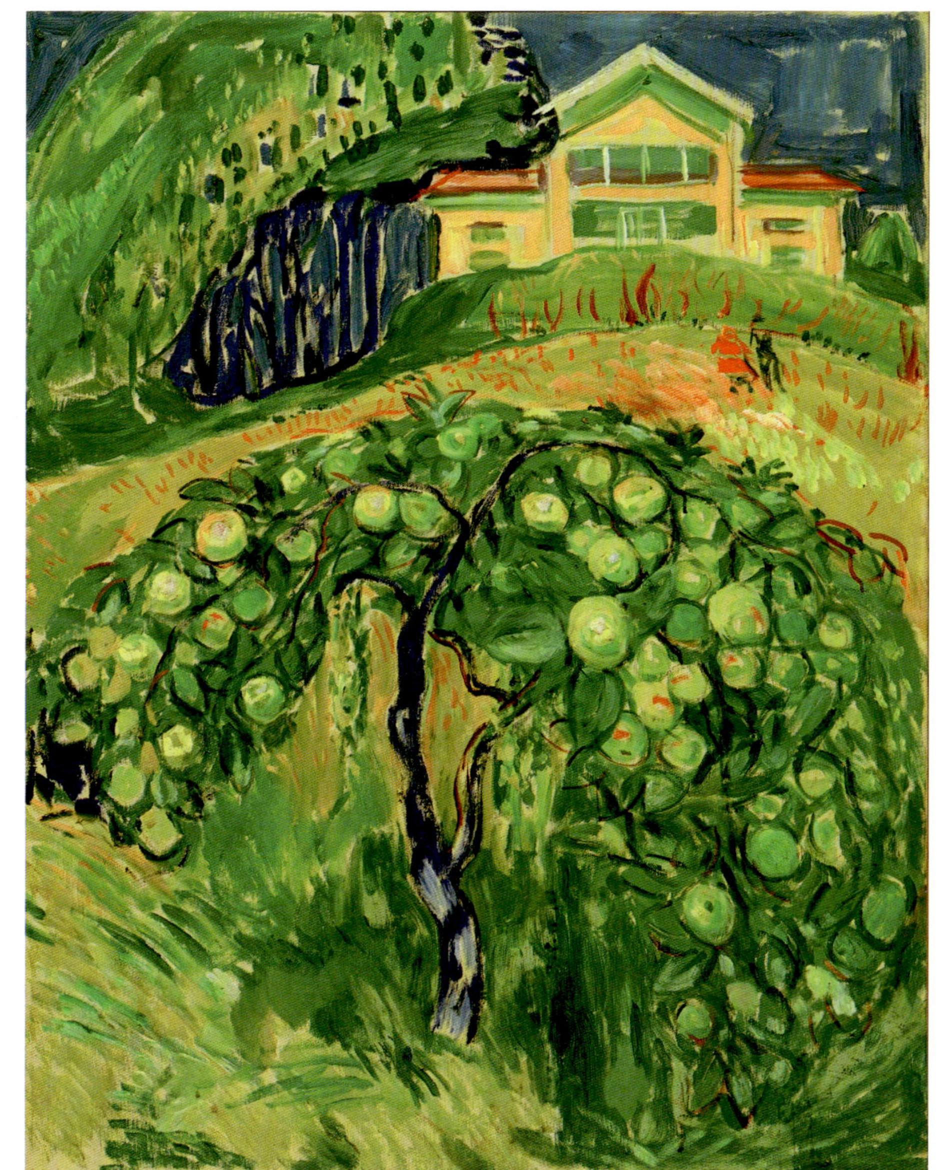

Apple Tree in the Garden

Le Pommier au jardin

Apfelbaum im Garten

Manzano en el jardín

Melo in giardino

Appelboom in de tuin

*1932–42, Oil on canvas/
Huile sur toile, 100,5 × 77,5 cm,
Munch-Museet, Oslo*

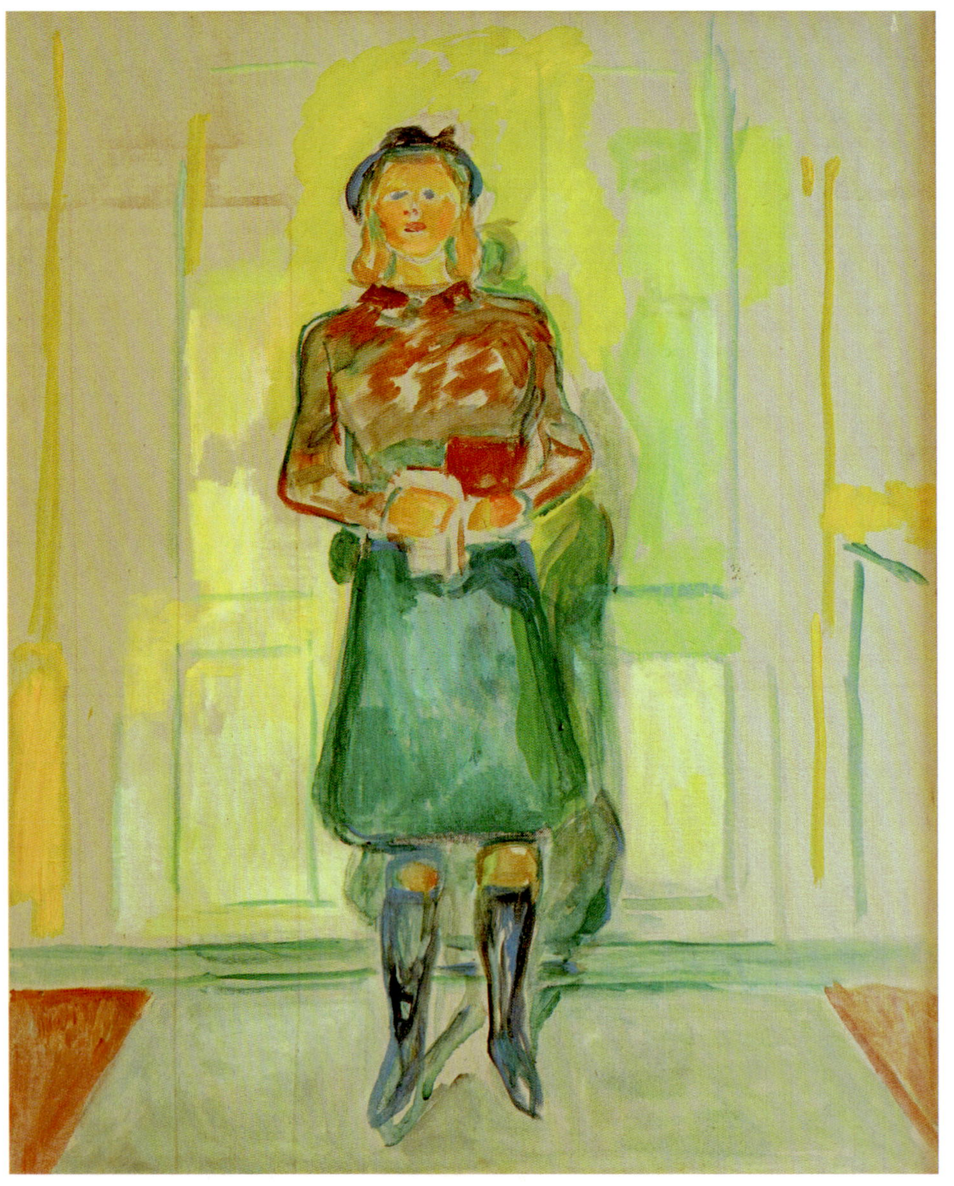

Visit to Ekely

Une Visite à Ekely

Besuch auf Ekely

Visita a Ekely

Visita a Ekely

Bezoek aan Ekely

1942–43, Oil on canvas/ Huile sur toile, 89 × 73 cm, Munch-Museet, Oslo

Apple Harvest

La Cueillette des pommes

Apfelernte

Cosecha de manzanas

Raccolta delle mele

Appeloogst

1919, Oil on canvas/ Huile sur toile, 149 × 129,5 cm, Munch-Museet, Oslo

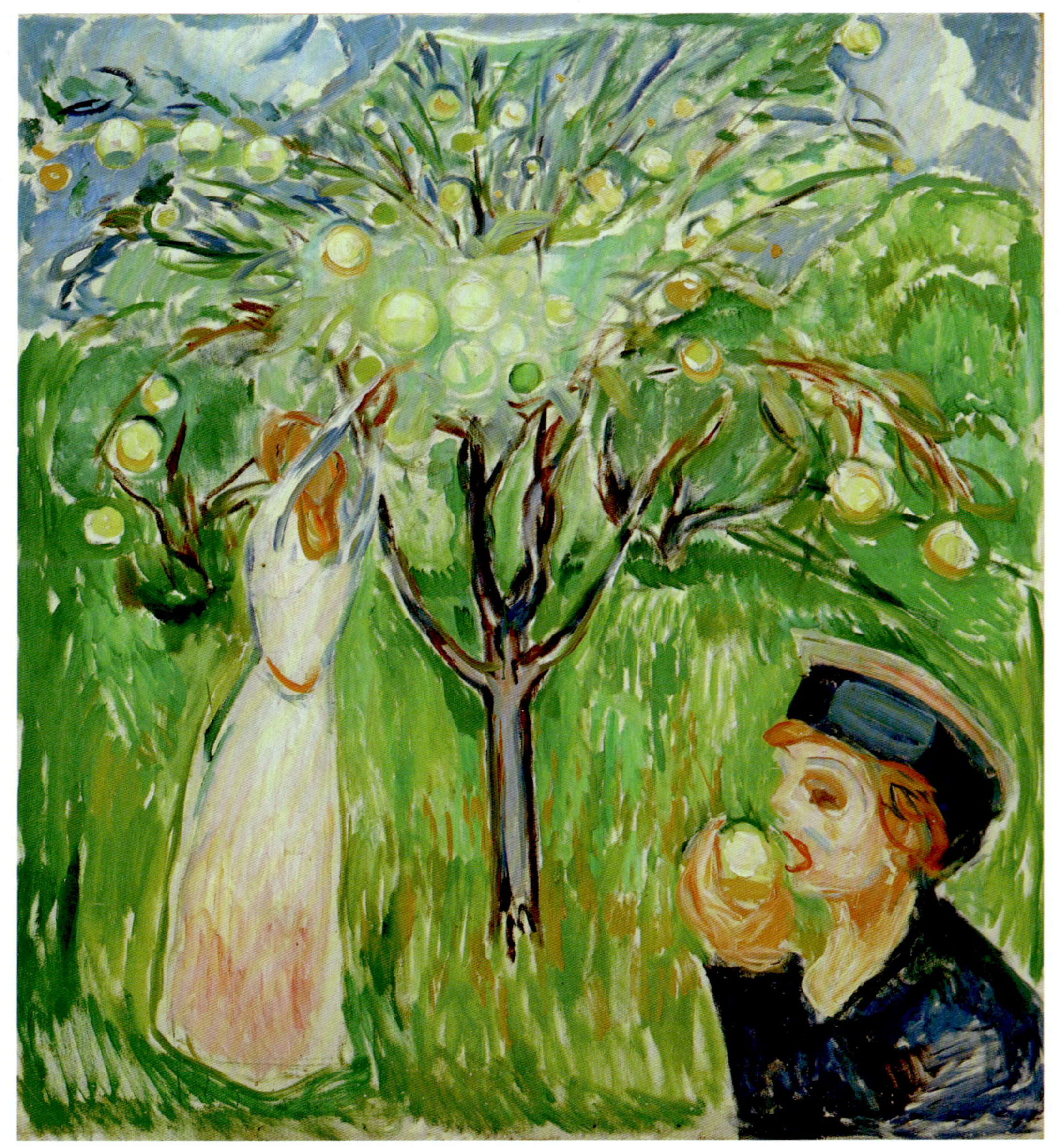

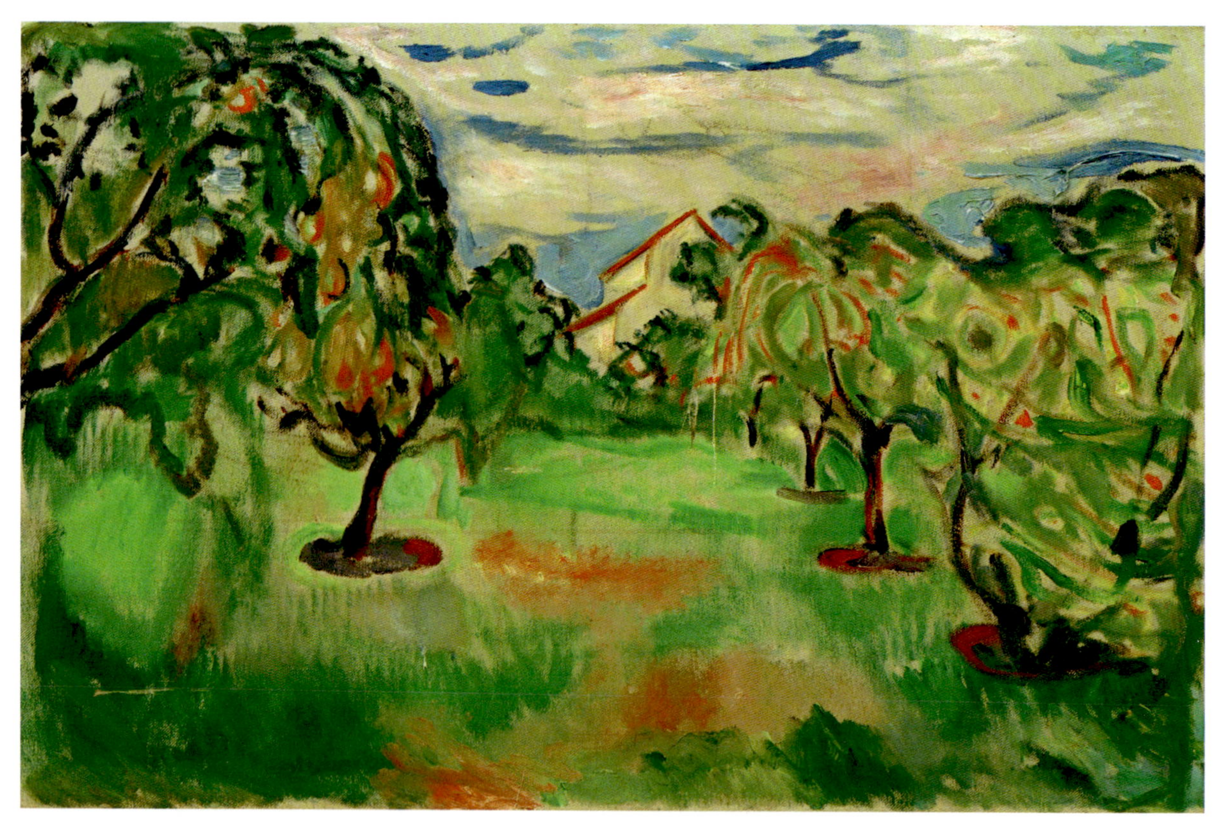

Apple Garden and Studio

Les Pommiers et l'atelier

Apfelgarten mit Atelier

Jardín de manzanas con estudio

Giardino di mele con atelier

Appelgaard met atelier

c. 1920, Oil on canvas/Huile sur toile, 60 × 90 cm, Munch-Museet, Oslo

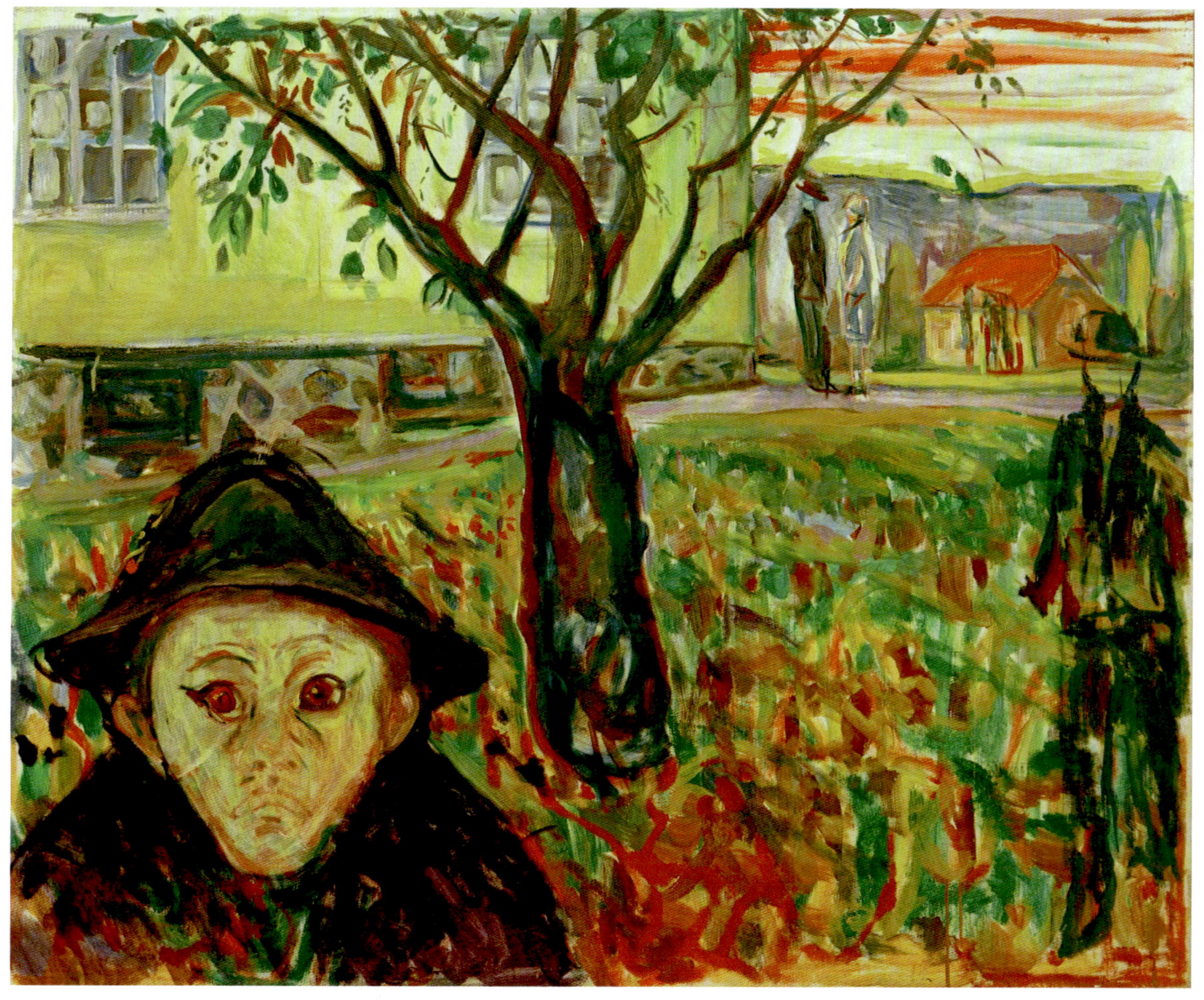

Jealousy in the Garden ***Eifersucht im Garten*** ***Gelosia in giardino***
Jalousie dans le jardin ***Celos en el jardín*** ***Jaloezie in de tuin***
1916–20, Oil on canvas/Huile sur toile, 100 × 120 cm, Munch-Museet, Oslo

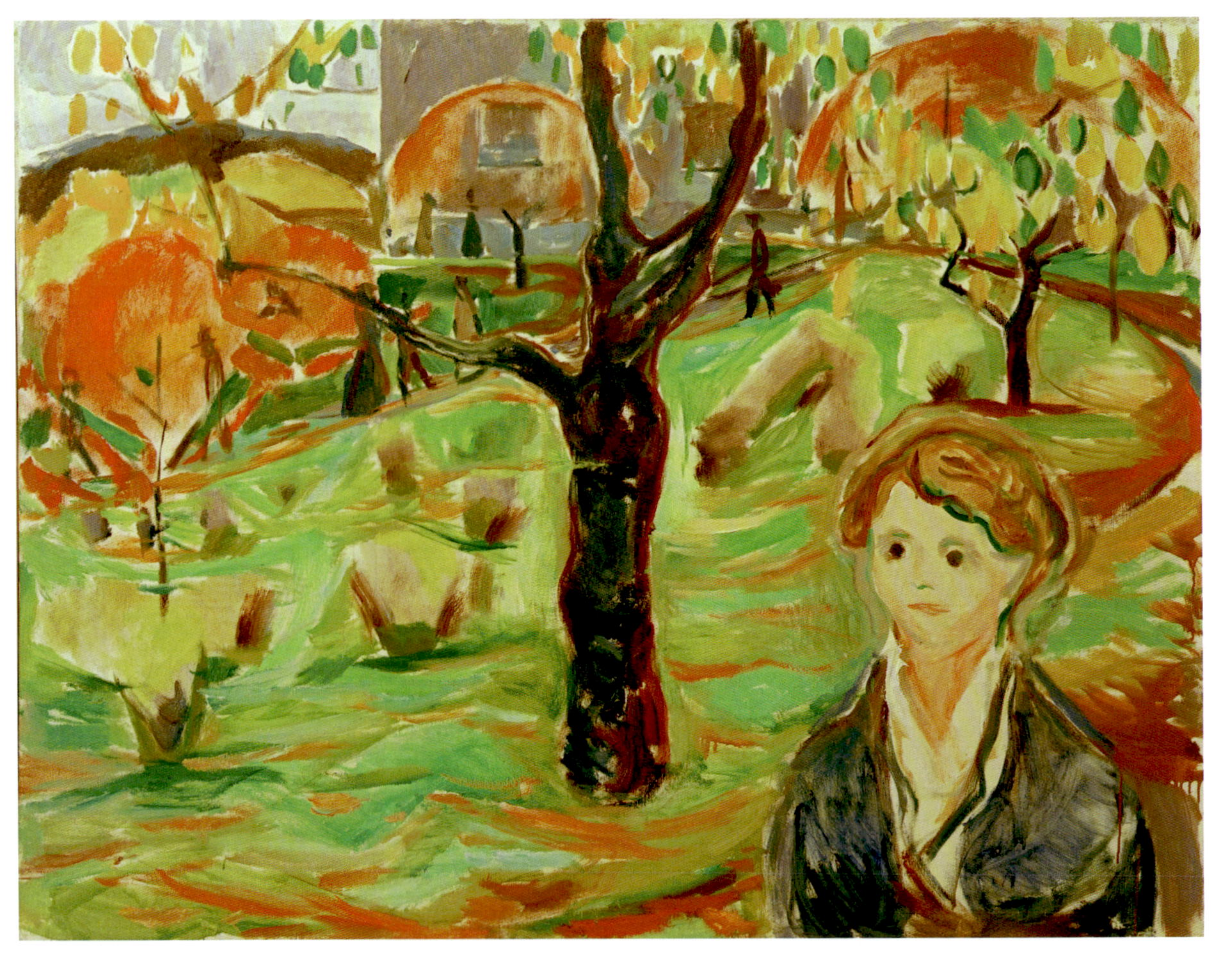

Young Woman in the Garden
Jeune femme au jardin
Junge Frau im Garten
Joven mujer en el jardín
Giovane donna in giardino
Jonge vrouw in de tuin
1916–21, Oil on canvas/Huile sur toile, 119 × 150 cm, Munch-Museet, Oslo

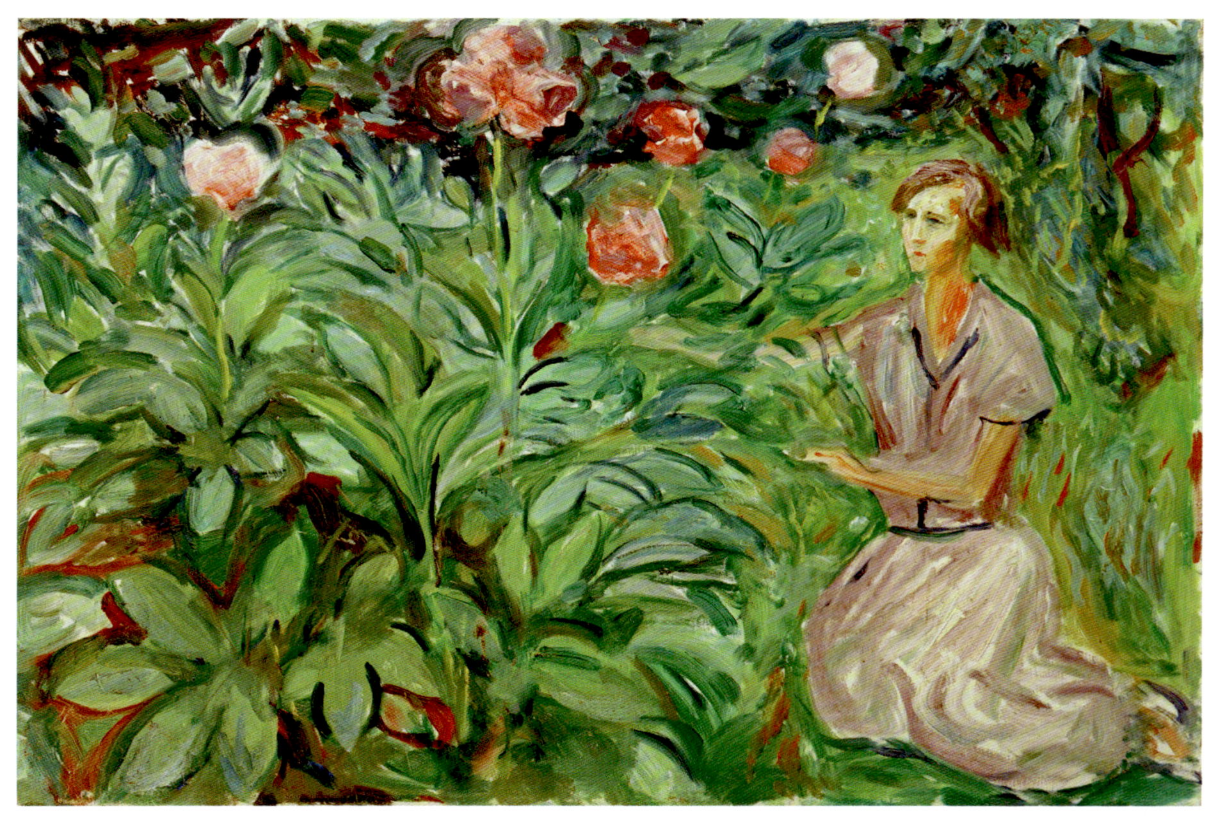

Woman with Peonies ***Frau mit Pfingstrosen*** ***Donna con peonie***
Femme et pivoines ***Mujer con peonías*** ***Vrouw met pioenrozen***
1924–30, Oil on canvas/Huile sur toile, 60 × 90 cm, Munch-Museet, Oslo

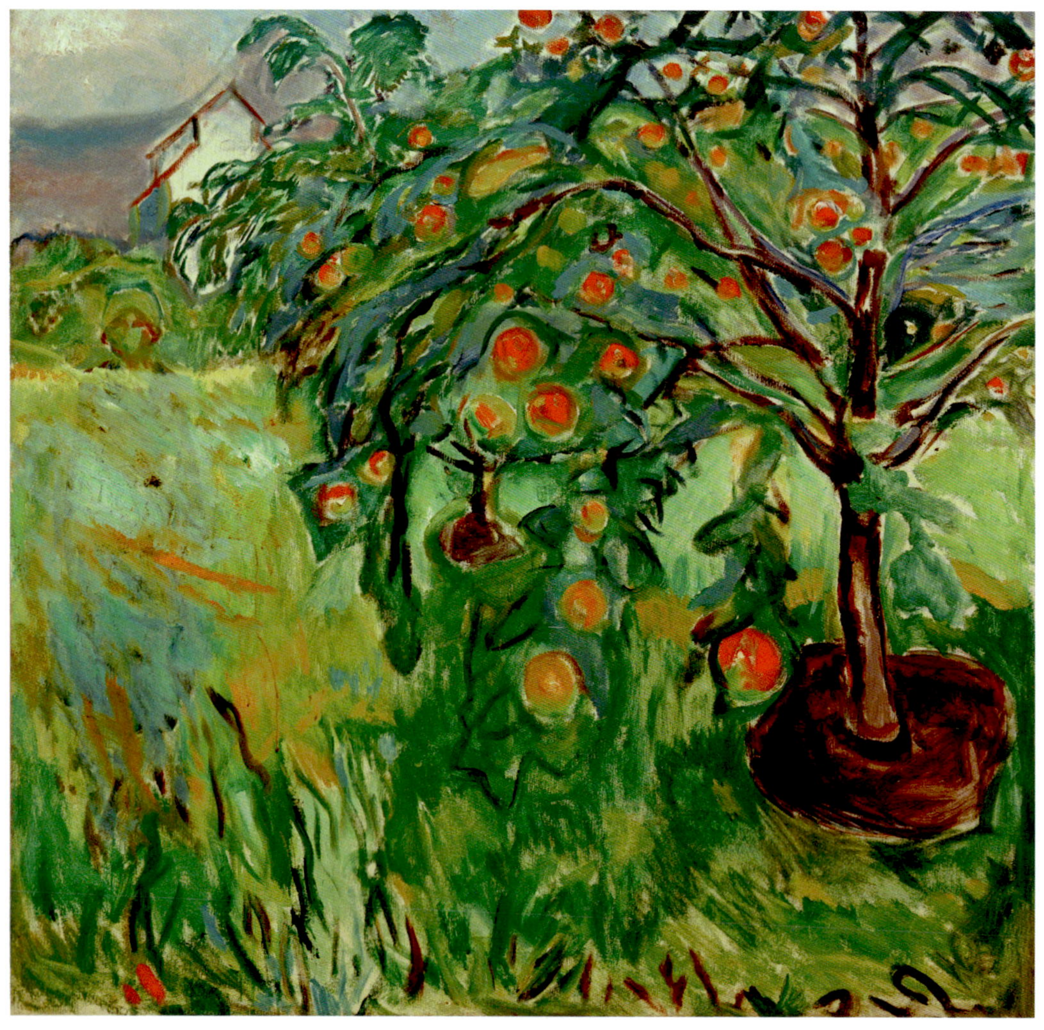

Apple Tree with Studio ***Apfelbaum mit Atelier*** ***Melo con atelier***
Le Pommier et l'atelier ***Manzano con estudio*** ***Appelboom met atelier***
1921–29, Oil on canvas/Huile sur toile, 110 × 110 cm, Munch-Museet, Oslo

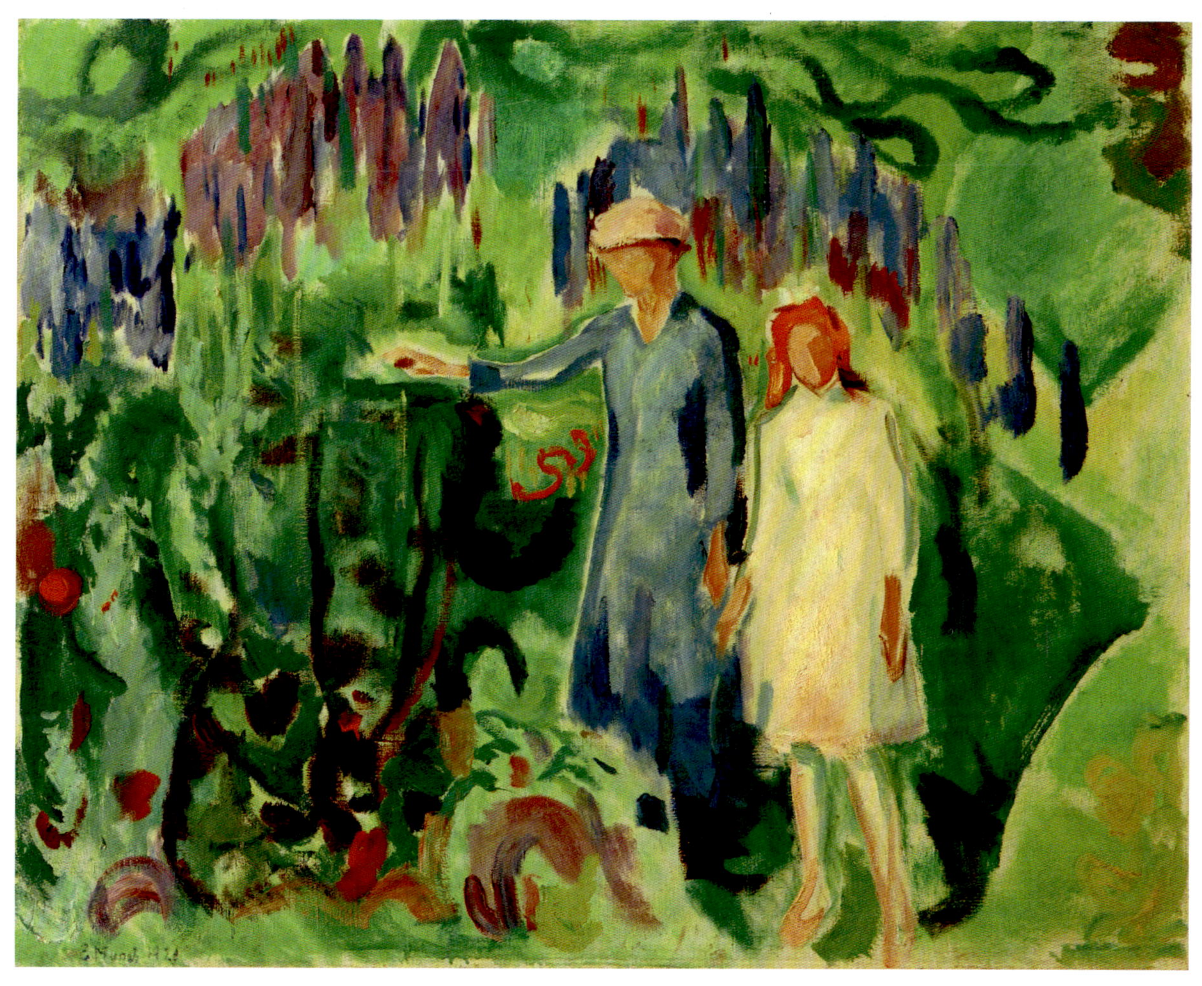

Mother and Daughter in Garden
Mutter und Tochter im Garten
Madre e figlia in giardino
Mère et fille au jardin
Madre e hija en el jardín
Moeder en dochter in de tuin

1920, Oil on canvas/Huile sur toile, 110,5 × 135,5 cm, Munch-Museet, Oslo

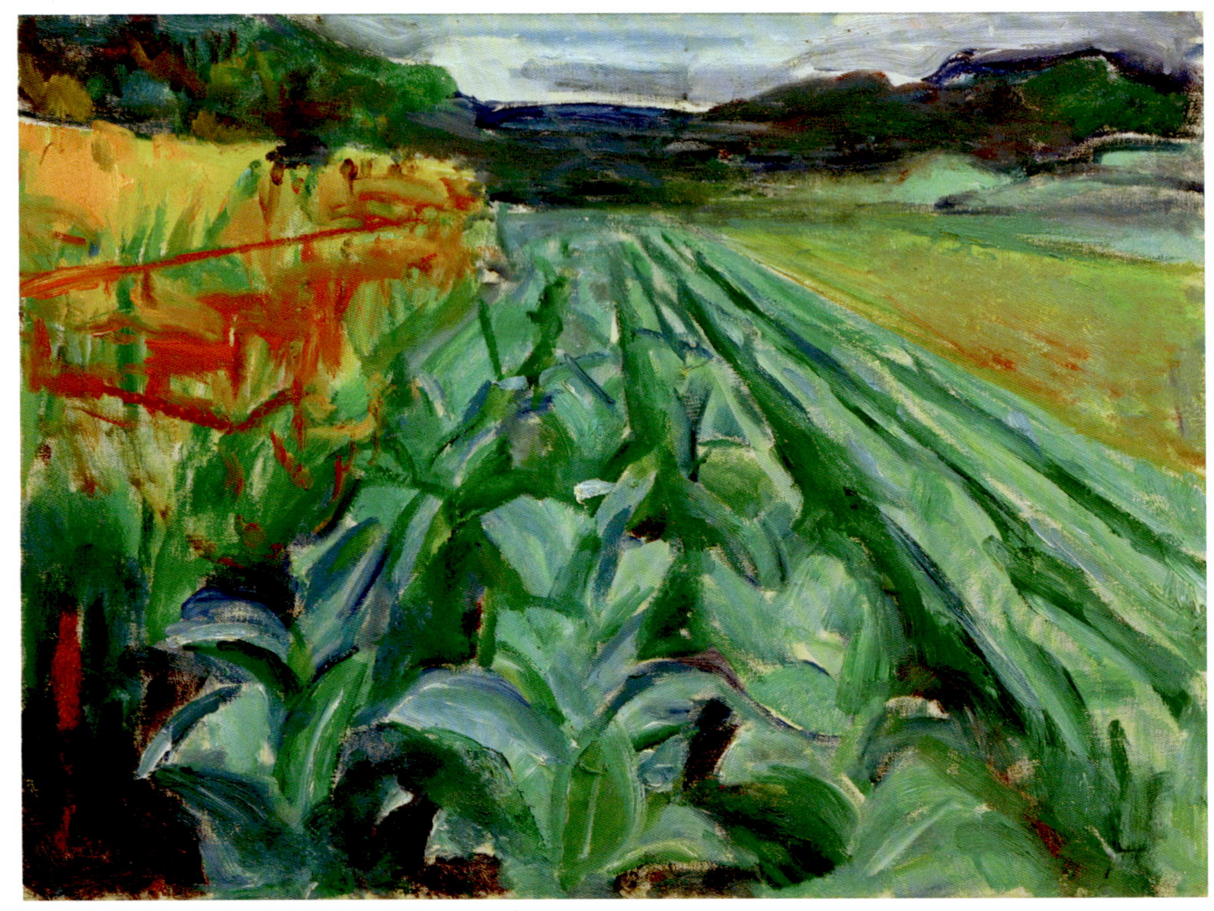

Coal Field

Le Champ de choux

Kohlfeld

Campo de coles

Campo di cavoli

Koolakker

1916, Oil on canvas/Huile sur toile, 67 × 90 cm, Munch-Museet, Oslo

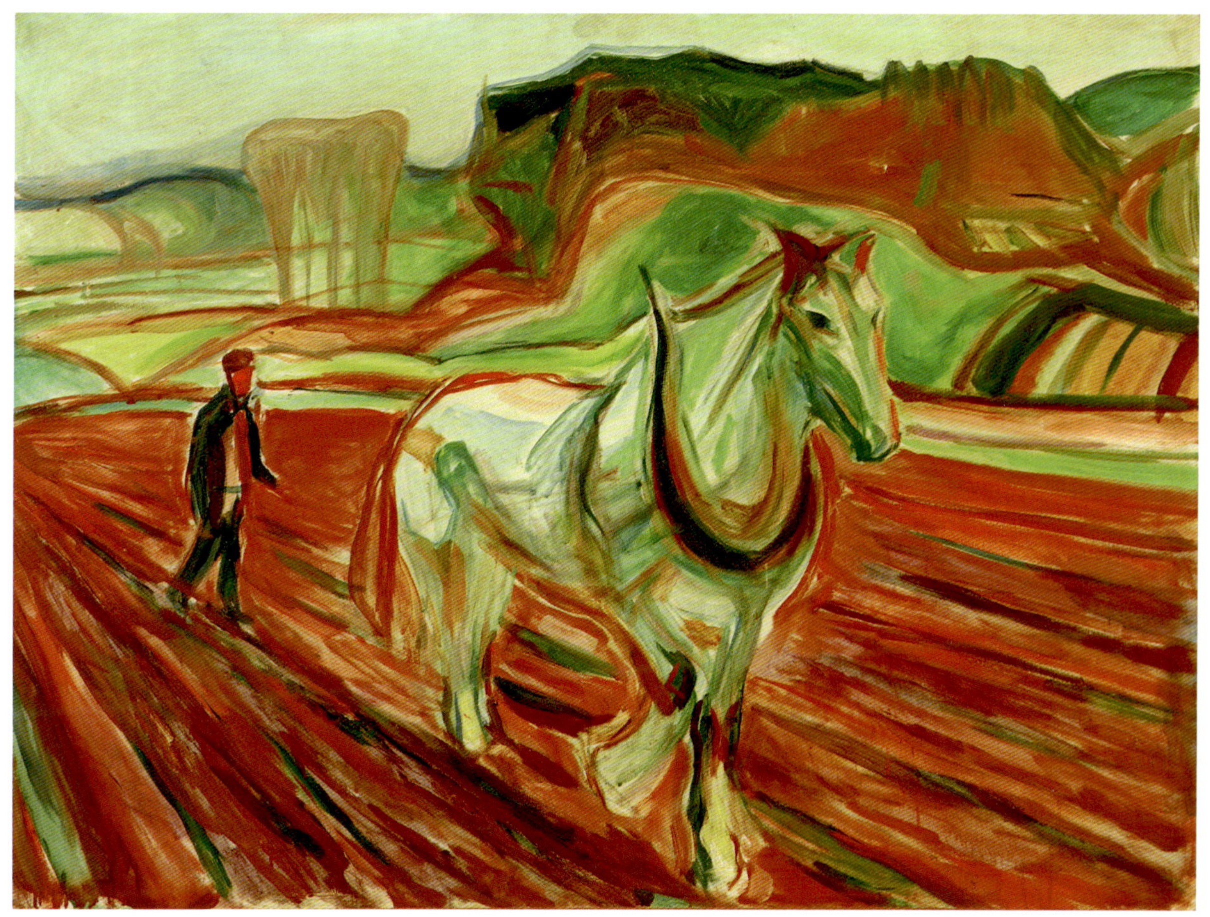

Man with White Horse II

L'Homme labourant avec un cheval blanc II

Mann mit weißem Pferd II

El hombre del caballo blanco II

Uomo con cavallo bianco II

Man met wit paard II

1919–20, Oil on canvas/Huile sur toile, 80 × 105 cm, Munch-Museet, Oslo

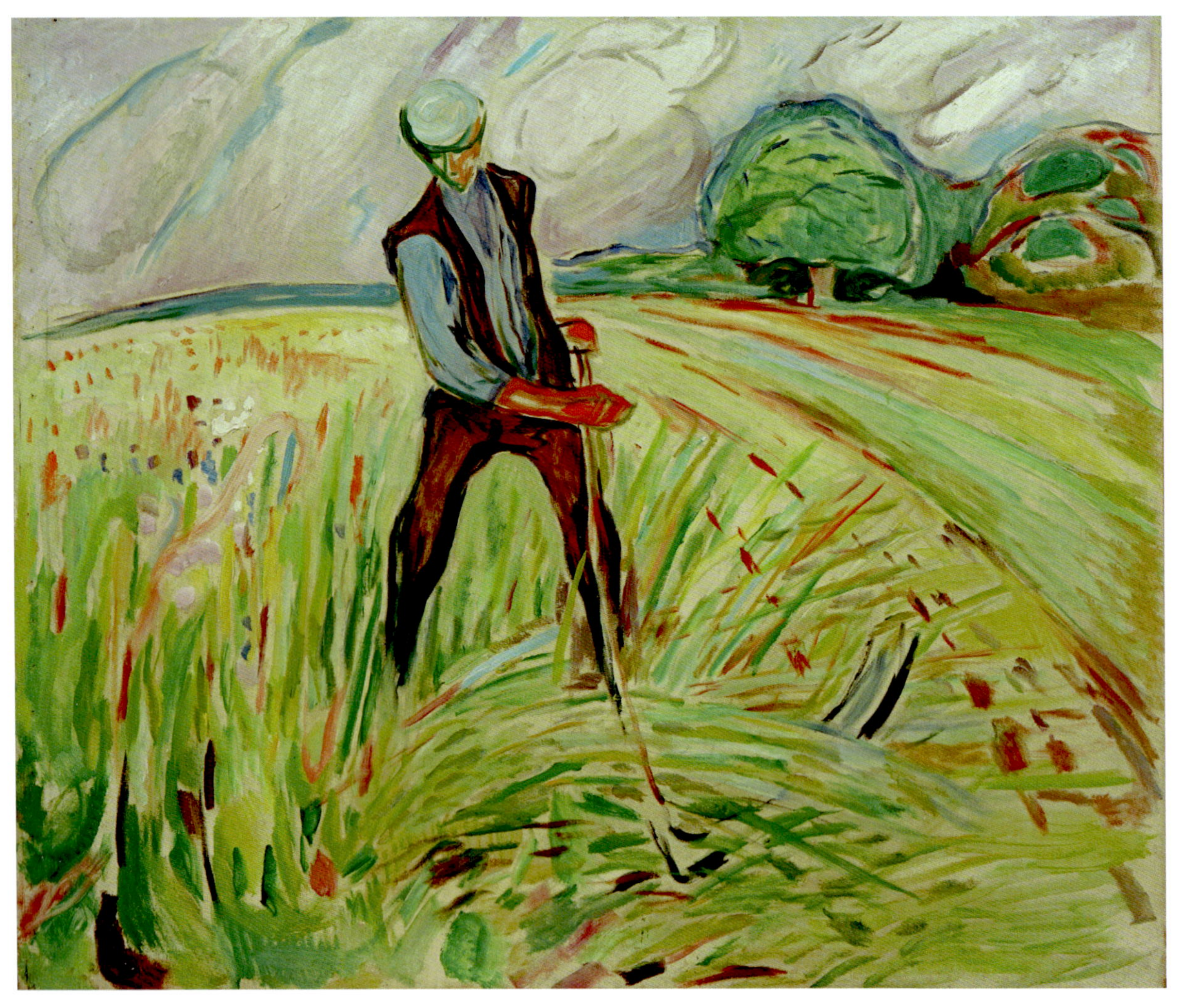

The Reaper I ***Der Schnitter I*** ***Il tagliatore I***

Le Faucheur I ***El cosechador I*** ***De maaier I***

1916, Oil on canvas/Huile sur toile, 140 × 150 cm, Munch-Museet, Oslo

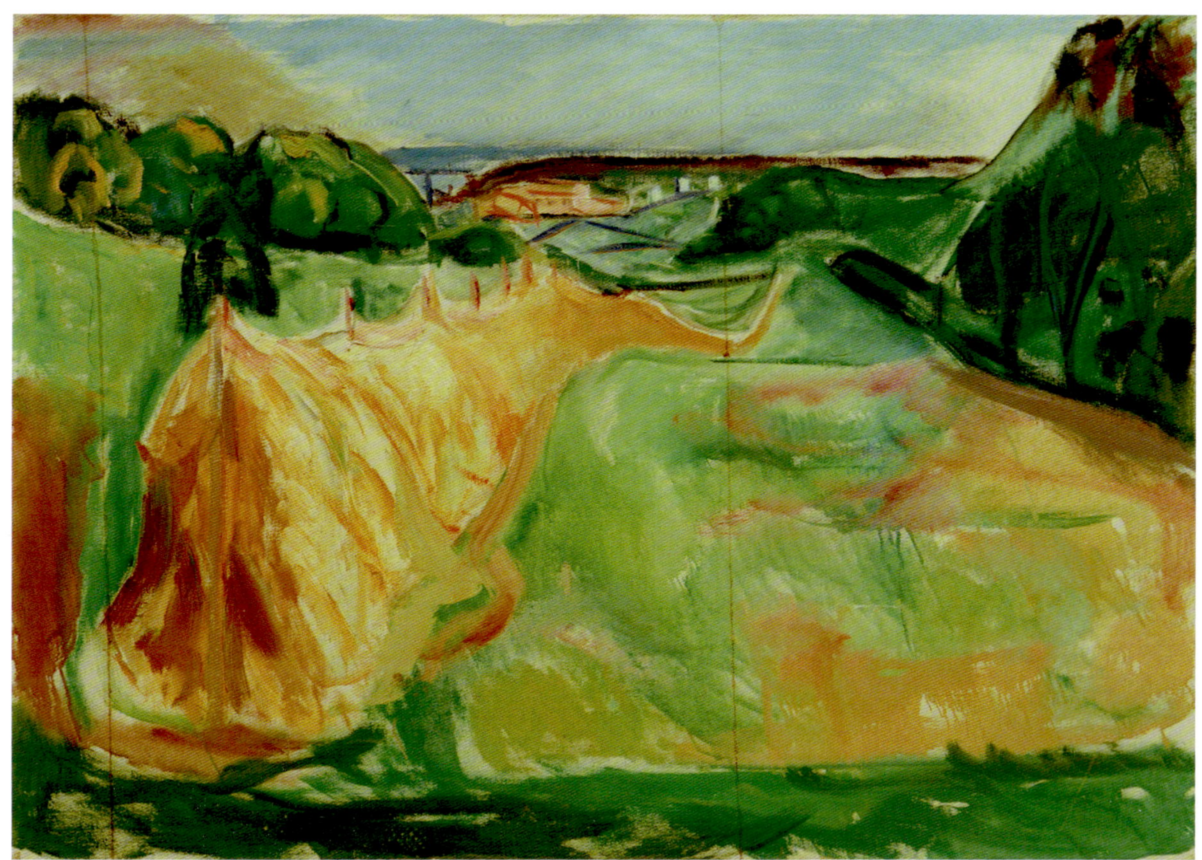

Haystacks

Le Foin

Heureiter

Pajar

Covoni di fieno

Hooiruiter

1920, Oil on canvas/Huile sur toile, 71 × 100 cm, Munch-Museet, Oslo

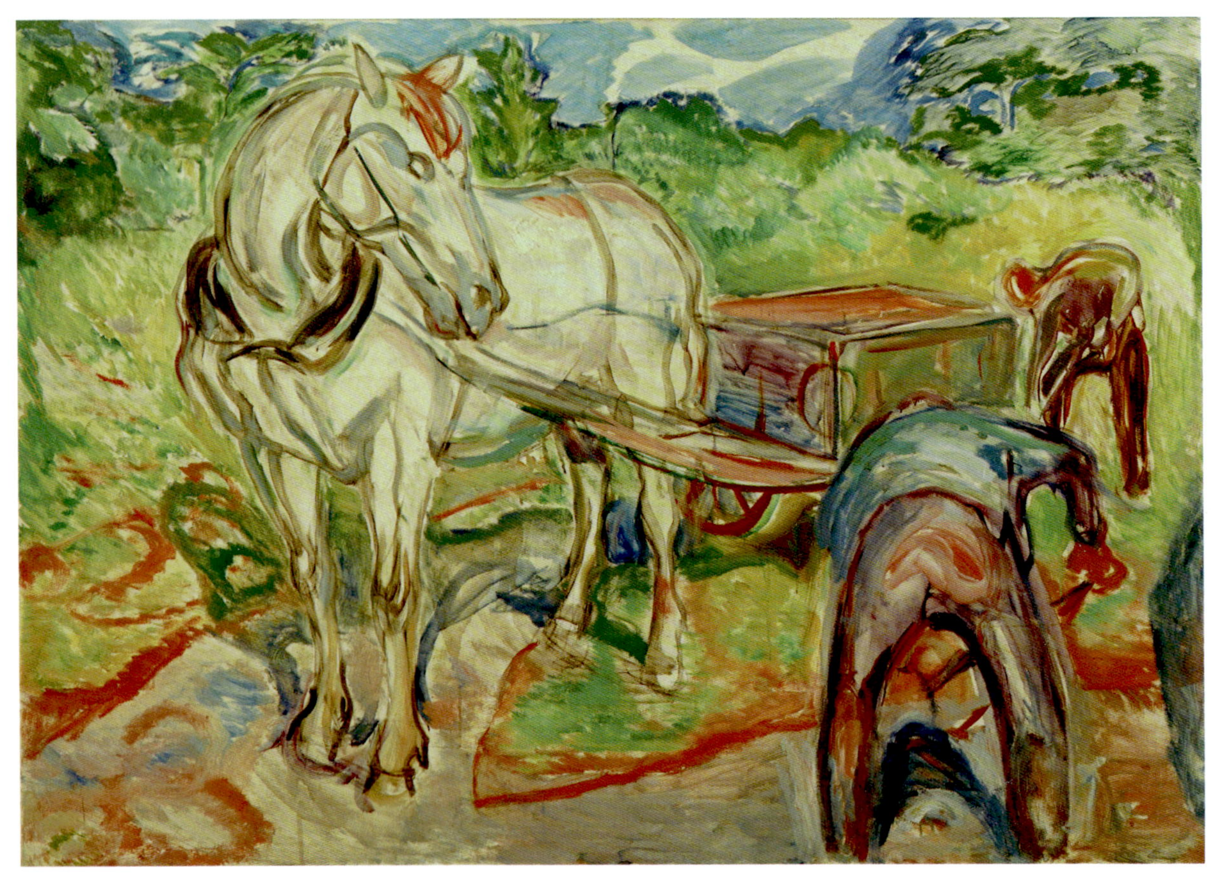

Horse, Cart, and Men Digging

Cheval et chariot avec fossoyeurs I

Pferd und Wagen und grabende Männer

Caballo con carro y hombres cabando

Cavallo, carro e uomini che scavano

Paard en wagen en gravende mannen

1920, Oil on canvas/Huile sur toile, 130 × 180 cm, Munch-Museet, Oslo

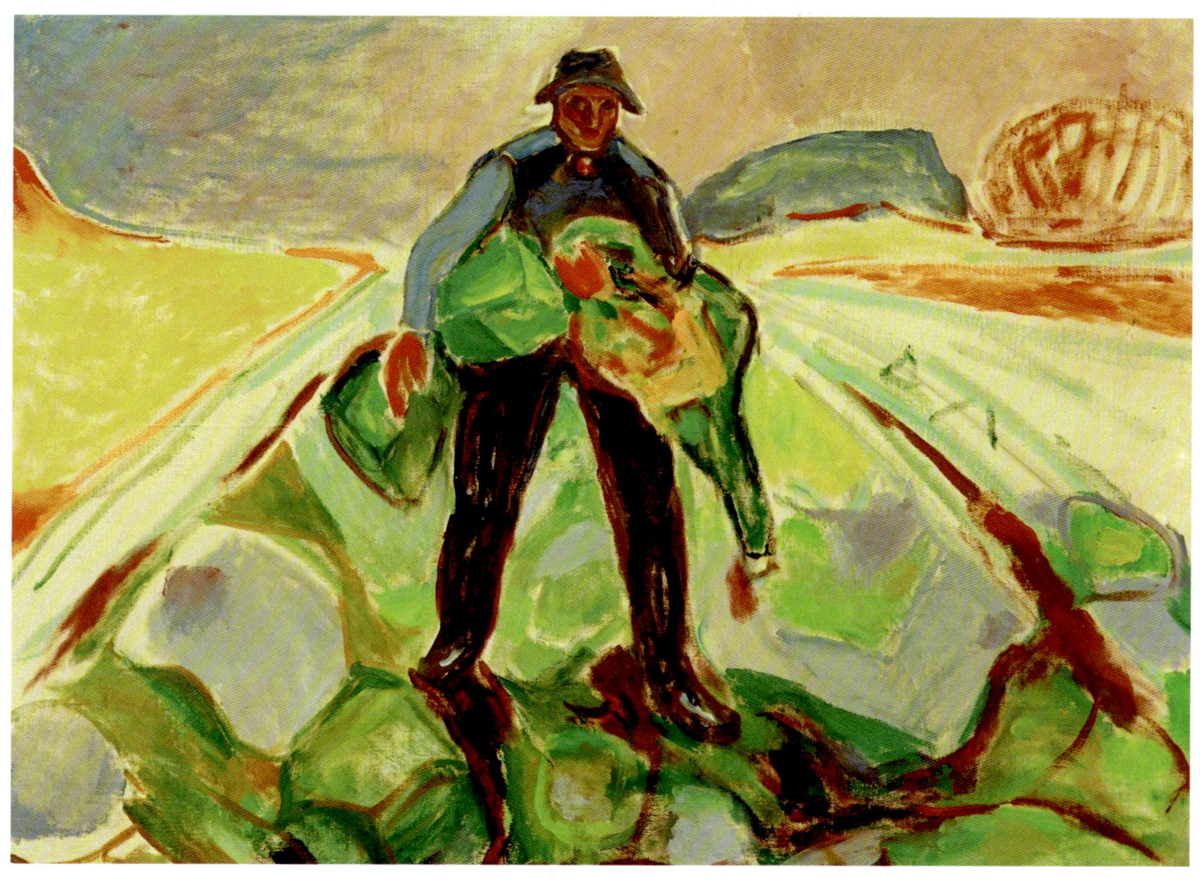

The Man in the Coal Field

L'Homme dans le champ de choux

Der Mann im Kohlfeld

El hombre en el campo de col

Uomo nel campo di cavoli

De man op koolakker

1943, Oil on canvas/Huile sur toile, 110 × 150 cm, Munch-Museet, Oslo

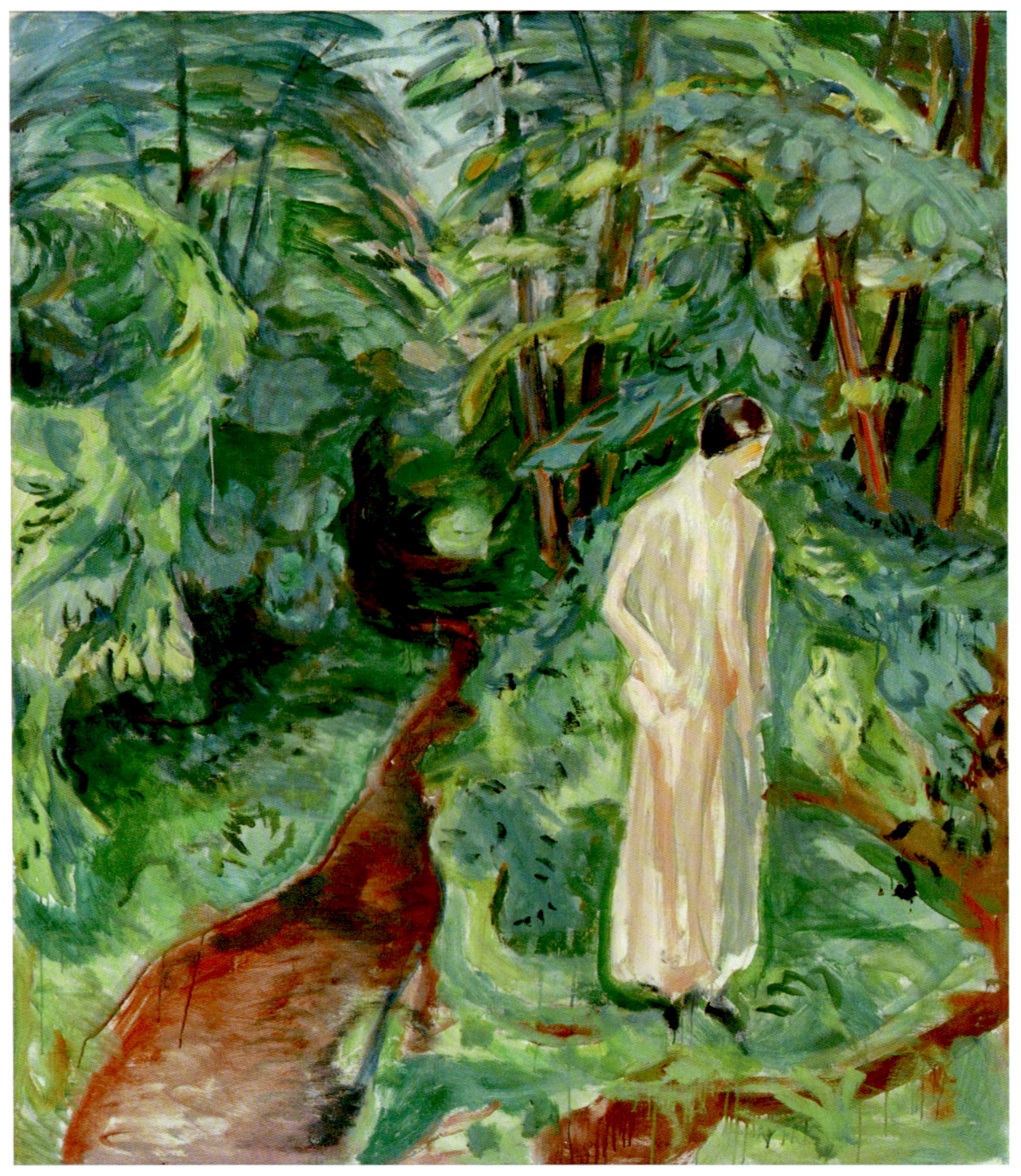

Birgit Prestøe in the Garden

Birgit Prestøe au jardin

Birgit Prestøe im Garten

Birgit Prestøe en el jardín

Birgit Prestøe in giardino

Birgit Prestøe in de tuin

1924–29, Oil on canvas/Huile sur toile, 138 × 119 cm, Munch-Museet, Oslo

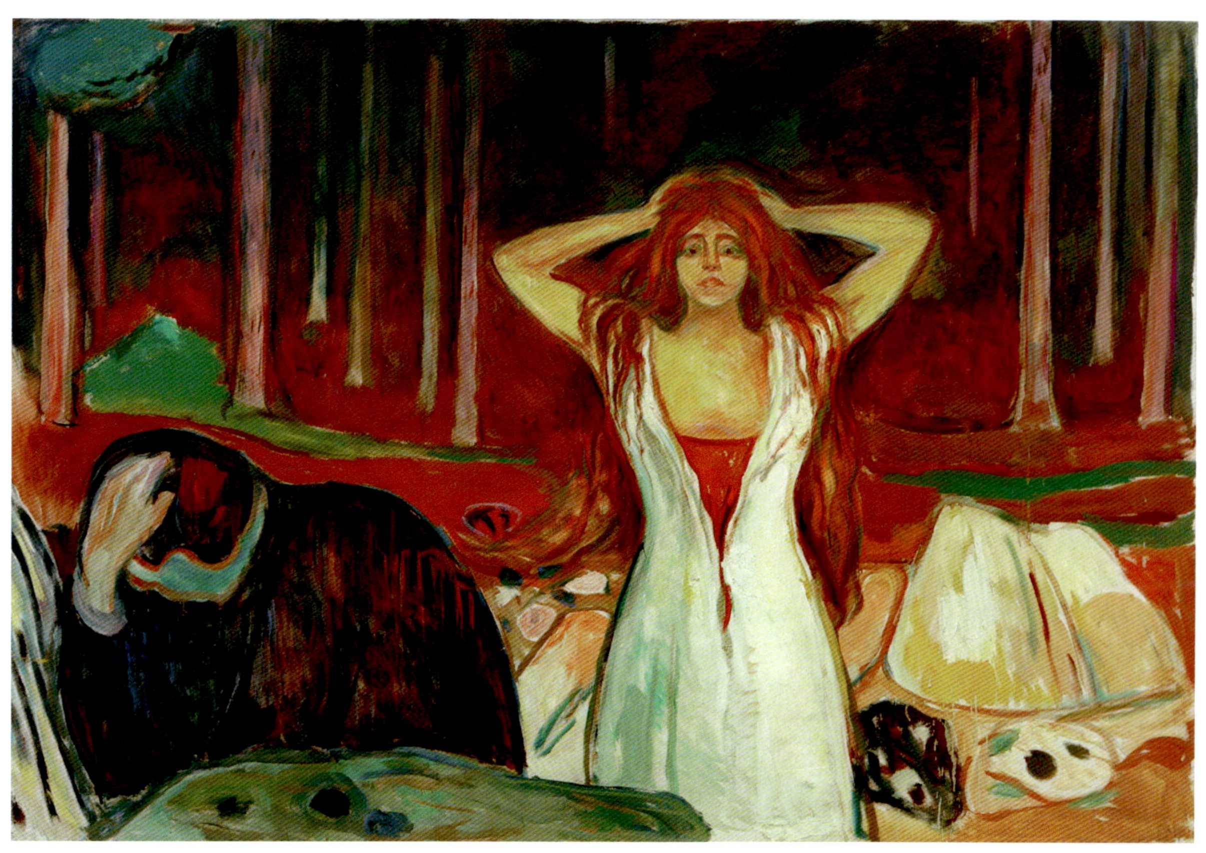

Ashes

Cendres

Asche

Cenizas

Ceneri

As

1925–29, Oil on canvas/Huile sur toile, 139,5 × 200 cm, Munch-Museet, Oslo

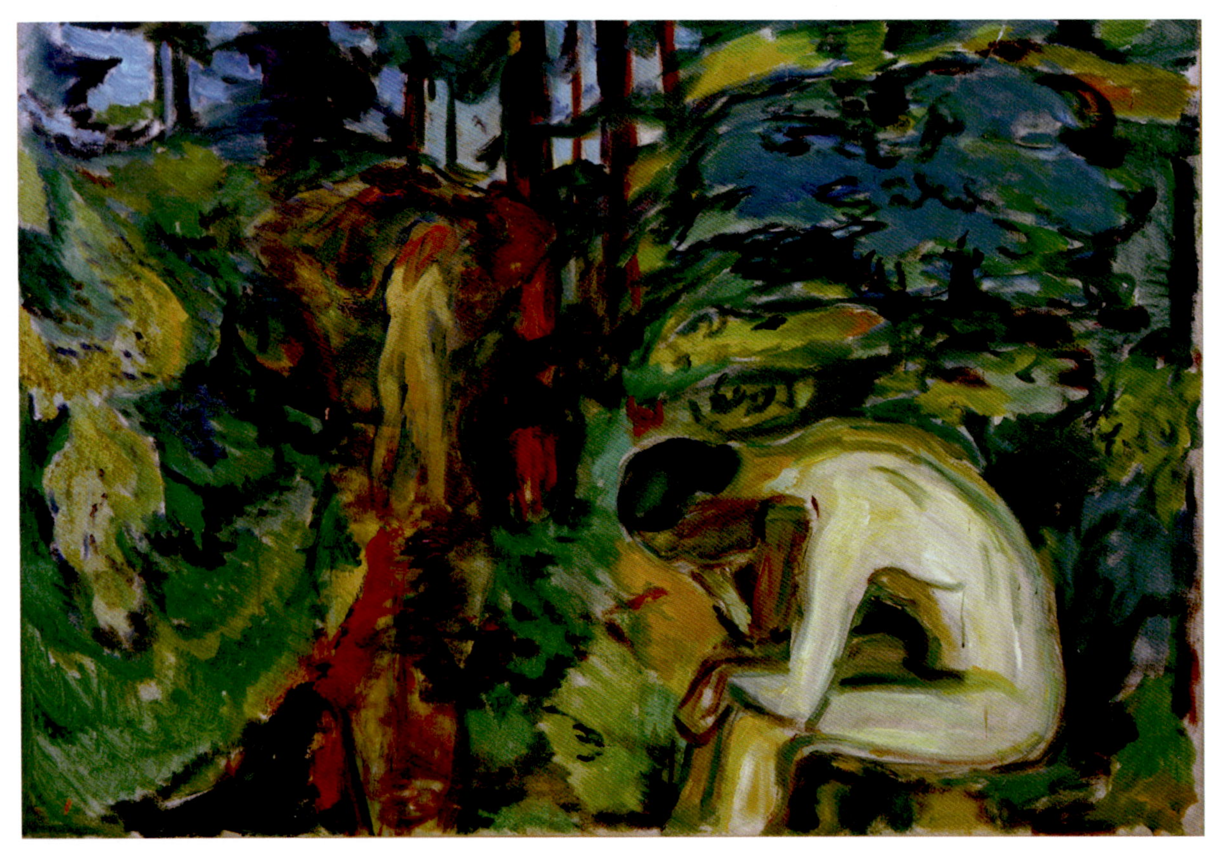

After the Fall from Grace

Après la chute

Nach dem Sündenfall

Tras caer en el pecado

Dopo il peccato originale

Na de zondeval

1920, Oil on canvas/Huile sur toile, 79,5 × 103,5 cm, Munch-Museet, Oslo

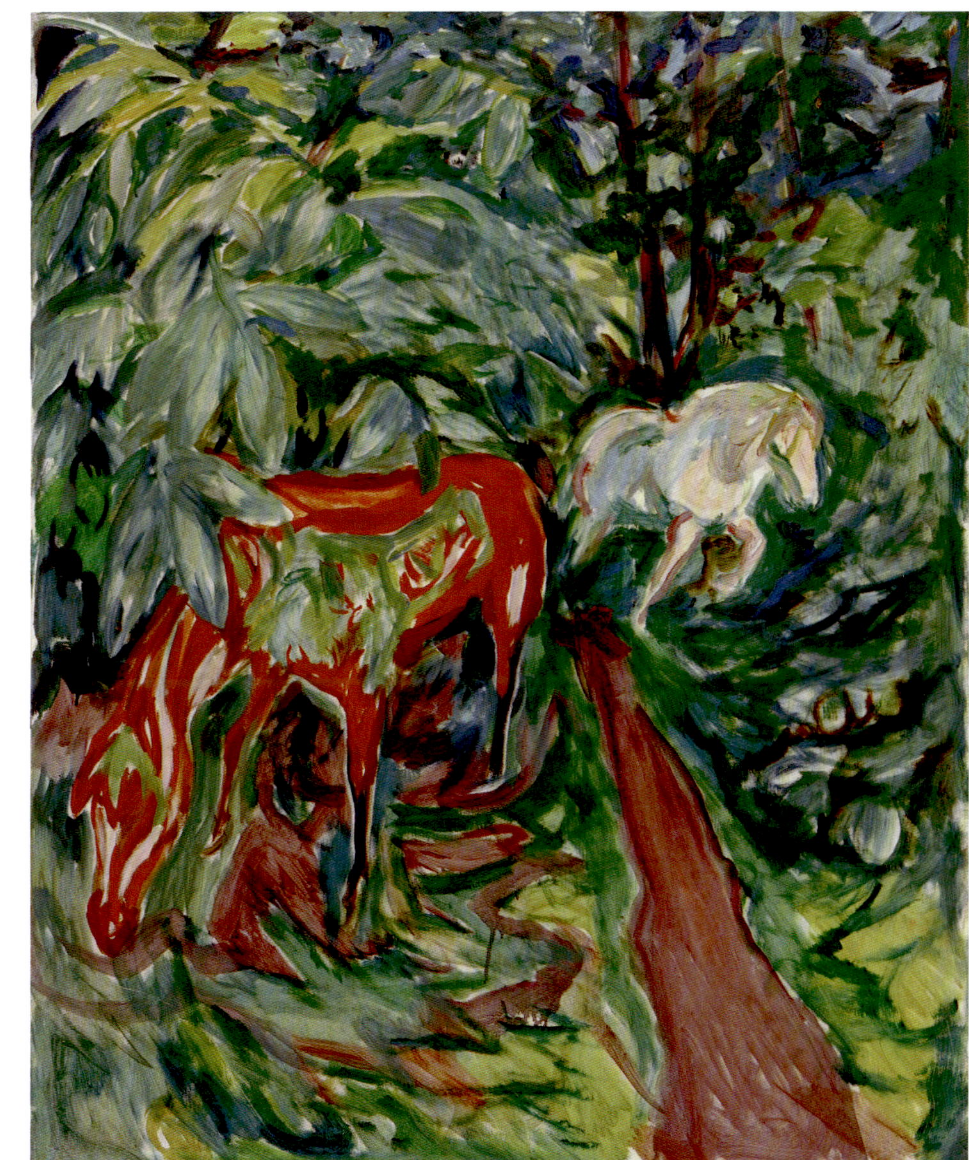

Two Horses in the Forest

Deux chevaux dans la forêt

Zwei Pferde im Wald

Dos caballos en el bosque

Due cavalli nel bosco

Twee paarden in het bos

1924–26, Oil on canvas/ Huile sur toile, 90 × 72 cm, Munch-Museet, Oslo

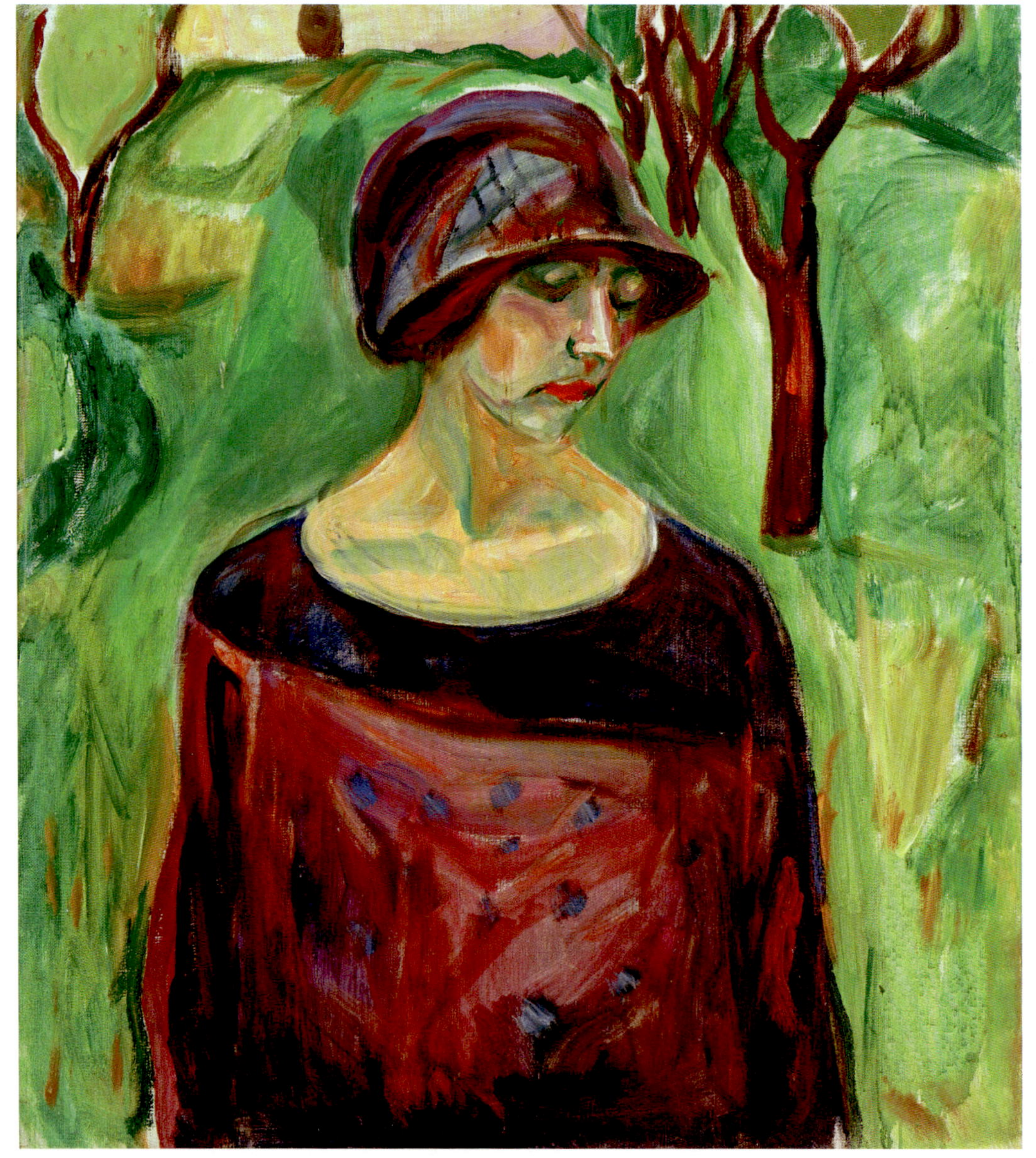

Birgit Prestøe in the Garden

Birgit Prestøe au jardin

Birgit Prestøe im Garten

Birgit Prestøe en el jardín

Birgit Prestøe in giardino

Birgit Prestøe in de tuin

1924–30, Oil on canvas/ Huile sur toile, 79,5 × 69 cm, Munch-Museet, Oslo

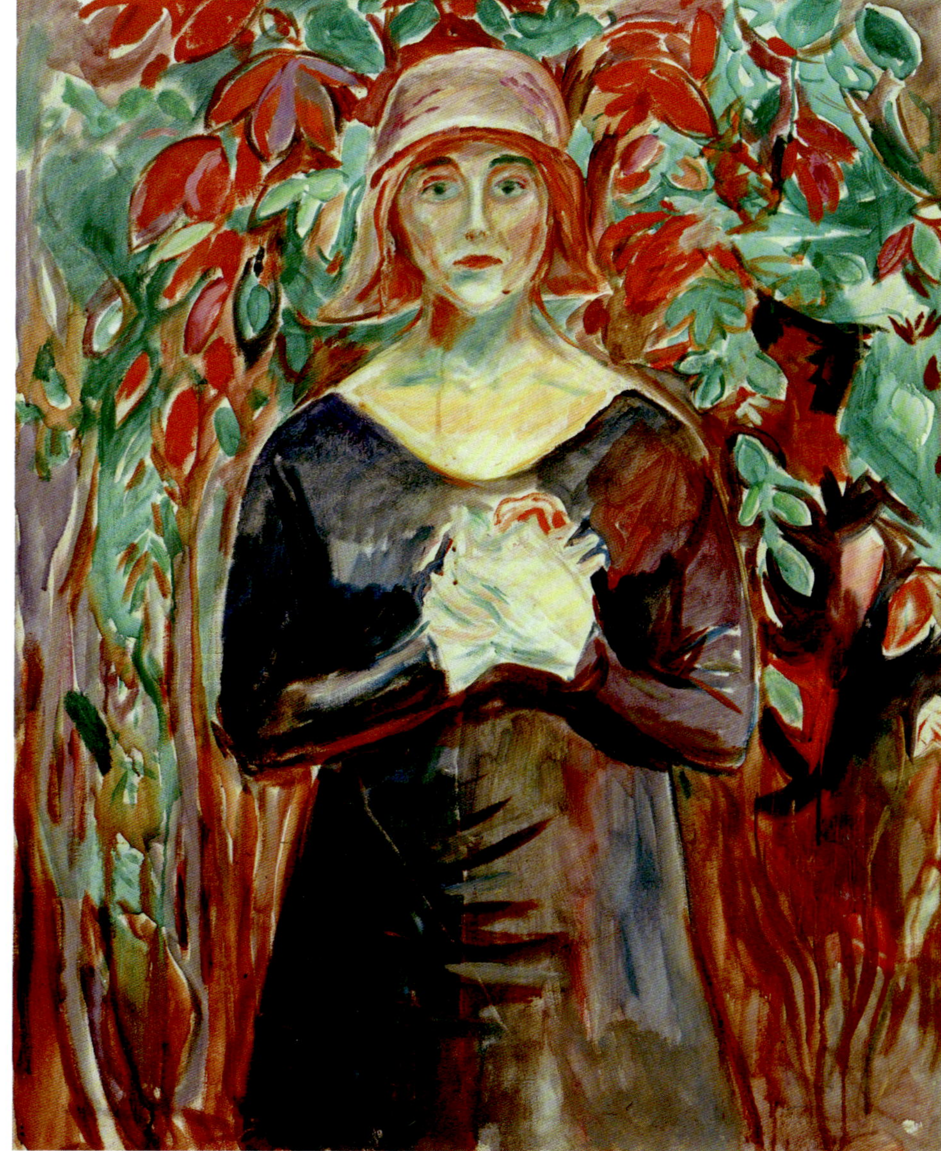

Charlotte Corday

Charlotte Corday

Bildnis Charlotte Corday

Imagen de Charlotte Corday

Ritratto di Charlotte Corday

Portret van Charlotte Corday

1930, Oil on canvas/ Huile sur toile, 100 × 80 cm, Munch-Museet, Oslo

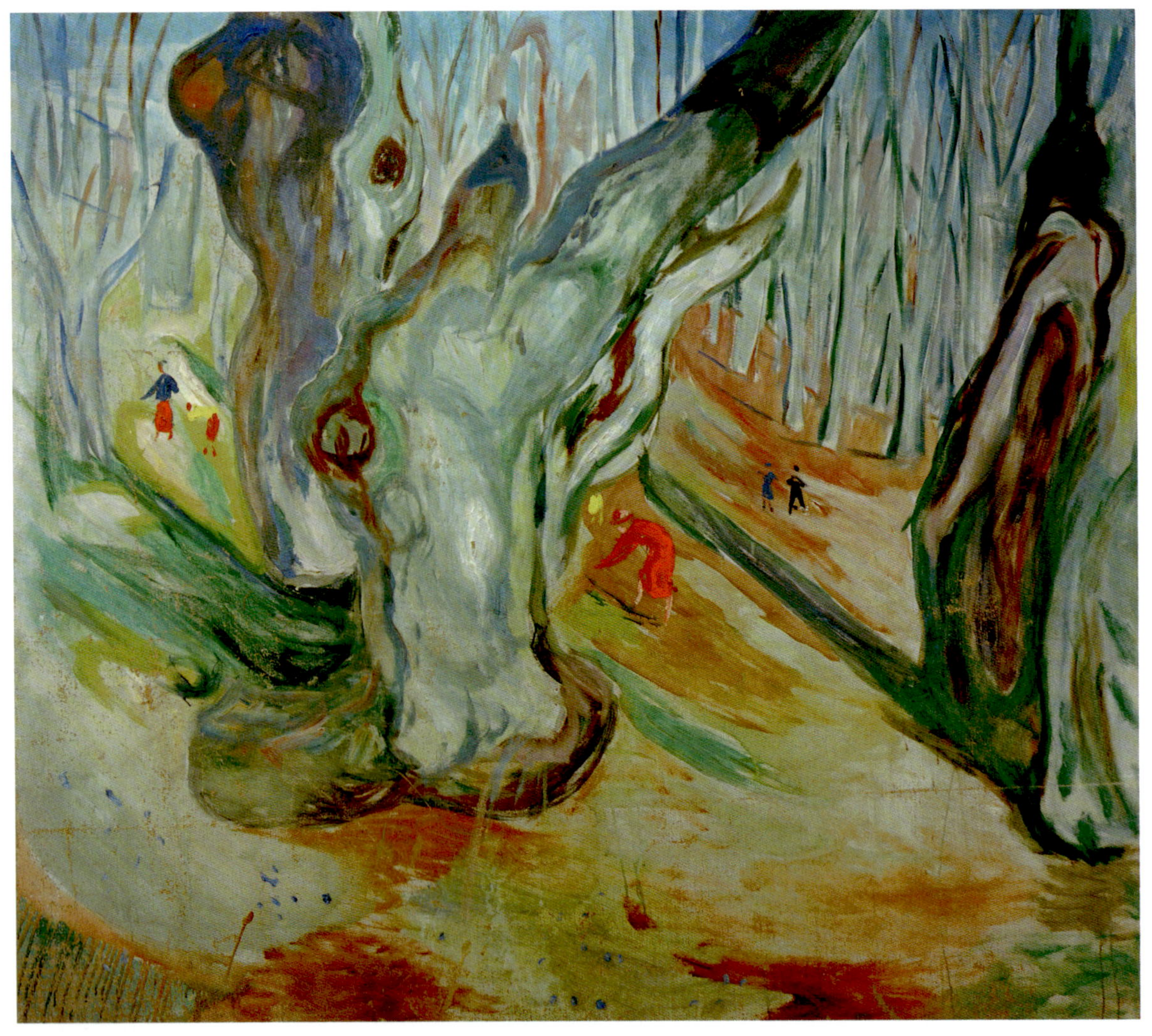

Elm Forest in Spring I

Le Printemps dans le bosquet d'ormes I

Frühling im Ulmenwald I

Primavera en el bosque de olmos I

Primavera nel bosco di olmi I

Voorjaar in het olmenbos I

1920–23, Oil on canvas/Huile sur toile, 156 × 166 cm, Munch-Museet, Oslo

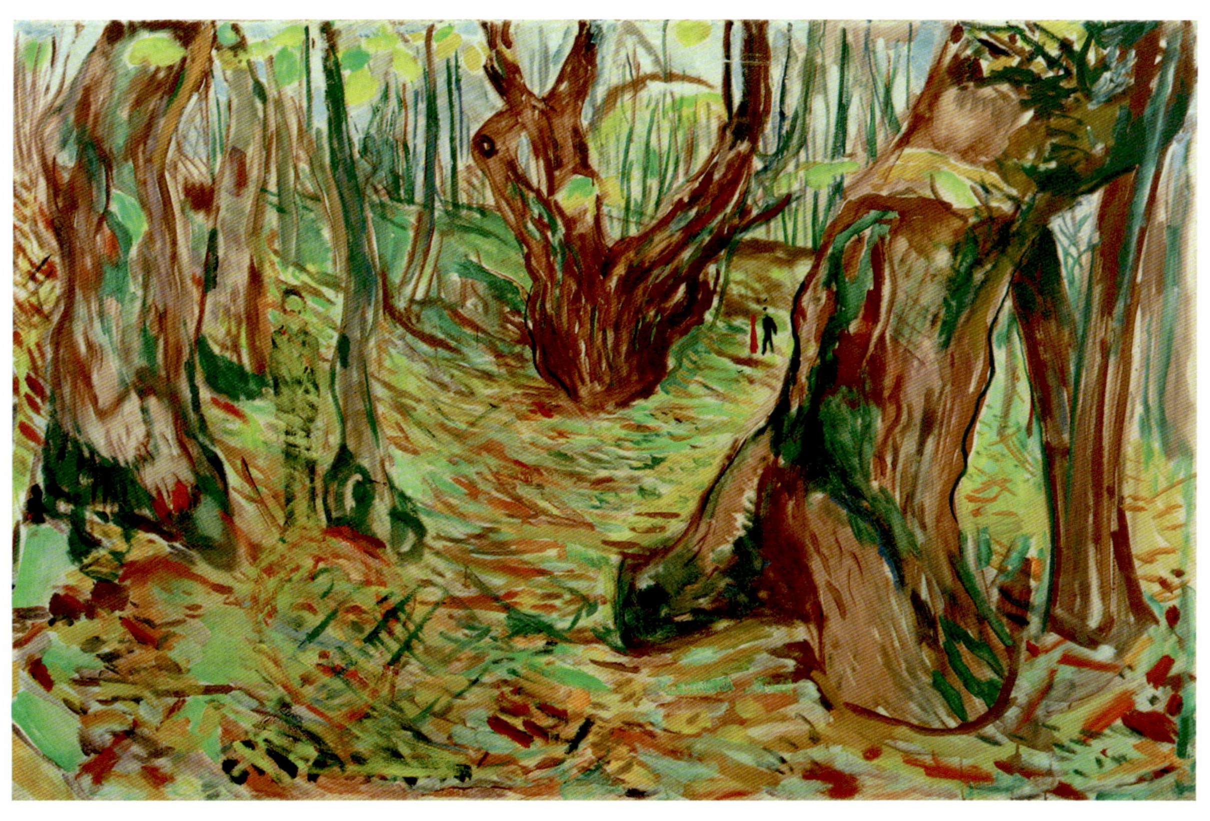

Gnarly Trees II

Troncs d'arbres noueux II

Knorrige Baumstämme II

Troncos nudosos II

Tronchi nodosi II

Knoestige boomstammen II

1923, Oil on canvas/Huile sur toile, 100 × 150 cm, Munch-Museet, Oslo

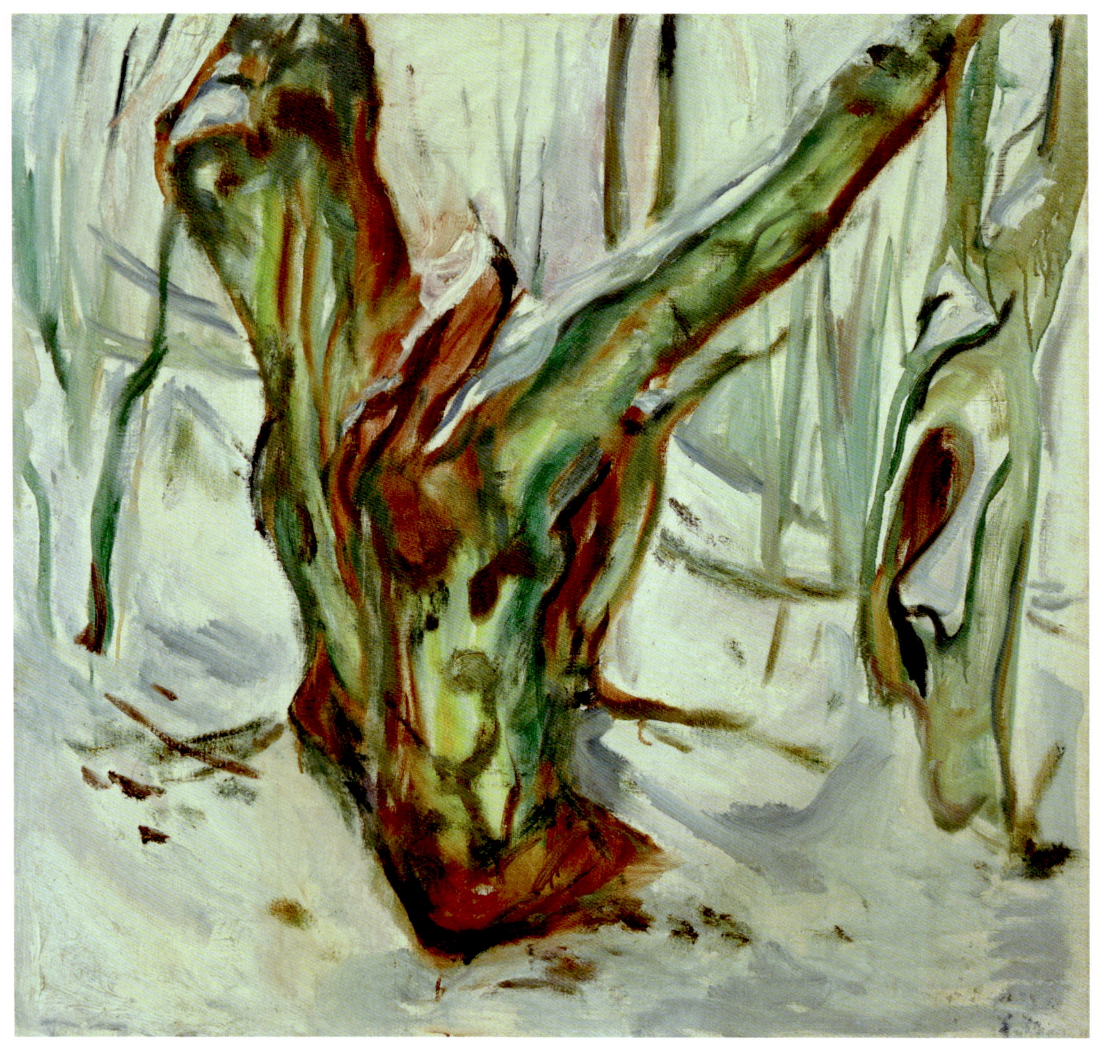

Gnarly Tree in the Snow

Tronc d'arbre noueux dans la neige

Knorriger Baumstamm im Schnee

Troncos nudosos con nieve

Tronco nodoso nella neve

Knoestige boomstam in de sneeuw

1923, Oil on canvas/Huile sur toile, 95 × 100 cm, Munch-Museet, Oslo

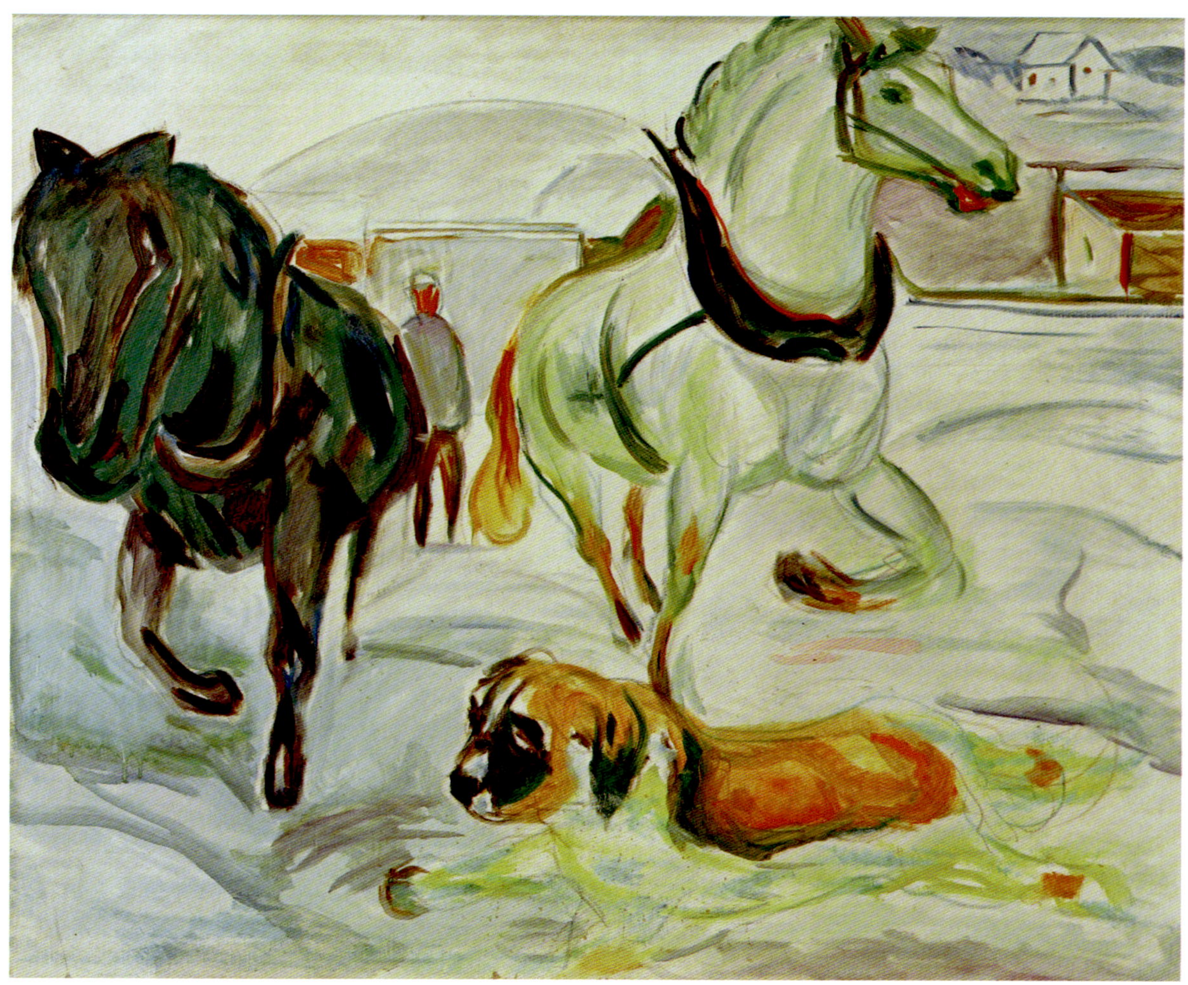

Horse and Cart in the Snow

Attelage de chevaux dans la neige avec Saint-Bernard

Pferdegespann im Schnee

Atalaje con nieve

Coppia di cavalli nella neve

Paardenspan in de sneeuw

1923, Oil on canvas/Huile sur toile, 65,5 × 80 cm, Munch-Museet, Oslo

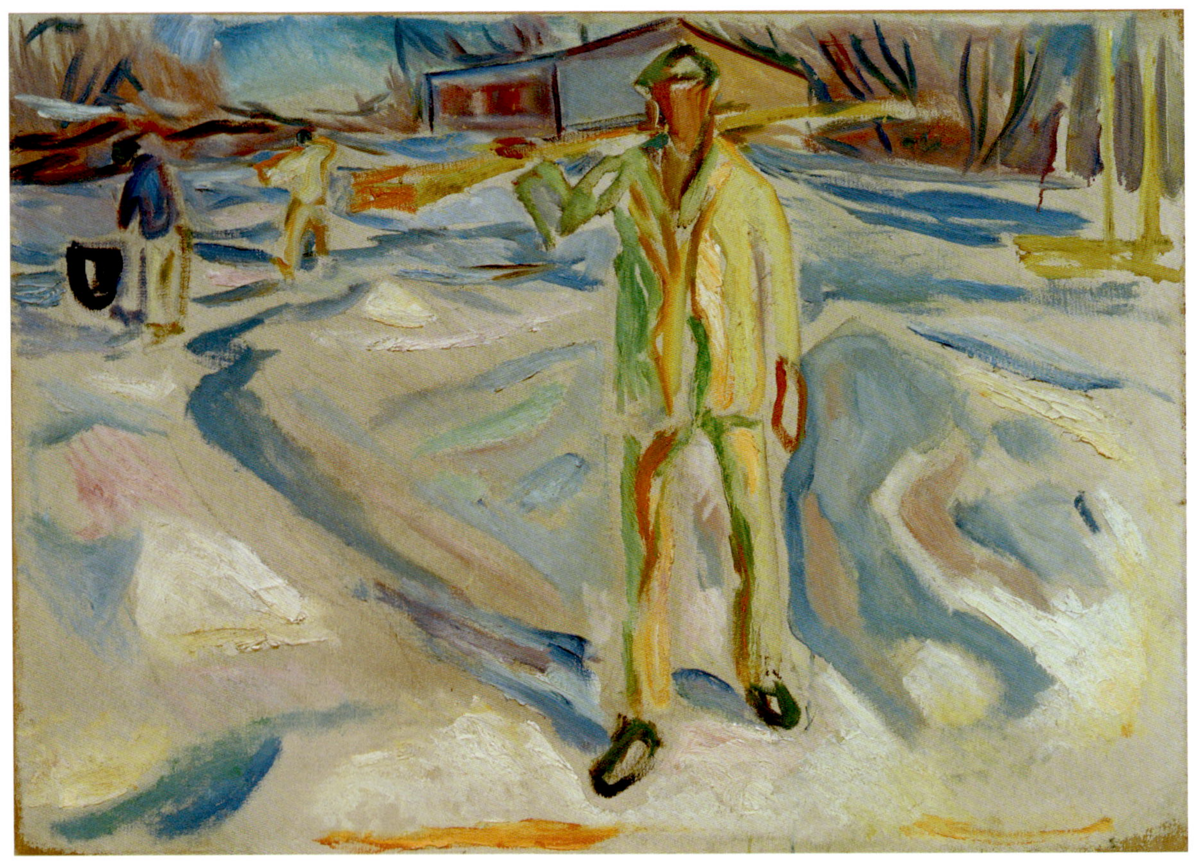

Construction Workers with Beams

Ouvriers de chantier avec une poutre. Briqueterie

Bauarbeiter mit Balken

Obrero con viga

Muratore con trave

Bouwvakkers met balken

1919–20, Oil on canvas/Huile sur toile, 71 × 100 cm, Munch-Museet, Oslo

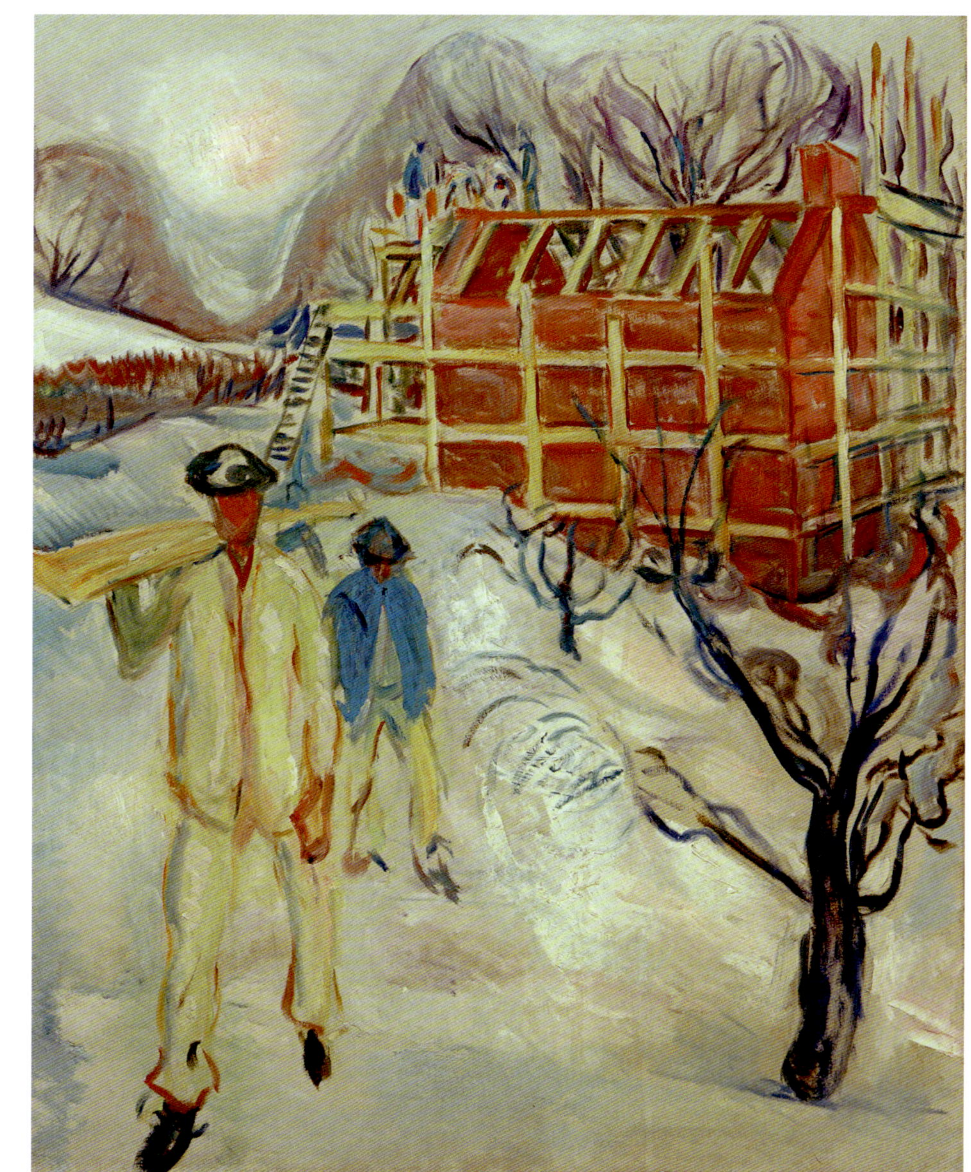

Construction Workers in the Snow

Ouvriers de chantier dans la neige. Briqueterie

Bauarbeiter im Schnee

Obrero con nieve

Muratore nella neve

Bouwvakkers in de sneeuw

1919–20, Oil on canvas/ Huile sur toile, 127 × 103 cm, Munch-Museet, Oslo

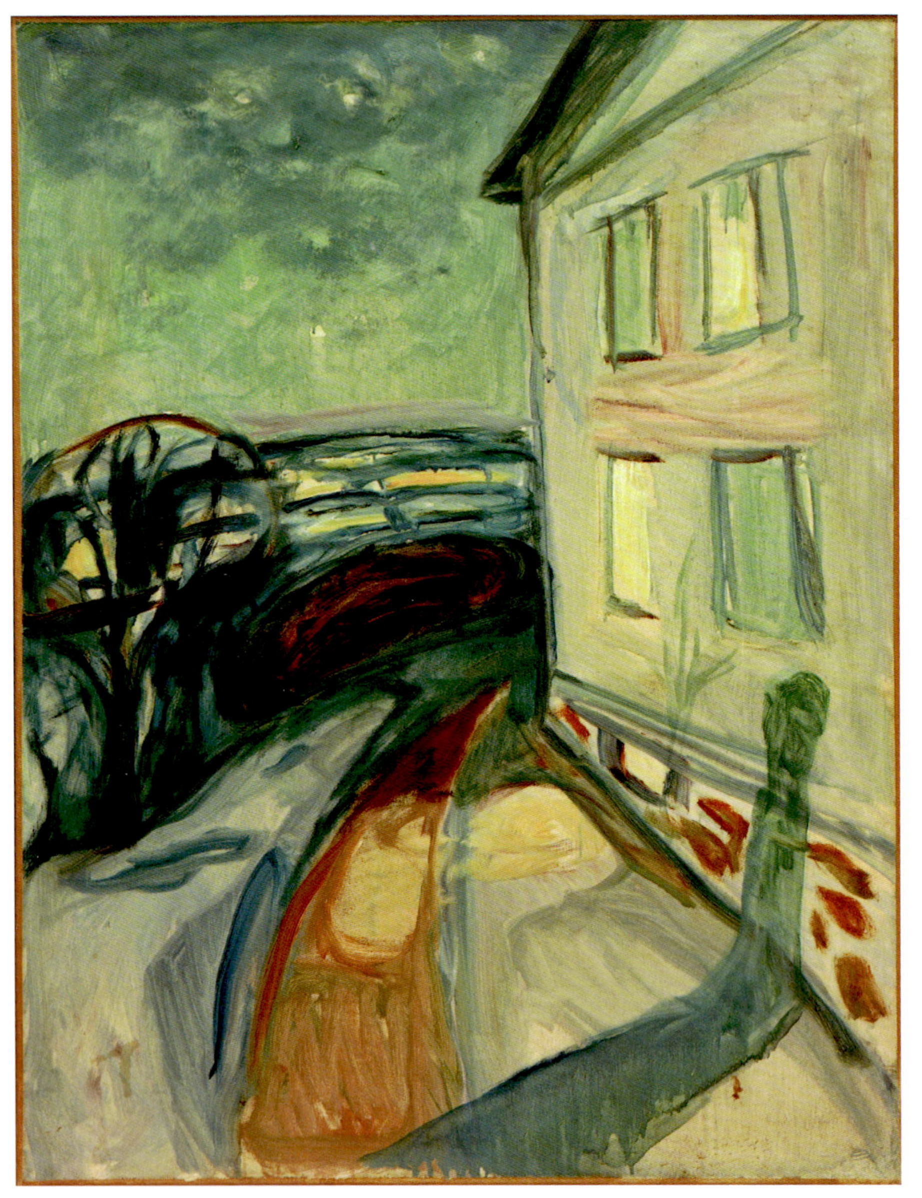

House Wall in the Moonlight

Une Façade au clair de lune

Hauswand im Mondschein

Fachada a la luz de la luna

Muro di casa al chiaro di luna

Huismuur in het maanlicht

1922–24, Oil on canvas/
Huile sur toile, 90 × 68 cm,
Munch-Museet, Oslo

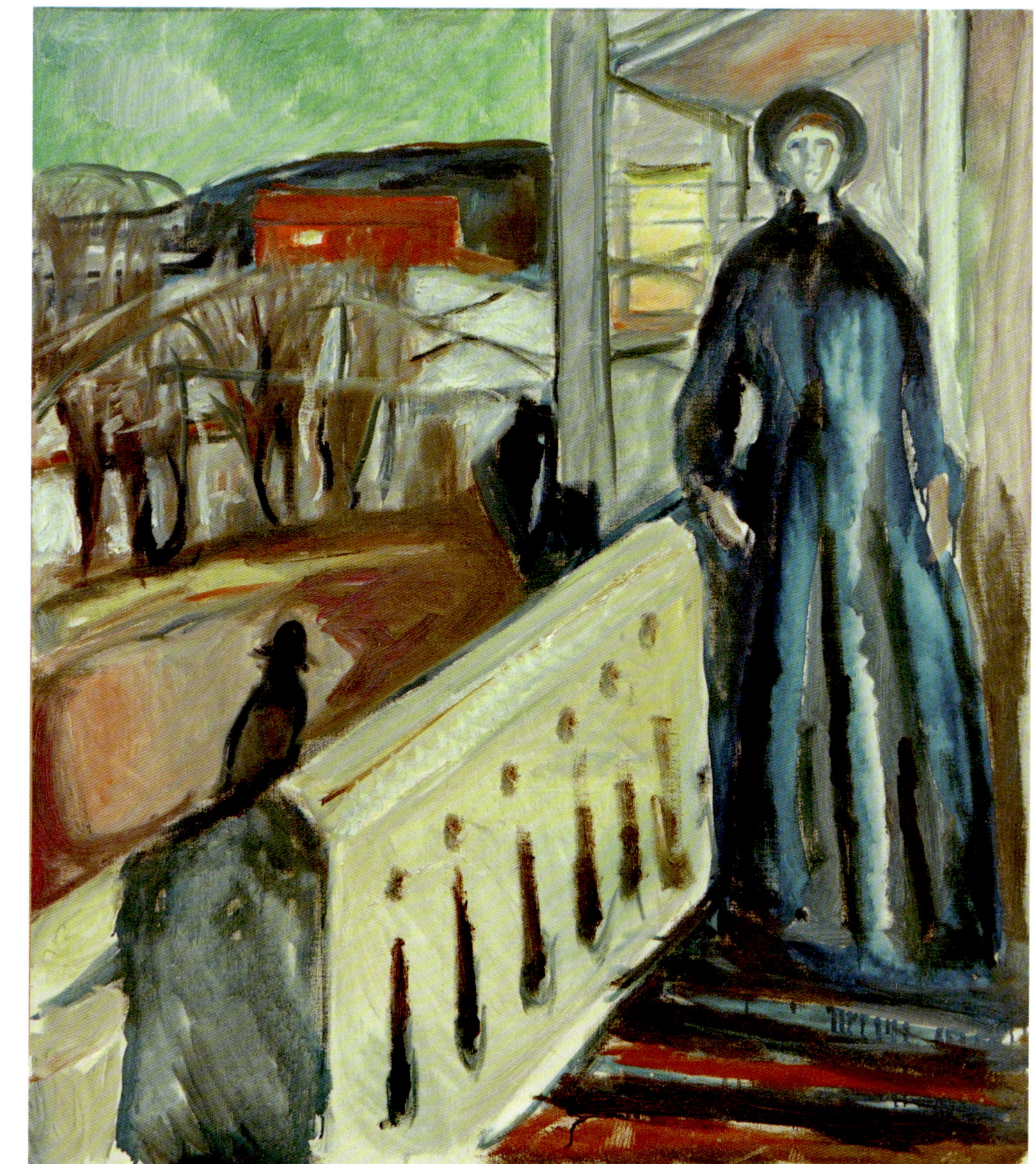

On the Veranda Steps II

Sur l'escalier de la véranda II

Auf der Verandatreppe II

En las escaleras de la galería II

Sulla scala della veranda II

Op de verandatrap II

1922–24, Oil on canvas/ Huile sur toile, 89 × 76 cm, Munch-Museet, Oslo

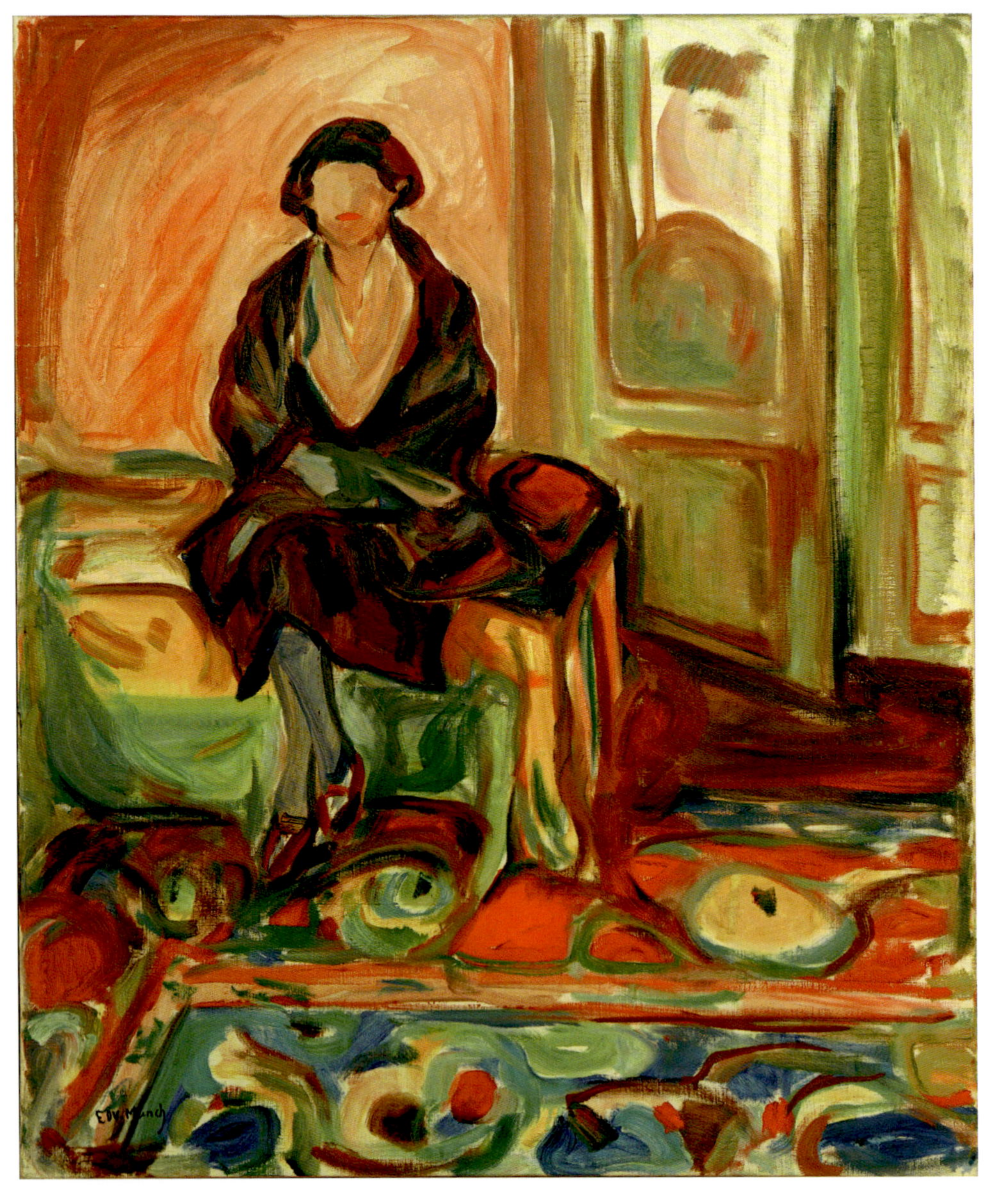

Model on Sofa

Modèle sur un sofa

Modell auf Sofa

Modelo en el sofá

Modello sul divano

Model op sofa

1919–21, Oil on canvas/ Huile sur toile, 105 × 85,5 cm, Munch-Museet, Oslo

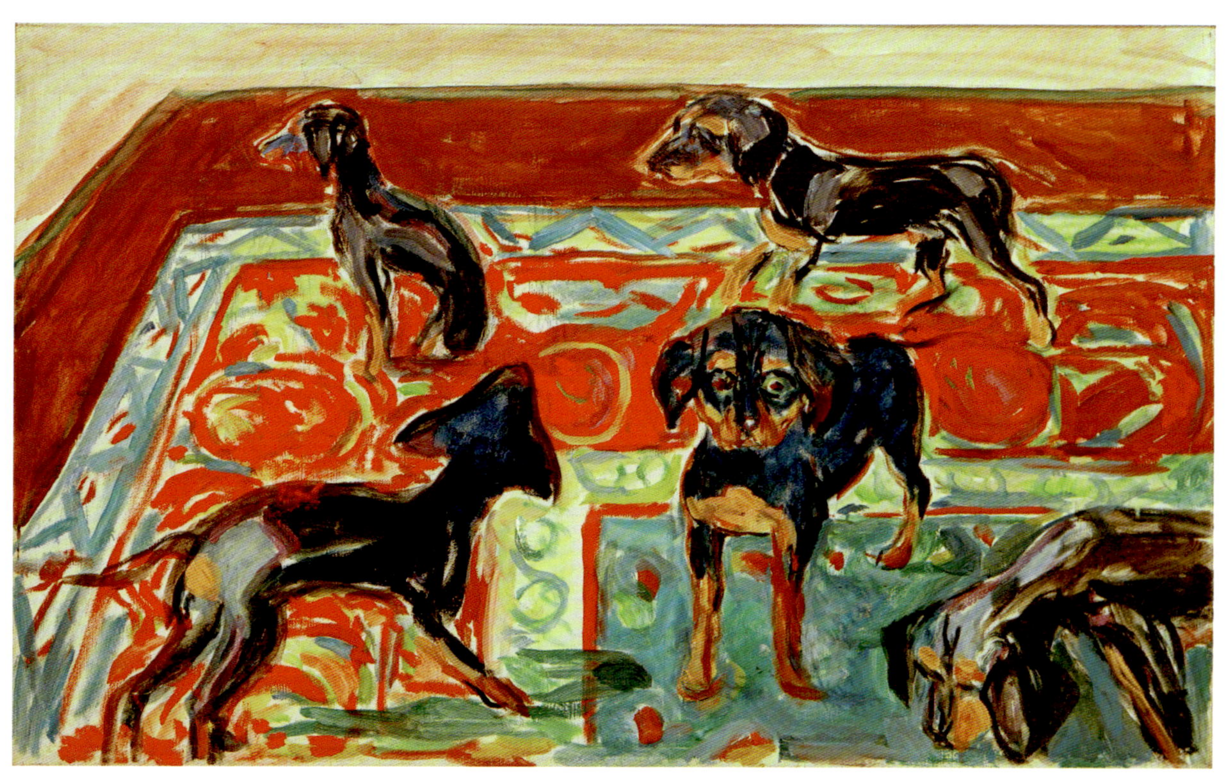

Five Pups on the Carpet

Cinq chiots sur le tapis

Fünf Welpen auf dem Teppich

Cinco cachorros sobre la alfombra

Cinque cuccioli sul tappeto

Vijf puppy's op het tapijt

1919–21, Oil on canvas/Huile sur toile, 50 × 80 cm, Munch-Museet, Oslo

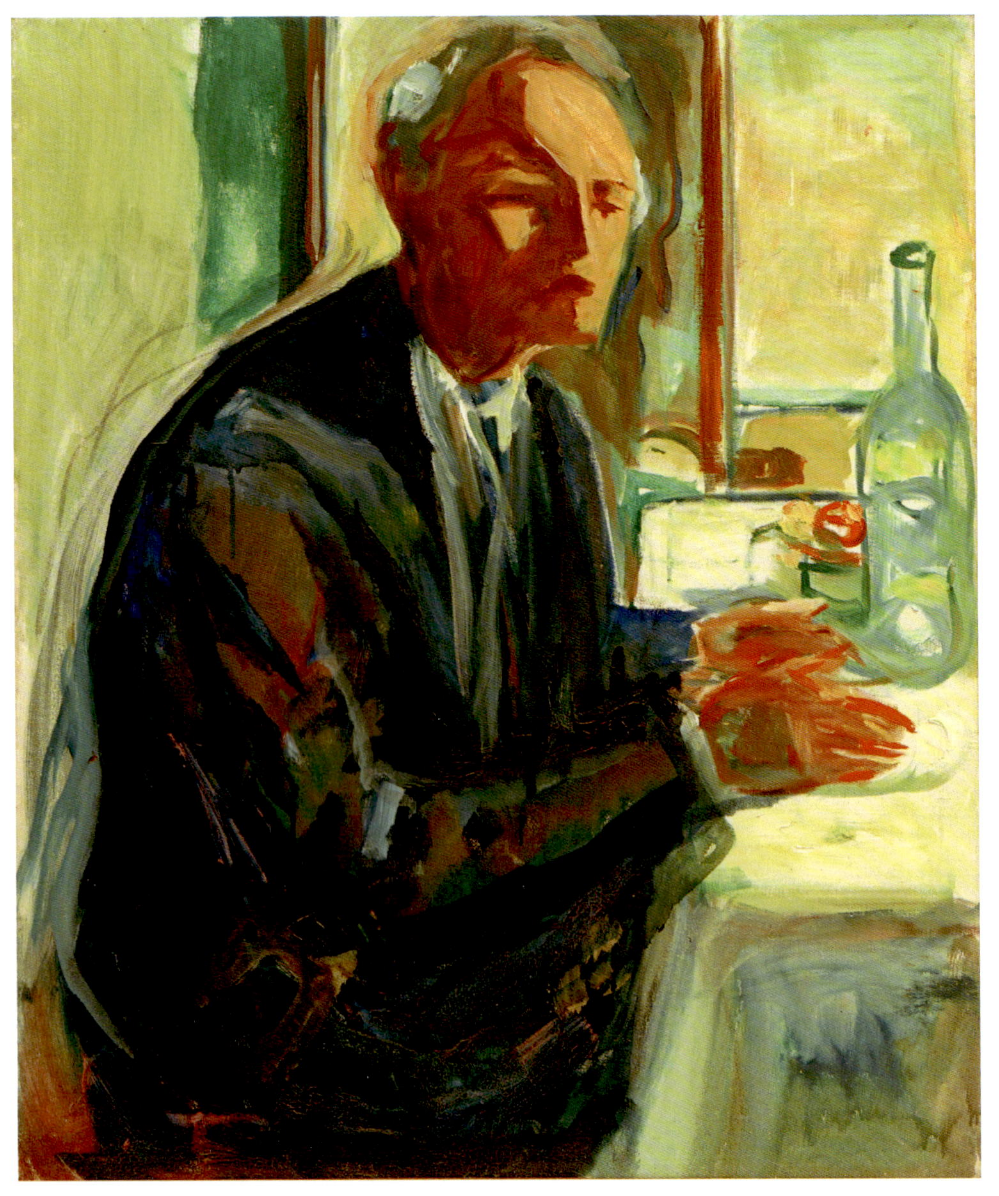

Self-Portrait at the Wedding Table I

Autoportrait à la table de mariage I

Selbstbildnis an der Hochzeitstafel I

Autorretrato en el banquete de bodas I

Autoritratto al tavolo del matrimonio I

Zelfportret aan de bruiloftstafel I

1925–26, Oil on canvas/Huile sur toile 79 × 64,5 cm, Munch-Museet, Oslo

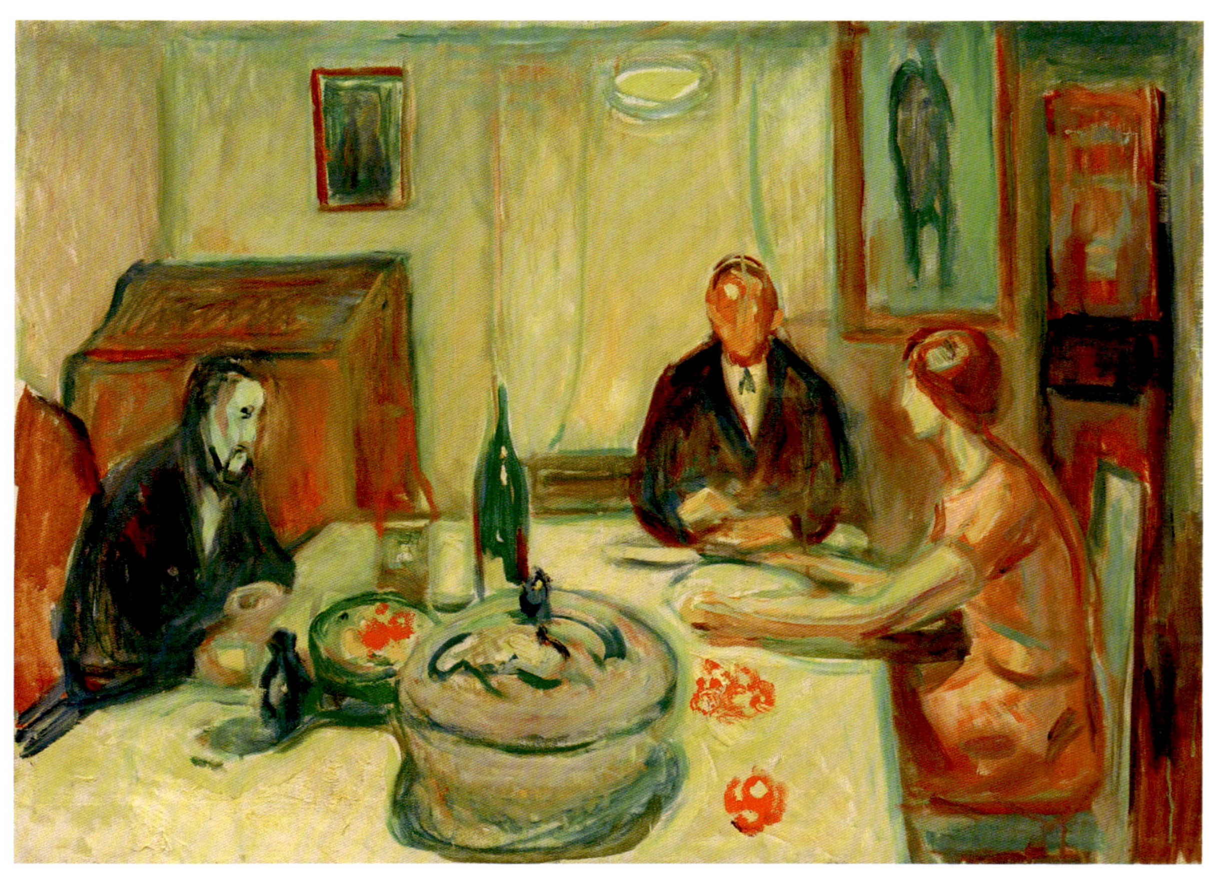

Oslo Bohème II

La Bohème d'Oslo II

Oslobohème II

Bohemia en Oslo II

Bohème di Oslo II

De bohème van Oslo II

1925–26, Oil on canvas/Huile sur toile, 72 × 100 cm, Munch-Museet, Oslo

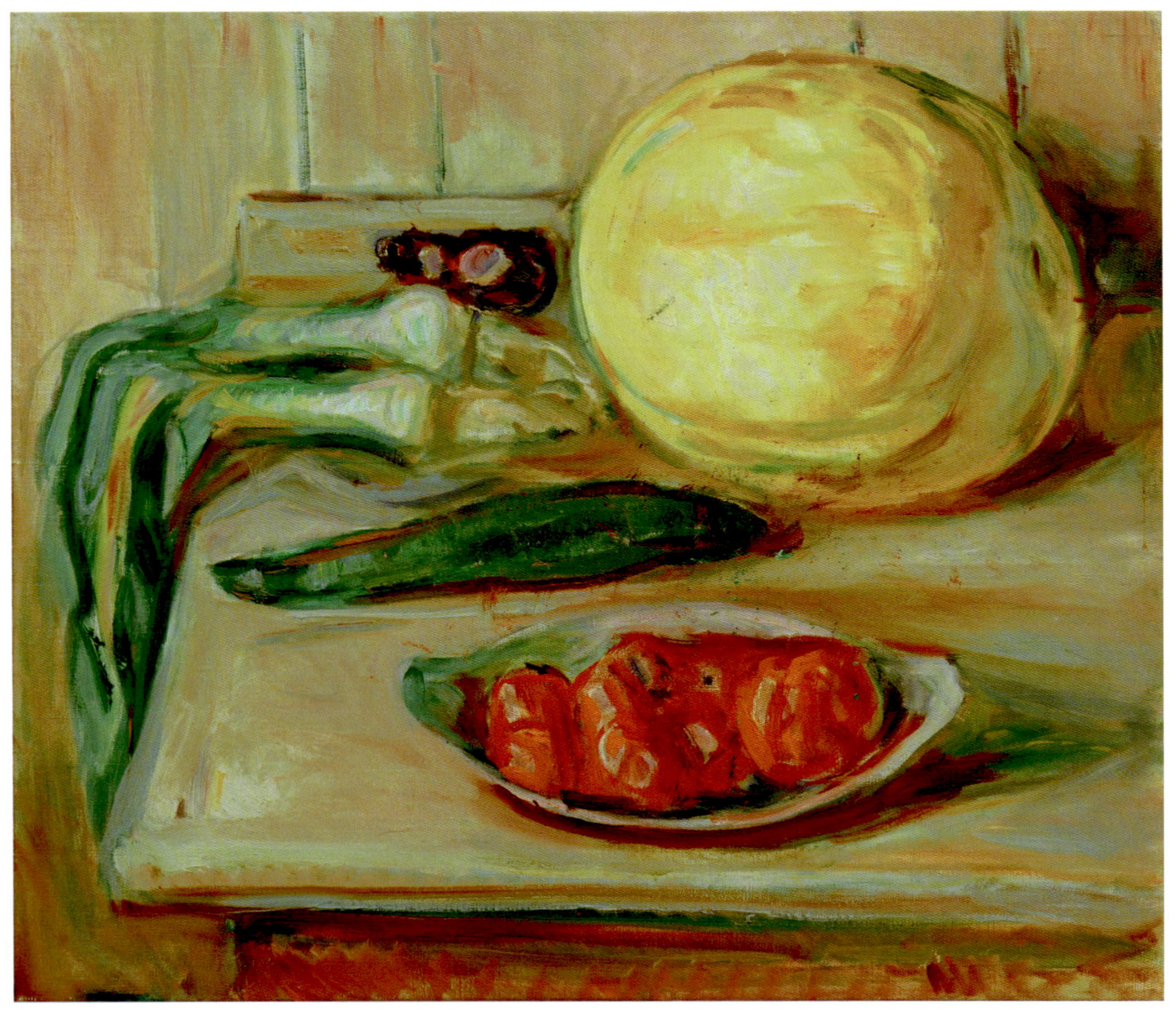

Still Life with Pumpkin

Nature morte au potiron

Stillleben mit Kürbis

Bodegón con calabaza

Natura morta con zucca

Stilleven met pompoen

1926, Oil on canvas/Huile sur toile, 68,5 × 79 cm, Munch-Museet, Oslo

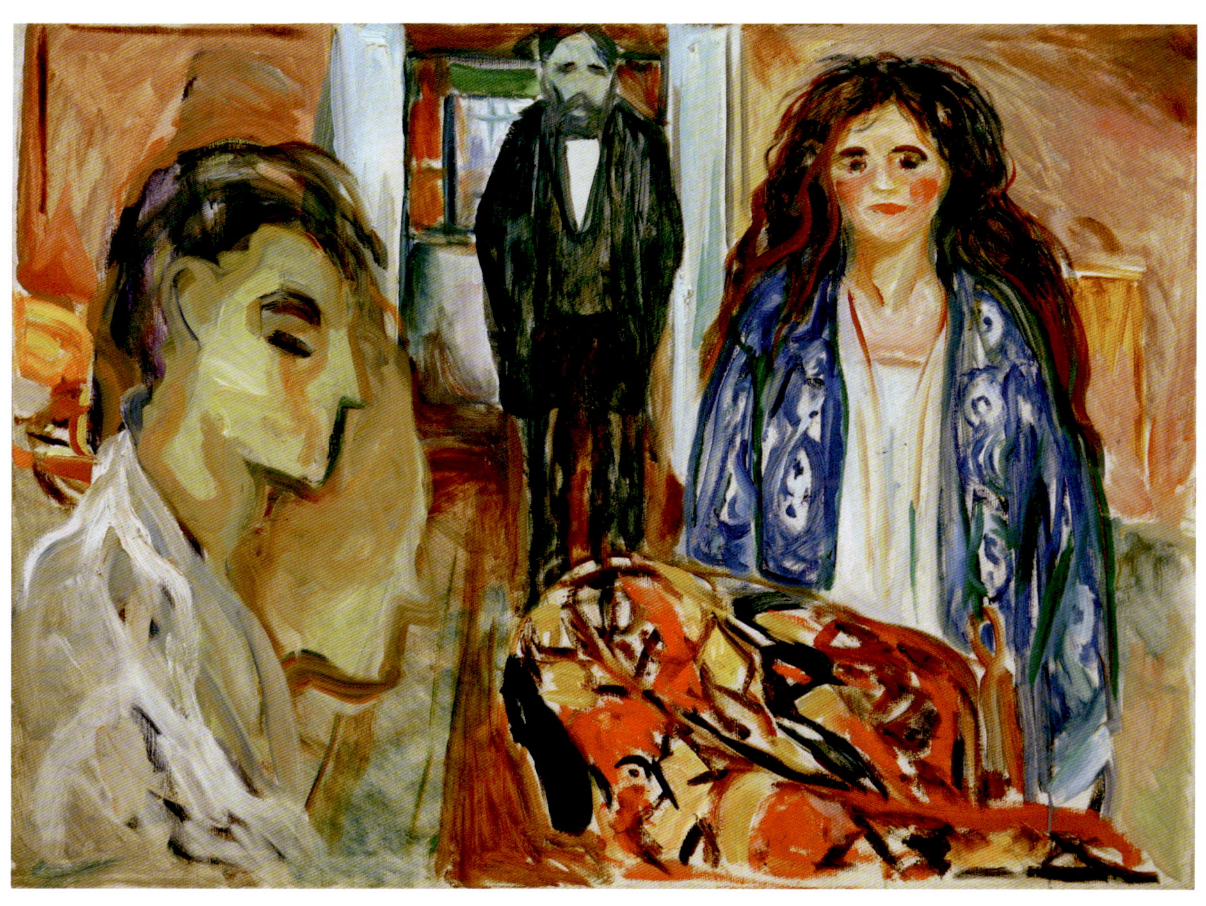

The Artist and His Model II
L'Artiste et son modèle II. Jalousie
Der Künstler und sein Modell II
El artista y su modelo II
L'artista e il suo modello II
De kunstenaar en zijn model II
1919–21, Oil on canvas/Huile sur toile, 85 × 115,5 cm, Munch-Museet, Oslo

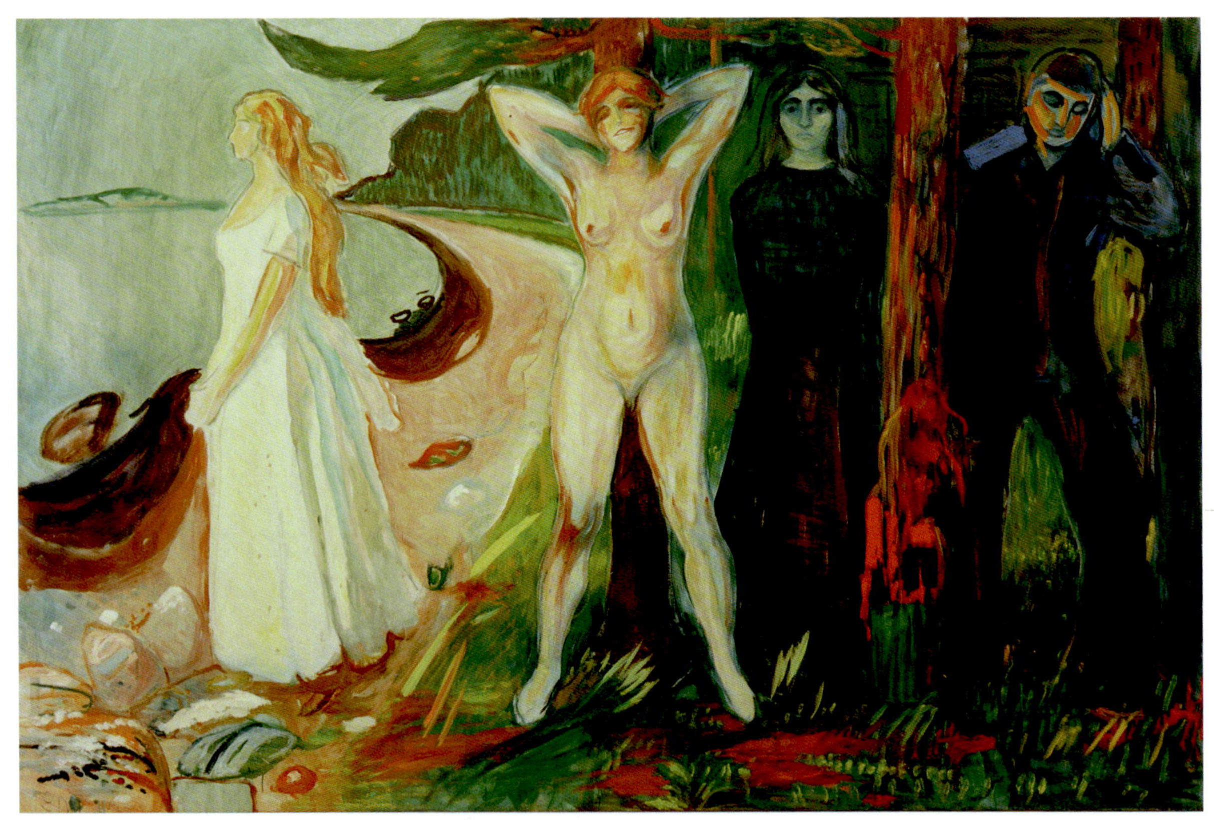

The Woman in Three Stages

Les Trois Âges de la femme

Die Frau in drei Stadien

La mujer en tres etapas

La donna in tre fasi

De vrouw in drie stadia

1925–29, Oil on canvas/Huile sur toile, 152,5 × 228 cm, Munch-Museet, Oslo

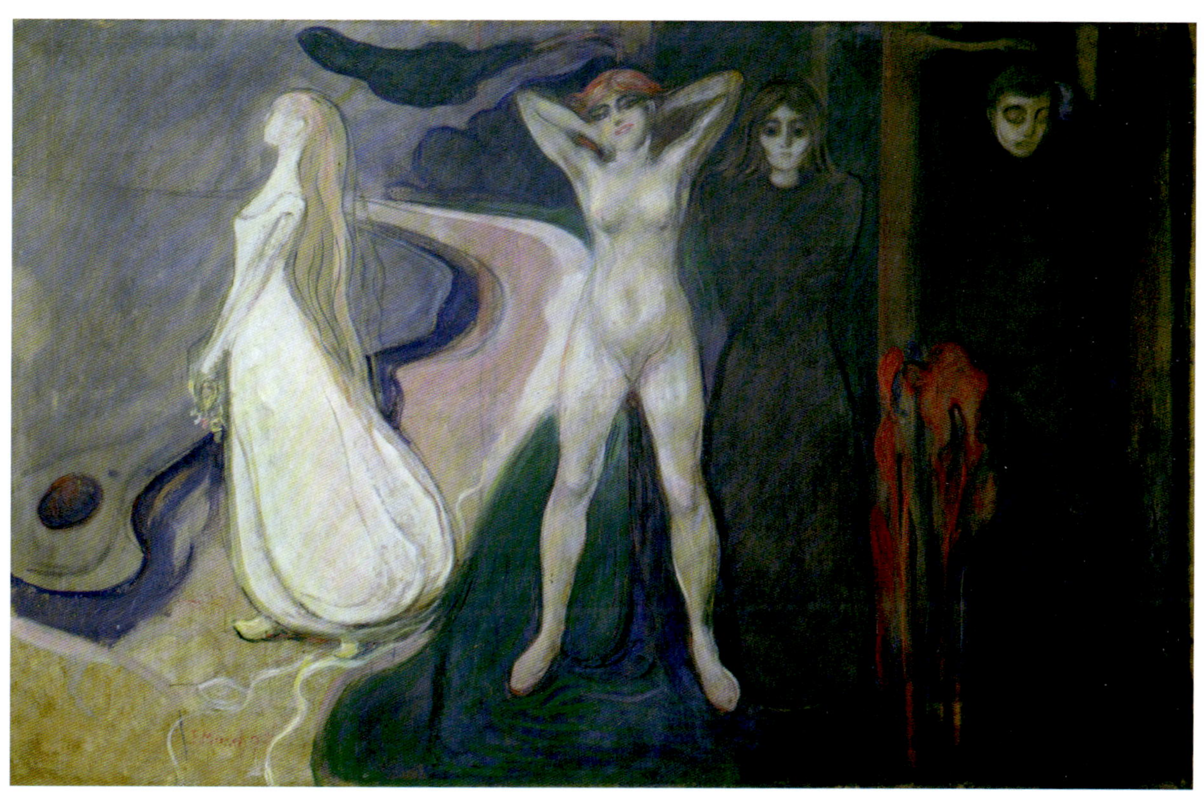

The Woman in Three Stages

Les Trois Âges de la femme

Die Frau in drei Stadien

La mujer en tres etapas

La donna in tre fasi

De vrouw in drie stadia

1894, Oil on canvas/Huile sur toile, 164 × 250 cm, KODE 3, Bergen

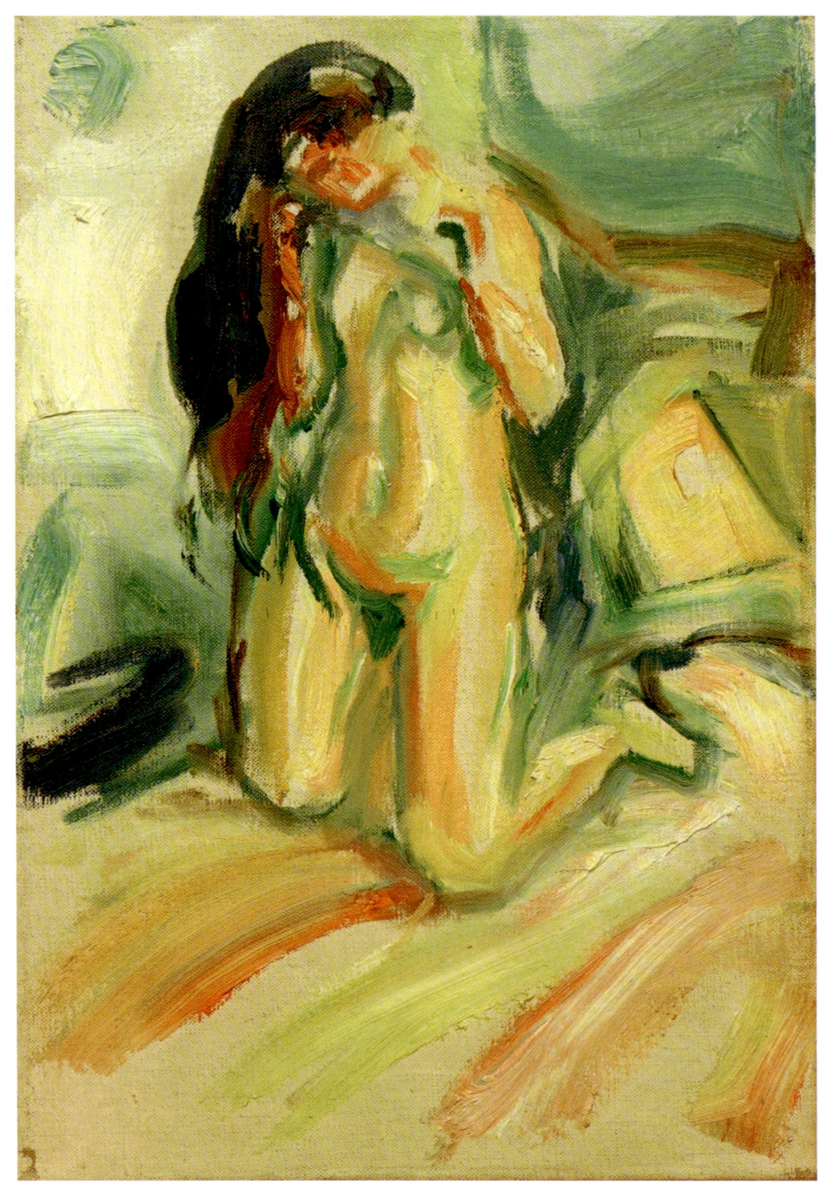

Kneeling Nude

Nu agenouillé

Kniender Akt

Desnudo de rodillas

Nudo inginocchiato

Knielend naakt

1913–19, Oil on canvas/Huile sur toile, 44 × 30 cm, Munch-Museet, Oslo

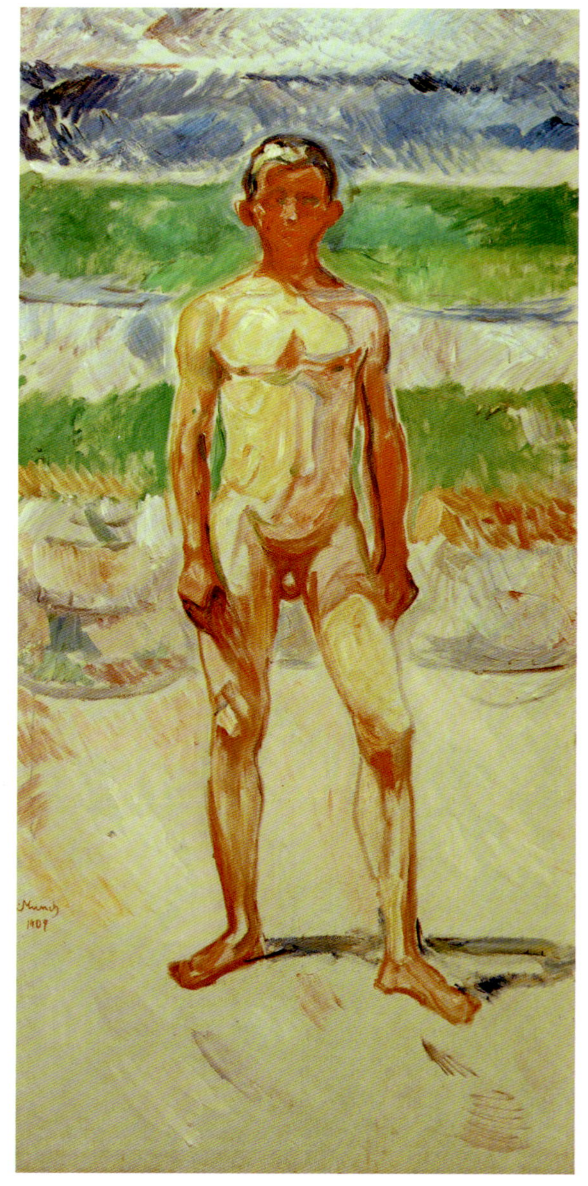

Bathing Boy

Jeune baigneur

Badender Junge

Chico bañándose

Giovane bagnante

Badende jongen

1909, Oil on canvas/Huile sur toile,206 × 100 cm, KODE 3, Bergen

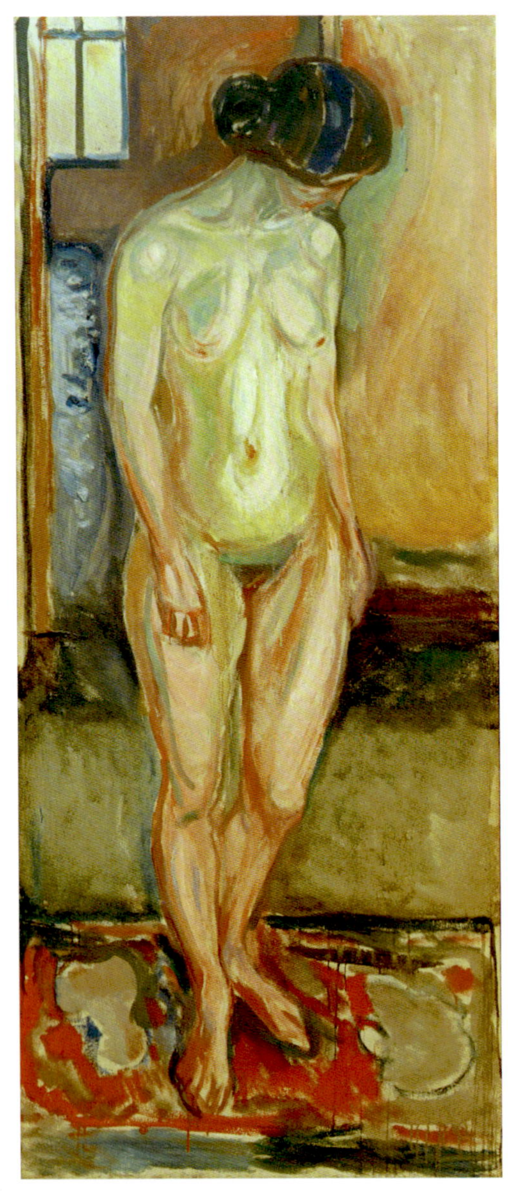

Evening I

Soir I

Abend I

Anochecer I

Sera I

Avond I

1922–25, Oil on canvas/Huile sur toile, 170 × 70,5 cm, Munch-Museet, Oslo

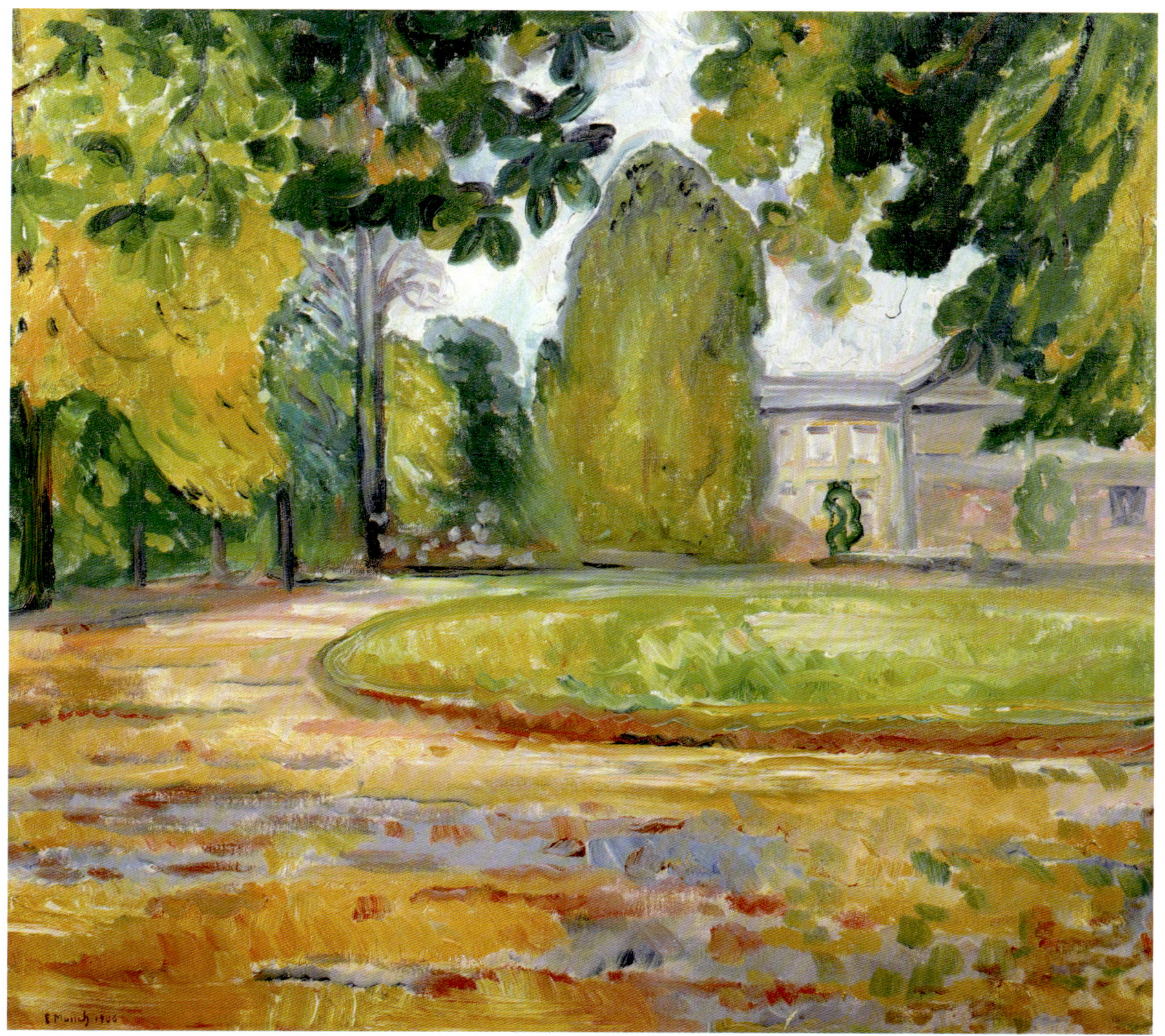

Park in Kösen ***Park in Kösen*** ***Parco a Kösen***

Parc à Kösen ***Parque en Kösen*** ***Park in Kösen***

1906, Oil on canvas/Huile sur toile, 70,5 × 81 cm, Belvedere, Wien

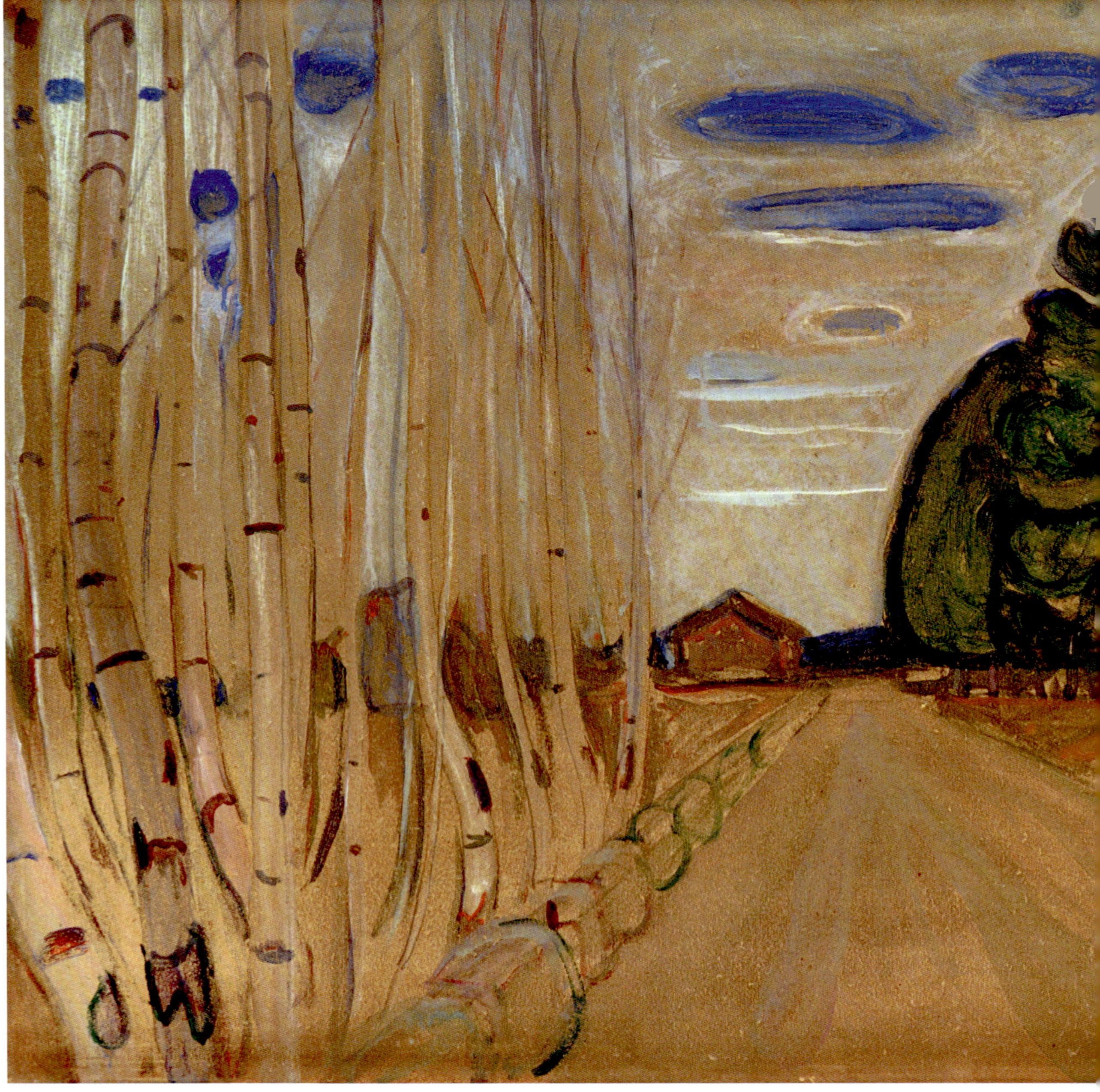

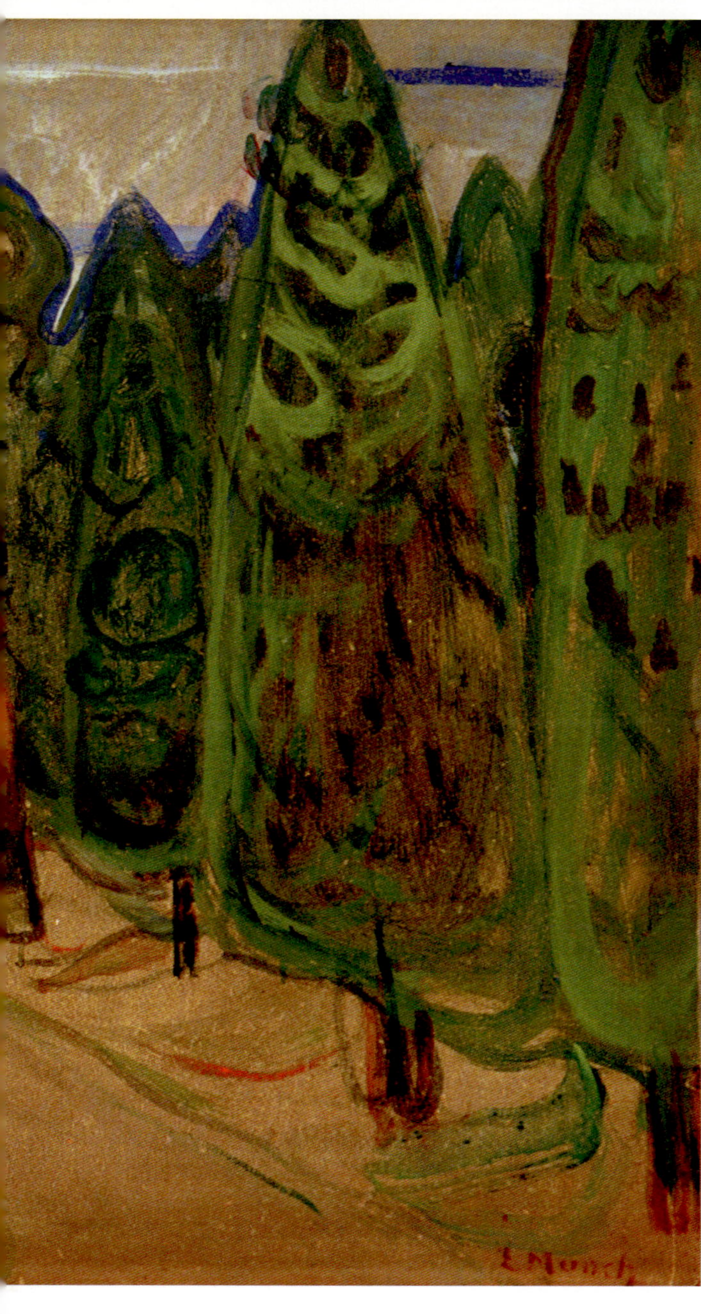

Boulevard

Allée

Allee

Avenida

Viale

Laan

1901, Oil on paperboard/Huile sur carton, 50 × 80 cm, Private collection

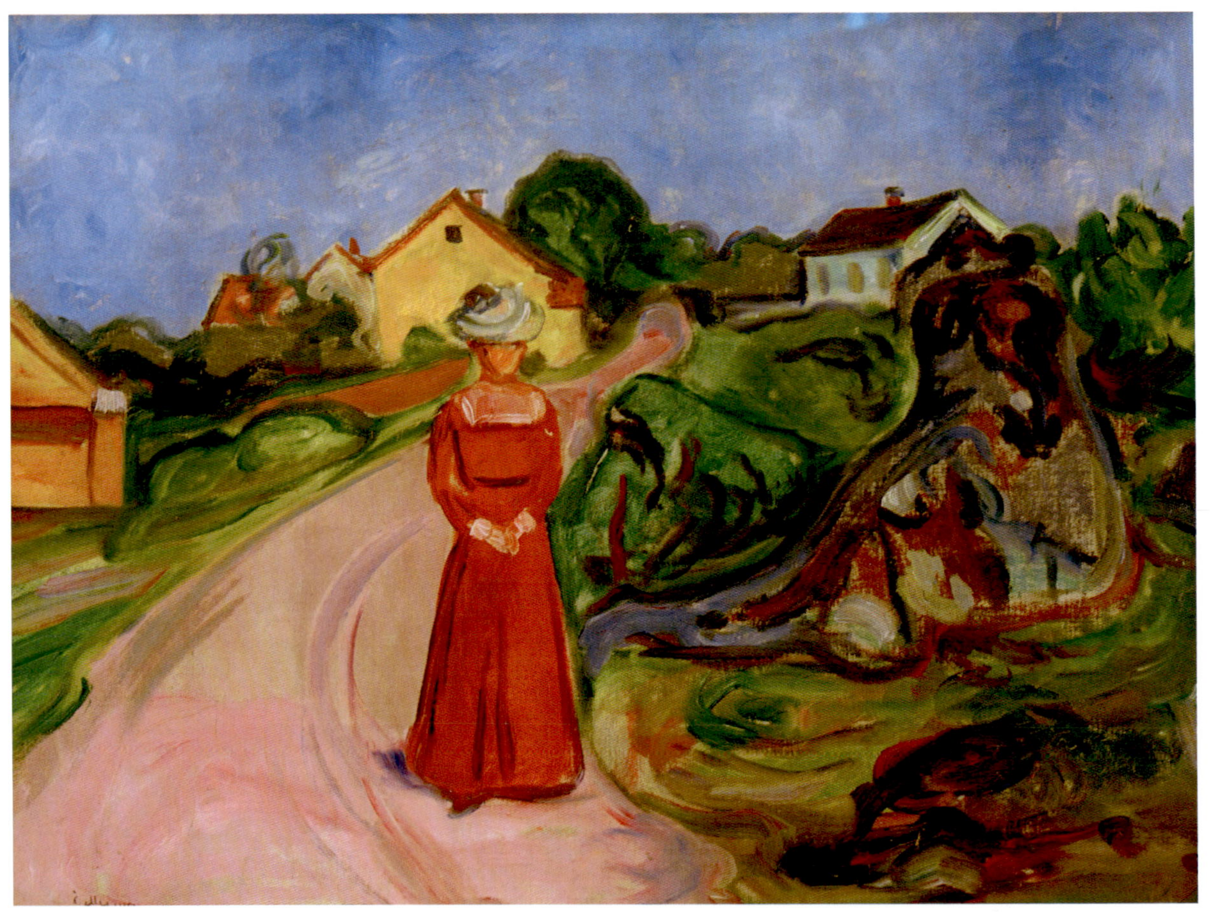

Woman in Red Dress

Femme en robe rouge (Rue à Åsgårdstrand)

Frau in rotem Kleid

Mujer con vestido rojo

Donna con vestito rosso

Vrouw in rode jurk

c. 1903–04, Oil on canvas/Huile sur toile, 59,7 × 75,5 cm, Neue Pinakothek, München

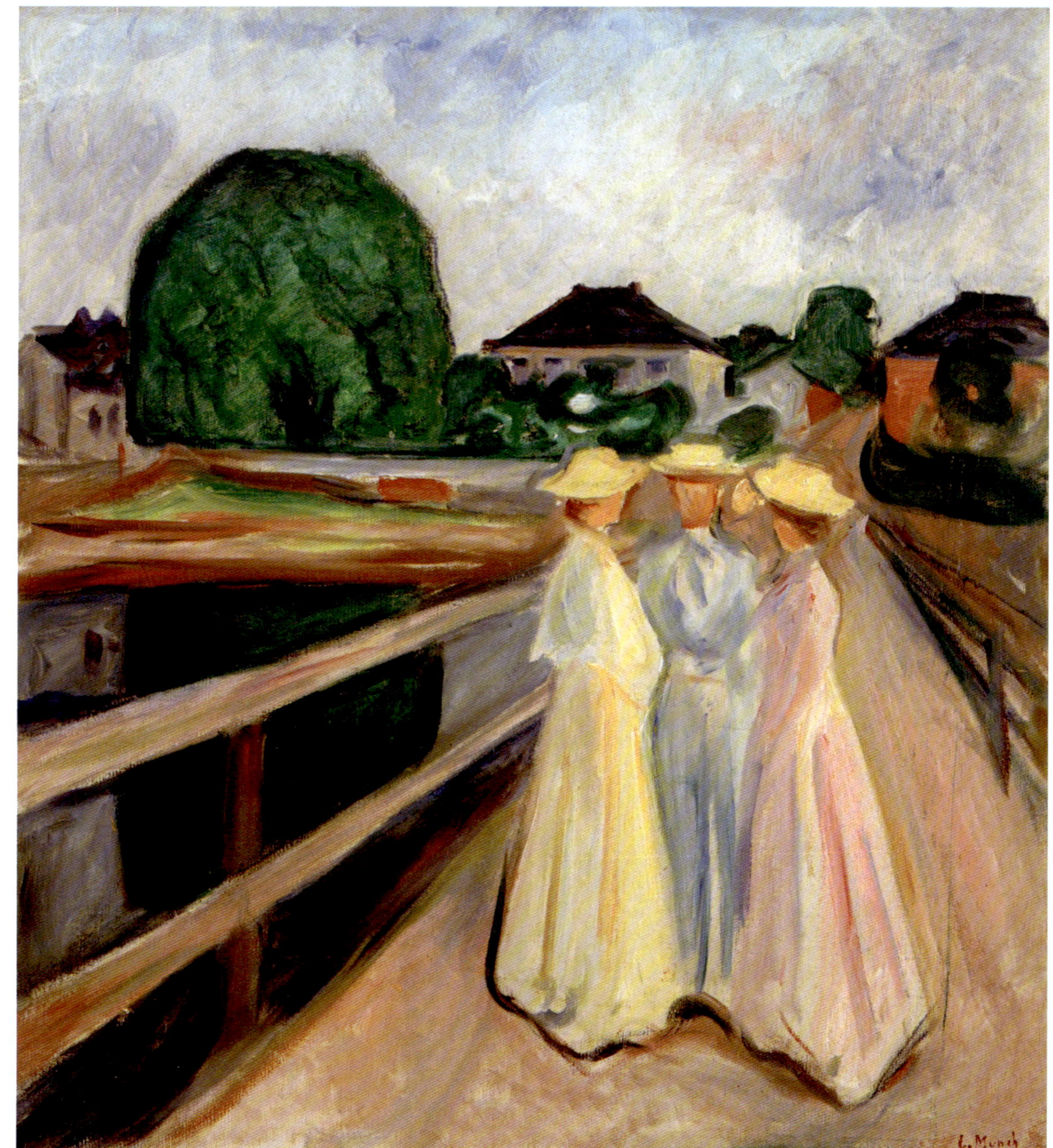

Girls on the Pier

Jeunes flles sur le pont

Mädchen auf dem Pier

Chica en el muelle

Ragazza sul ponte

Meisjes op de pier

c. 1903–04, Oil on canvas/ Huile sur toile, 92 × 80 cm, Private collection

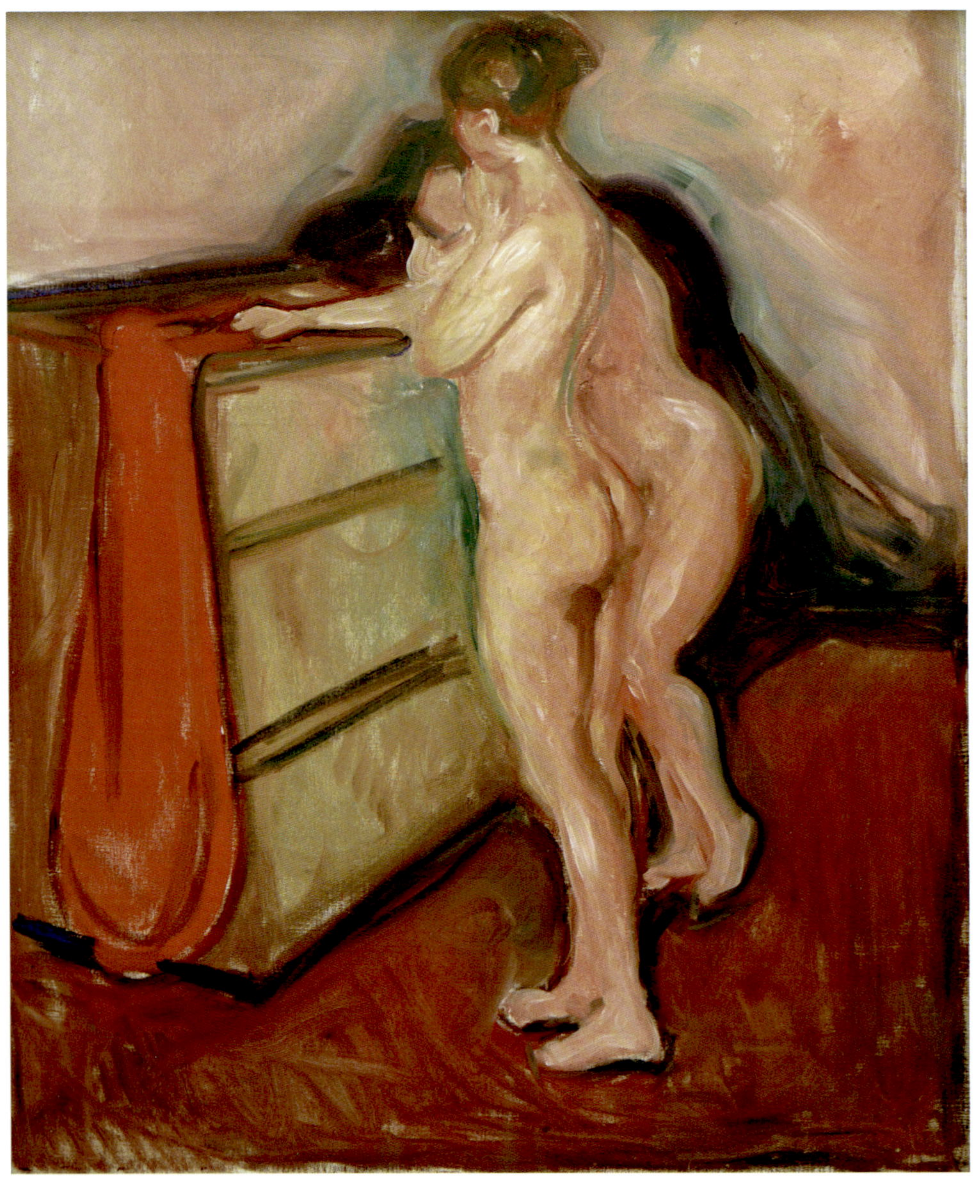

Two Female Nudes

Deux femmes nues

Zwei weibliche Akte

Dos desnudos de mujer

Due nudi femminili

Twee vrouwelijke naakten

1903, Oil on canvas/ Huile sur toile, 85,5 × 69,5 cm, Westfälisches Landesmuseum, Münster

The Forest

La Forêt

Der Wald

El bosque

Il bosco

Het bos

1903, Oil on canvas/ Huile sur toile, 82,5 × 81,5 cm, Munch-Museet, Oslo

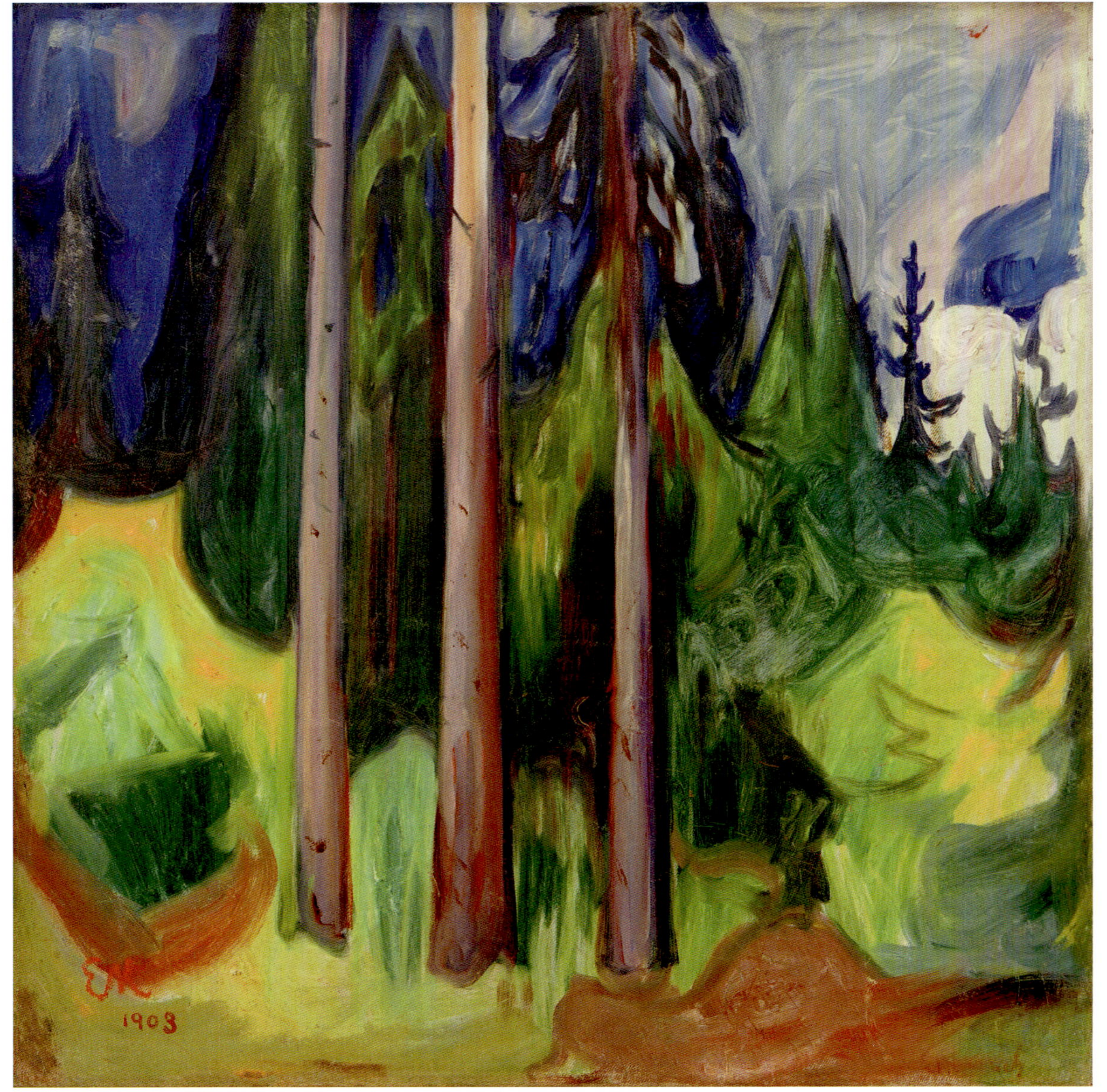

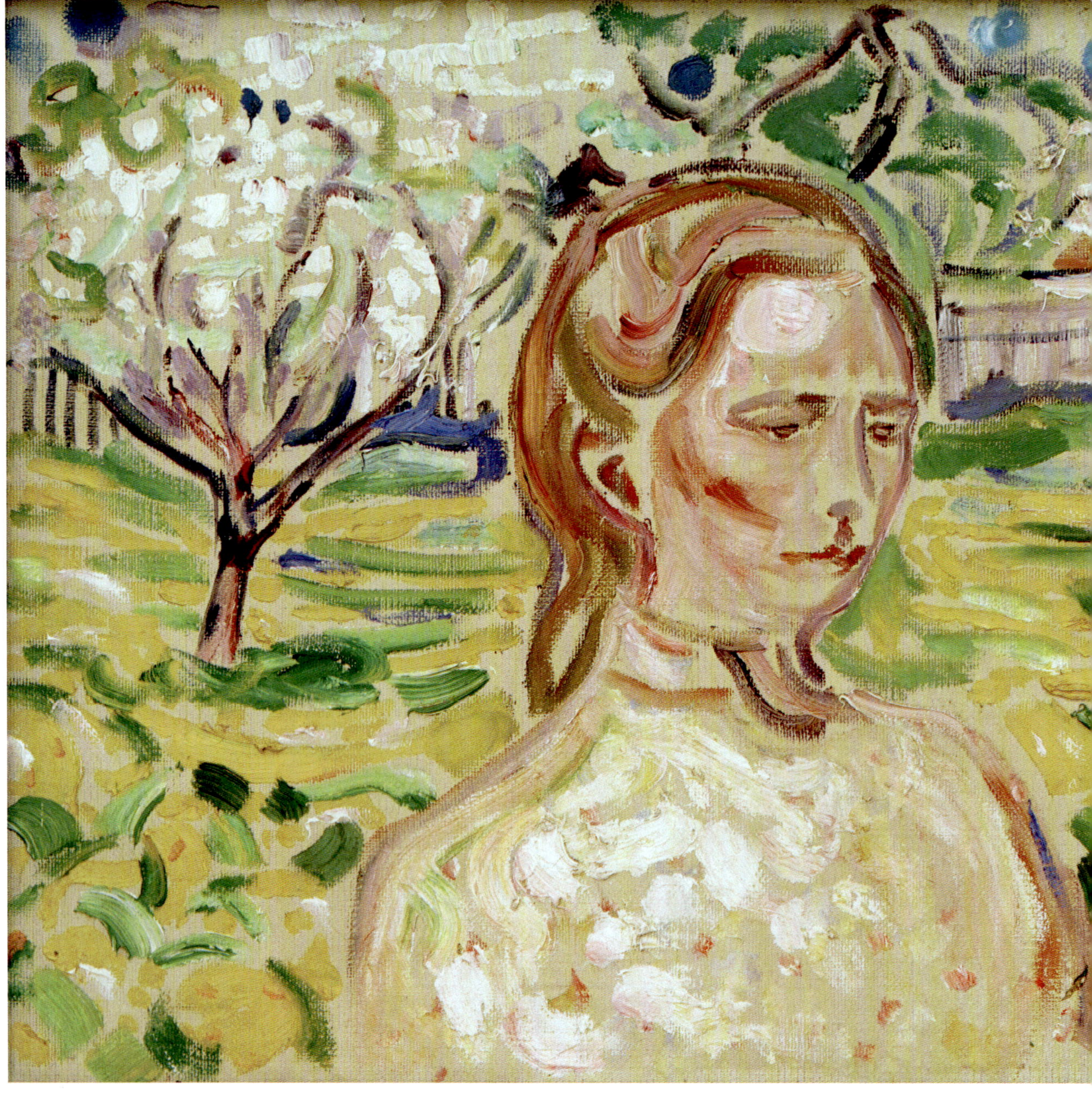

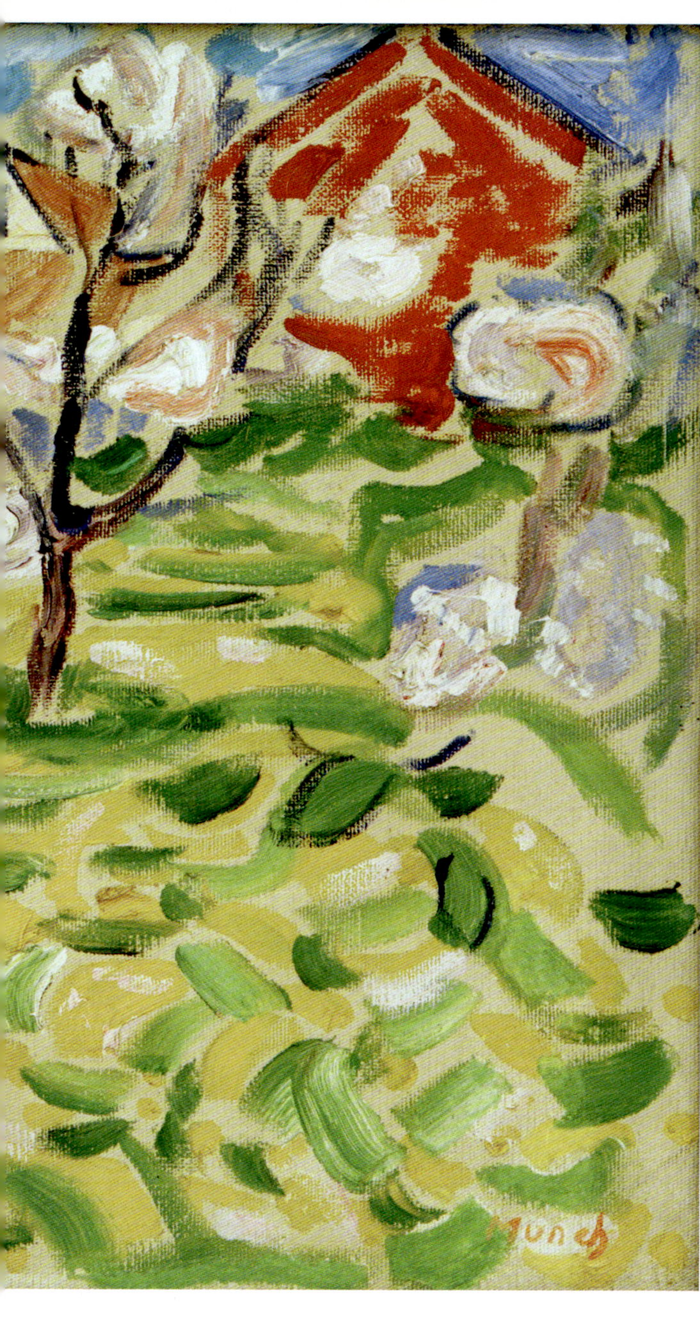

Woman in Garden

Femme au jardin

Frau im Garten

Mujer en el jardín

Donna in giardino

Vrouw in de tuin

p. 1907, Oil on canvas/Huile sur toile, 53 × 85 cm, Private collection

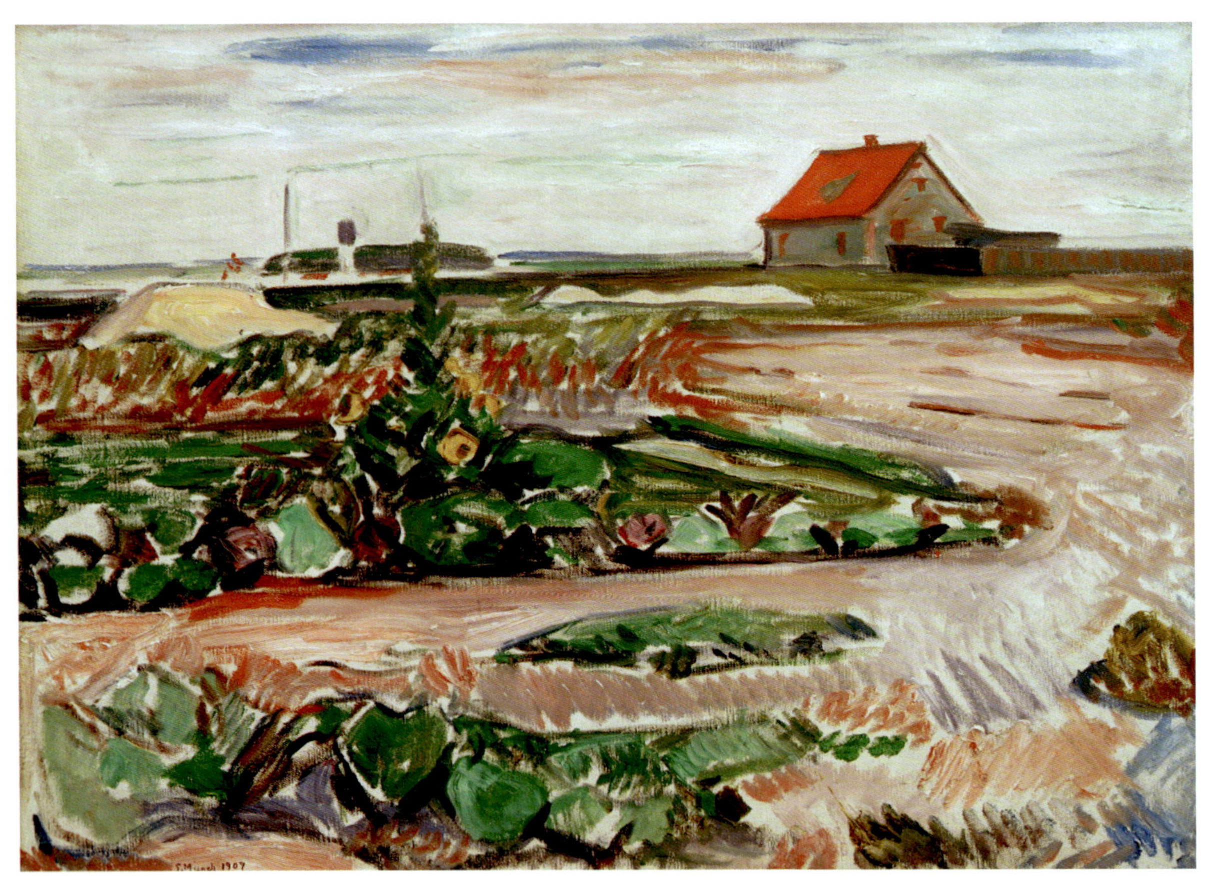

Landscape near Travemünde
Paysage près de Travemünde
Landschaft bei Travemünde
Paisaje en Travemünde
Paesaggio vicino Travemünde
Landschap bij Travemünde

1907, Oil on canvas/Huile sur toile, 78 × 102 cm, Národní galerie, Praha

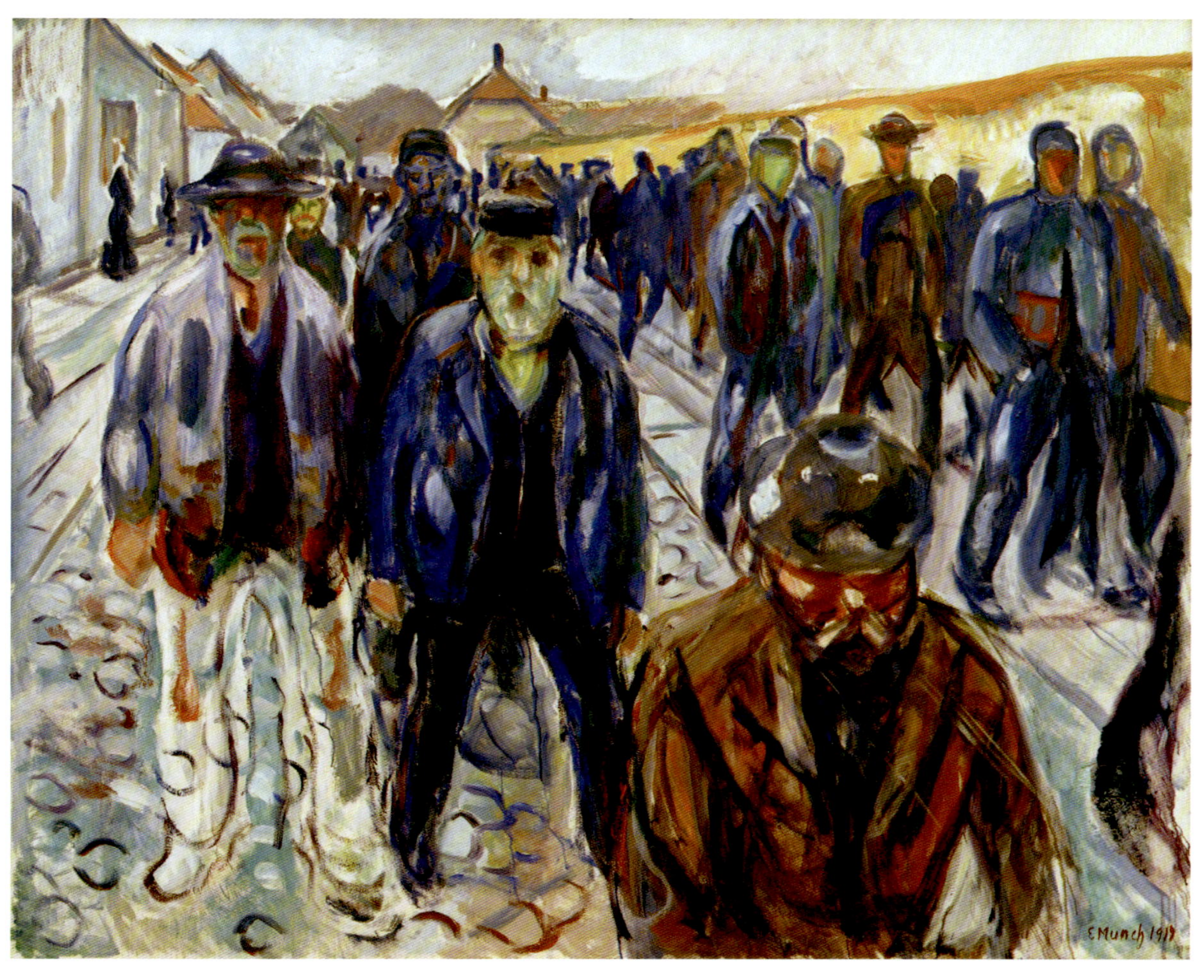

Workers Heading Home ***Arbeiter auf dem Heimweg*** ***Lavoratori che tornano a casa***
Travailleurs rentrant chez eux ***Trabajador en el camino a casa*** ***Arbeiders op de terugweg***
c. 1914, Oil on canvas/Huile sur toile, 152,5 × 181,5 cm, Statens Museum for Kunst, København

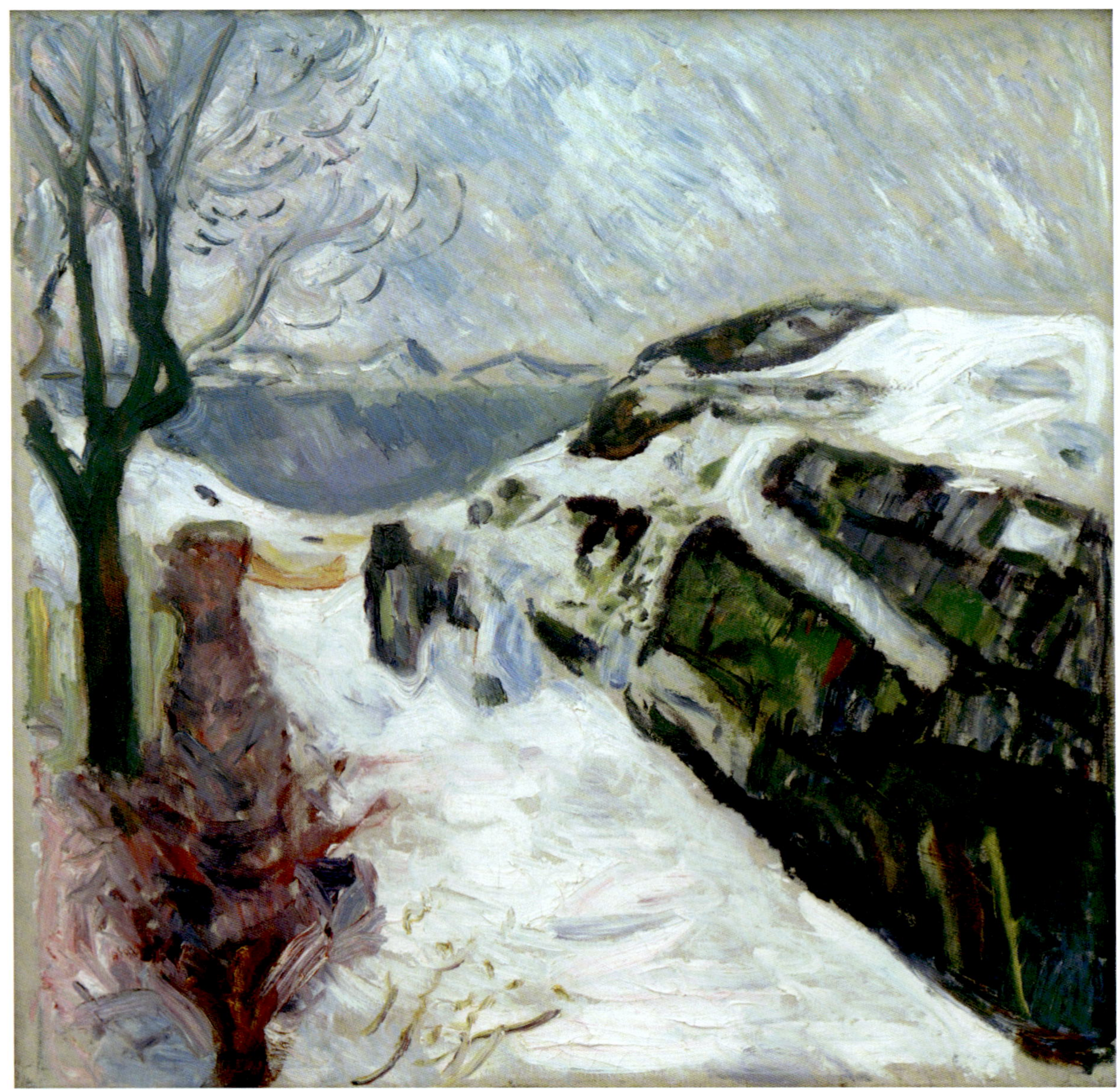

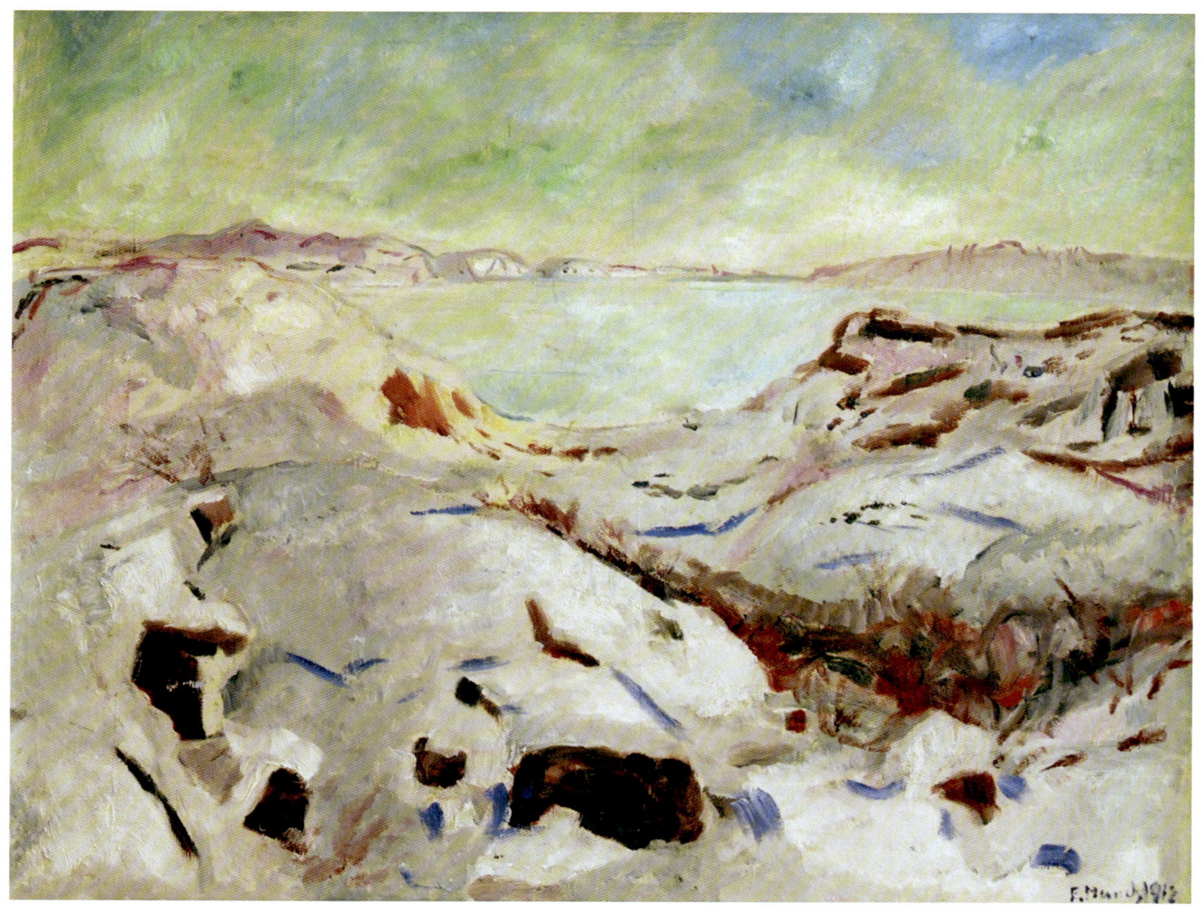

Winter Landscape
Paysage d'hiver
Winterlandschaft
Paisaje de invierno
Paesaggio invernale
Winterlandschap
1910, Oil on canvas/Huile sur toile, 93 × 94 cm, Stenersenmuseet, Oslo

Winter in Kragerø (Winter on the Coast)
L'Hiver à Kragerø (L'Hiver sur la côte)
Winter in Kragerø (Winter an der Küste)
Invierno en Kragerø (invierno en la costa)
Inverno a Kragerø (inverno sulla costa)
Winter in Kragerø (Winter aan de kust)
1912, Oil on canvas/Huile sur toile, 95,3 × 125,5 cm, Private collection

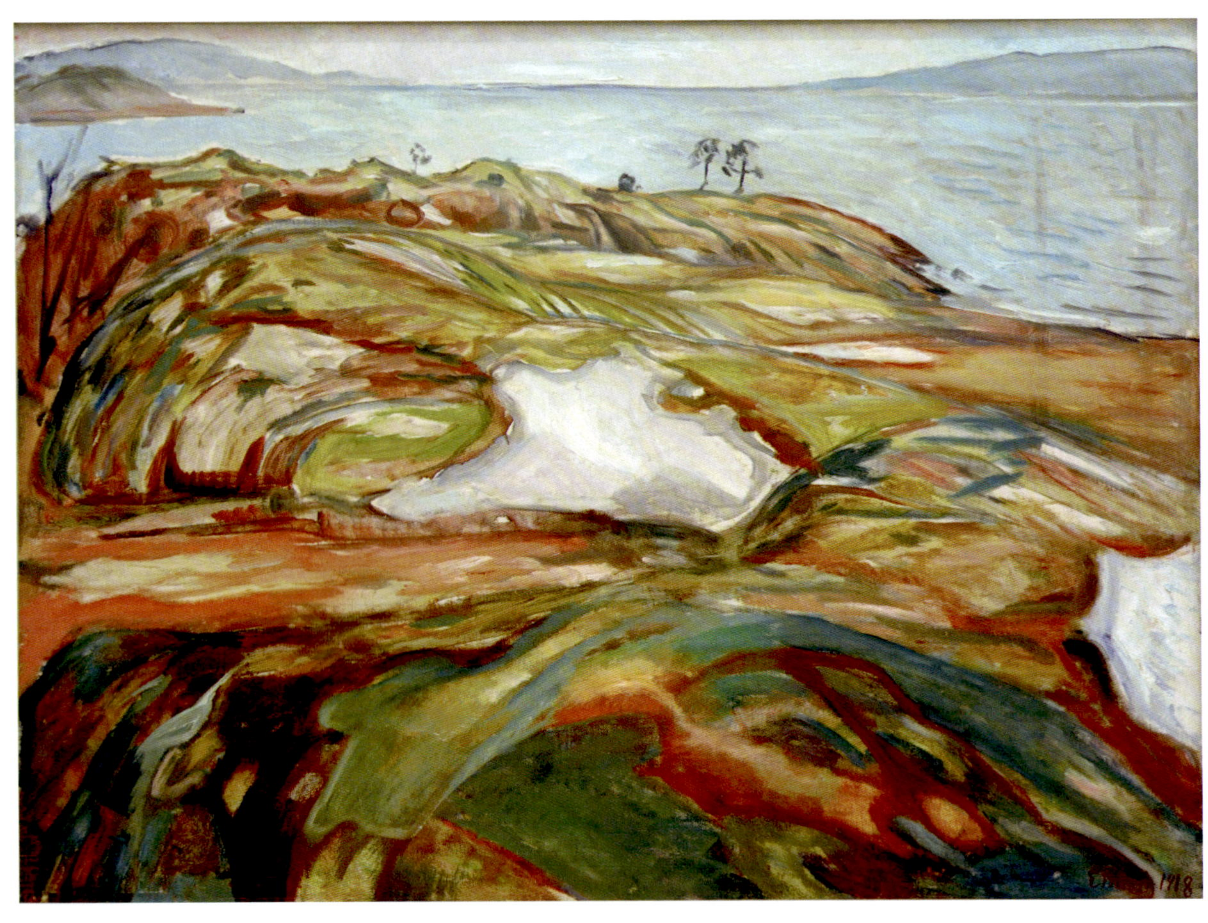

Large Coastal Landscape

Paysage côtier

Große Küstenlandschaft

Gran paisaje costero

Grande paesaggio costiero

Groot kustlandschap

1918, Oil on canvas/Huile sur toile, 121 × 160,5 cm, Kunstmuseum, Basel

Man and Woman at Window with Potted Plants

Homme et femme à la fenêtre avec des pots de fleurs

Mann und Frau am Fenster mit Topfpflanzen

Hombre y mujer en la ventana con maceteros

Uomo e donna alla finestra con piante in vaso

Man en vrouw bij het raam met kamerplanten

1909–11, Oil on canvas/Huile sur toile, 89 × 99 cm, Munch-Museet, Oslo

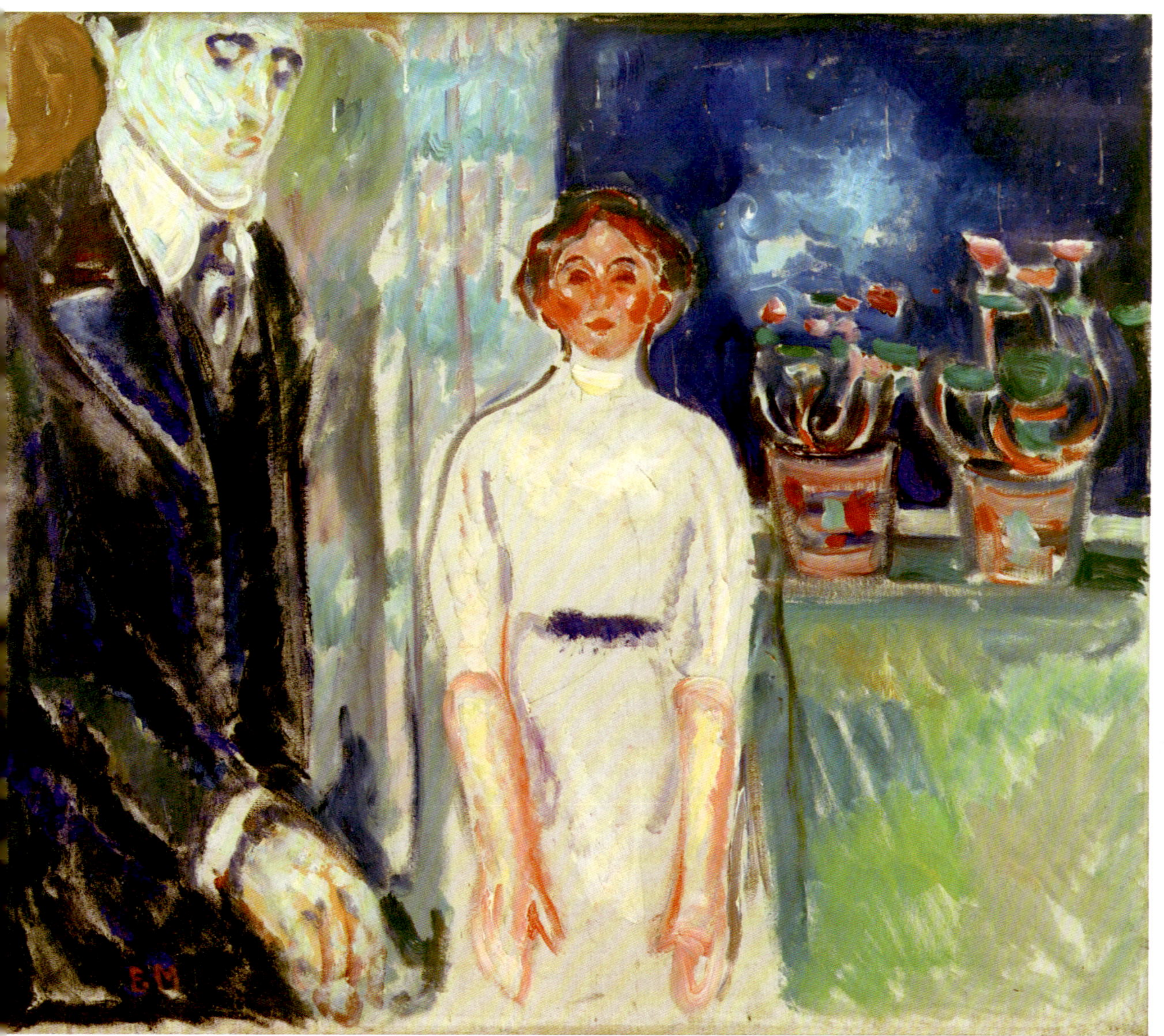

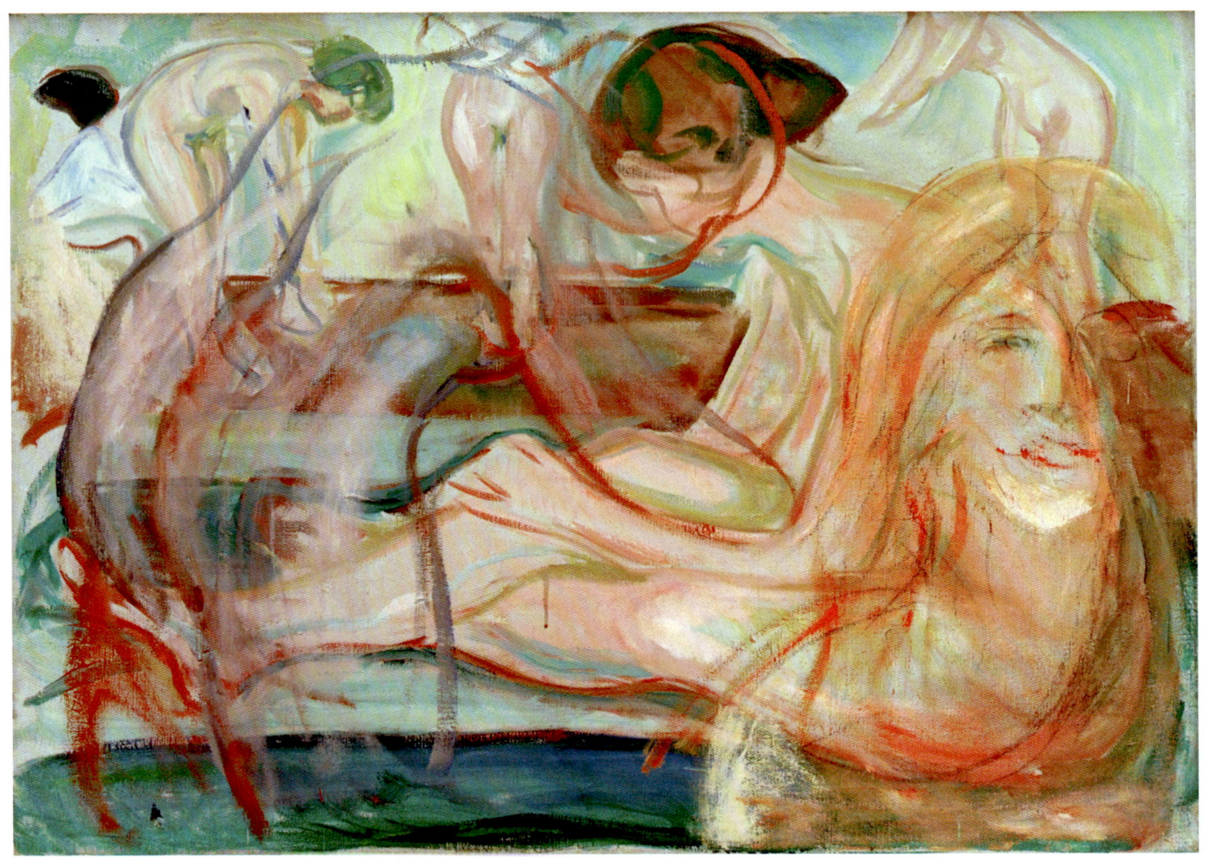

Women Bathing

Femmes au bain

Frauen im Bad

Mujeres bañándose

Donne in bagno

Vrouwen in bad

c. 1913, Oil on canvas/Huile sur toile, 72 × 100 cm, Munch-Museet, Oslo

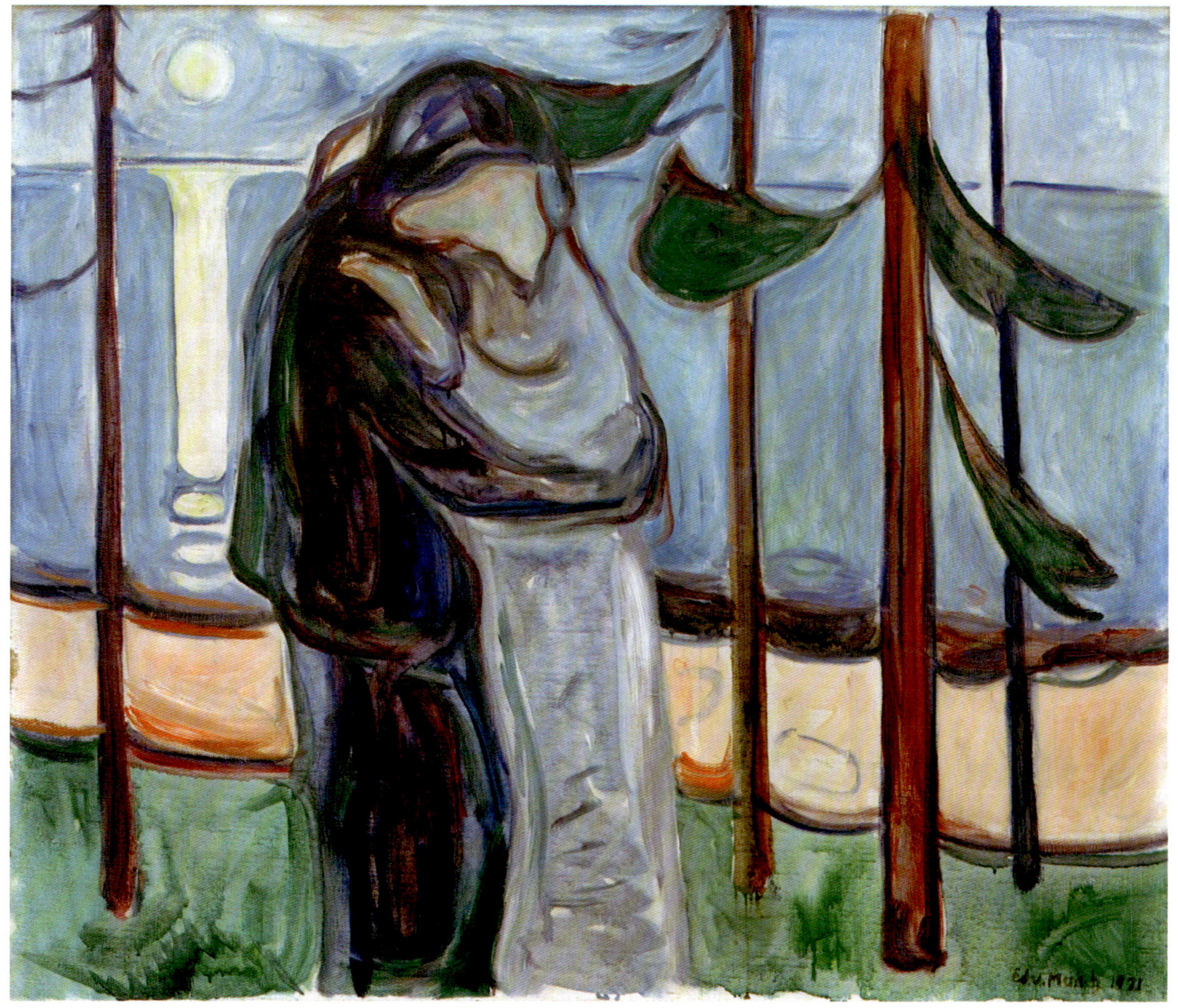

Kissing on the Beach ***Kuss am Strand*** ***Bacio sulla spiaggia***
Le Baiser (Baiser sur le rivage) ***Beso en la playa*** ***De kus***

1921, Oil on canvas/Huile sur toile, 88,3 × 100,8 cm, Museum of Fine Arts, Houston

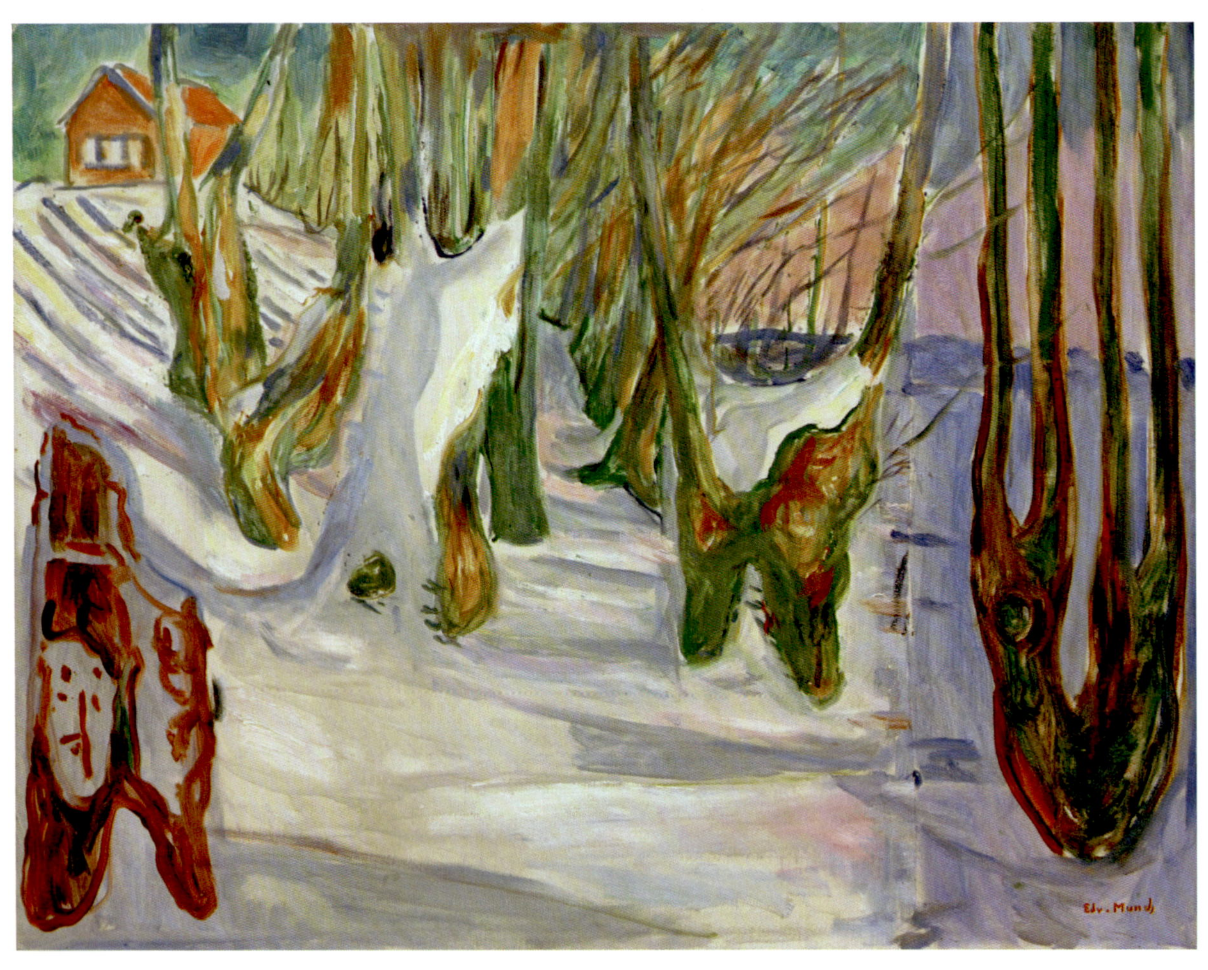

Old Trees (Winter, Ekely)
Vieux arbres (L'Hiver, Ekely)
Alte Bäume (Winter, Ekely)
Árboles viejos (Invierno, Ekely)
Vecchi alberi (Inverno, Ekely)
Oude bomen (Winter, Ekely)
c. 1923, Oil on canvas/Huile sur toile, 73 × 92 cm, Private collection

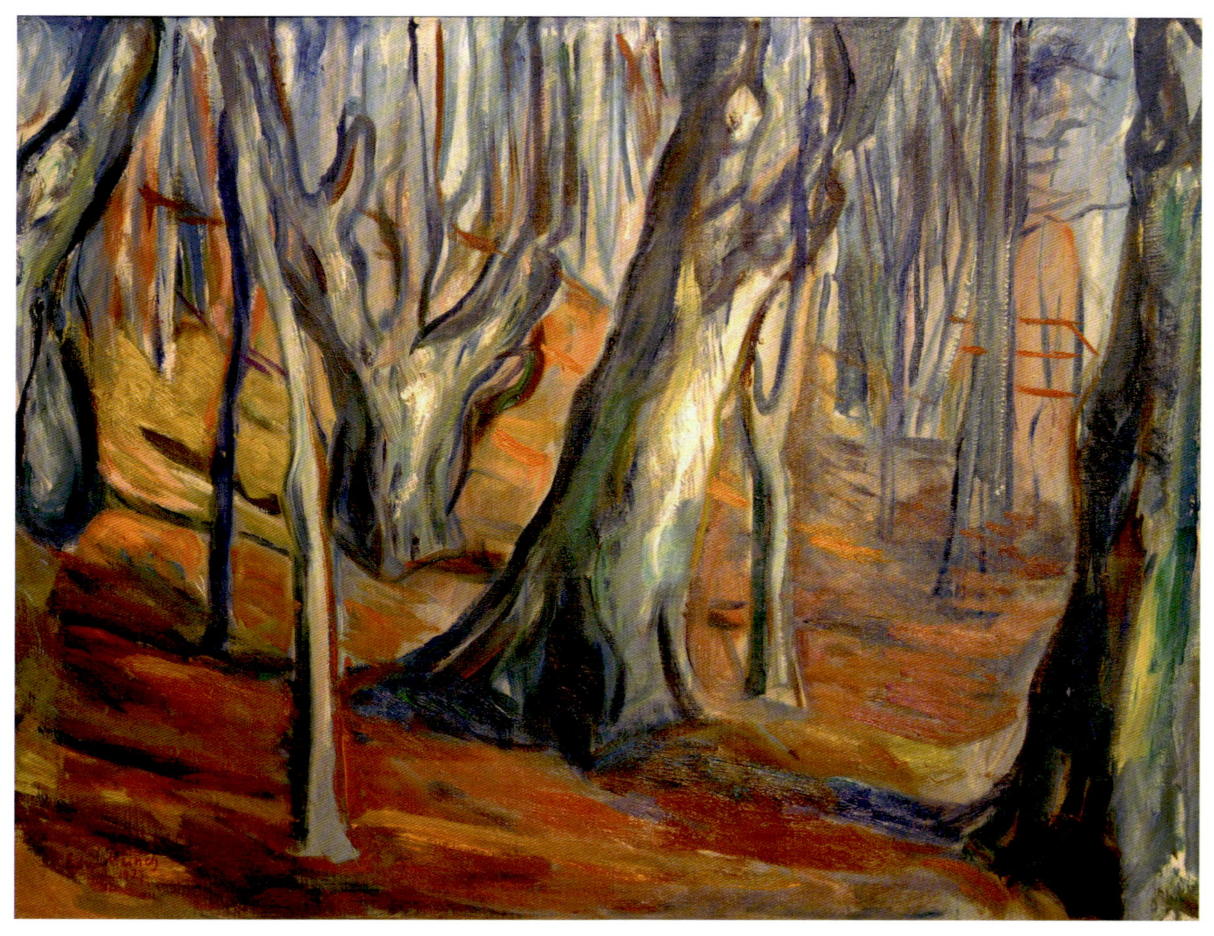

Autumn (Old Trees, Ekely)
L'Automne (Vieux arbres, Ekely)
Herbst (Alte Bäume, Ekely)
Otoño (Árboles viejos, Ekely)
Autunno (Vecchi alberi, Ekely)
Herfst (Oude bomen, Ekely)
1923, Oil on canvas/Huile sur toile, 76,5 × 99,5 cm, Private collection

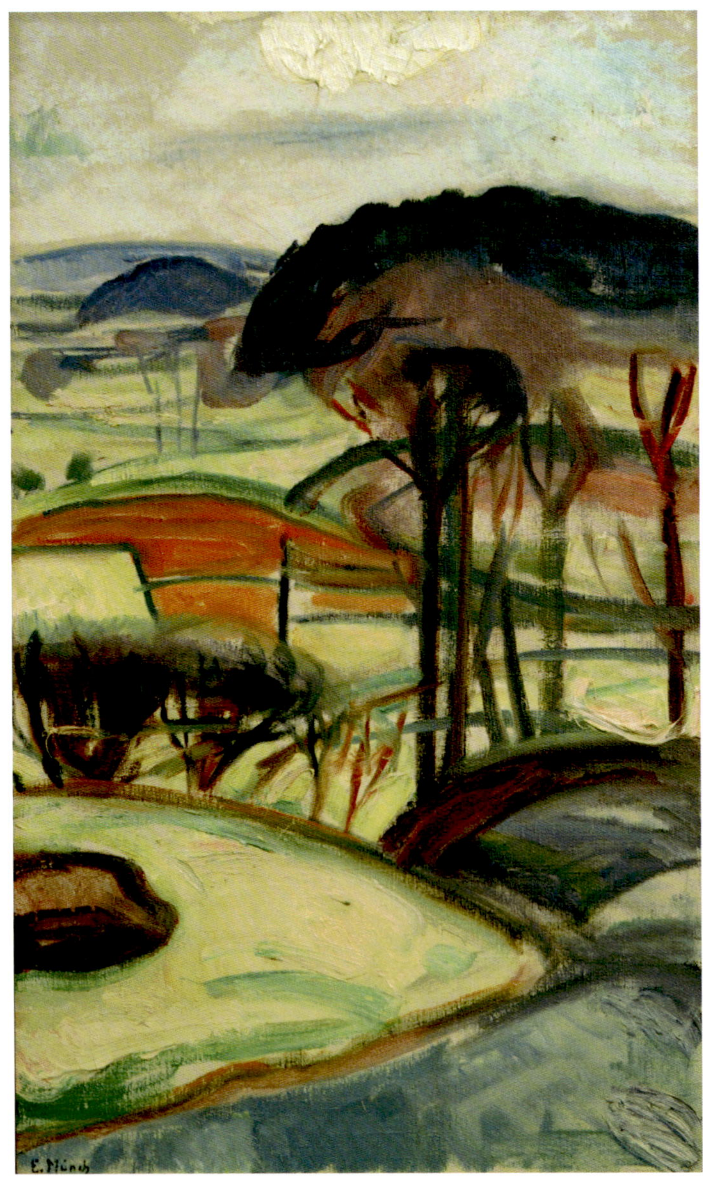

Landscape

Paysage

Landschaft

Paisaje

Paesaggio

Landschap

c. 1918–19, Oil on canvas/Huile sur toile, 72 × 48 cm, Moderna Museet, Stockholm

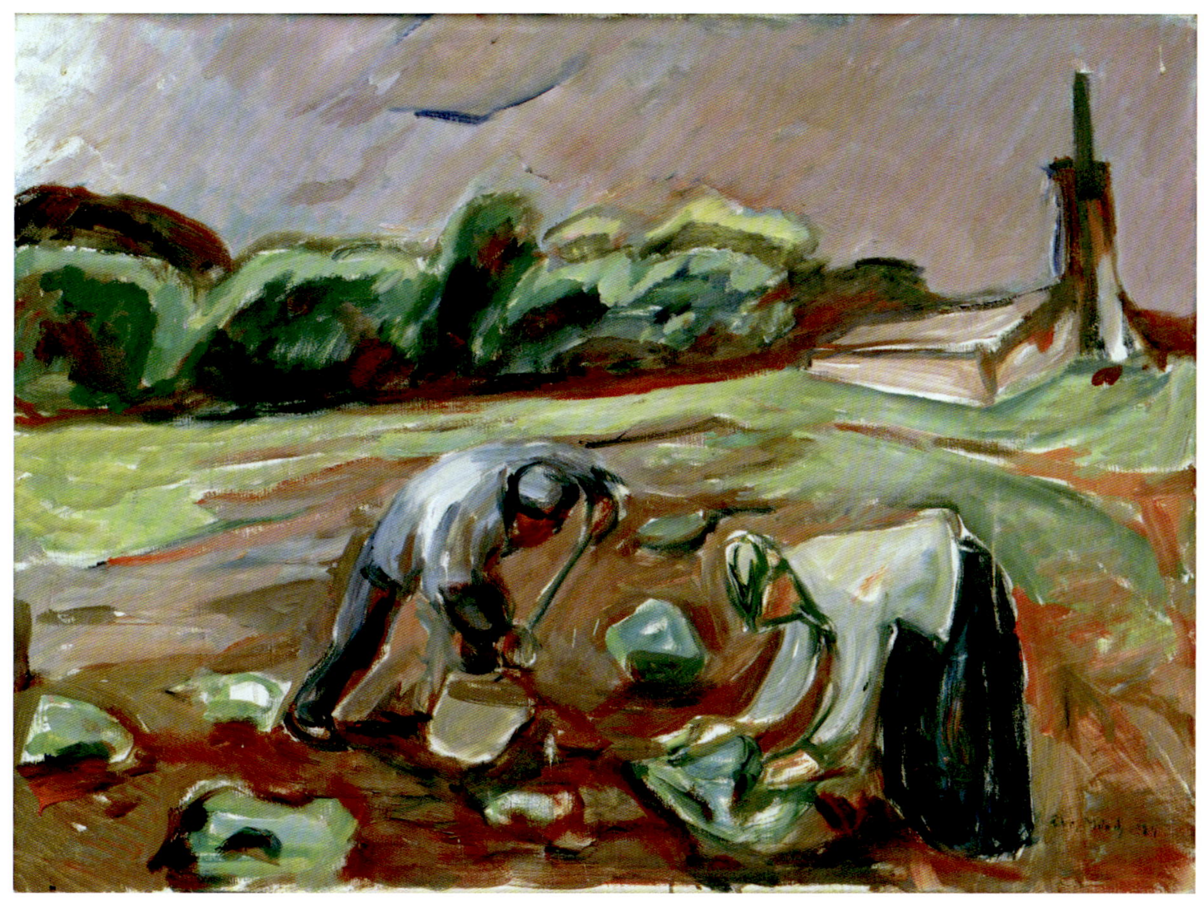

Potato Harvest

La Récolte des pommes de terre

Kartoffelernte

Cosecha de patatas

Raccolta delle patate

Aardappeloogst

1924, Oil on canvas/Huile sur toile, 68,5 × 90,8 cm, Stavanger Art Museum, Stavanger

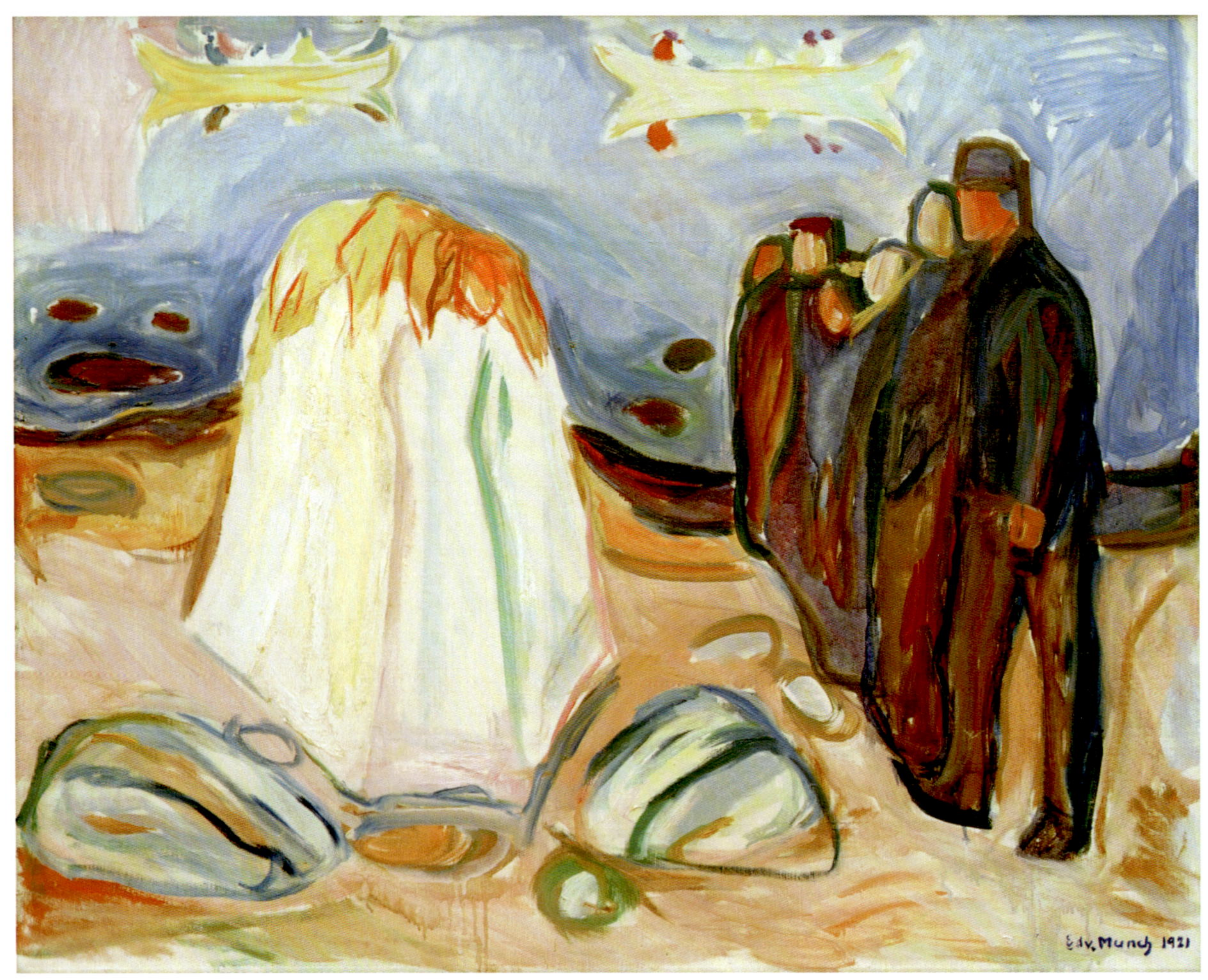

Rendezvous ***Zusammentreffen*** ***Incontro***

Réunion ***Encuentro*** ***Samenkomst***

1921, Oil on canvas/Huile sur toile, 85 × 105 cm, Private collection

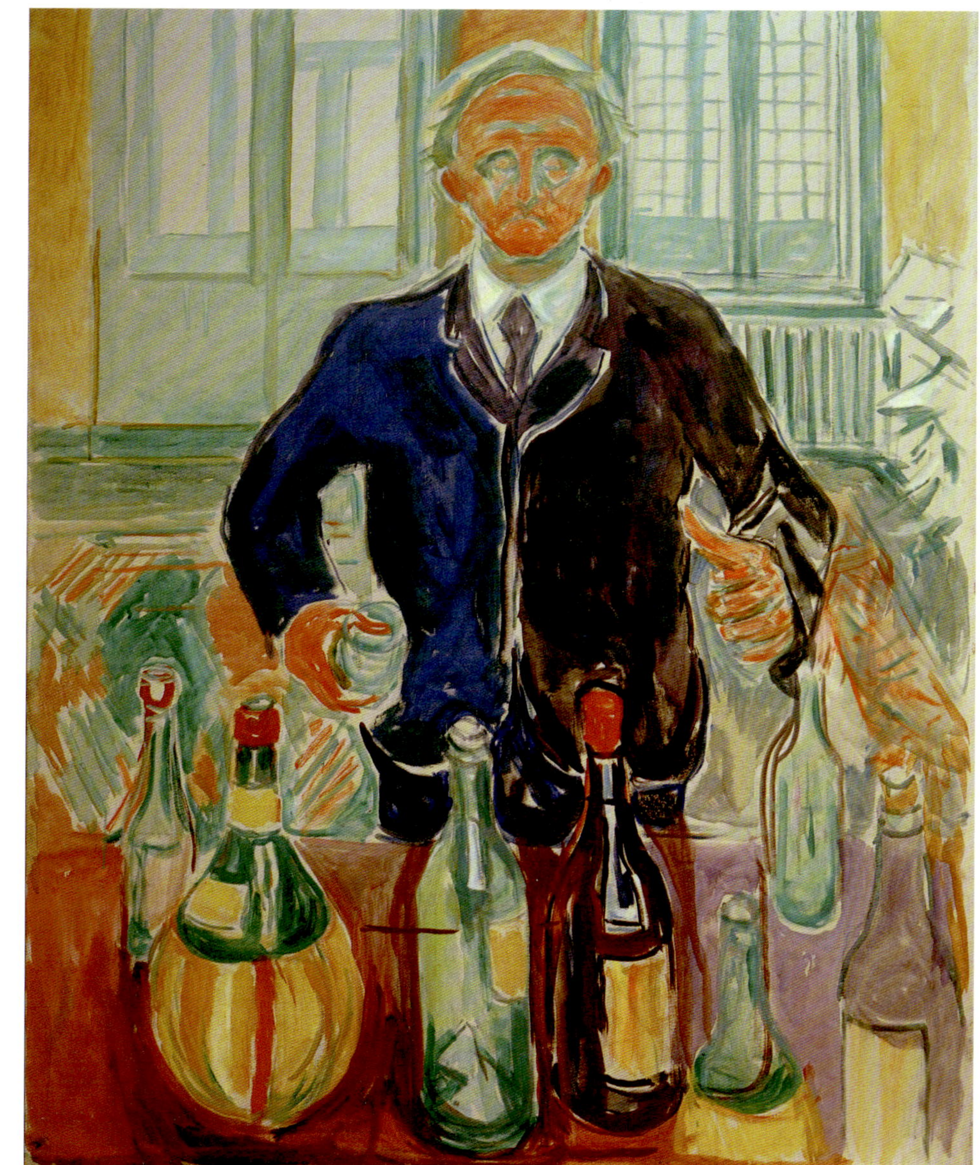

Self-Portrait with Bottles

Autoportrait aux bouteilles

Selbstporträt mit Flaschen

Autorretrato con botellas

Autoritratto con bottiglie

Zelfportret met flessen

c. 1938, Oil on canvas/Huile sur toile, 118 × 93 cm, Munch-Museet, Oslo

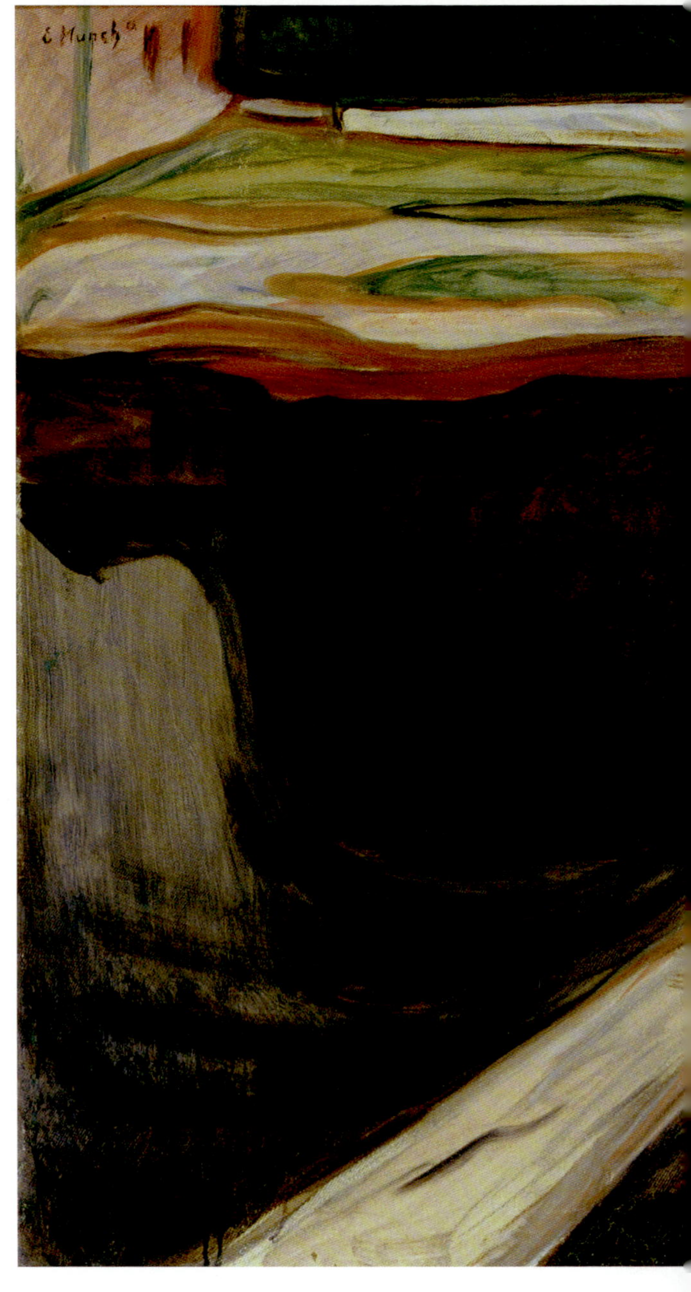

Girls on the Bridge

Les Jeunes Filles sur le pont

Mädchen auf der Brücke

Chicha en el puente

Ragazza sul ponte

Meisjes op de brug

c. 1900, Oil on canvas/Huile sur toile, 83,5 × 128,5 cm, Kunsthalle, Hamburg

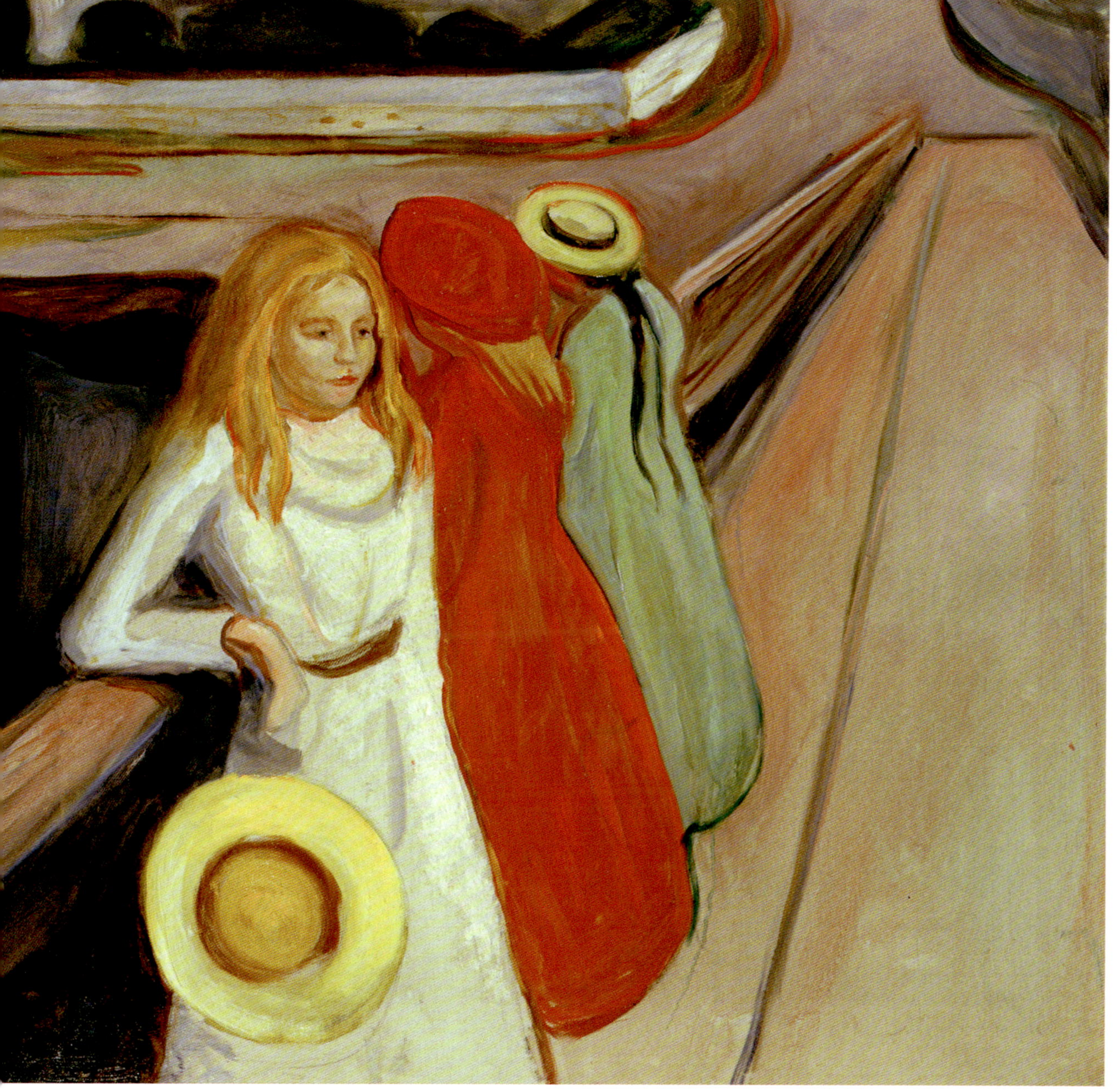

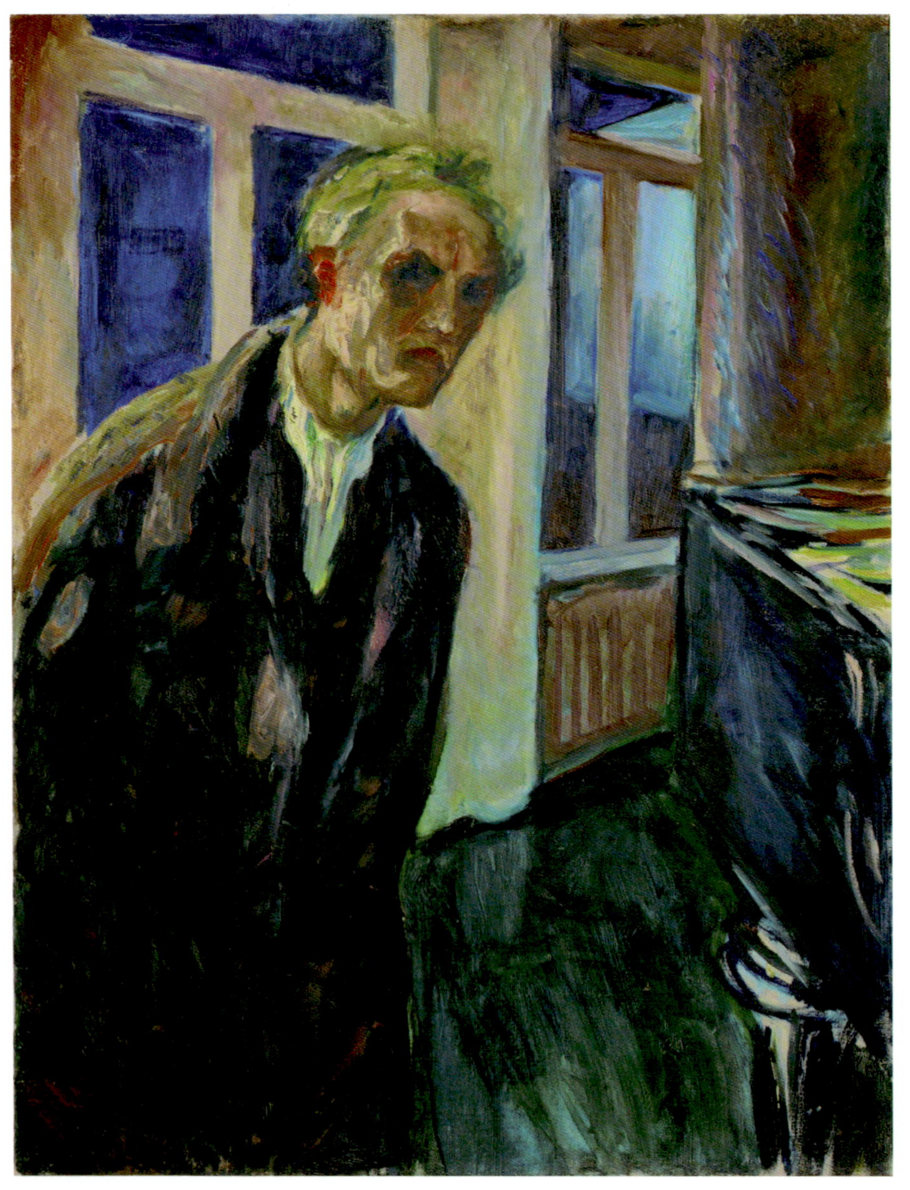

Self-Portrait (Sleep-Walking)

Autoportrait (Le Noctambule)

Selbstbildnis (Der Schlafwandler)

Autorretrato (El sonámbulo)

Autoritratto (Il Sonnambulo)

Zelfportret (De slaapwandelaar)

1923–24, Oil on canvas/Huile sur toile, 90 × 68 cm, Munch-Museet, Oslo

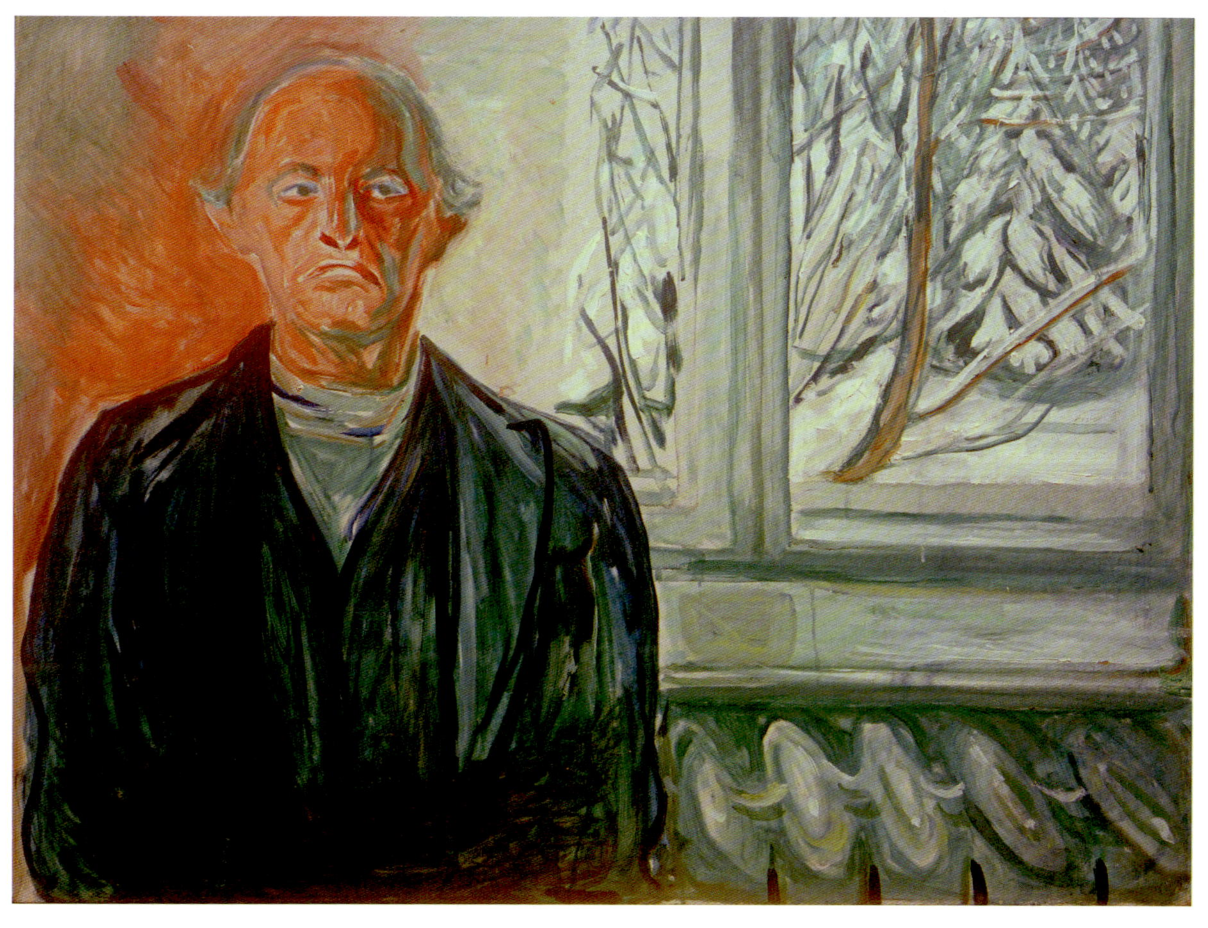

Self-Portrait at Window

Autoportrait près de la fenêtre

Selbstporträt am Fenster

Autorretrato en la ventana

Autoritratto accanto alla finestra

Zelfportret bij het raam

c. 1940, Oil on canvas/Huile sur toile, 84 × 108 cm, Munch-Museet, Oslo

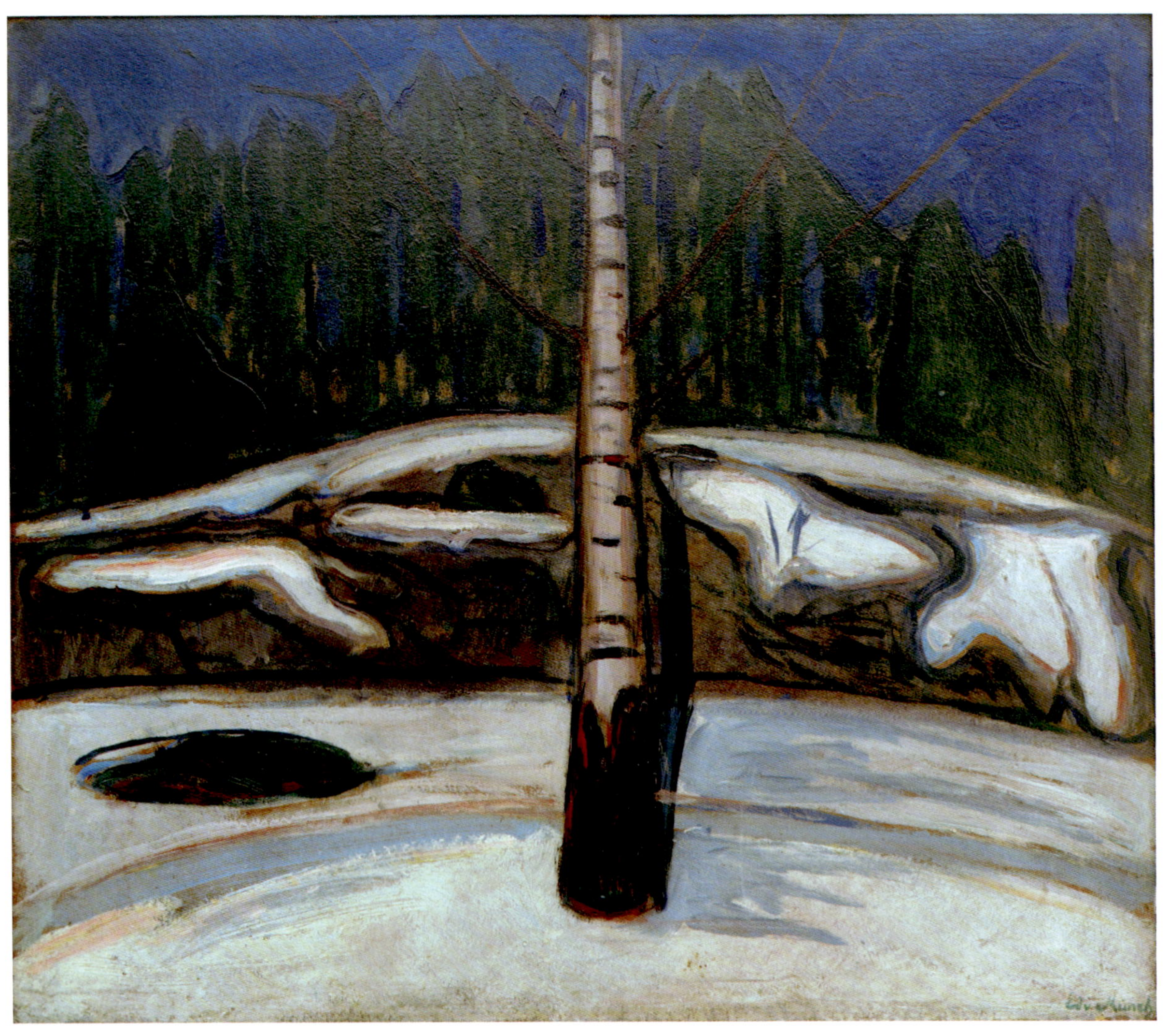

The Birch in the Snow ***Die Birke im Schnee*** ***La betulla nella neve***

Le Bouleau sous la neige ***El abedul con nieve*** ***De berk in de sneeuw***

1900–01, Oil on paperboard/Huile sur carton, 60 × 67,5 cm, Private collection

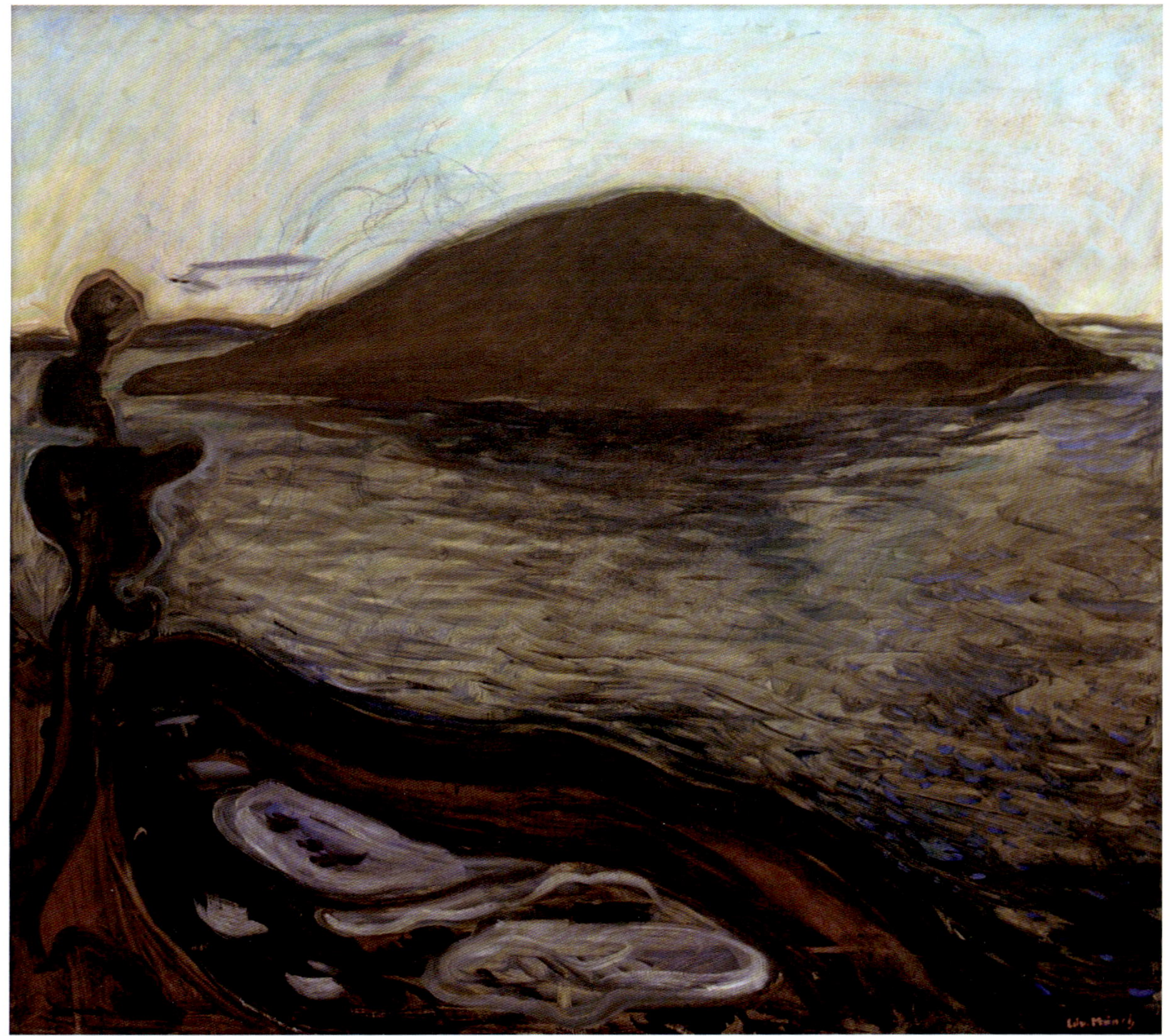

The Island | ***Die Insel*** | ***L'isola***
L'Île | ***La isla*** | ***Het eiland***

1900–01, Oil on canvas/Huile sur toile, 99 × 108 cm, Private collection

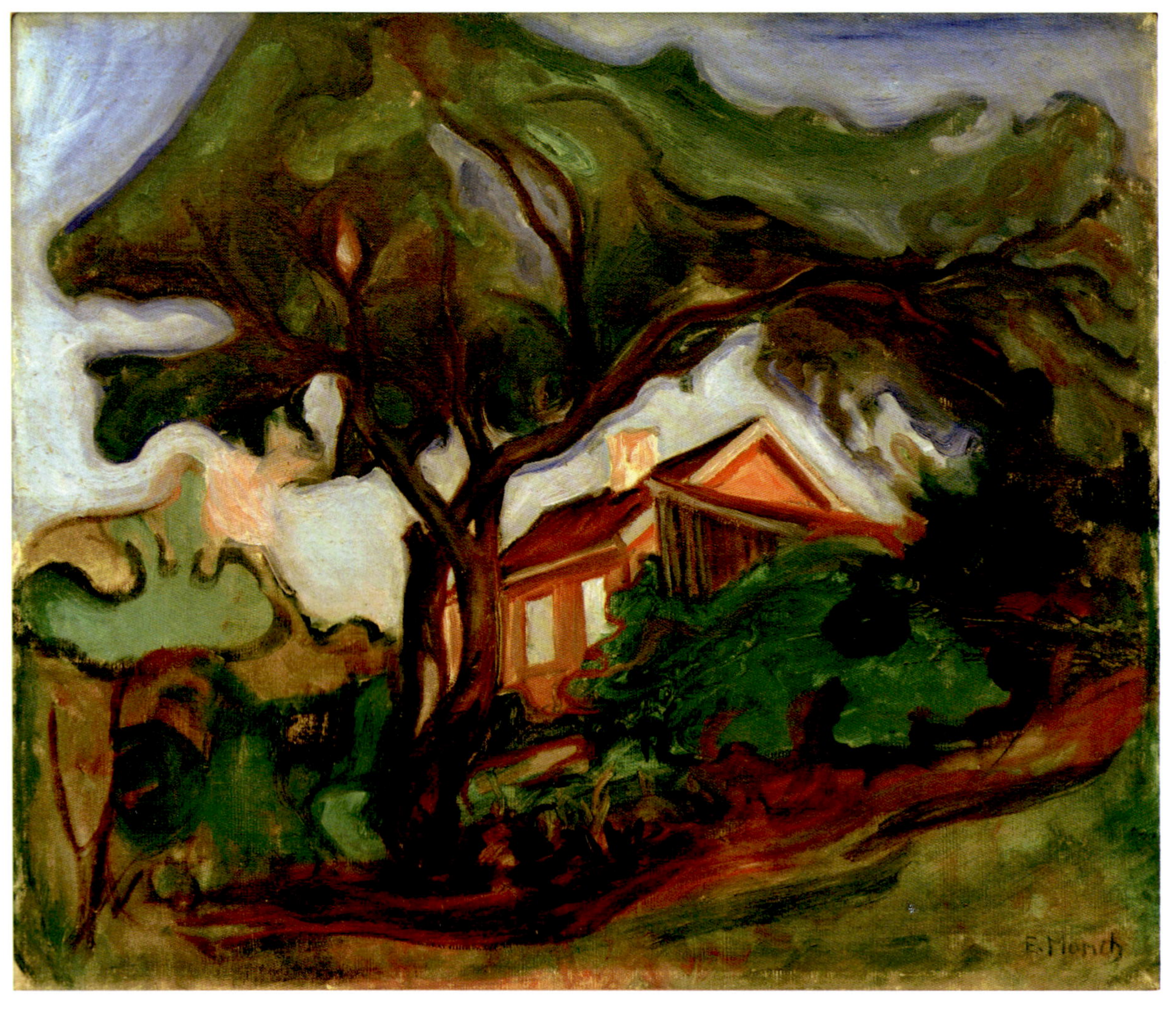

The Apple Tree (Landscape)
Der Apfelbaum (Landschaft)
L'albero di mele (paesaggio)
Le Pommier (Paysage)
El manzano (paisaje)
De appelboom (Landschap)

c. 1902, Oil on canvas/Huile sur toile, 75 × 88 cm, Private collection

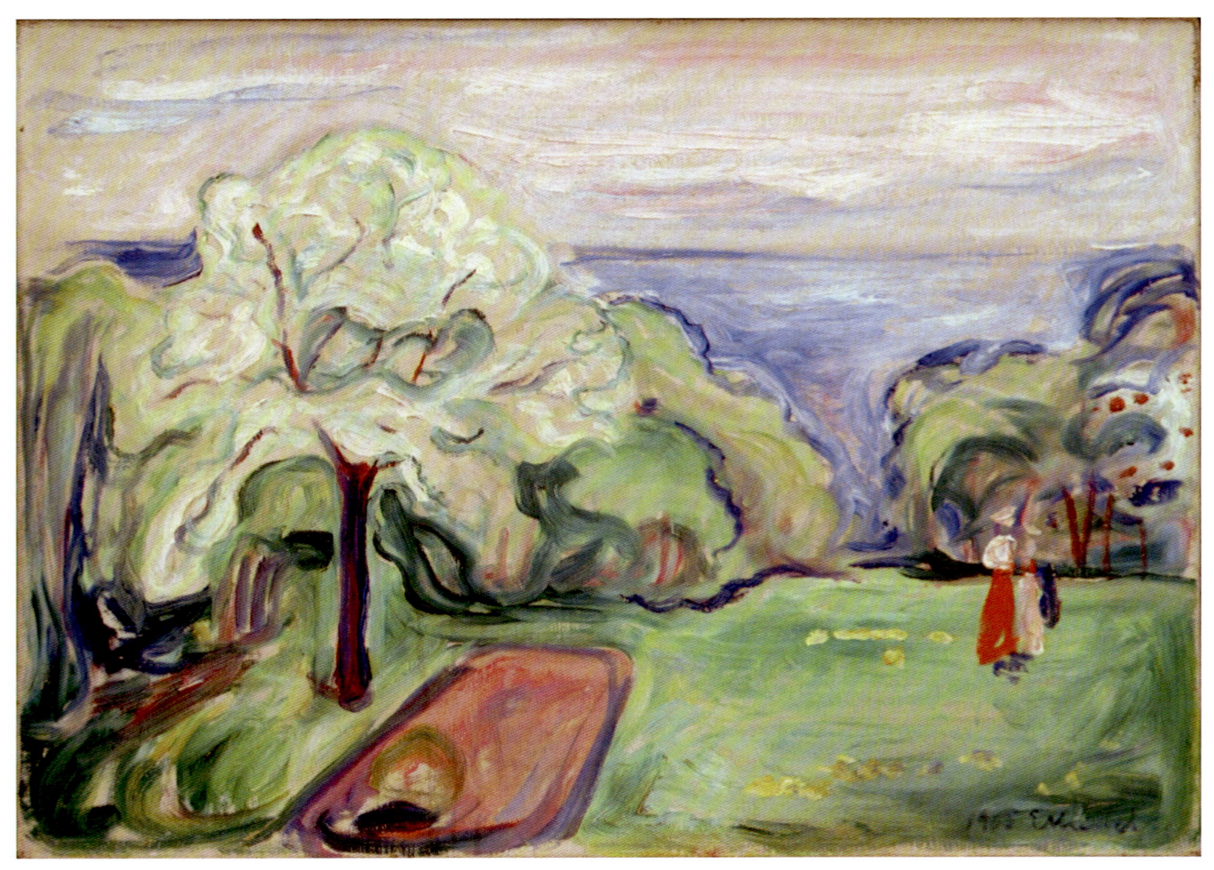

Dissolution of the Union (Spring)

La Fin de l'union (Printemps)

Unionsauflösung (Frühjahr)

Disolución de la unión (primavera)

Rottura dell'unione (primavera)

Opheffing van de Unie (Voorjaar)

1905, Oil on canvas/Huile sur toile, 50,2 × 70,2 cm, Private collection

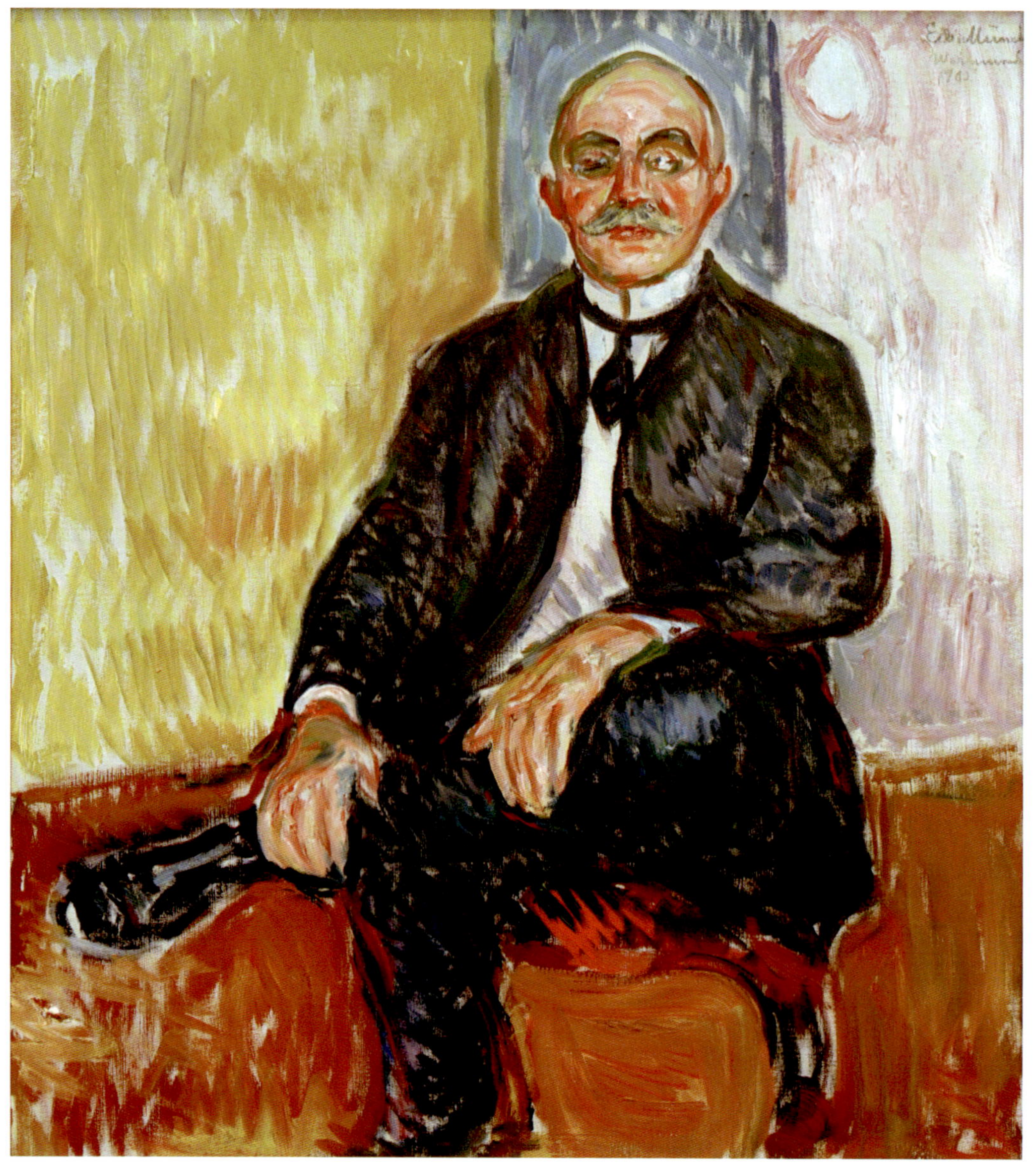

Gustav Schiefler

Portrait de Gustav Schiefler

Bildnis Gustav Schiefler

Imagen de Gustav Schiefler

Ritratto di Gustav Schiefler

Portret van Gustav Schiefler

1908, Oil on canvas/Huile sur toile, 86 × 80 cm, Private collection

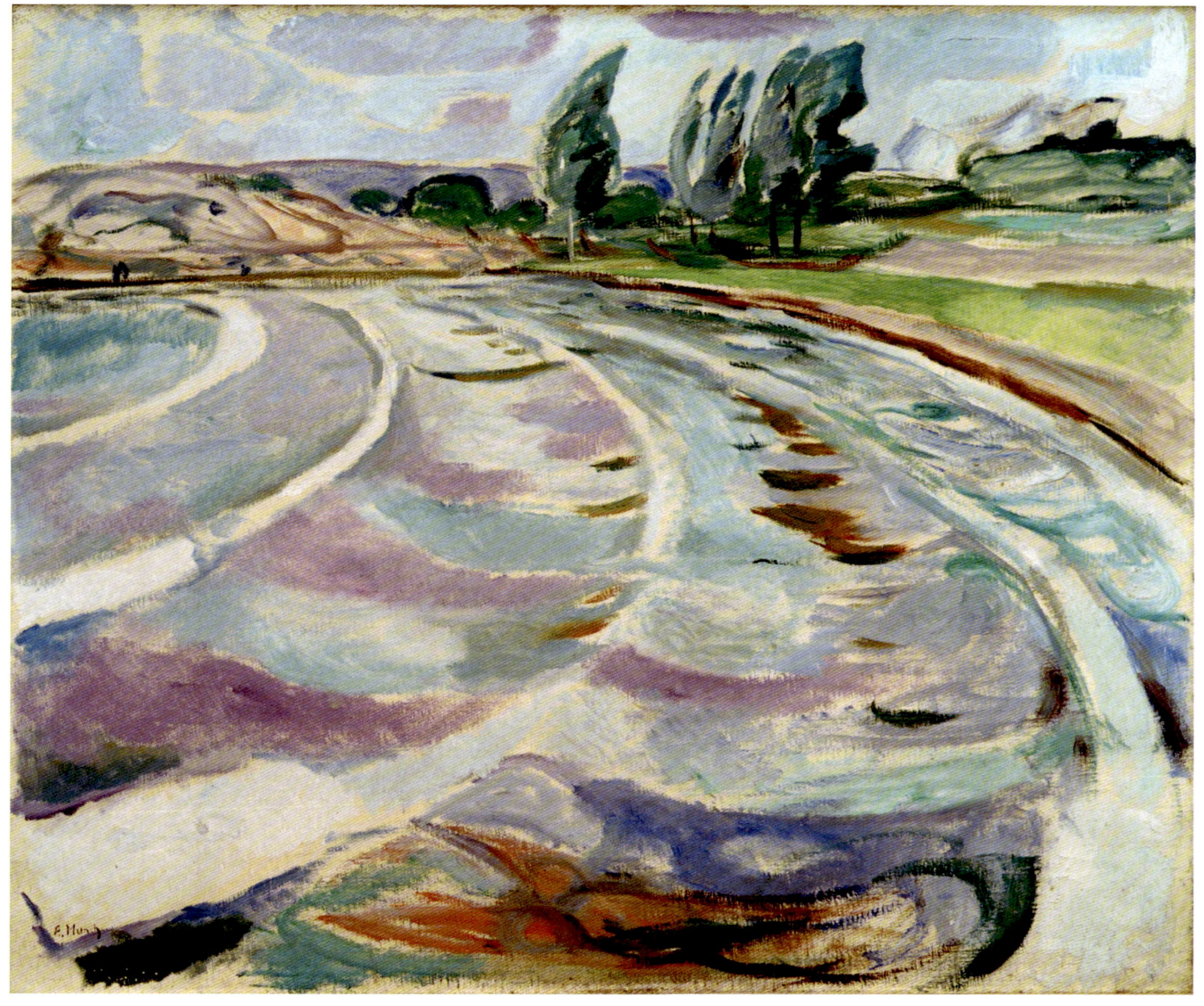

The Wave ***Die Welle*** ***L'onda***
Les Vagues ***La ola*** ***De golf***
c. 1919, Oil on canvas/Huile sur toile, 110 × 130 cm, Private collection

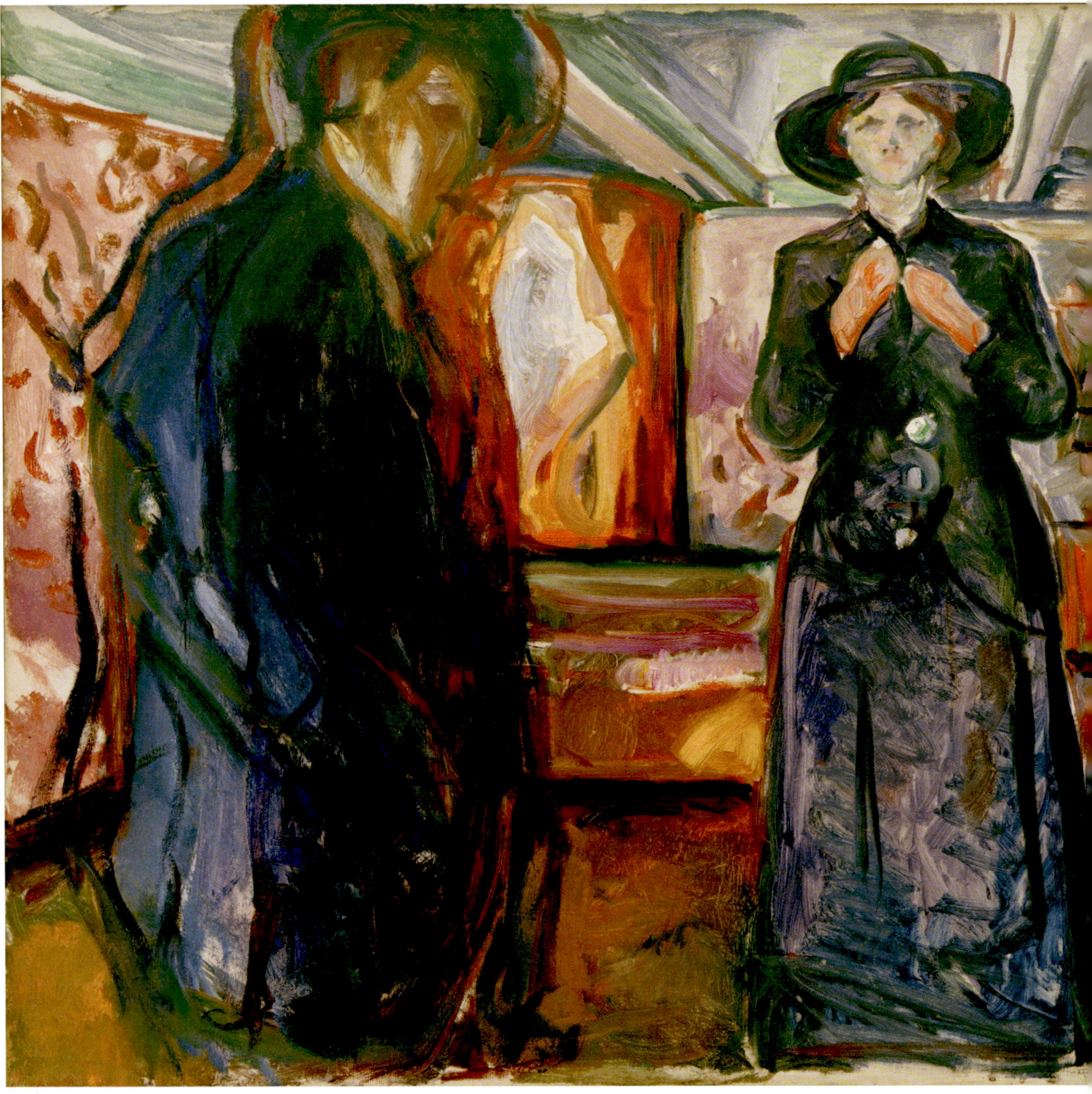

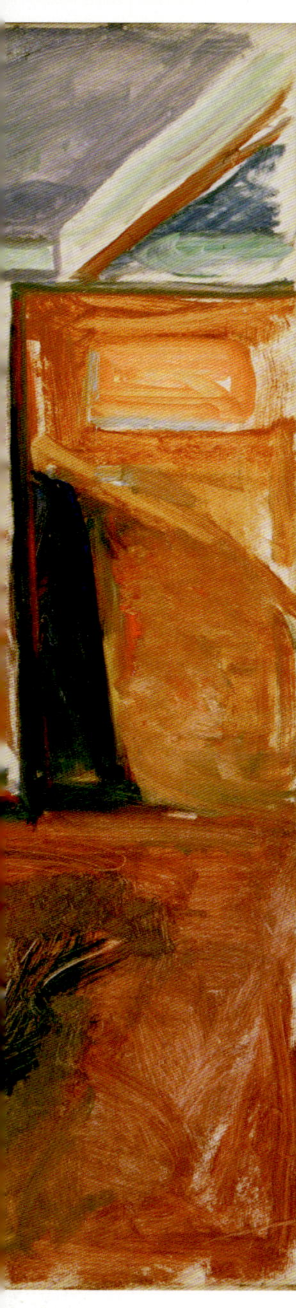

Man and Woman II

Homme et femme II

Mann und Frau II

Hombre y mujer II

Uomo e donna II

Man en vrouw II

1913, Oil on canvas/Huile sur toile, 89 × 115,5 cm, Munch-Museet, Oslo

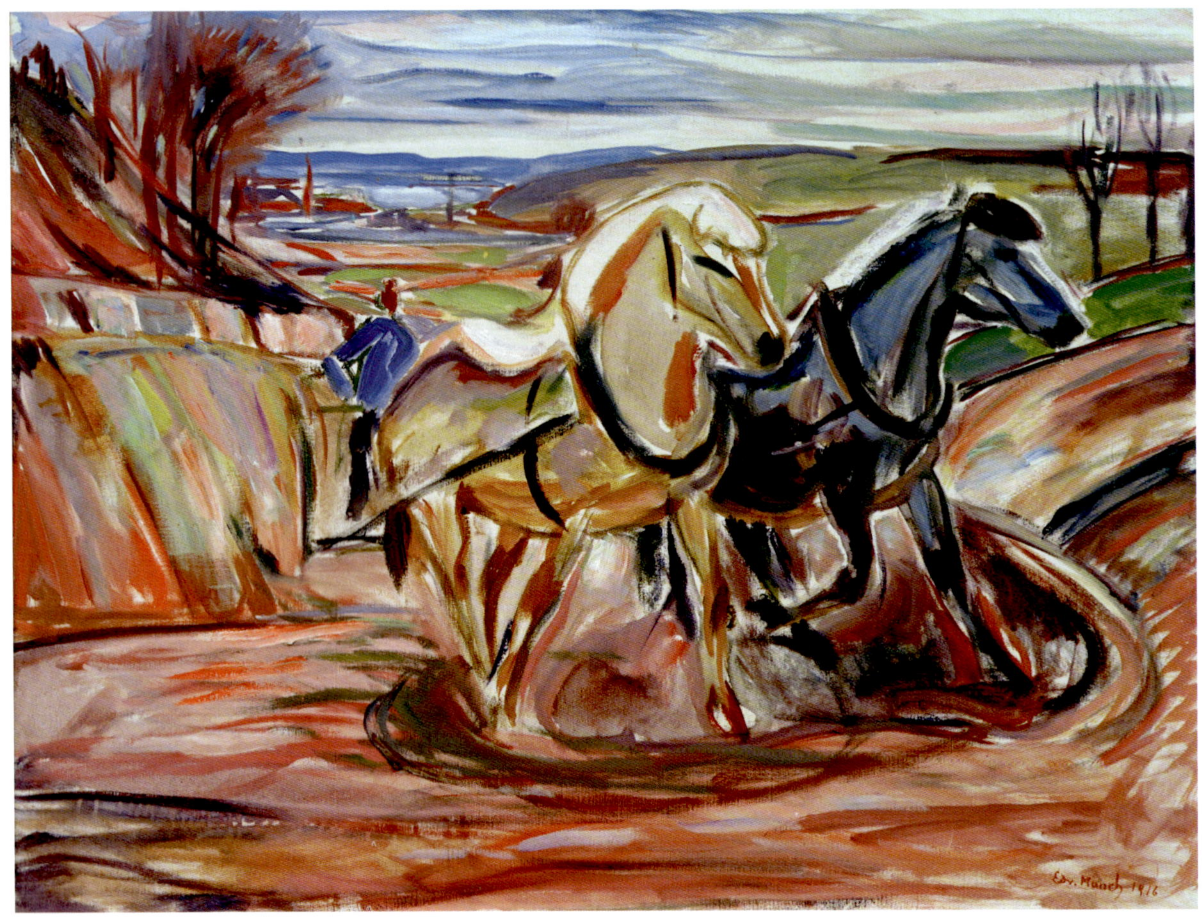

Horses

Chevaux

Pferde

Caballos

Cavallo

Paarden

1916, Oil on canvas/Huile sur toile, 85 × 111 cm, Private collection

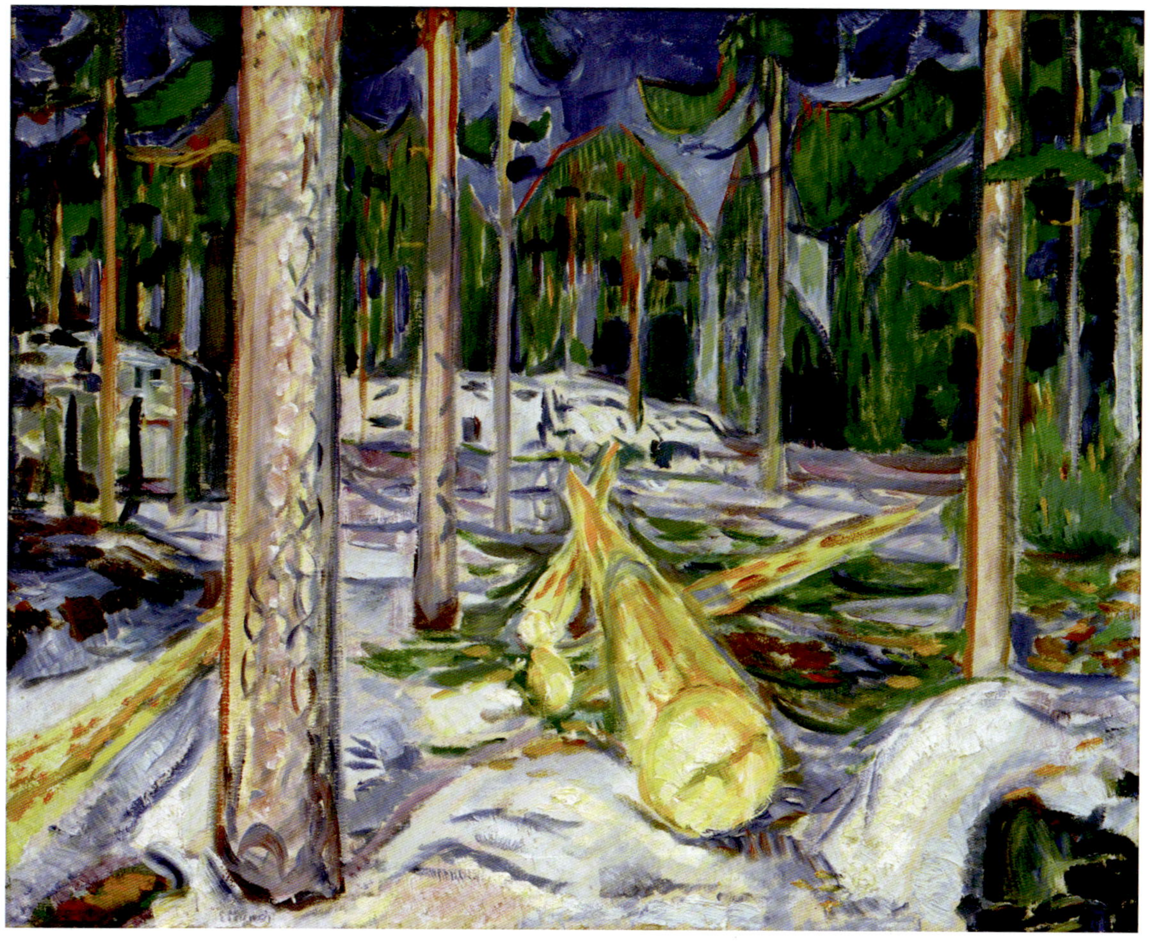

The Yellow Trunk

Le Tronc d'arbre jaune

Der gelbe Baumstamm

El tronco amarillo

Il tronco giallo

De gele boomstam

1912, Oil on canvas/Huile sur toile, 107 × 127 cm, Private collection

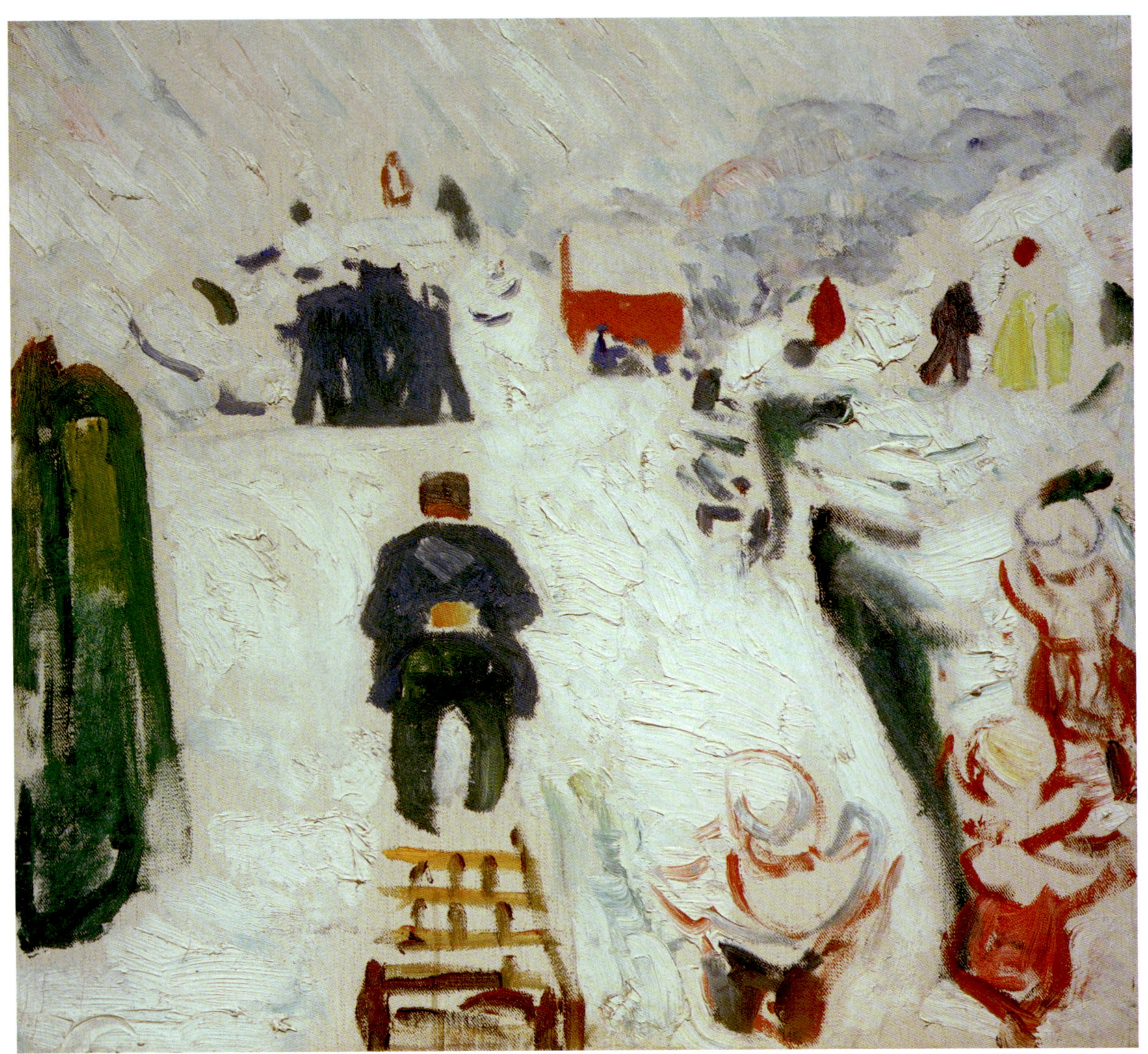

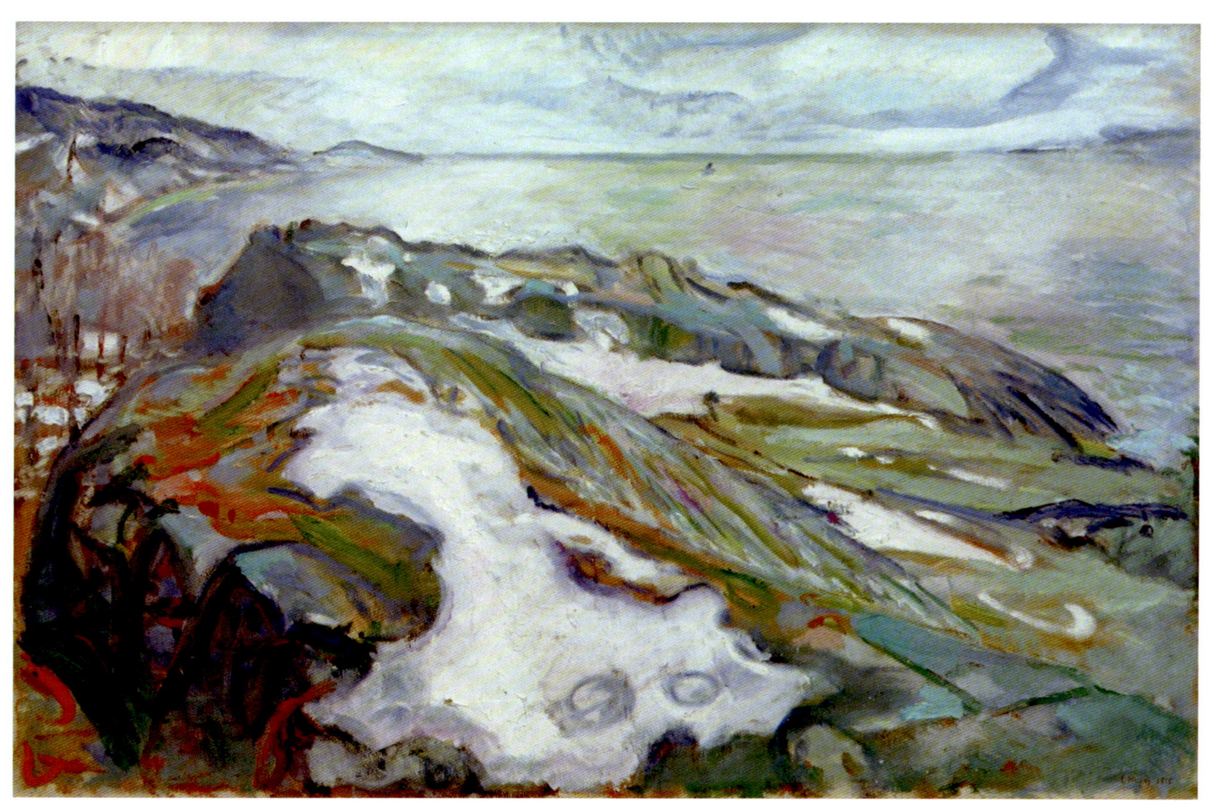

Man with a Sledge
L'Homme á la luge
Mann mit Schlitten
El hombre en trineo
Uomo con slitta
Man met slee
1910–12, Oil on canvas/Huile sur toile, 77 × 81 cm, Munch-Museet, Oslo

Winter Landscape
Paysage d'hiver
Winterlandschaft
Paisaje de invierno
Paesaggio invernale
Winterlandschap
1915, Oil on canvas/Huile sur toile, 100 × 150 cm, Private collection

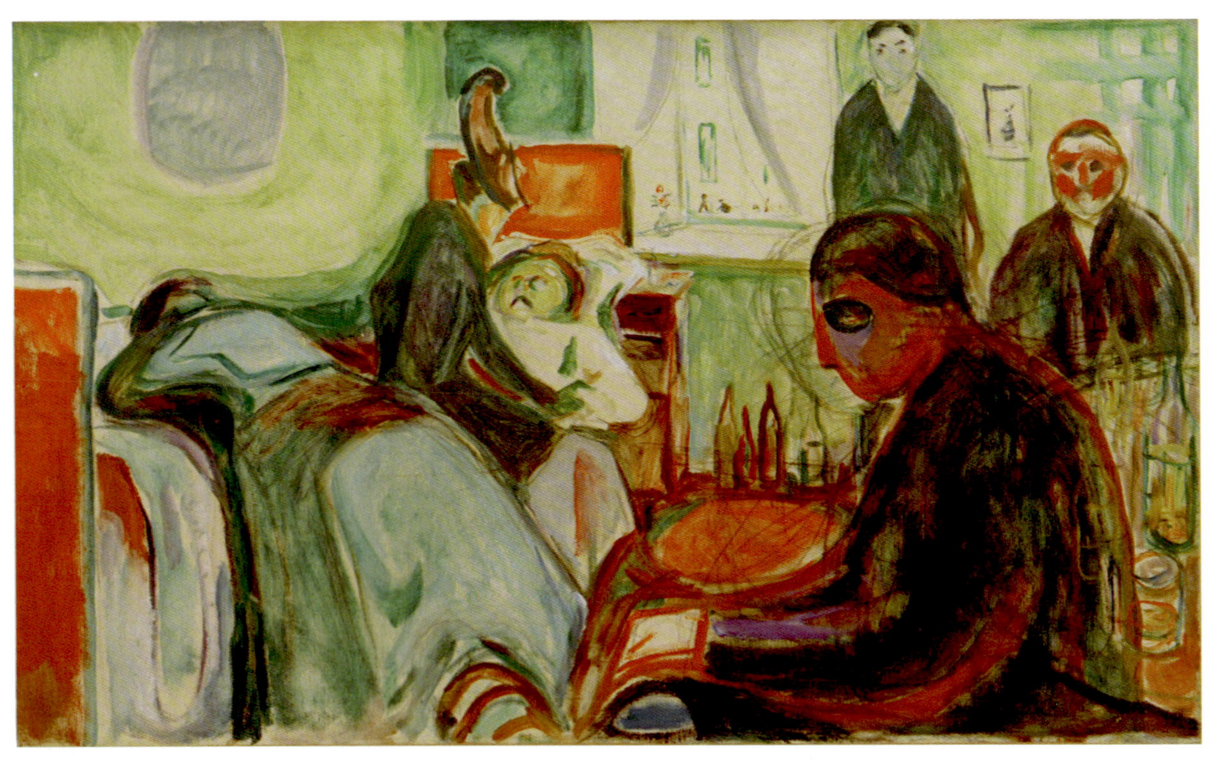

The Death of the Bohème

La Mort du bohème

Der Tod des Bohemien

La muerte del bohemio

La morte del bohèmien

De dood van de bohemien

1915–18, Oil on canvas/Huile sur toile, 65 × 104 cm, Munch-Museet, Oslo

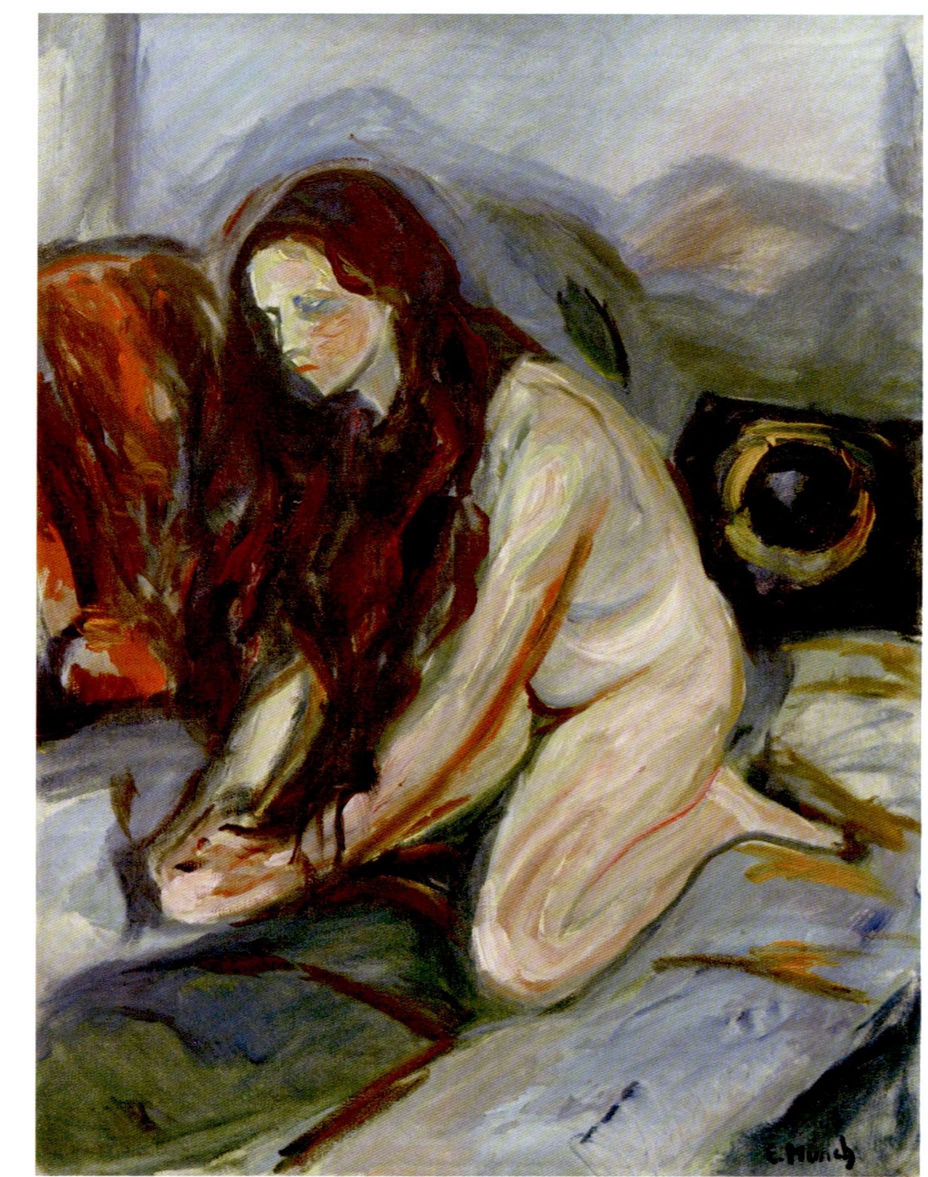

Kneeling Nude

Nu à genoux

Akt kniend

Desnudo de rodillas

Nudo inginocchiato

Knielend naakt

1922, Oil on canvas/Huile sur toile, 90 × 68 cm, Private collection

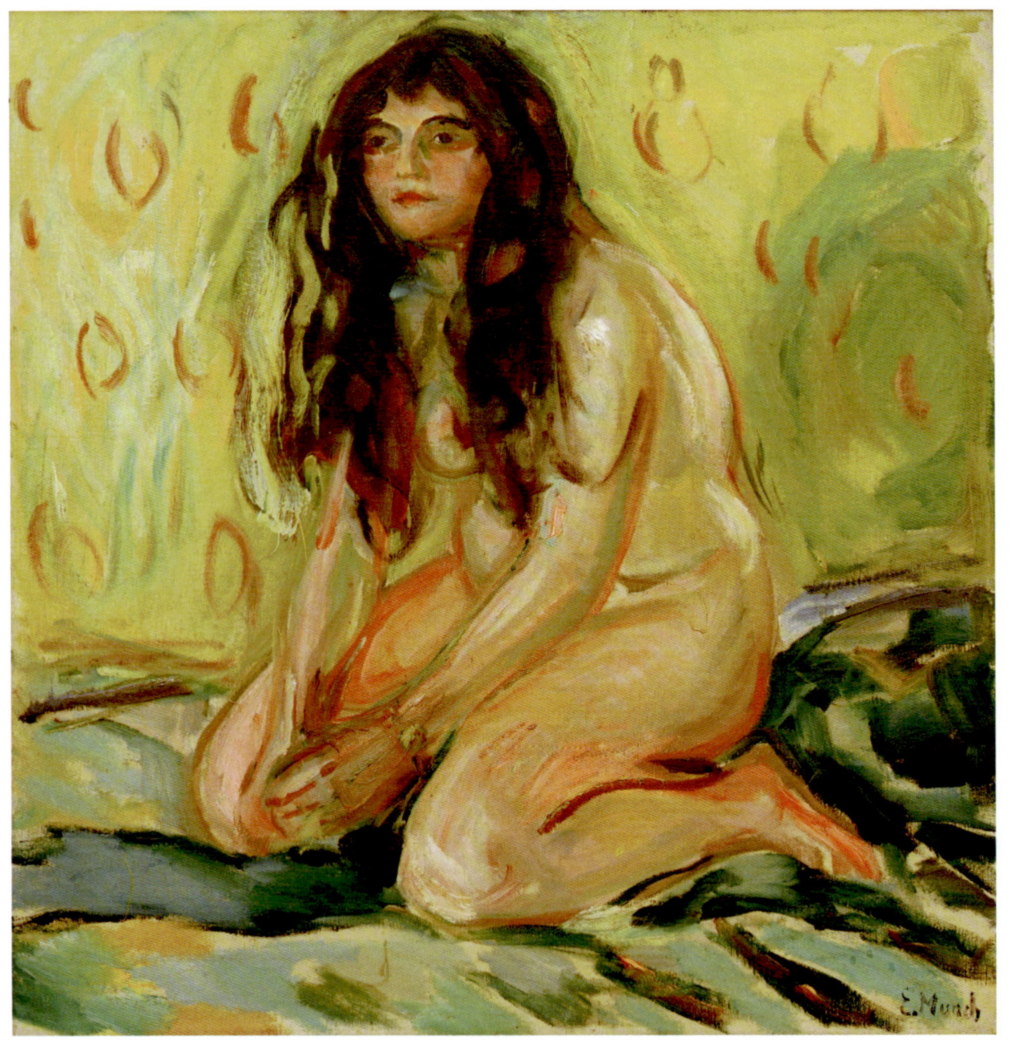

Kneeling Nude ***Kniender Akt*** ***Nudo inginocchiato***

Nu agenouillé ***Desnudo de rodillas*** ***Knielend naakt***

c. 1920–23, Oil on canvas/Huile sur toile, 82,4 × 79,3 cm, Hirshhorn Museum and Sculpture Garden, Washington

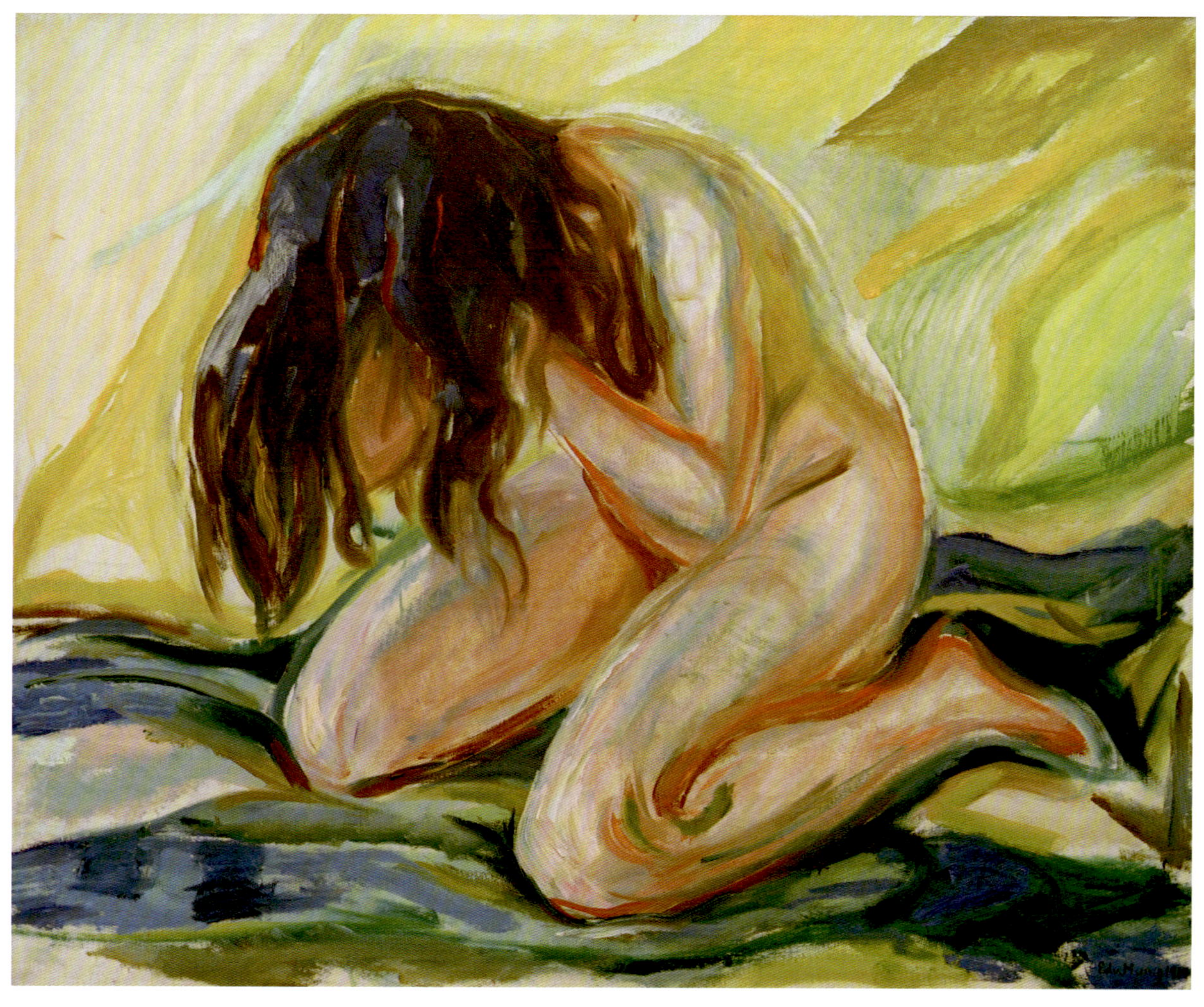

Kneeling Female Nude

Nu féminin agenouillé

Kniender weiblicher Akt

Desnudo de mujer de rodillas

Ragazza nuda in ginocchio

Knielend vrouwelijk naakt

1919, Oil on canvas/Huile sur toile, 100,3 × 120,7 cm, Museum of Fine Arts, Houston

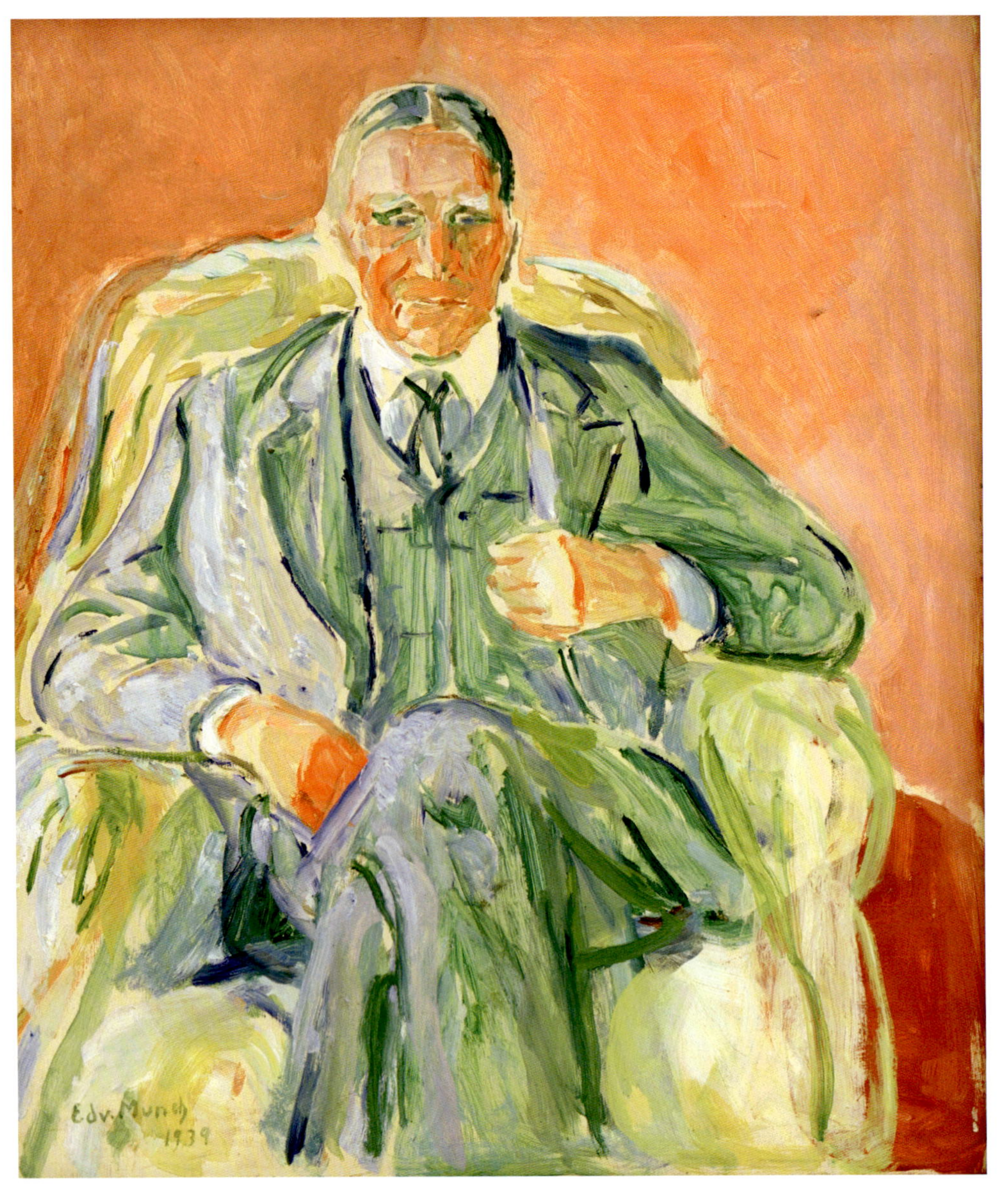

Henrik Bull

Portrait d'Henrik Bull

Bildnis Henrik Bull

Imagen de Henrik Bull

Ritratto di Henrik Bull

Portret van Henrik Bull

1939, Oil on masonite/ Huile sur isorel, 55 × 45,4 cm, Private collection

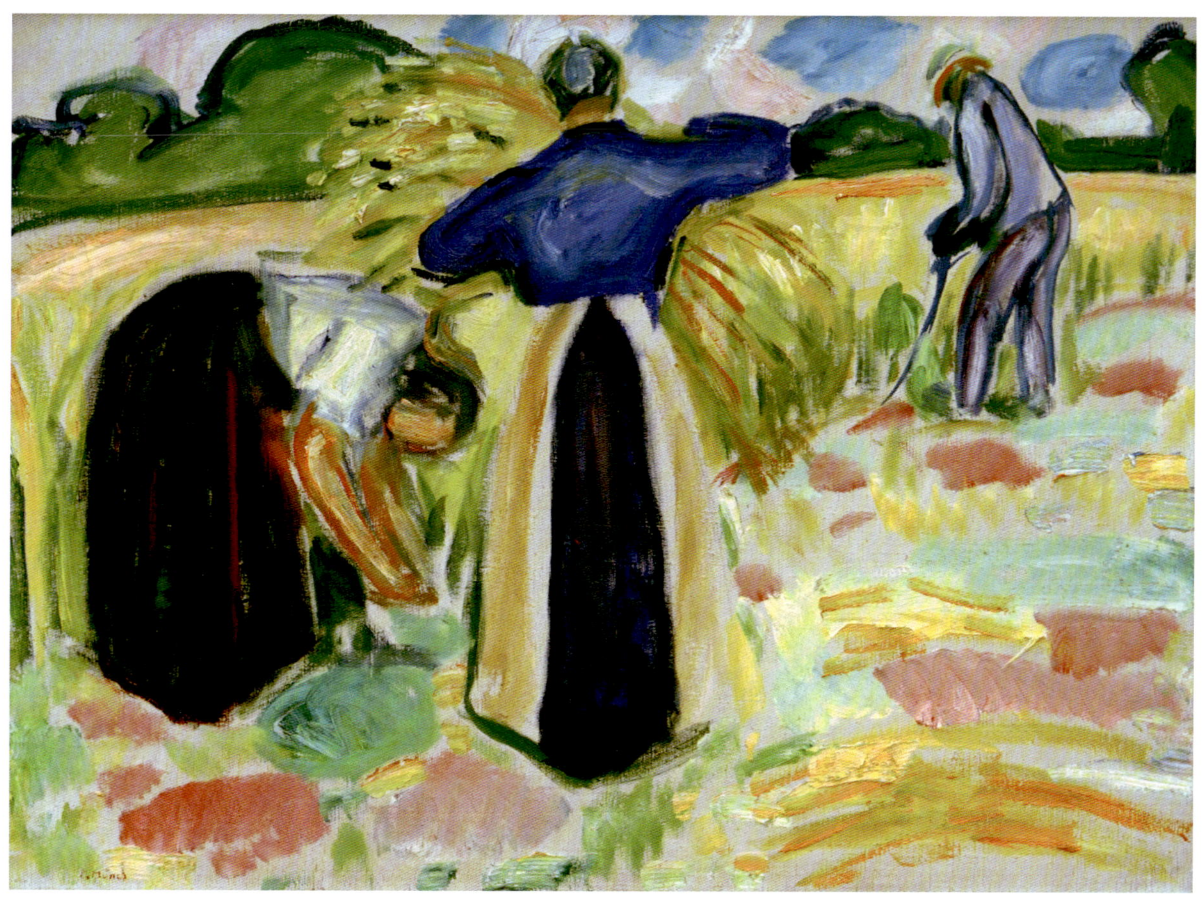

Harvest

Moissons

Ernte

Cosecha

Raccolto

Oogst

1917, Oil on canvas/Huile sur toile, 75 × 100,5 cm, Private collection

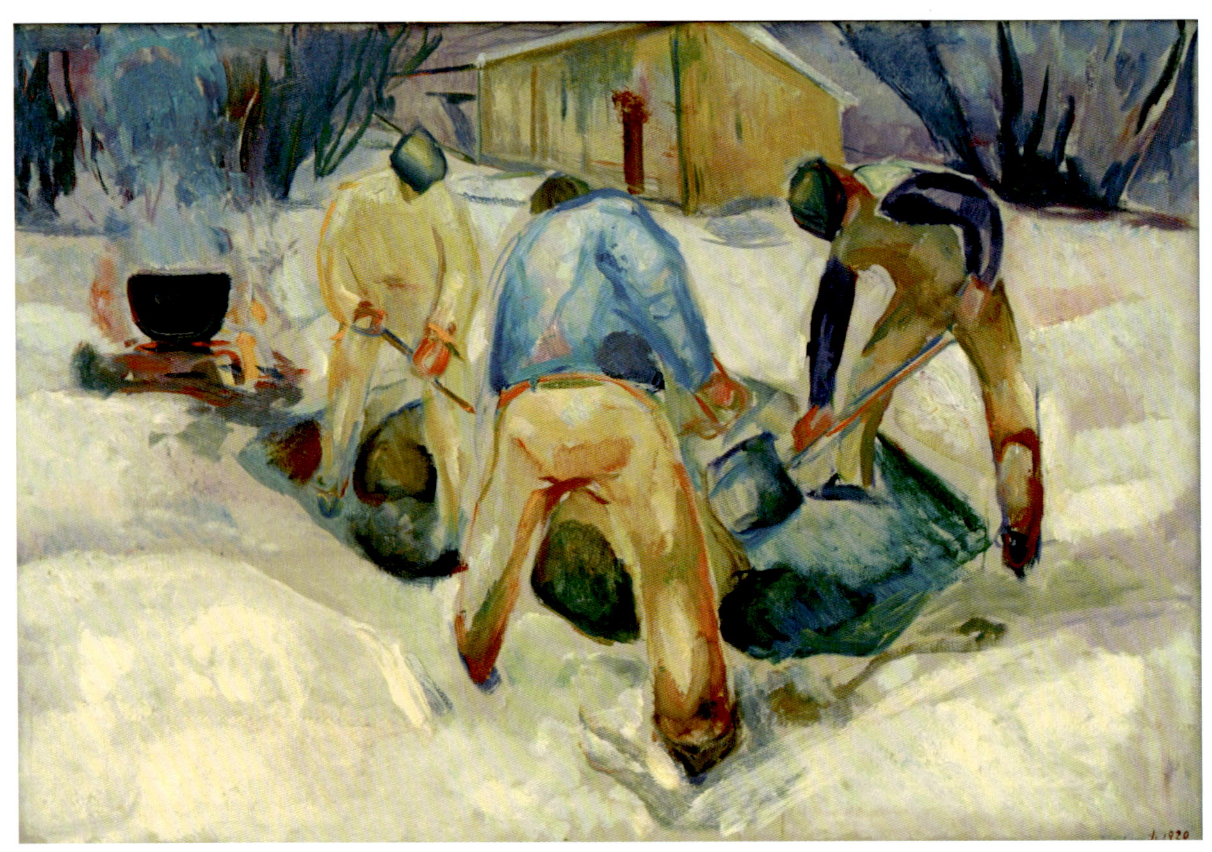

Street Workers in the Snow

Les Cantonniers dans la neige

Straßenarbeiter im Schnee

Obreros en la nieve

Stradini nella neve

Stratenmakers in de sneeuw

1920, Oil on canvas/Huile sur toile, 105 × 150 cm, Private collection

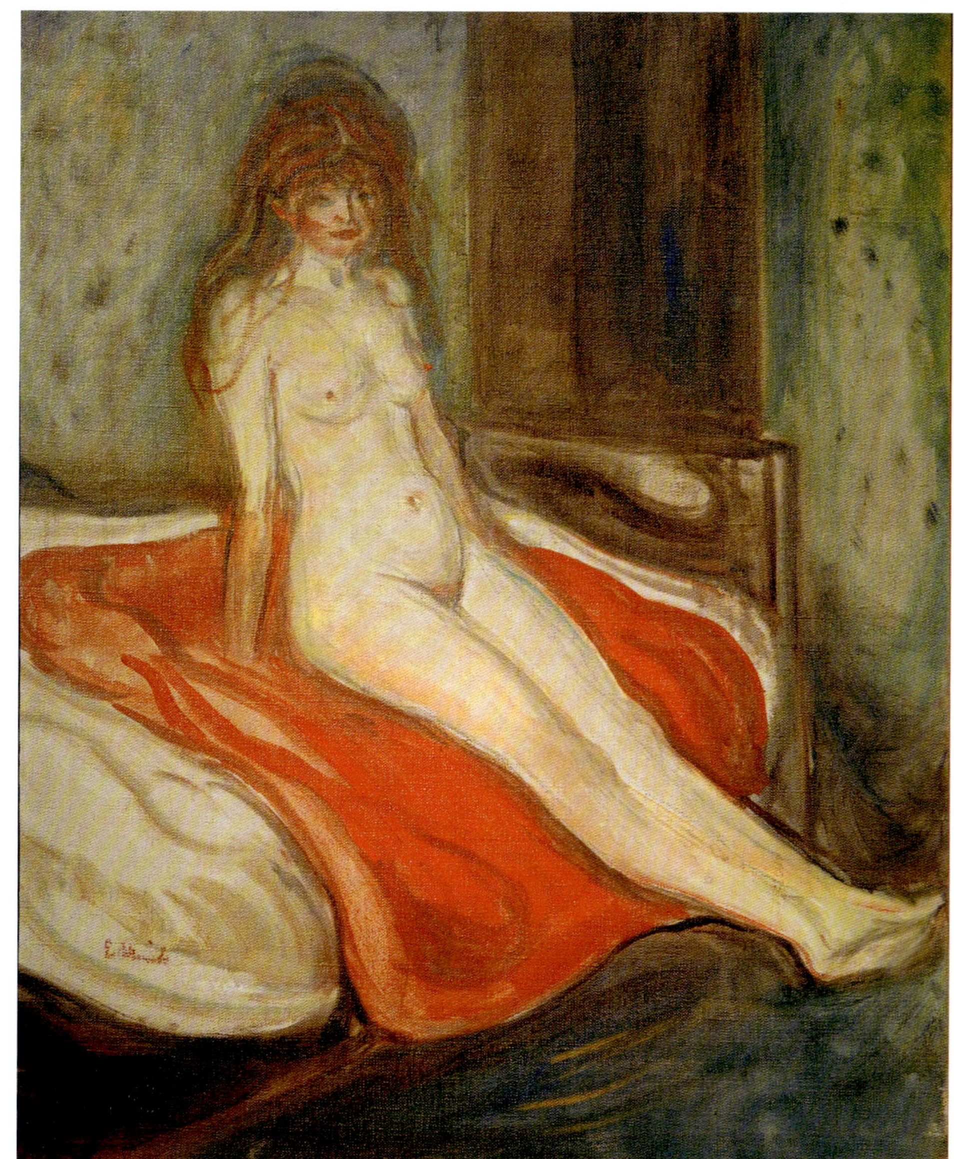

Naked Girl on a Red Scarf

Fille nue sur un châle rouge

Mädchenakt auf rotem Tuch

Desnudo de una chica sobre un paño rojo

Nudo di ragazza su telo rosso

Naakt meisje op rode doek

1902, Oil on canvas/ Huile sur toile, 81 × 65 cm, Staatsgalerie, Stuttgart

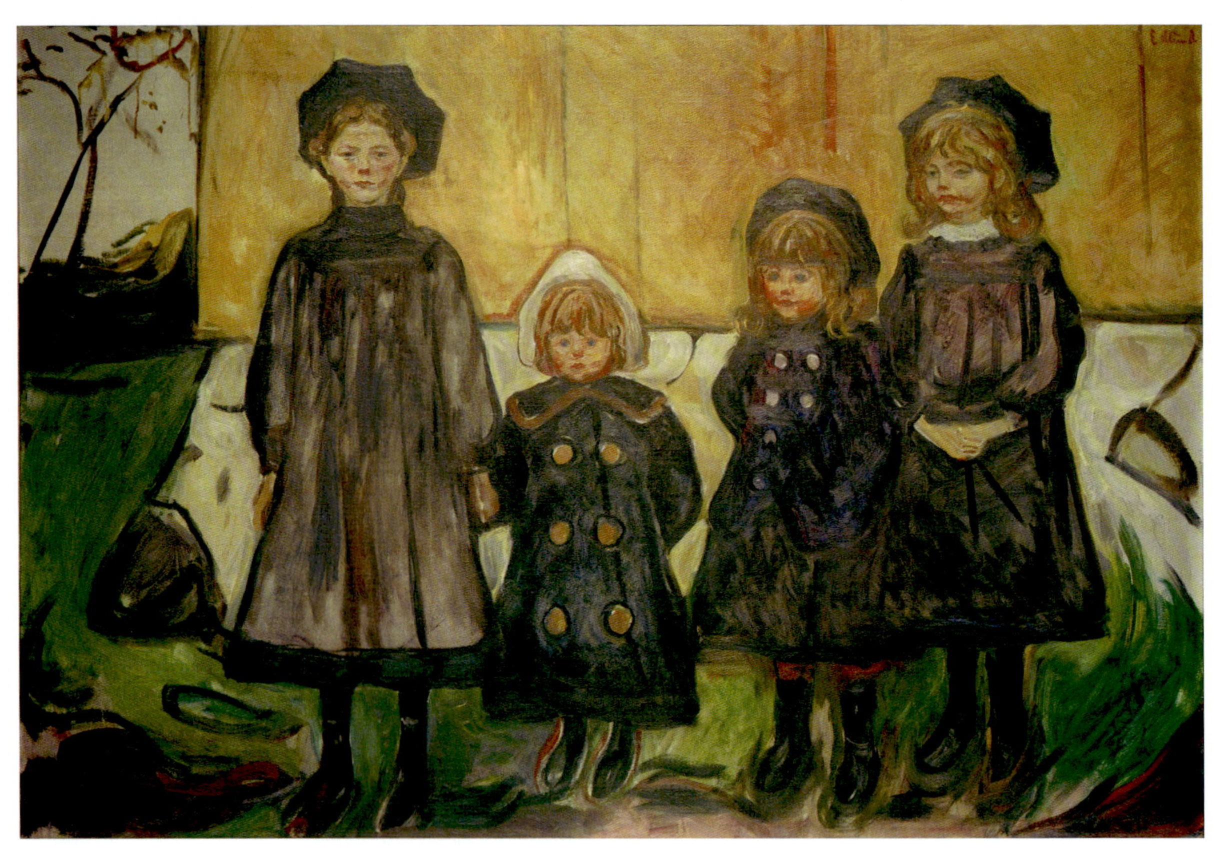

Four Girls at Åsgårdstrand

Quatre Filles à Åsgårdstrand

Vier Mädchen in Åsgårdstrand

Cuatro chicas en Åsgårdstrand

Quattro ragazze ad Åsgårdstrand

Vier meisjes in Åsgårdstrand

1902, Oil on canvas/Huile sur toile, 89,5 × 125,5 cm, Staatsgalerie, Stuttgart

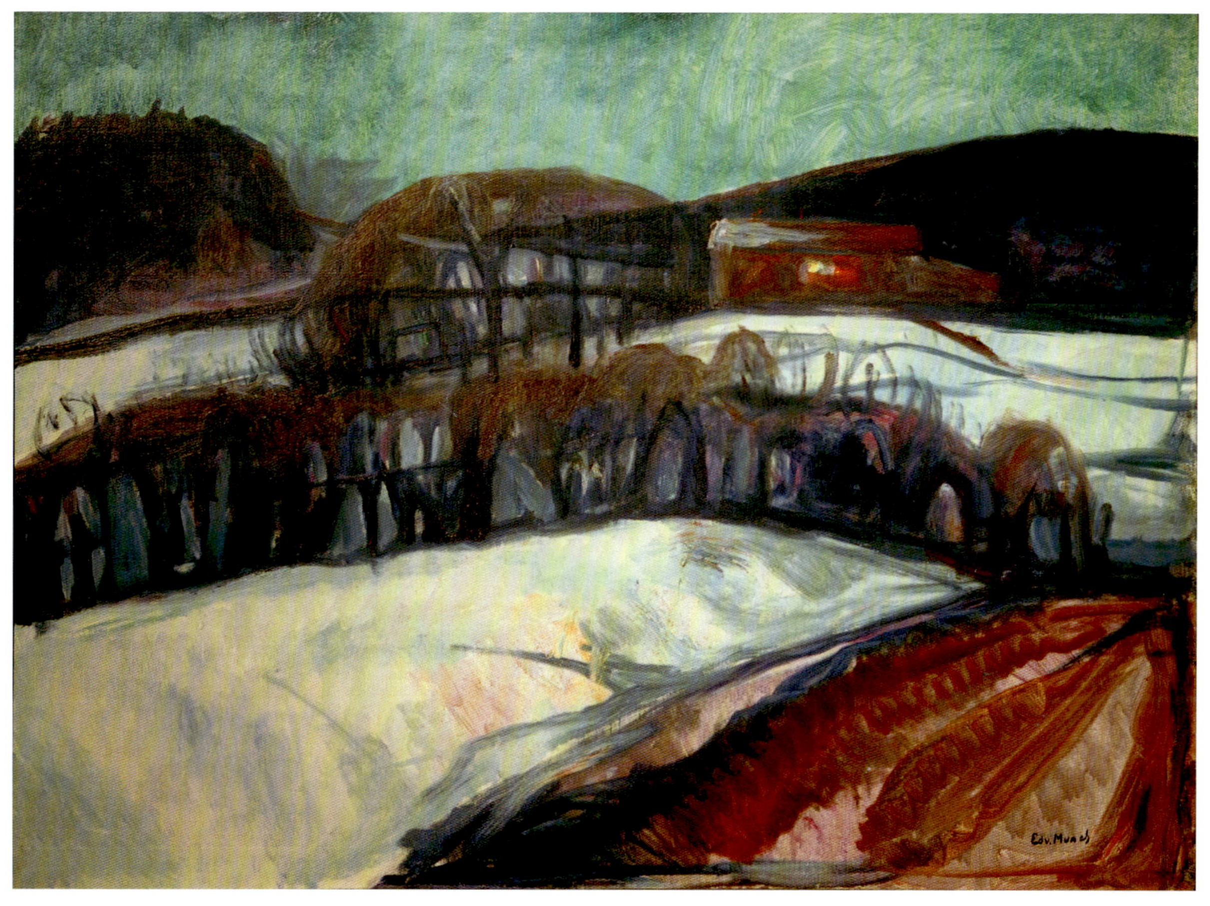

The Red House in the Snow (Snowy Landscape at Night)

La Maison rouge dans la neige (Paysage de neige la nuit)

Das rote Haus im Schnee (Nächtliche Schneelandschaft)

La casa roja con nieve (Paisaje nevado de noche)

La casa rossa nella neve (Paesaggio innevato notturno)

Het rode huis in de sneeuw (Nachtelijk sneeuwlandschap)

1923–26, Oil on canvas/Huile sur toile, 68 × 90 cm, Staatsgalerie, Stuttgart

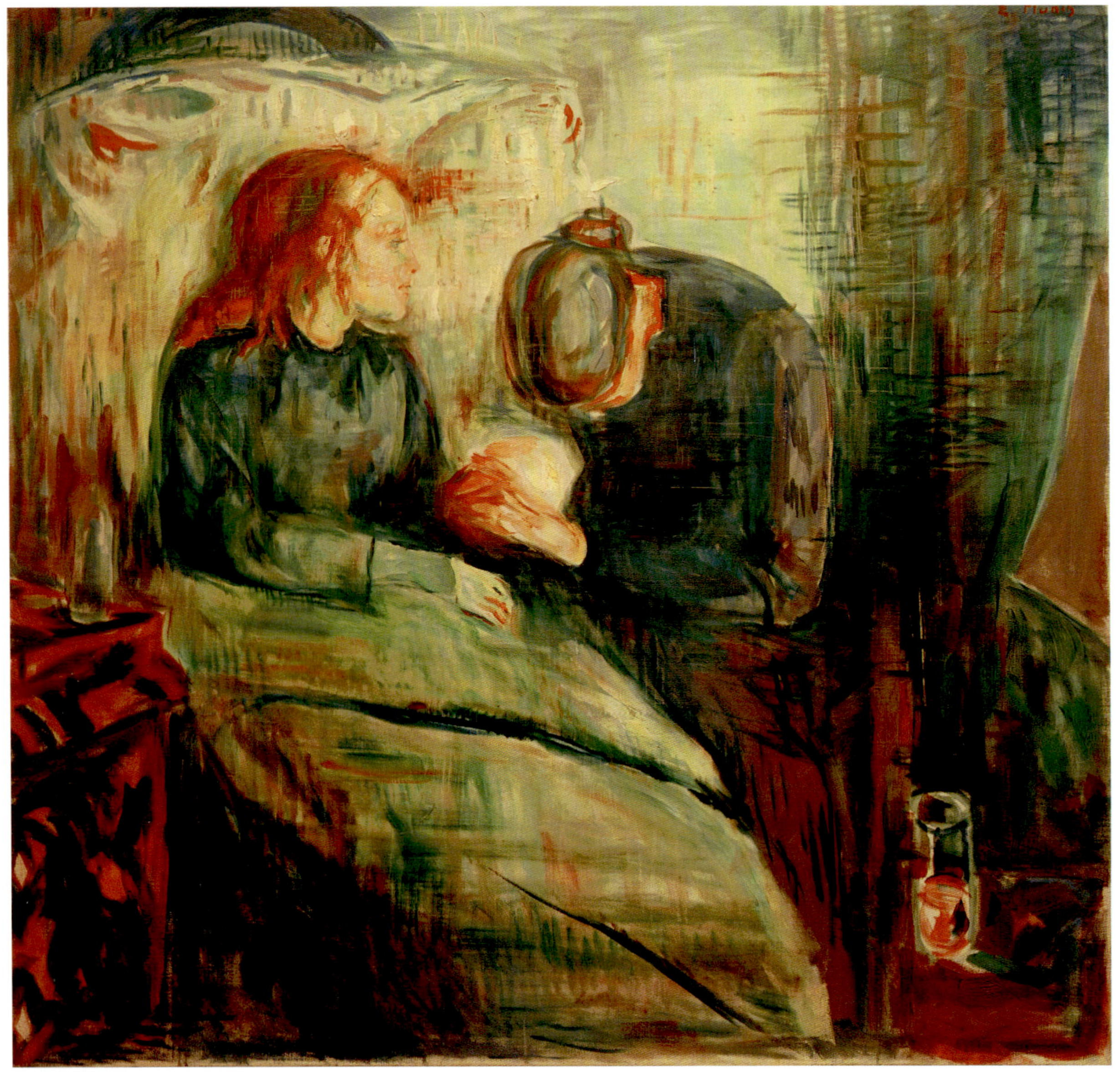

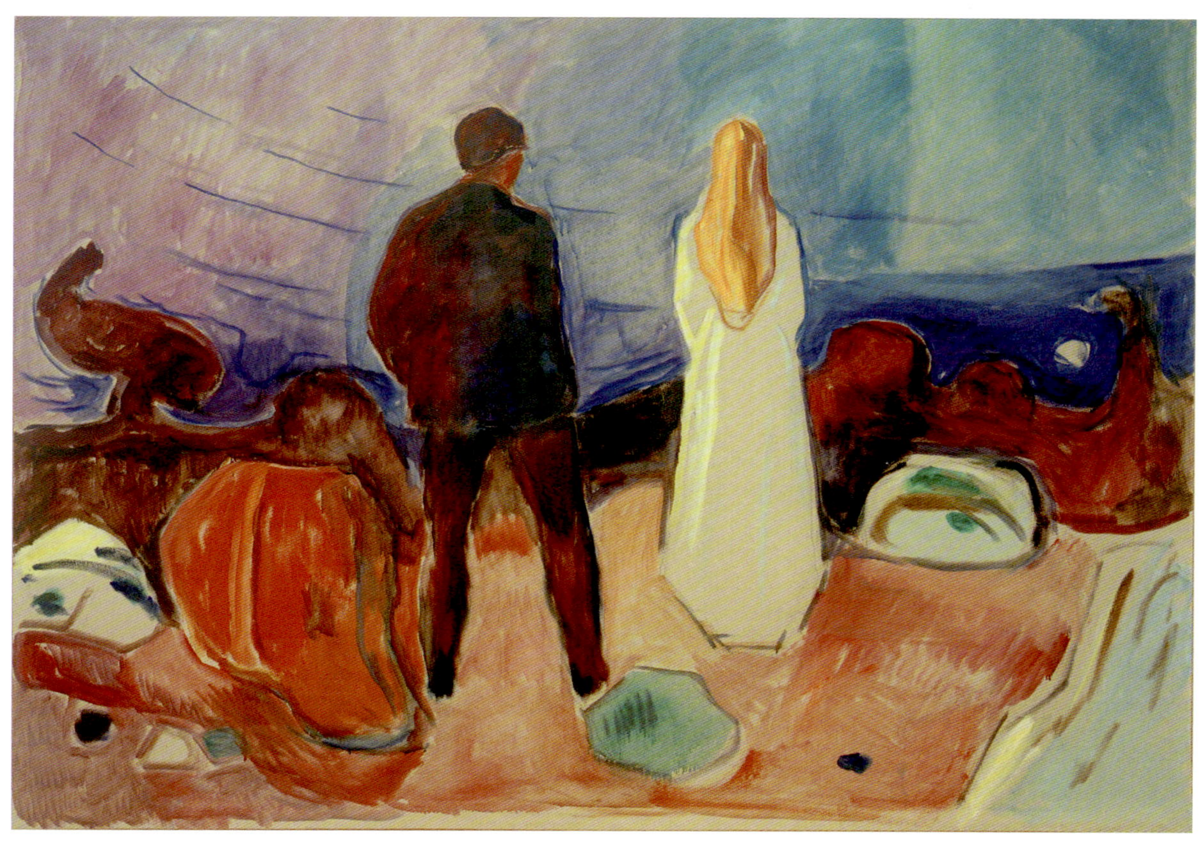

The Sick Child

L'Enfant malade

Das kranke Kind

La niña enferma

Il bambino malato

Het zieke kind

1925, Oil on canvas/Huile sur toile, 117 × 118 cm, Munch-Museet, Oslo

Two People in Isolation

Deux personnes (Les Solitaires)

Zwei Menschen (Die Einsamen)

La soledad de dos personas

Due persone sole

Twee mensen (De eenzamen)

1933–35, Oil on canvas/Huile sur toile, 90,5 × 130 cm, Munch-Museet, Oslo

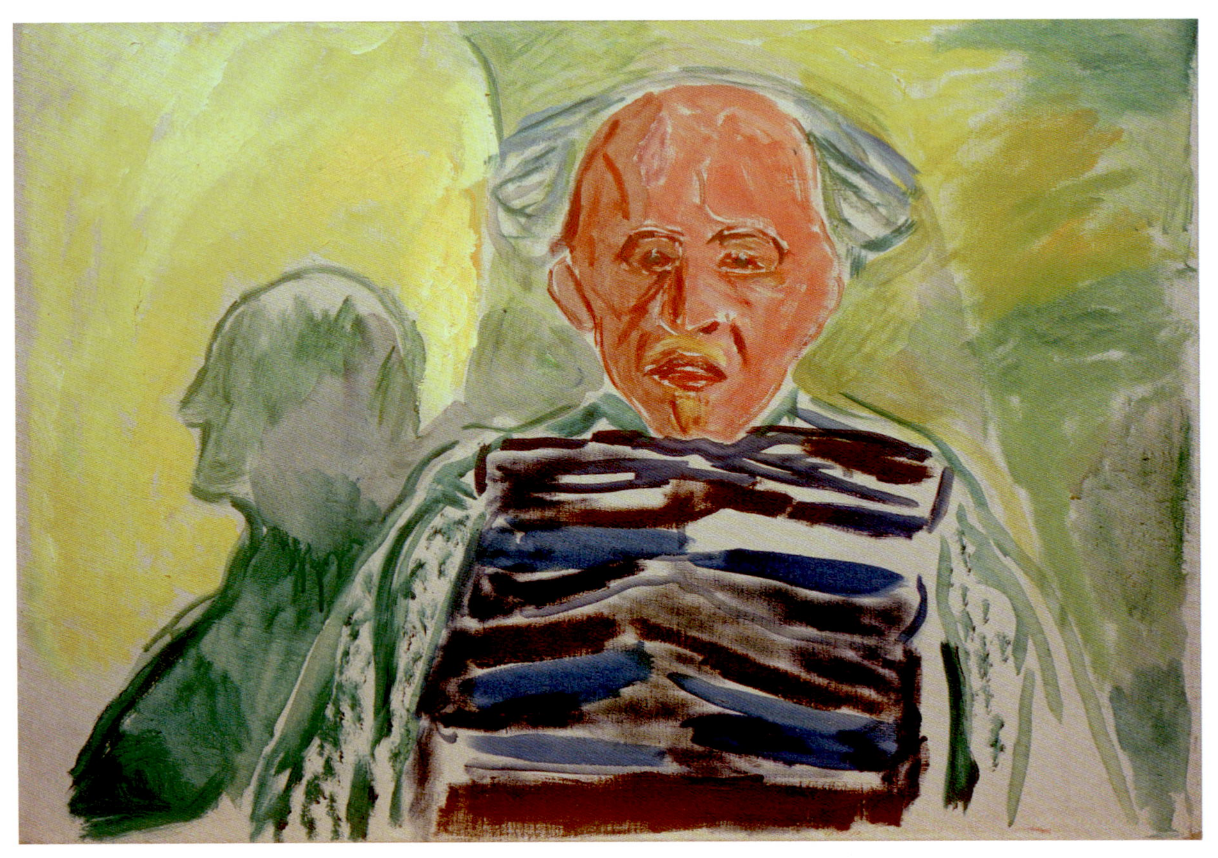

Self-Portrait with Striped Sweater

Autoportrait au pull-over à rayures

Selbstbildnis mit gestreiftem Pullover

Autorretrato con jerséy a rayas

Autoritratto con pullover a righe

Zelfportret met gestreepte trui

1940–44, Oil on canvas/Huile sur toile, 57,5 × 78,5 cm, Munch-Museet, Oslo

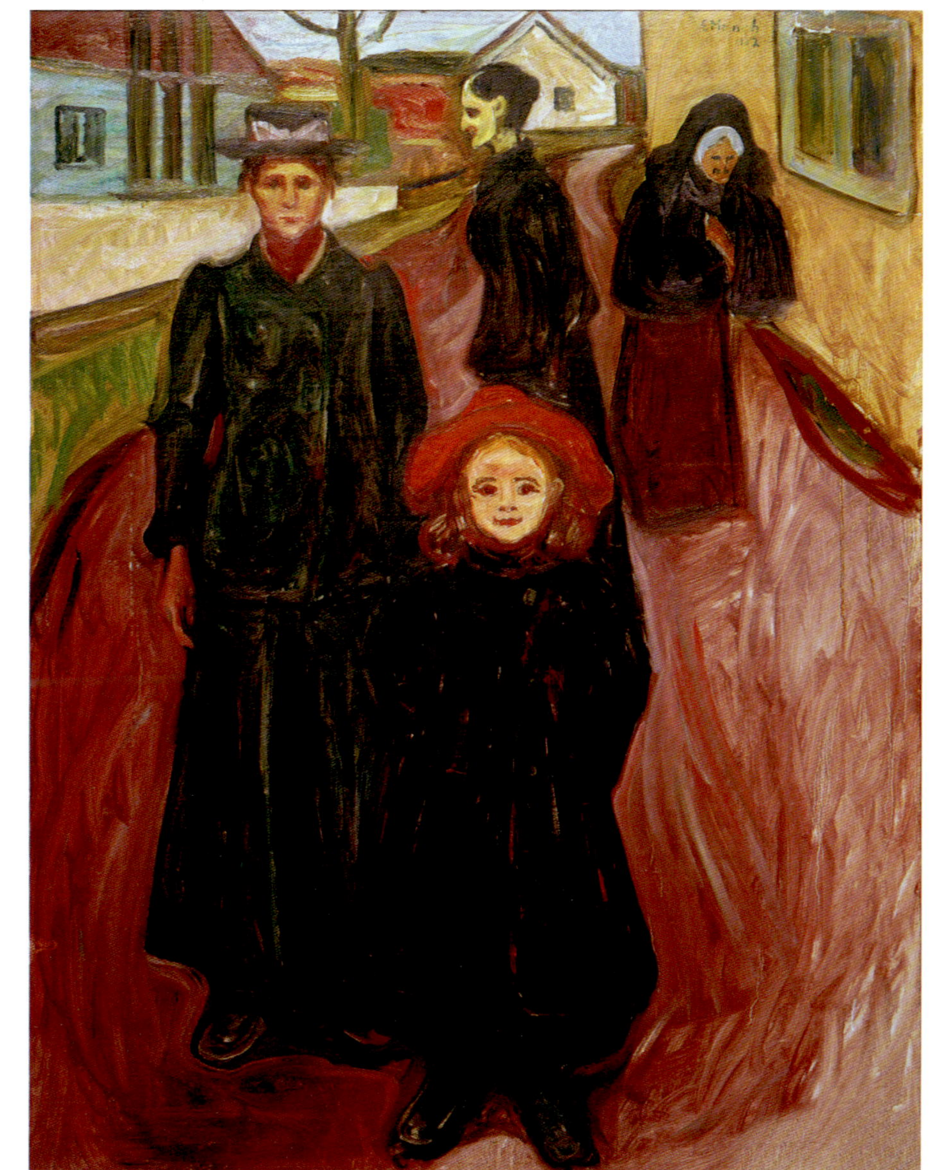

Four Ages of Life

Quatre âges de la vie

Vier Lebensalter

Cuatro edades

Quattro età della vita

Vier levensfasen

*1902, Oil on canvas/
Huile sur toile, 130,4 × 100,4 cm,
KODE 3, Bergen*

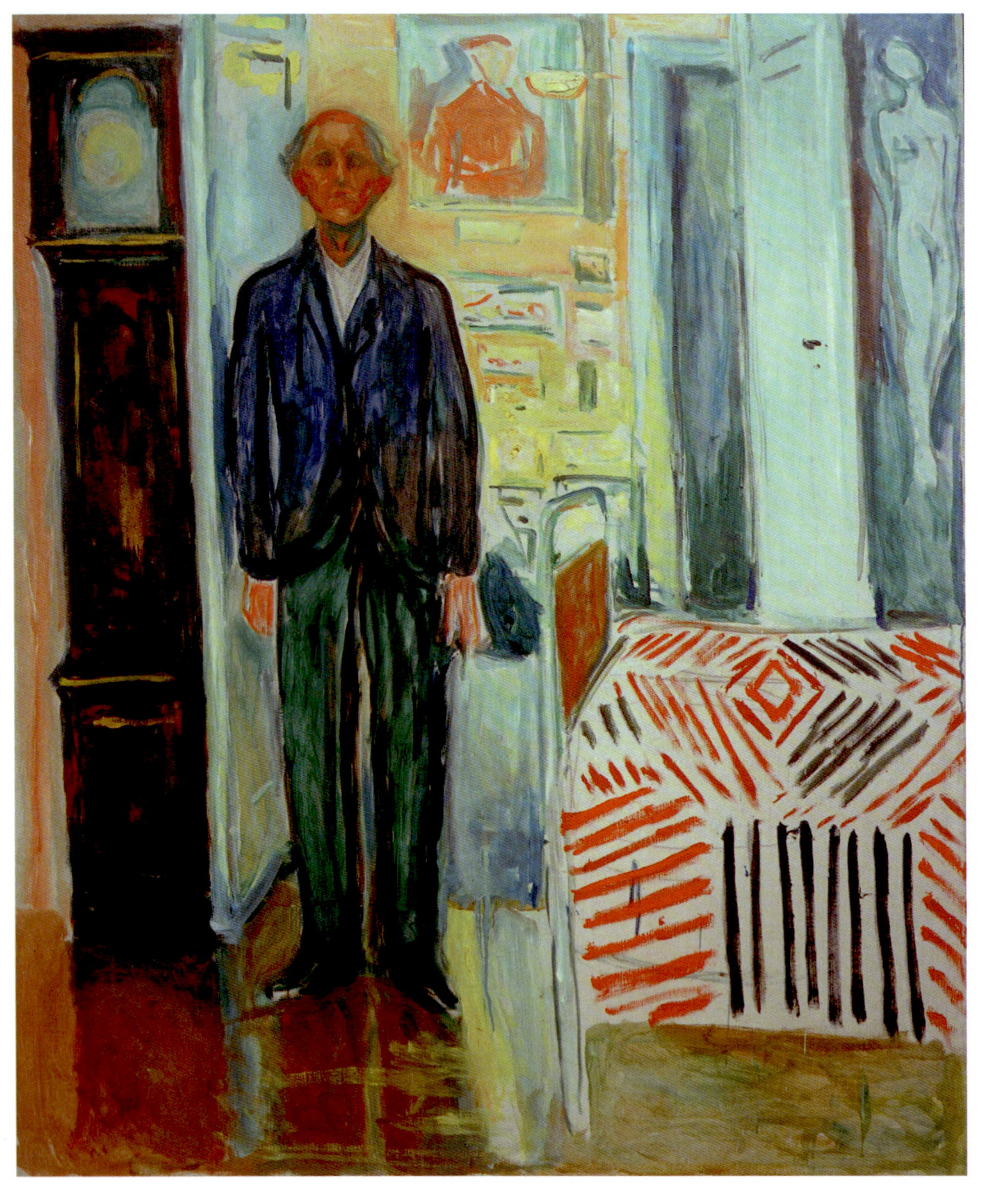

Self-Portrait between the Clock and the Bed

Autoportrait entre l'horloge et le lit

Selbstbildnis zwischen Uhr und Bett

Autorretrato entre el reloj y la cama

Autoritratto tra il letto e l'orologio

Zelfportret tussen klok en bed

1940–42, Oil on canvas/Huile sur toile, 149,5 × 120,5 cm, Munch-Museet, Oslo

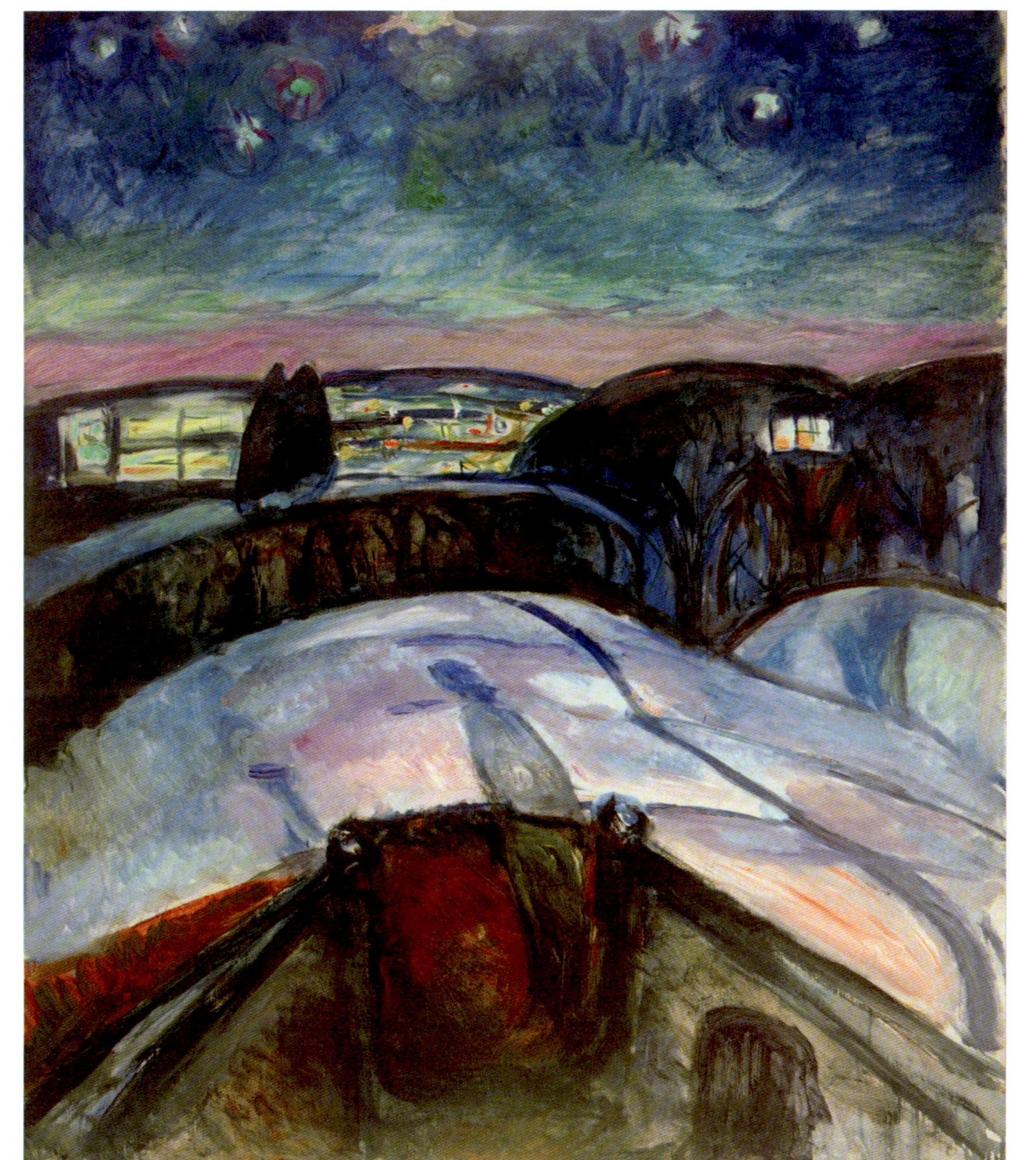

Starry Night II

Nuit étoilée II

Sternennacht II

Noche estrellada II

Notte stellata II

Sterrennacht II

1922–24
Oil on canvas/
Huile sur toile,
120,5 × 100 cm,
Munch-Museet, Oslo

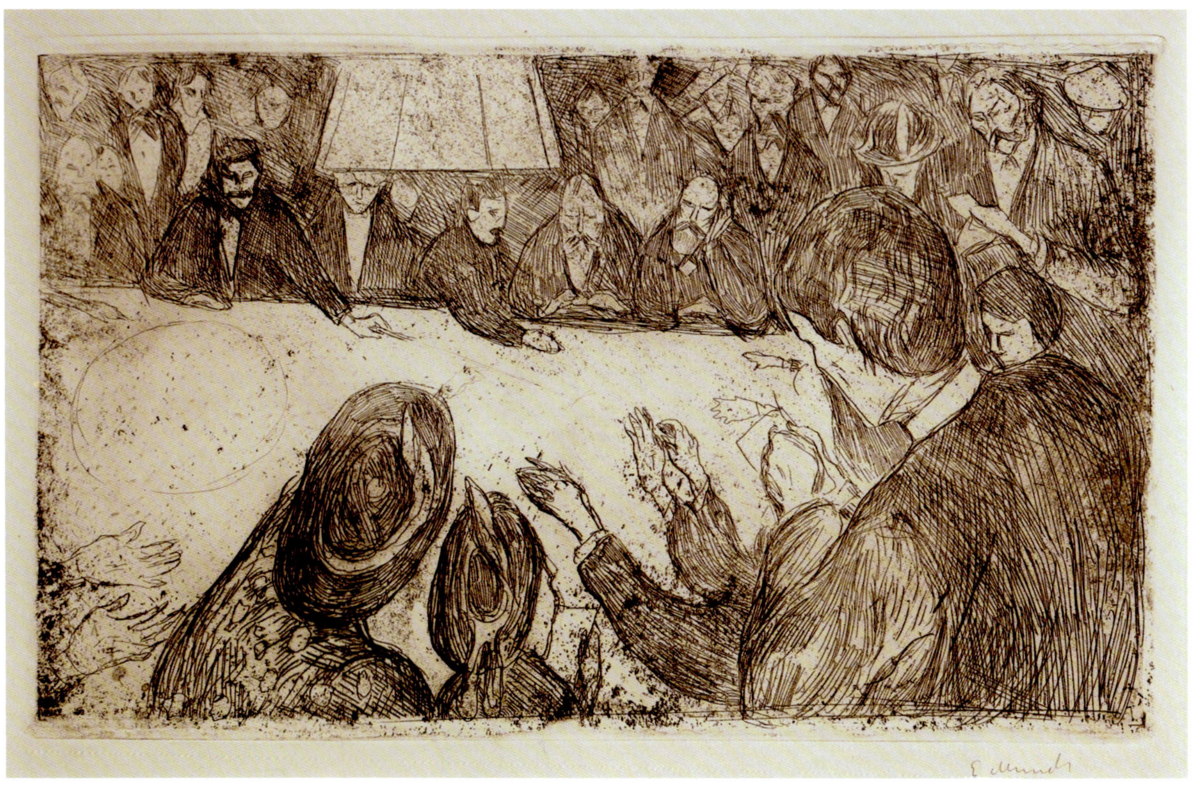

Munch's drawings
Munch's drawings are made up of more than 700 individual works, including etchings, lithographs, and woodcuts, many of which were made in his final years. His techniques were revolutionary in their simplification, reduction, and concentration on expressing only the essential. His work set the stage for the entirety of European Expressionist drawing.

L'œuvre graphique de Munch
Le travail graphique de Munch comporte plus de 700 œuvres – eaux-fortes, lithographies, gravures sur bois – réalisées essentiellement dans les dernières années de sa vie. Ses techniques sont alors révolutionnaires par la simplification, la réduction et la concentration sur l'essentiel dans l'expression. Ces travaux ont alors servi d'exemples pour l'ensemble de la graphique européenne expressionniste.

Munchs grafisches Werk
Das grafische Werk von Munch zählt über 700 Einzelwerke, Radierungen, Lithographien und Holzschnitte, die vor allem in seinen letzten Lebensjahren entstanden sind. Seine Techniken sind revolutionär in der Vereinfachung, Reduktion und Konzentration auf das Wesentliche im Ausdruck. Sein Werk wurde beispielhaft für die gesamte europäische expressionistische Grafik.

The Roulette Table

La Table de la roulette

Der Roulettetisch

La ruleta

Al tavolo della roulette

De roulettetafel

*1903, Etching/Eau-forte,
43 × 58,6 cm, Private collection*

The Man as Old as Days

La Brute (L'Homme primitif)

Der Urmensch

El hombre primitivo

L'uomo preistorico

De oermens

*1905, Woodcut/Bois gravé,
93 × 60,3 cm, Private collection*

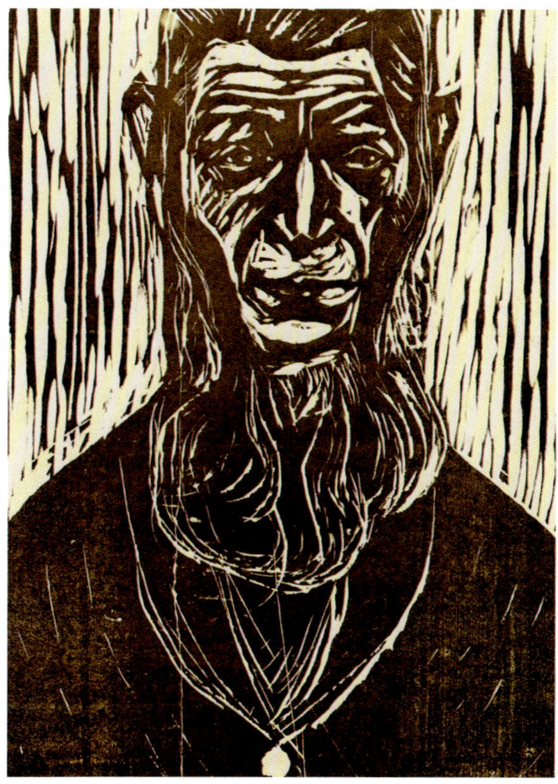

Obras litográficas de Munch
La obra litográfica de Munch cuenta con más de 700 obras individuales, grabados, litografías y xilografías, que creó principalmente en sus últimos años de vida. Sus técnicas son revolucionarias en cuanto a la simplificación, reducción y concentración para la expresión de lo esencial. Su obra sirvió de ejemplo para el conjunto de la obra gráfica expresionista de Europa.

Le opere grafiche di Munch
Le opere grafiche di Munch ammontano a oltre 700 lavori singoli, incisioni all'acquaforte, litografie e xilografie, che realizzò soprattutto nei suoi ultimi anni di vita. Le sue tecniche sono rivoluzionarie nella semplificazione, riduzione e concentrazione sull'essenzialità dell'espressione. Le sue opere furono esemplari per l'intera grafica espressionista europea.

Het grafische werk van Munch
bestaat uit meer dan zevenhonderd werken, waaronder de etsen, litho's en houtsneden die vooral in zijn laatste levensjaren ontstonden. Zijn technieken waren revolutionair in hun vereenvoudiging van en concentratie op het wezenlijke in de weergave. Zijn werk was toonaangevend in de grafiek van de Europese expressionisten.

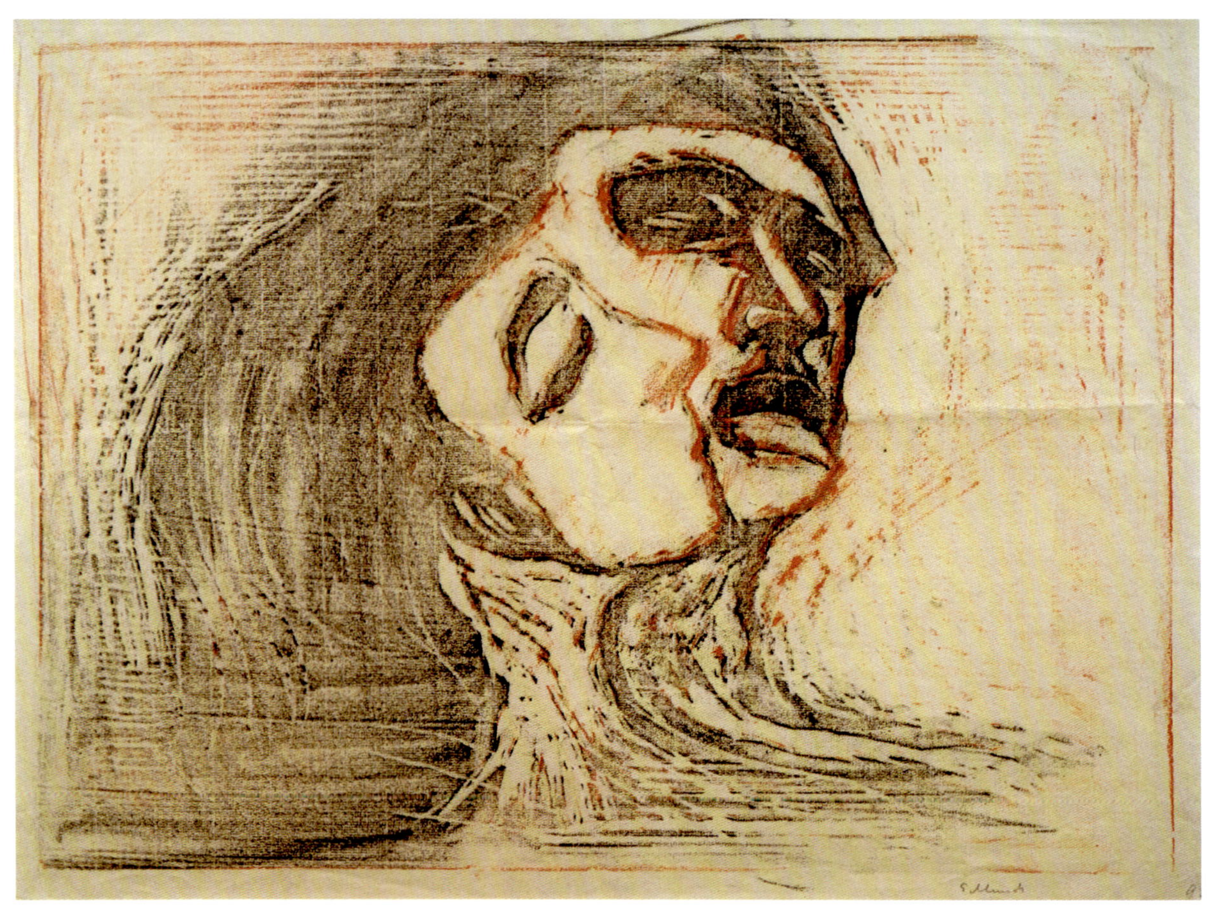

Head-to-Head (Man and Woman Kissing)

Tête contre tête (Homme et femme s'embrassant)

Kopf bei Kopf (Mann und Weib sich küssend)

Cabeza con cabeza (Hombre y mujer besándose)

Testa a testa (Uomo e donna che si baciano)

Hoofd aan hoofd (Kussende man en vrouw)

1905, Frottage/Frottage au fusain, 47,4 × 61,3 cm, Private collection

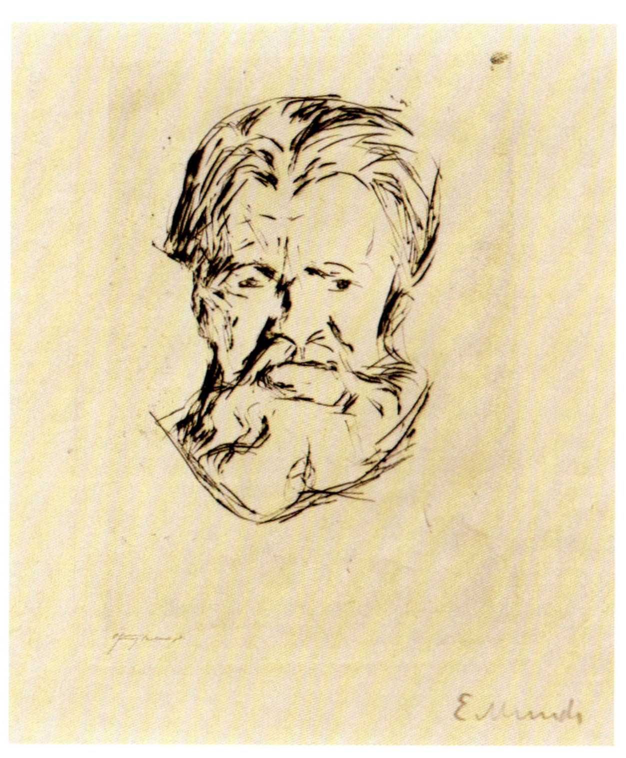

Man's Head

Tête d'homme

Männerkopf

Cabeza de hombre

Testa d'uomo

Mannenhoofd

1906, Dry point etching/Eau-forte et pointe sèche, 42,3 × 29,9 cm, Staatsgalerie, Stuttgart

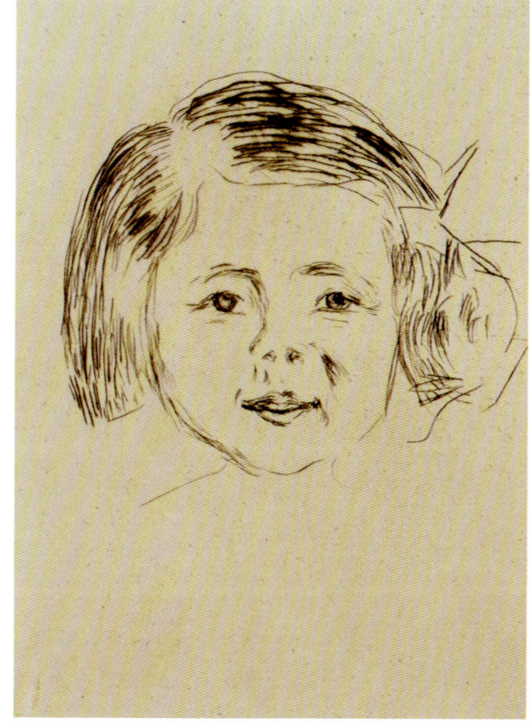

Herbert Esche's Daughter Erdmute

Portrait de la fille d'Herbert Esche, Erdmute

Bildnis Herbert Esches Tochter Erdmute

Imagen de Erdmute, la hija de Herbert Esche

Ritratto d'Erdmute, la figlia di Herbert Esche

Portret van Herbert Esche's dochter Erdmute

1905, Dry point Etching/Eau-forte et pointe sèche, 40,7 × 29 cm, Staatsgalerie, Stuttgart

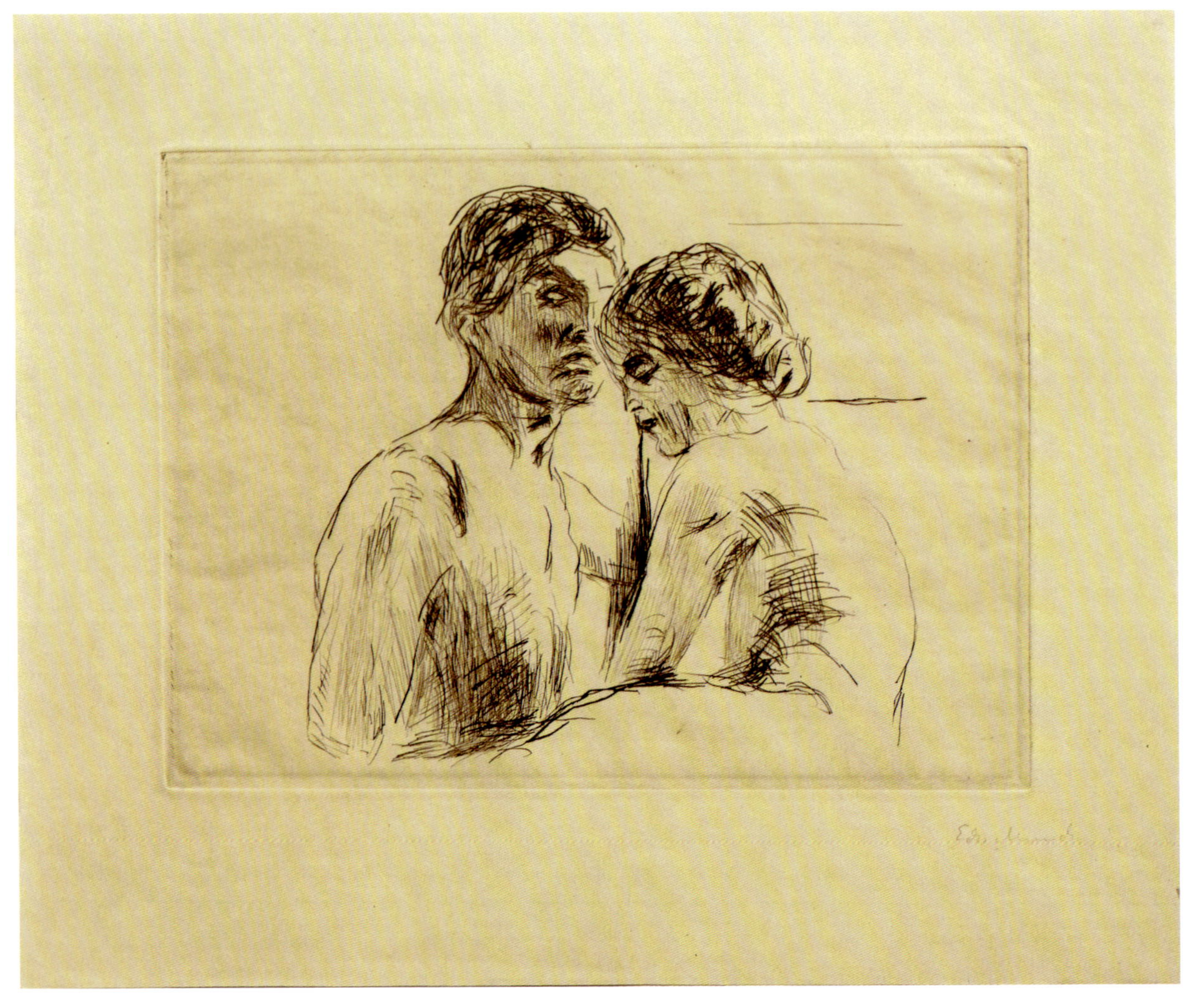

Man and Woman ***Mann und Frau*** ***Uomo e donna***

Homme et femme ***Hombre y mujer*** ***Man en vrouw***

1914, Dry point etching/Eau-forte et pointe sèche, 27,4 × 32,2 cm, Staatsgalerie, Stuttgart

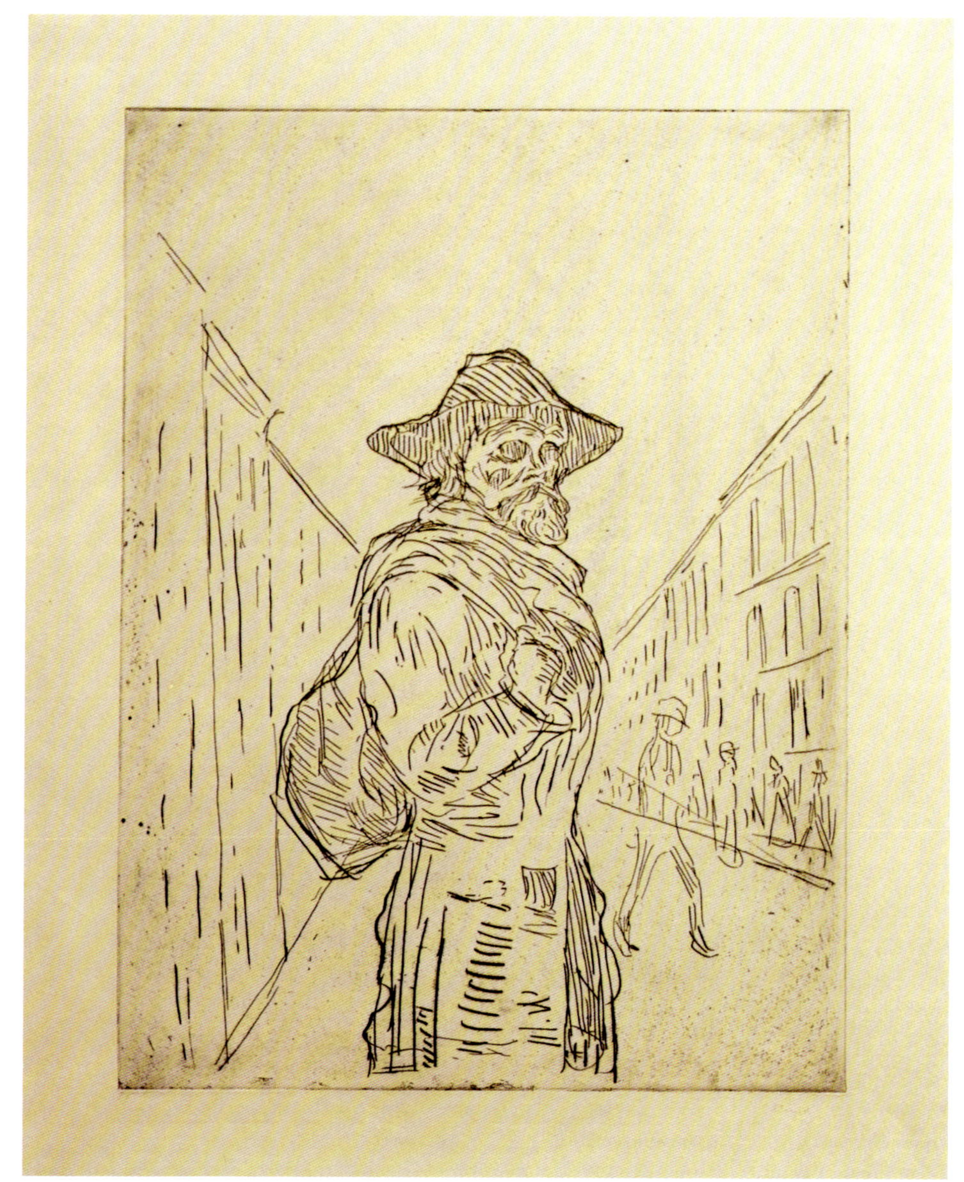

The Rag Collector

Le Chiffonnier

Der Lumpensammler

El trapero

Il raccoglitore di stracci

De voddenraper

1908, Etching on zinc/ Eau-forte sur papier beige, 72,7 × 57,4 cm, Staatsgalerie, Stuttgart

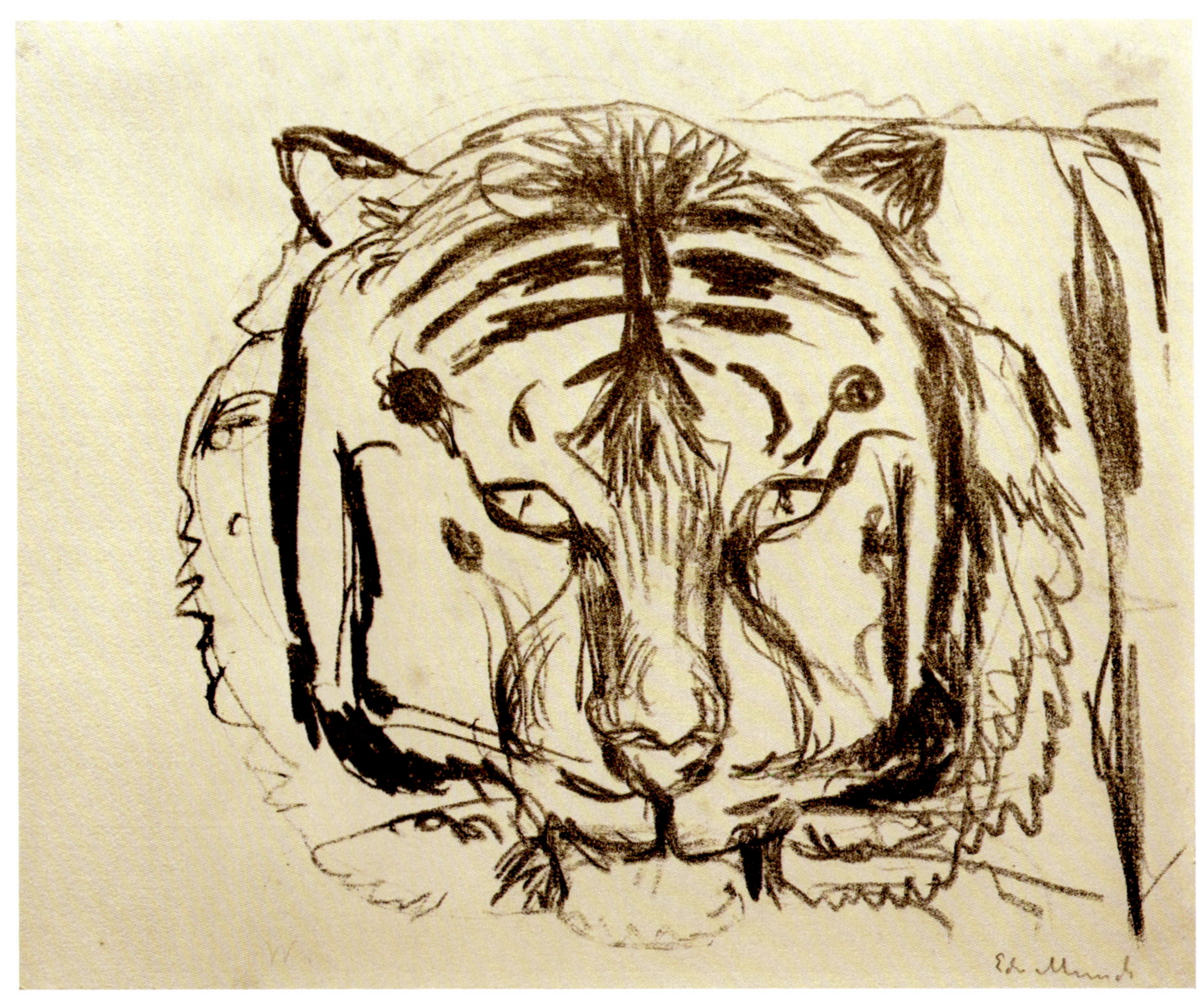

Tiger's Head II ***Tigerkopf II*** ***Testa di tigre II***

Tête de tigre II ***Cabeza de tigre II*** ***Tijgerkop II***

1908–09, Lithograph/Lithographie sur papier beige, 20,8 × 24,9 cm, Staatsgalerie, Stuttgart

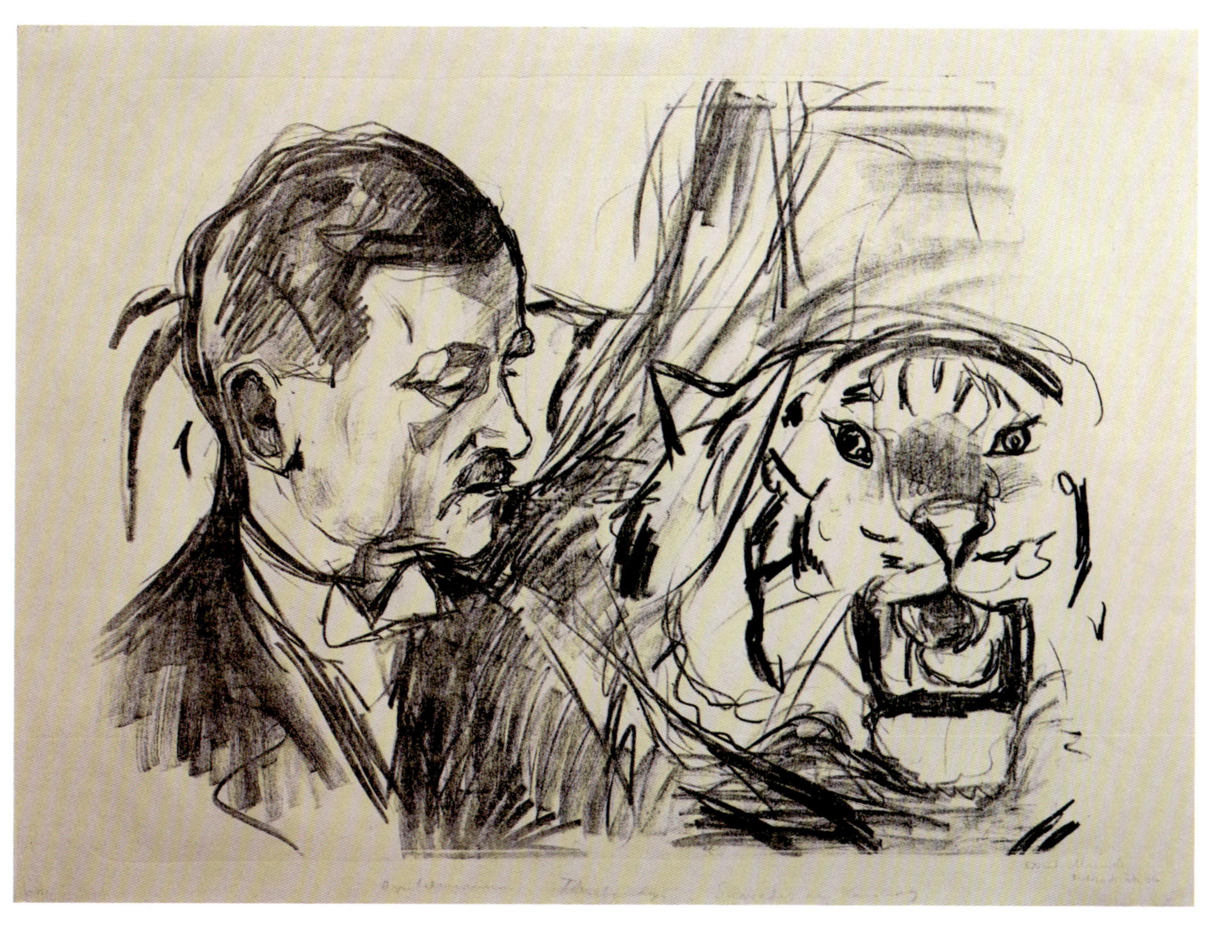

The Tiger Tamer Richard Sawade

Le Dompteur de tigres Richard Sawade

Der Tigerbändiger Richard Sawade

El domador de tigres Richard Sawade

Il domatore di tigri Richard Sawade

De tijgertemmer Richard Sawade

1916, Lithograph/Lithographie, 48,5 × 63 cm, Private collection

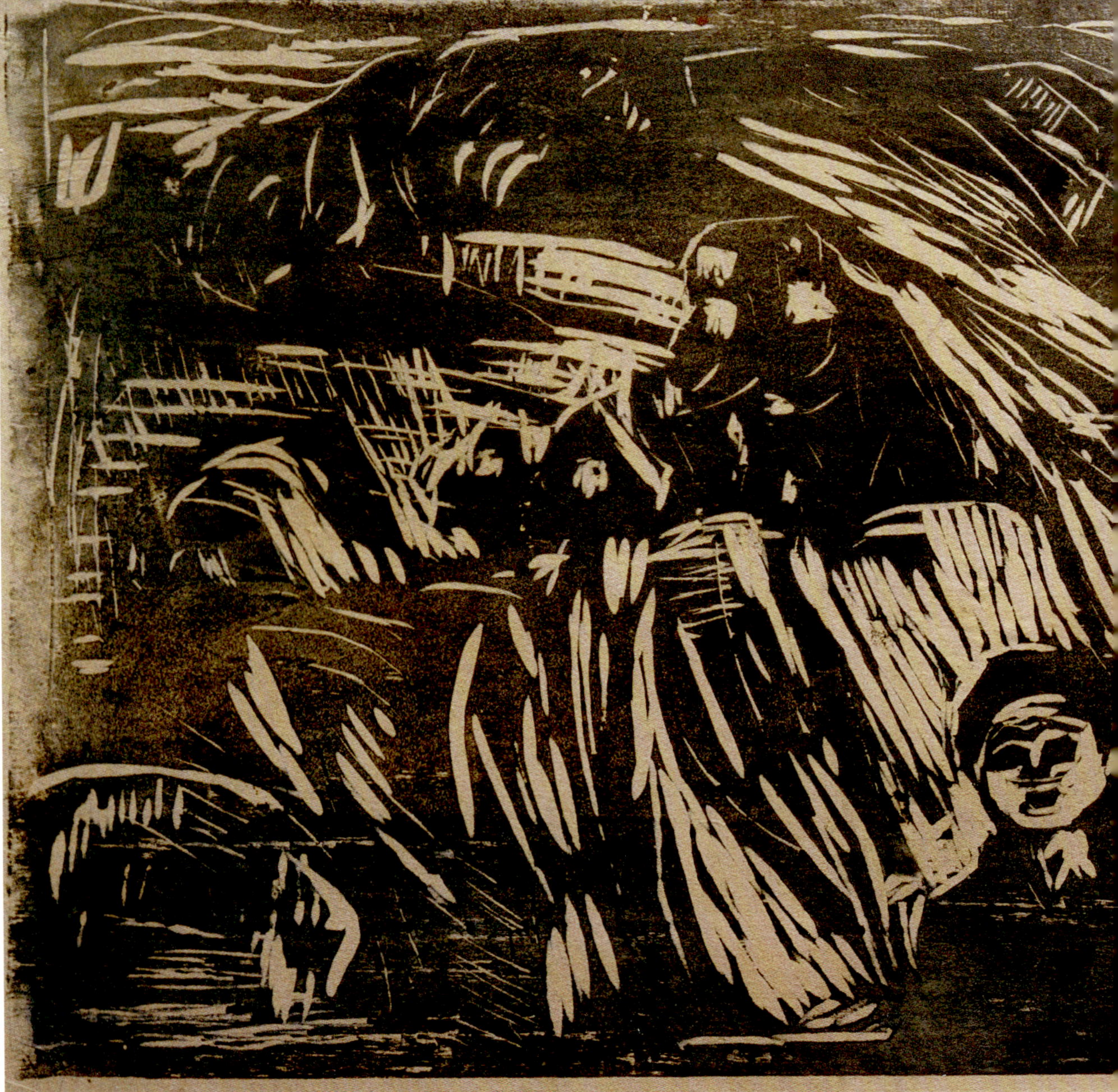

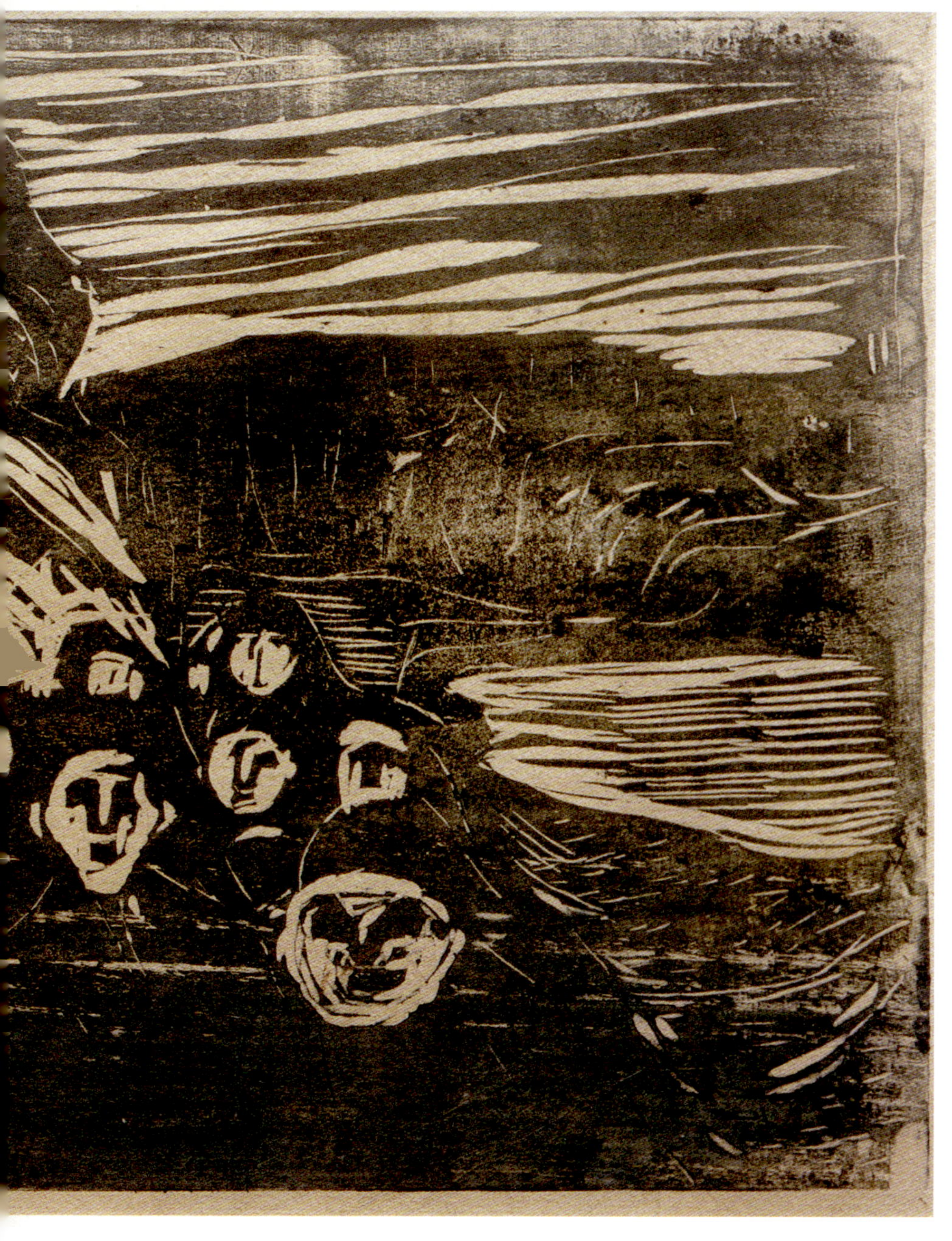

Fear

Angoisse

Angst

Miedo

Angoscia

Angst

1915, Color woodcut/
Bois gravé, 38,2 × 61,2 cm,
Staatsgalerie, Stuttgart

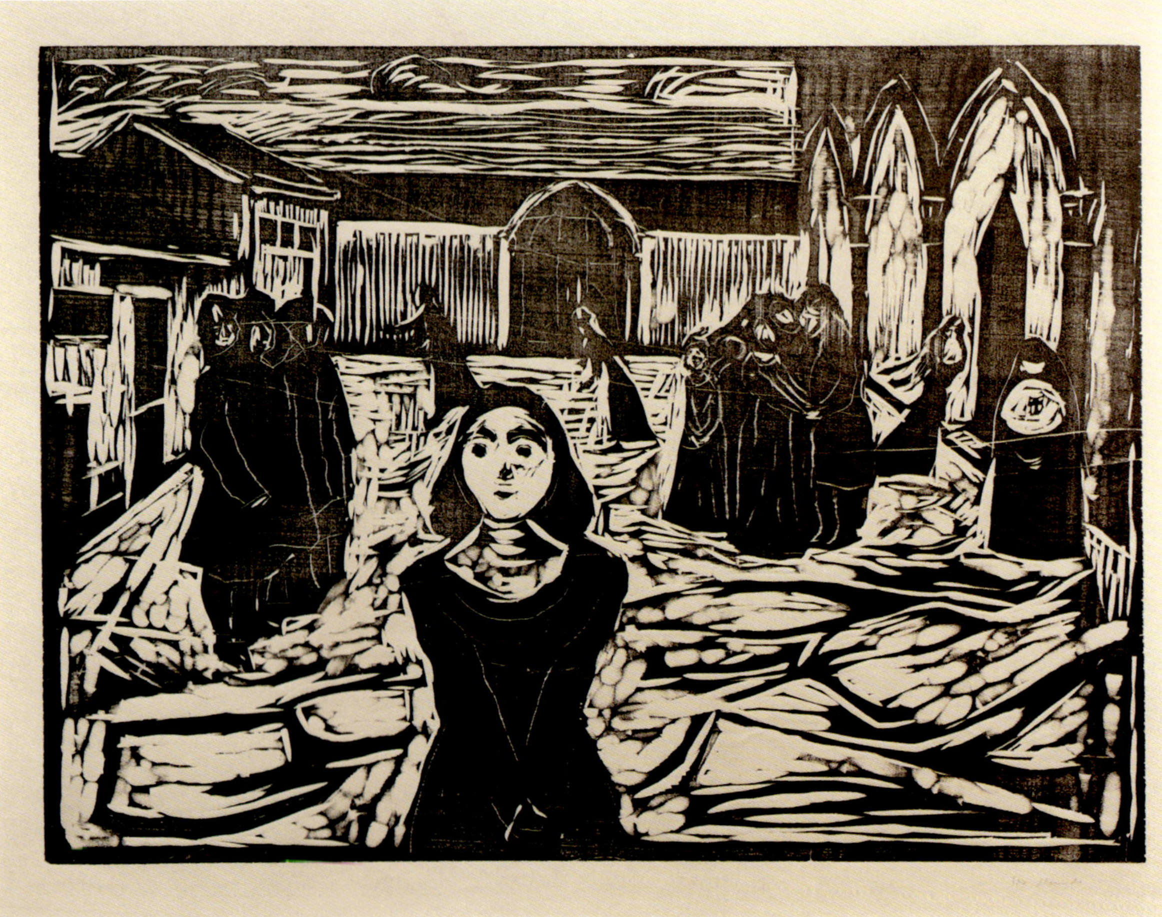

The Pretenders to the Throne: The Final Hour

Les Prétendants à la couronne : La Dernière Heure

Die Kronprätendenten: Die letzte Stunde

Los pretendientes al trono: La última hora

I pretendenti al trono: l'ultima ora

De troonpretendenten: het laatste uur

1917, Woodcut/Bois gravé sur papier brun, 43,2 × 58,2 cm, Private collection

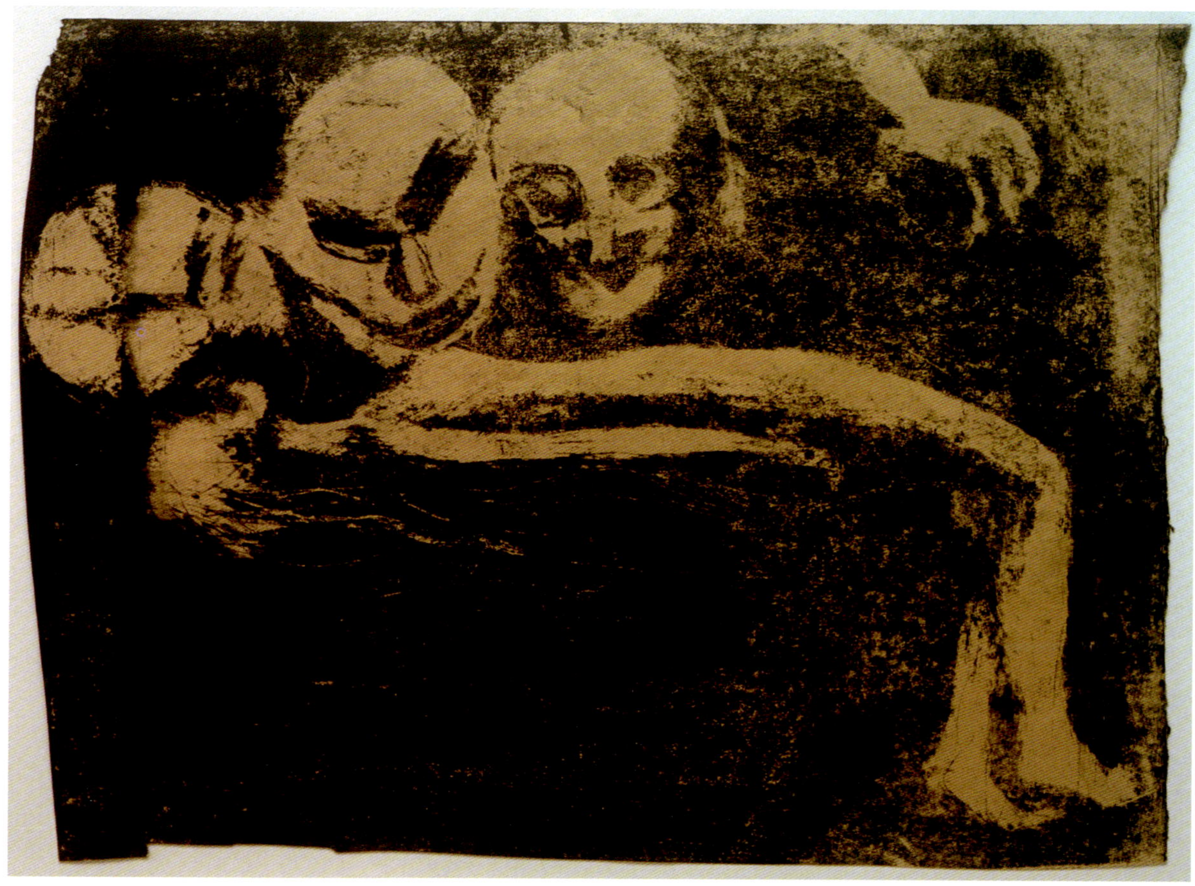

Lust

Désir

Begierde

Deseo

Desiderio

Begeerte

1898, Chalk and brush lithograph/Lithographie rehaussée à la craie et au pinceau, 27,4 × 36,7 cm, Munch-Museet, Oslo

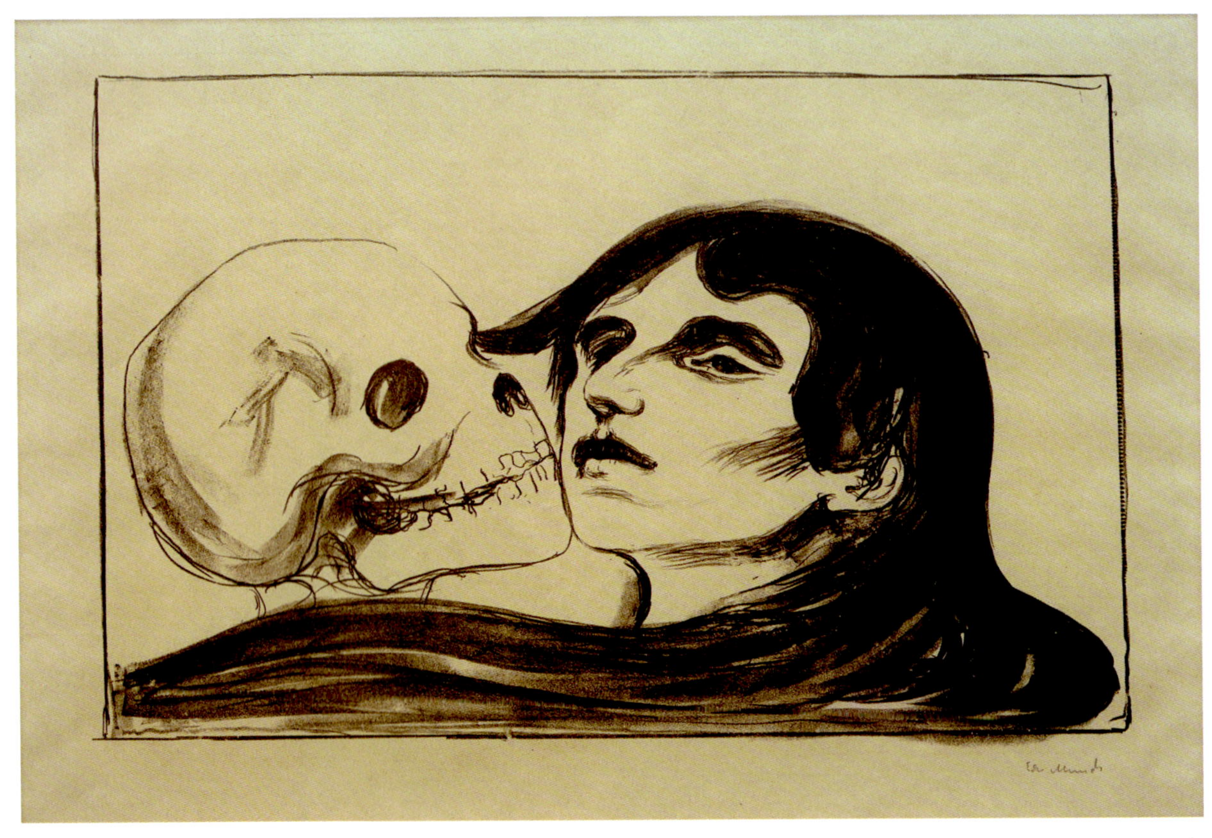

The Kiss of Death

Le Baiser de la mort

Todeskuss

Beso de la muerte

Il bacio della morte

Doodskus

1899, Chalk lithograph/Lithographie rehaussée à la craie, 40,5 × 57,6 cm, Kunsthalle, Hamburg

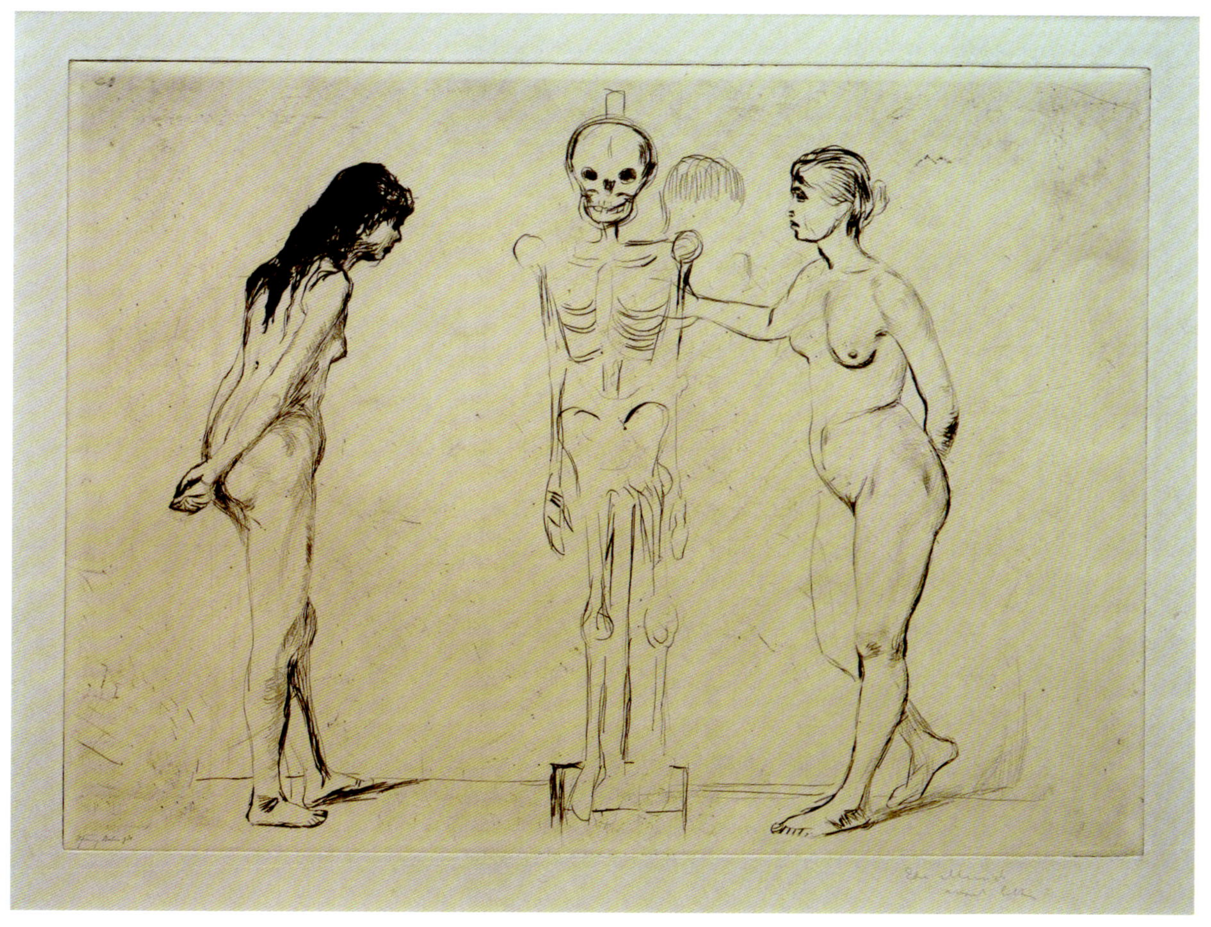

The Women and the Skeleton

Les Femmes et le Squelette

Die Frauen und das Gerippe

Las mujeres y el esqueleto

Le donne e lo scheletro

De vrouwen en het geraamte

1896, Dry point etching/Eau-forte et pointe sèche, 41,1 × 51,6 cm, Kunsthalle, Bremen

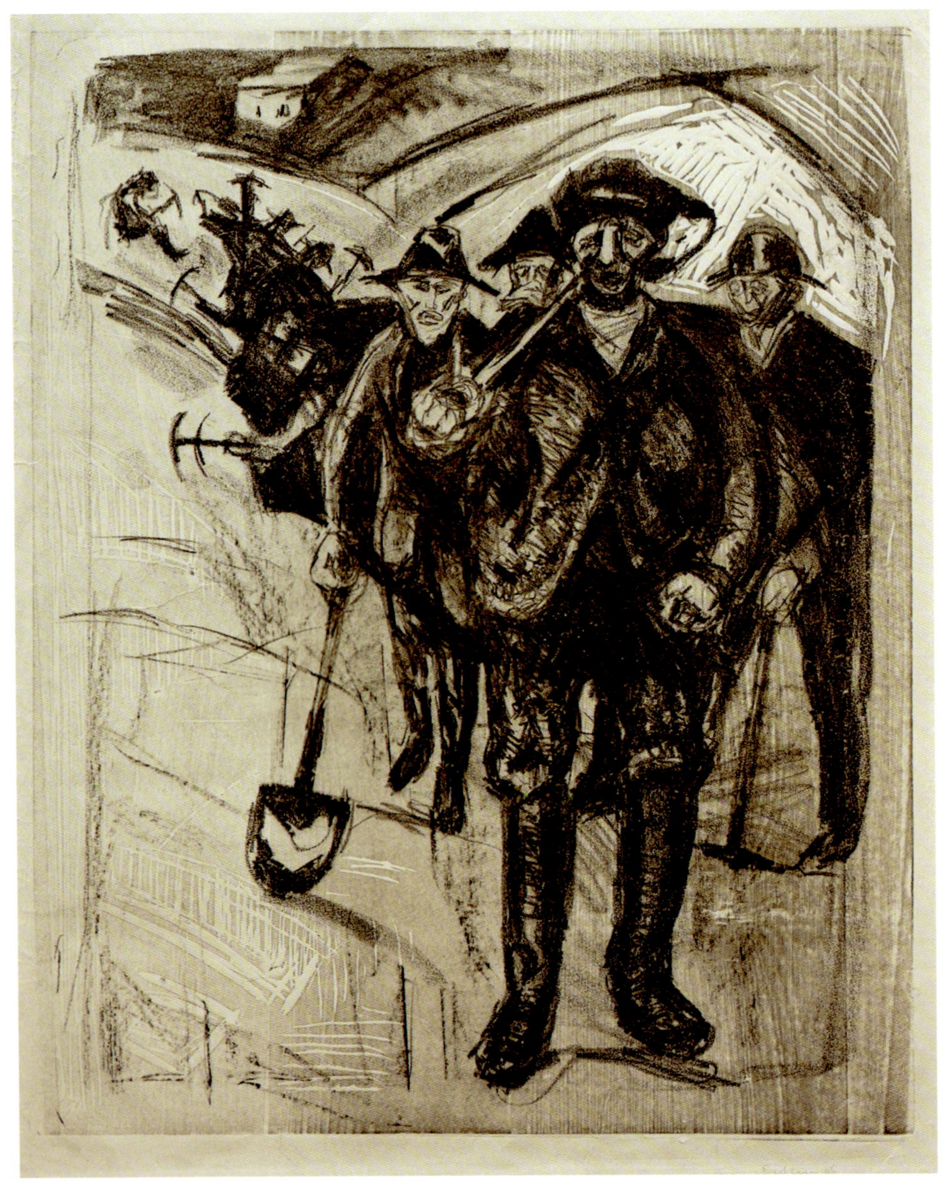

Workers in the Snow

Travailleurs dans la neige

Arbeiter im Schnee

Trabajador con nieve

Lavoratori nella neve

Arbeiders in de sneeuw

1912, Color woodcut, lithograph/Bois gravé et lithographie, 73 × 55,2 cm, Private collection

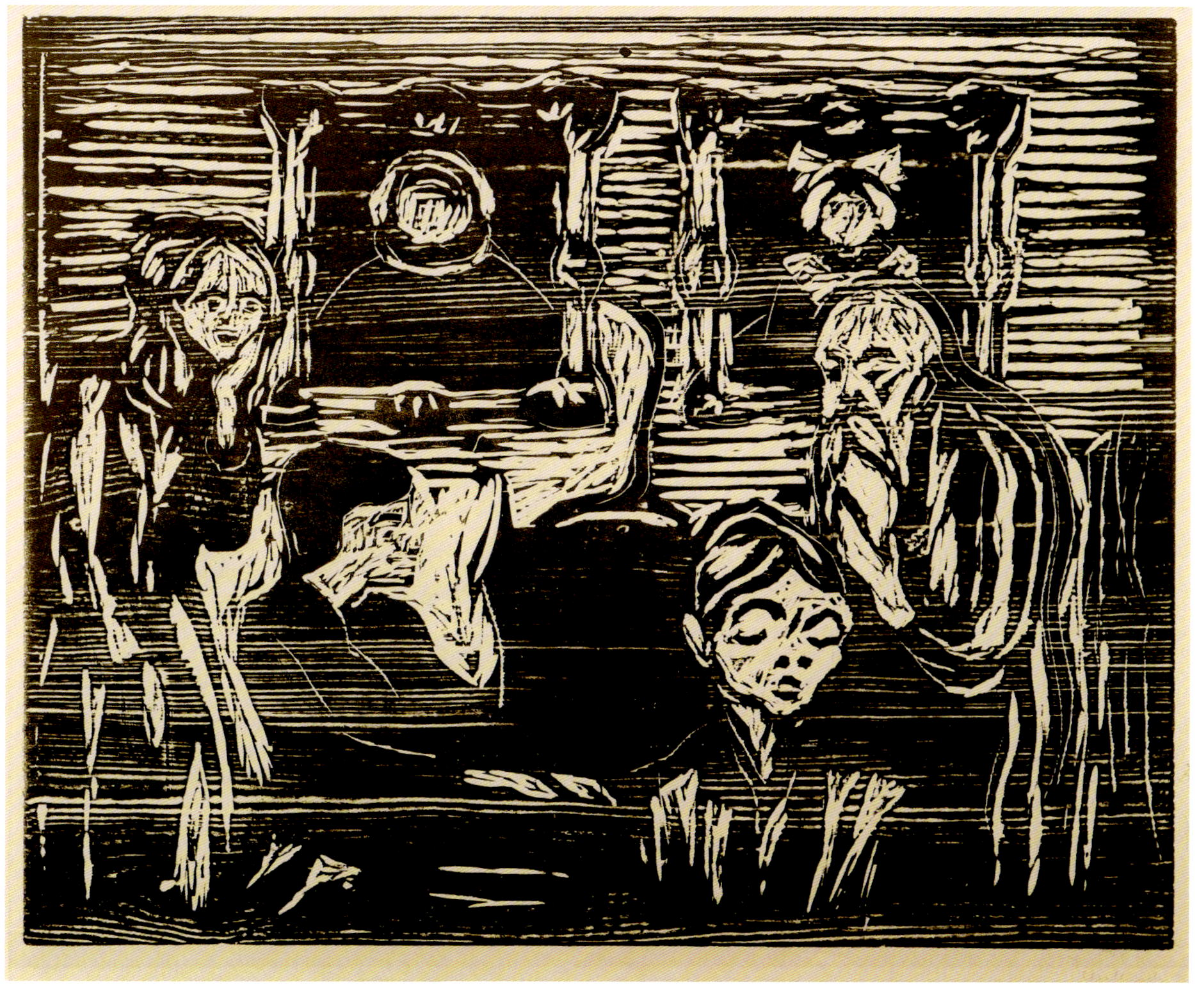

The Son ***Der Sohn*** ***Il figlio***
Le Fils ***El hijo*** ***De zoon***
1915, Woodcut/Bois gravé sur papier brun, 49,3 × 75,5 cm, Private collection

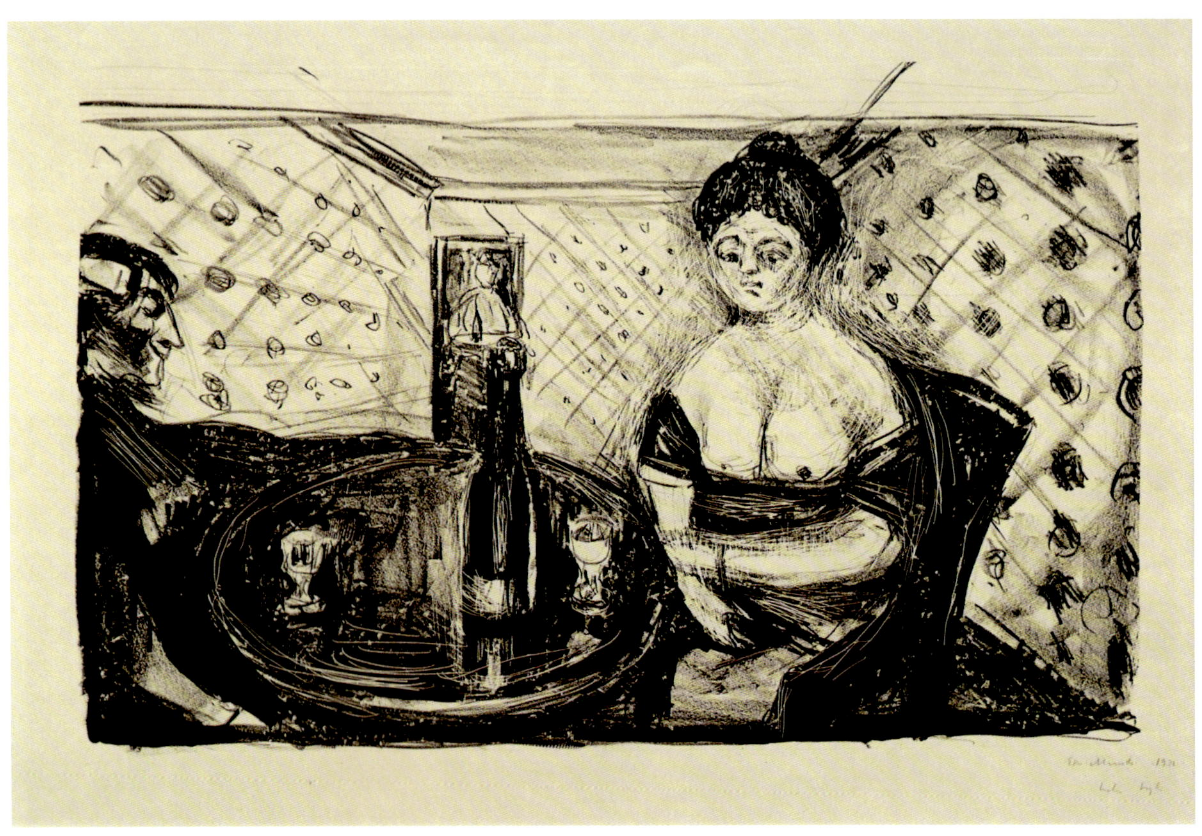

Bordello: With the Sweet Girl

Scène de bordel : chez la gentille fille

Bordellszene: Zum süßen Mädel

Escena de del burdel: a la monada

Scena nel bordello: alla dolce ragazza

Bordeelscène: op het zoete meisje

1930, Lithograph/Lithographie, 50,3 × 75,4 cm, Private collection

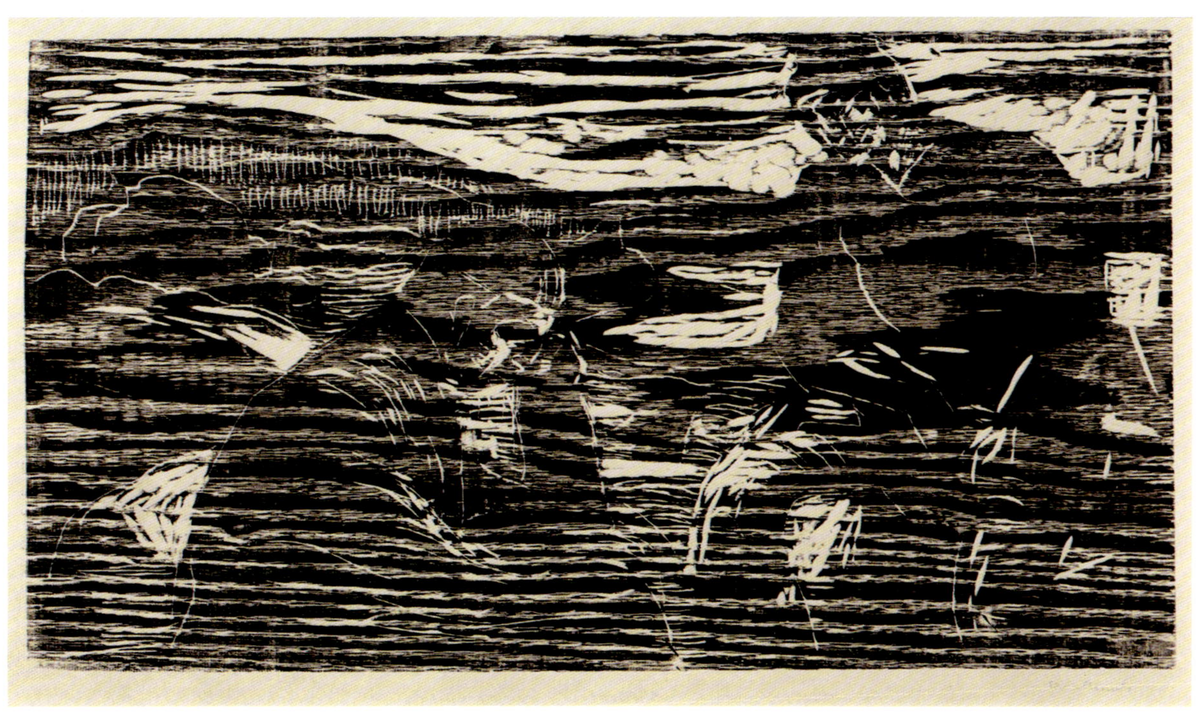

The Pretenders to the Throne: Skule and Jatgeir

Les Prétendants à la couronne : Skule et Jatgeir

Die Kronprätendenten: Skule und Jatgeir

Los pretendientes al trono: Skule y Jatgeir

I pretendenti al trono: Skule e Jatgeir

De troonpretendenten: Skule en Jatgeir

1917, Woodcut/Bois gravé sur papier brun, 29,5 × 52,8 cm, Private collection

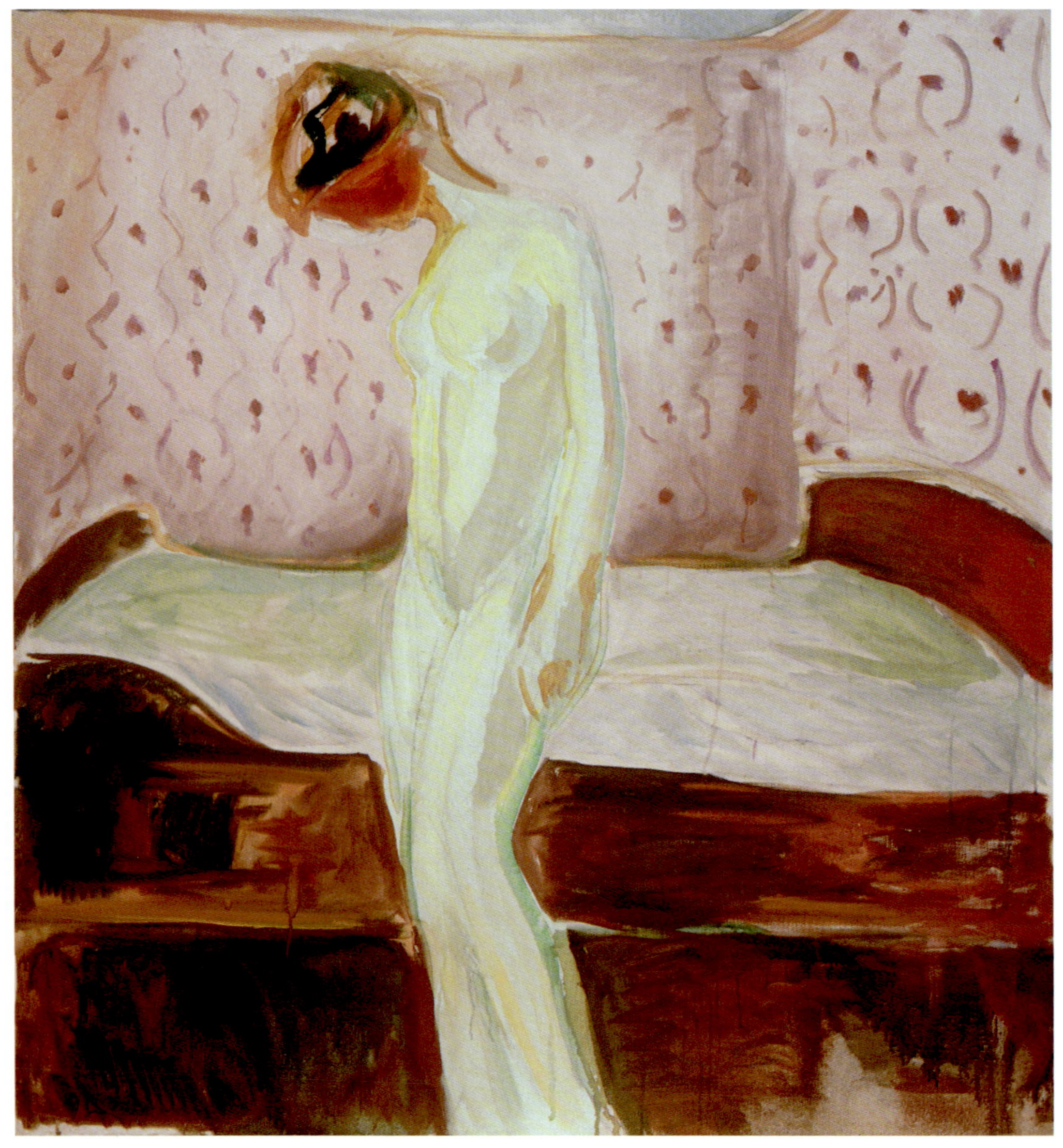

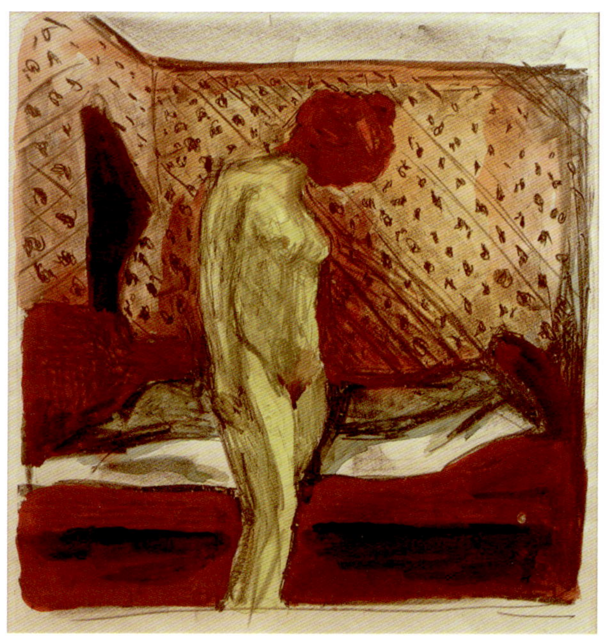

Young Woman Weeping

Femme en pleurs

Weinende junge Frau

Joven mujer llorando

Giovane donna piangente

Huilende jonge vrouw

1930, Lithograph/Lithographie. 40 × 36,2 cm, Munch-Museet, Oslo

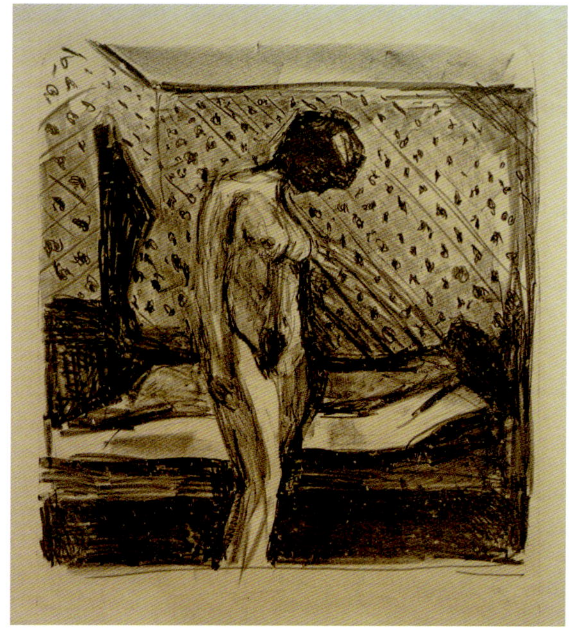

Young Woman Weeping

Femme en pleurs

Weinende junge Frau

Joven mujer llorando

Giovane donna piangente

Huilende jonge vrouw

1930, Lithograph/Lithographie. 40 × 36,2 cm, Munch-Museet, Oslo

Girl Crying IV

Fille en pleurs IV

Weinendes Mädchen IV

Chica llorando IV

Ragazza piangente IV

Huilende meisjes IV

1907 (?), Color chalk and oil on canvas/Craie et huile sur toile, 110,5 × 99 cm, Munch-Museet, Oslo

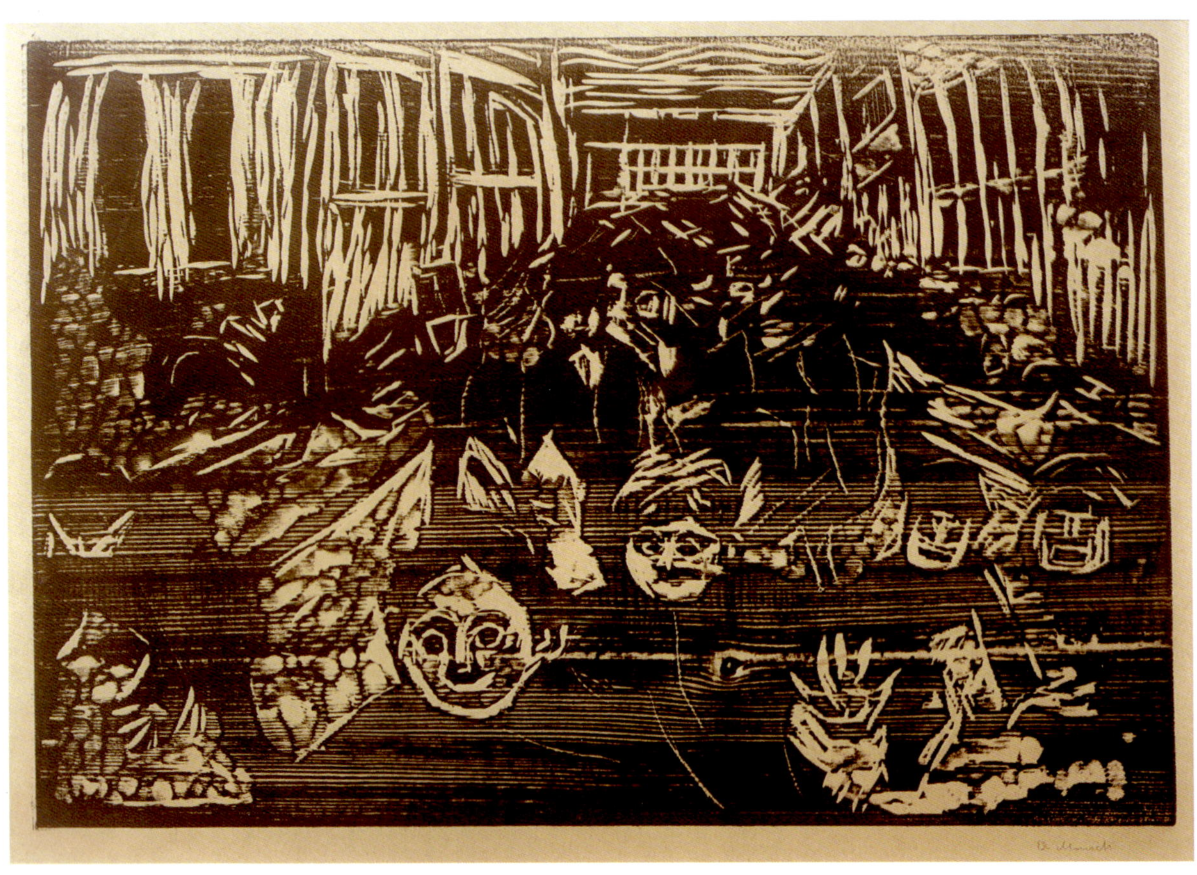

Panic in Oslo ***Panik in Oslo*** ***Panico a Oslo***

Panique à Oslo ***Pánico en Oslo*** ***Paniek in Oslo***

1917, Woodcut/Bois gravé, 38 × 54,6 cm, Munch-Museet, Oslo

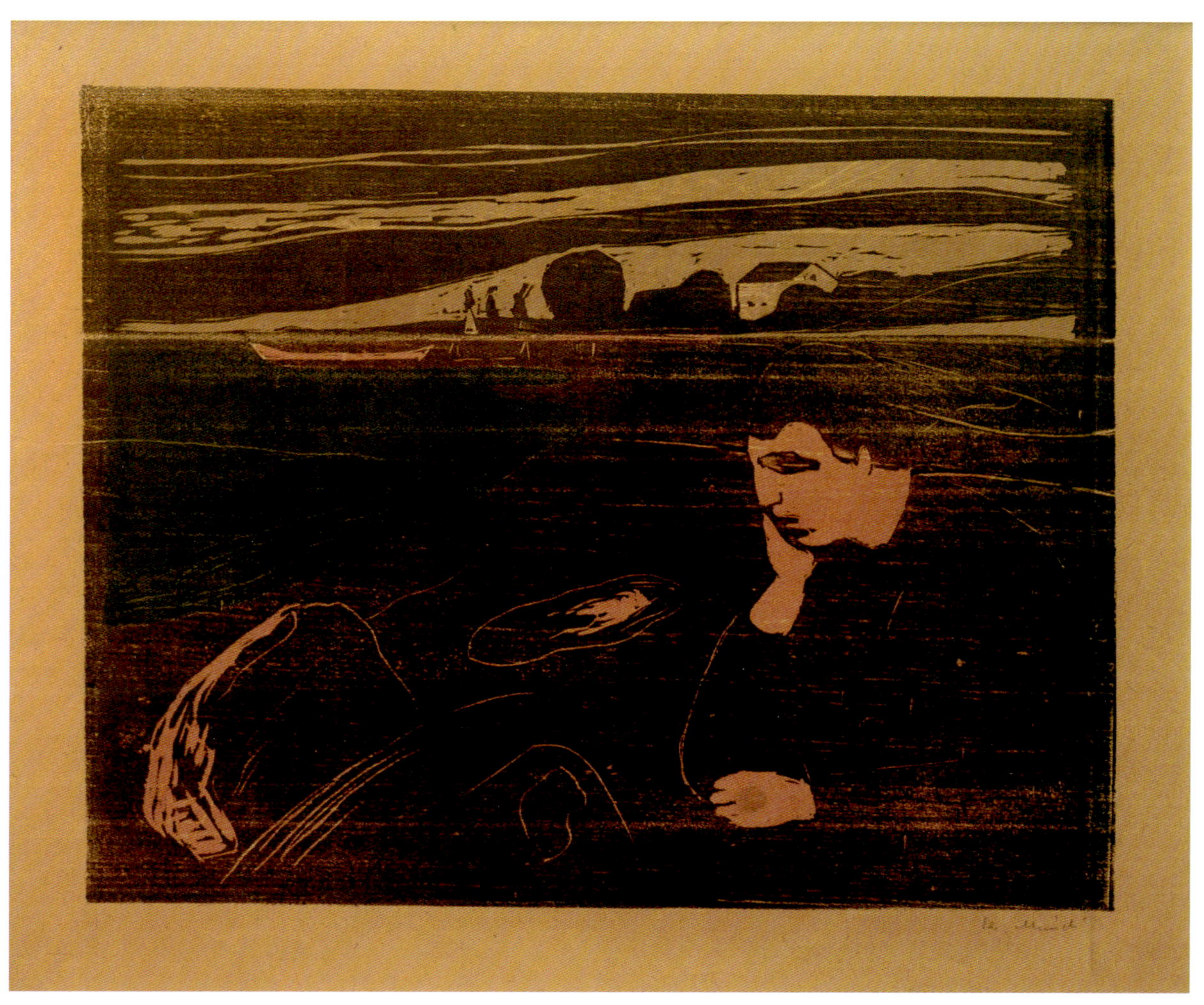

Melancholy III ***Melancholie III*** ***Malinconia III***

Mélancolie III ***Melancolía III*** ***Melancholie III***

1902, Woodcut/Bois gravé, 65,8 × 61 cm, Private collection

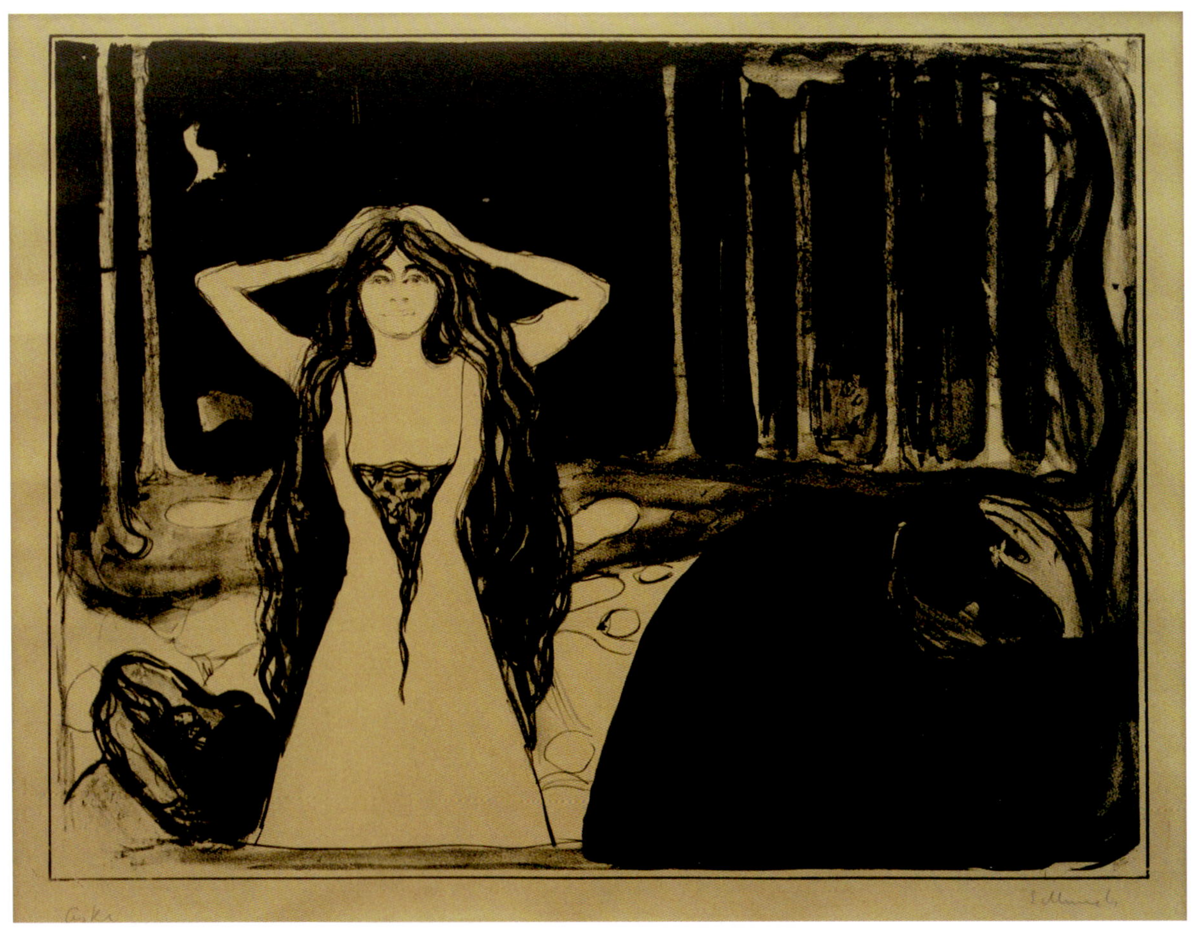

Ashes II

Cendres II (Après la chute)

Asche II

Cenizas II

Ceneri II

As II

1899, Chalk and brush lithograph/Lithographie rehaussée à la craie et au pinceau, 40,7 × 56,3 cm, Kunsthalle, Hamburg

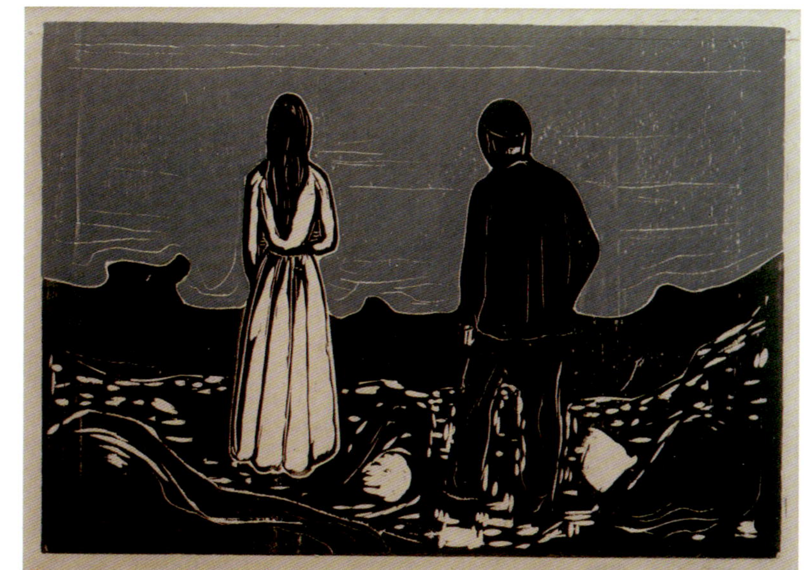

Two People in Isolation

Deux personnes (Les Solitaires)

Zwei Menschen (Die Einsamen)

Dos personas (en soledad)

Due uomini soli

Twee mensen (De eenzamen)

1899, Woodcut/Bois gravé, 46 × 59,2 cm, Private collection

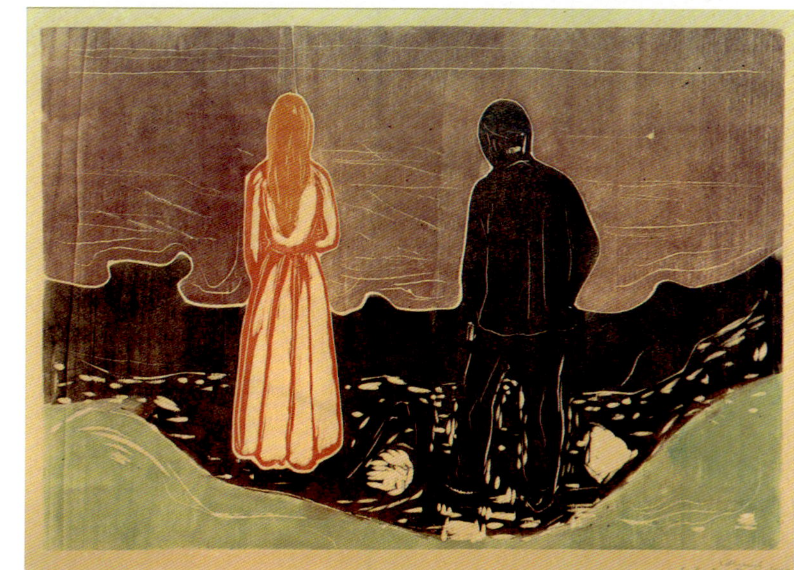

Two People in Isolation

Deux personnes (Les Solitaires)

Zwei Menschen (Die Einsamen)

Dos personas (en soledad)

Due uomini soli

Twee mensen (De eenzamen)

1899, Color woodcut/Bois gravé, 39 × 55,5 cm, Kunsthaus, Zug

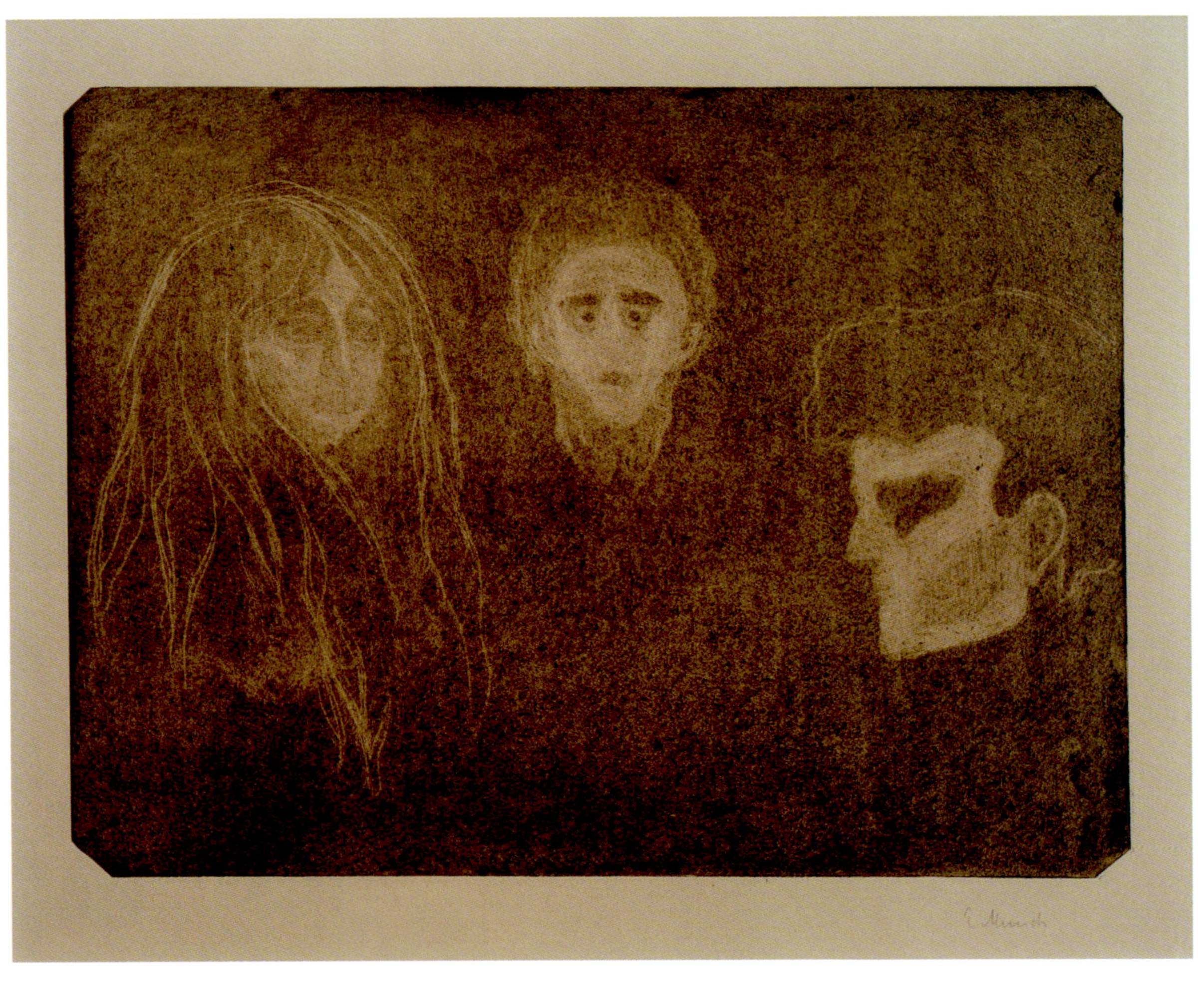

Three Faces (Tragedy) *Drei Gesichter (Tragödie)* *Tre visi (tragedia)*
Trois Spectres (Tragédie) *Tres caras (tragedia)* *Drie gezichten (Tragedie)*

1902, Aquatinta/Aquatinte, 40 × 50 cm, Private collection

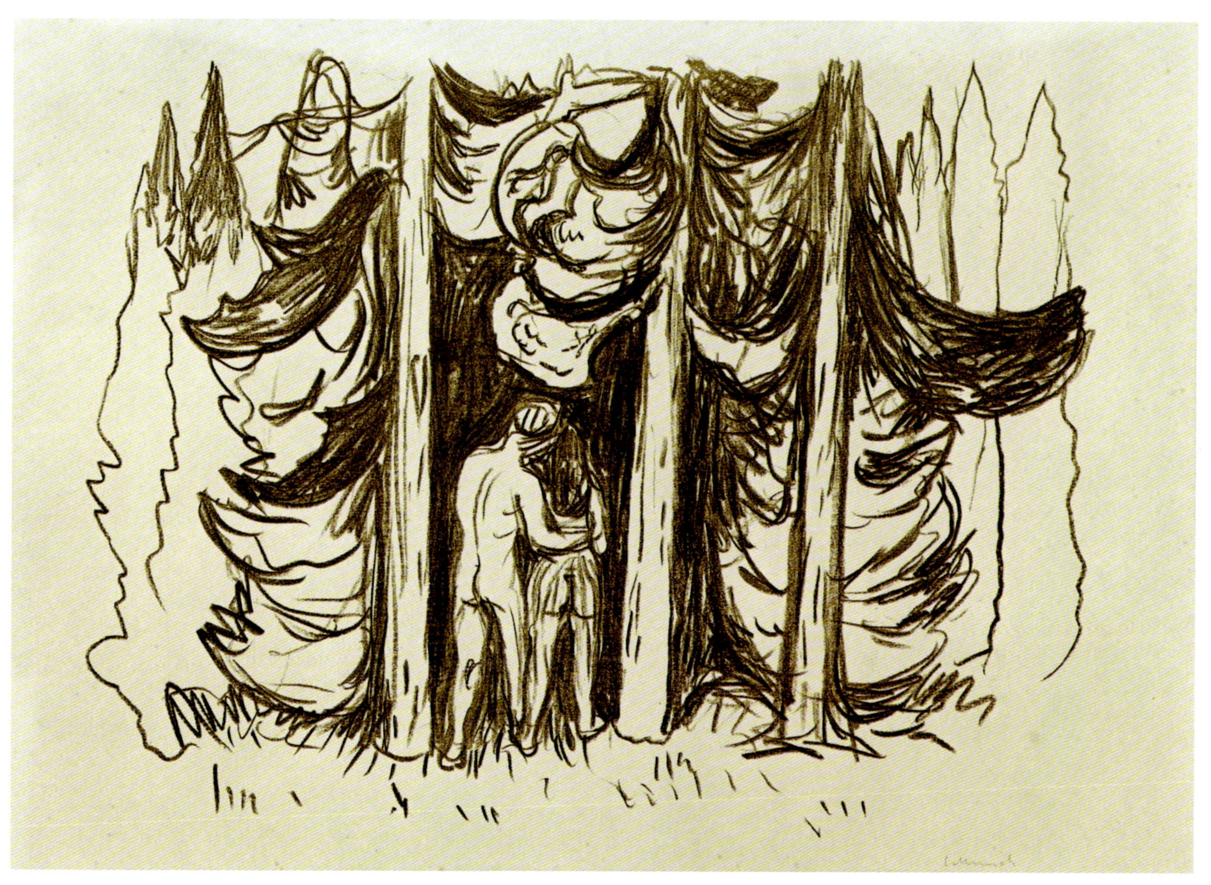

The Forest ***Der Wald*** ***Il bosco***

La Forêt ***El bosque*** ***Het bos***

1908–09, Lithograph/Lithographie, 33,5 × 42 cm, Museum für Kunst und Kulturgeschichte, Lübeck

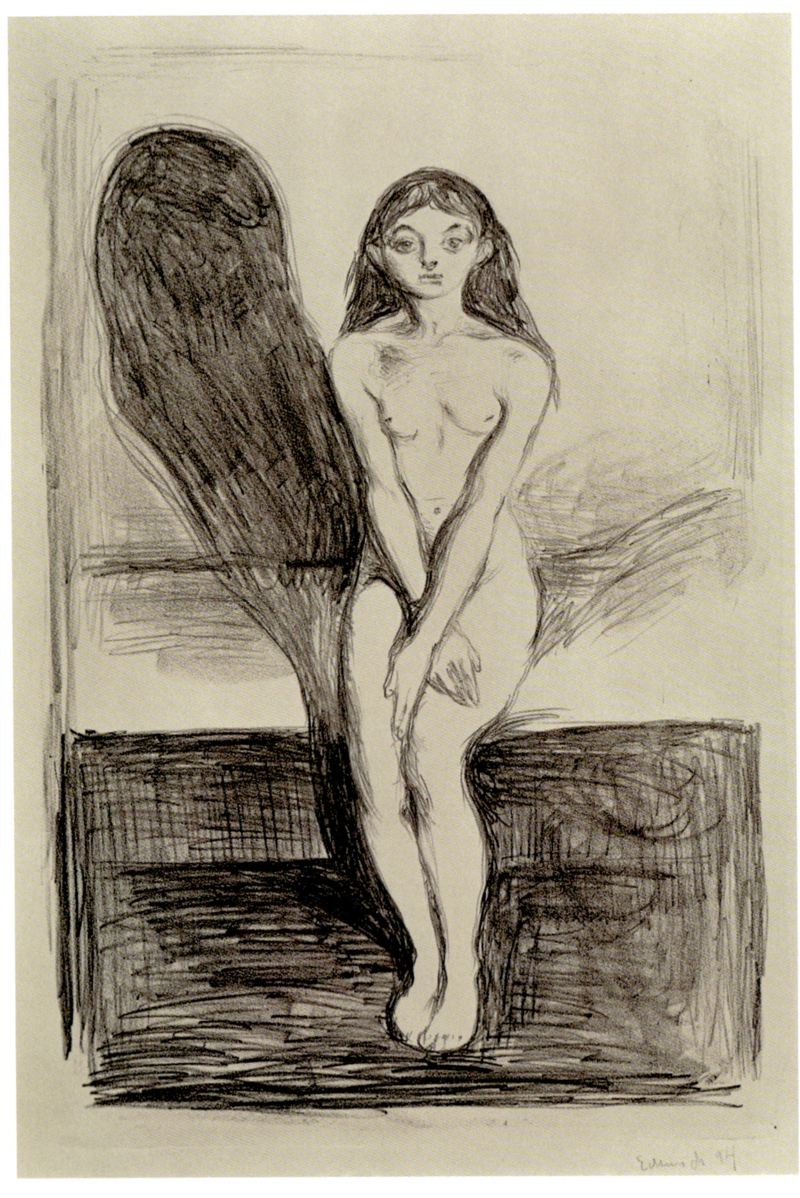

Puberty

Puberté

Pubertät

Pubertad

Pubertà

Puberteit

1894, Lithograph/Lithographie, 41,6 × 31,6 cm, Kupferstichkabinett, Berlin

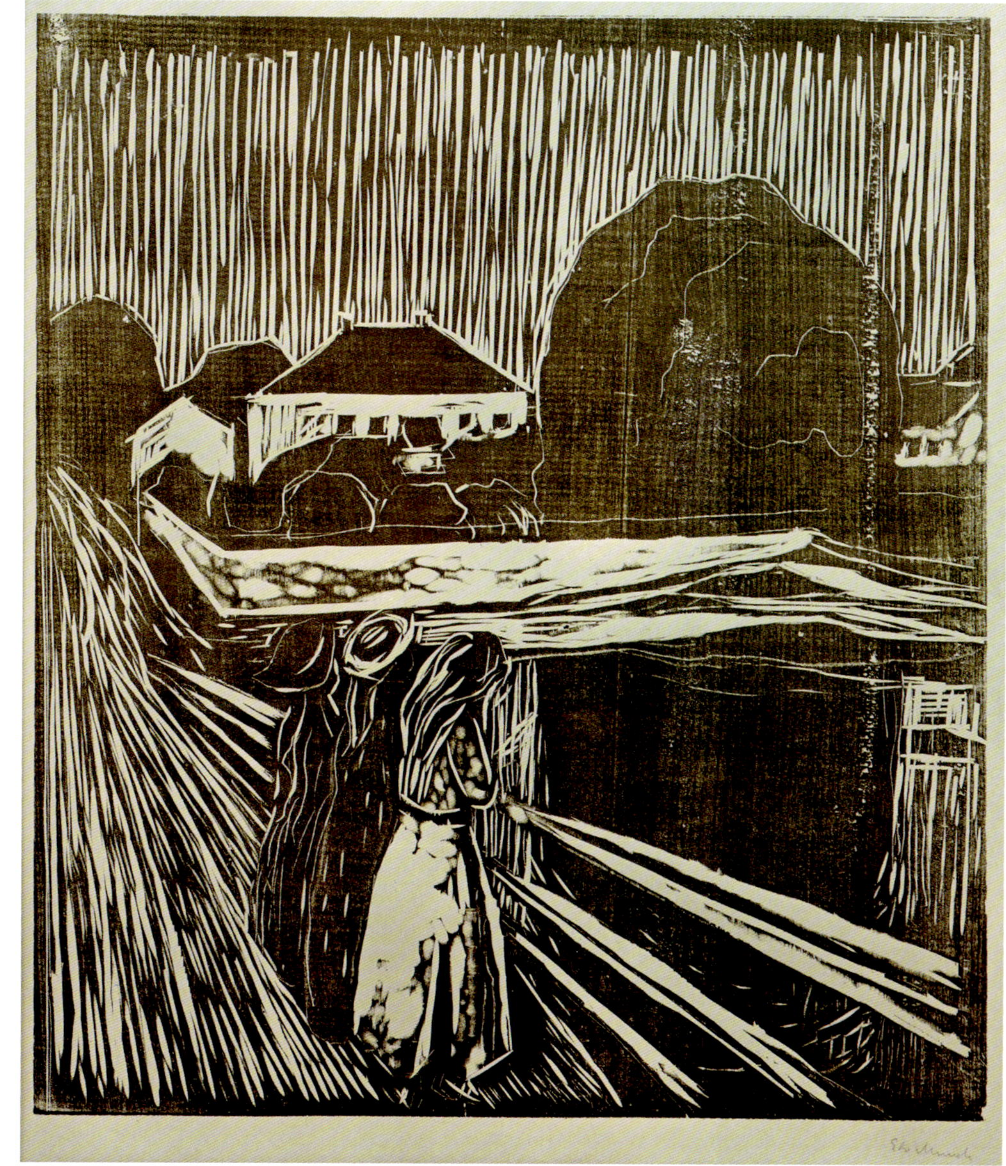

The Girls on the Bridge

Les Jeunes Filles sur le pont

Die Mädchen auf der Brücke

La chica del puente

La ragazza sul ponte

De meisjes op de brug

1918–20
Woodcut/Bois gravé,
49,5 × 42 cm
Kunsthaus, Zug

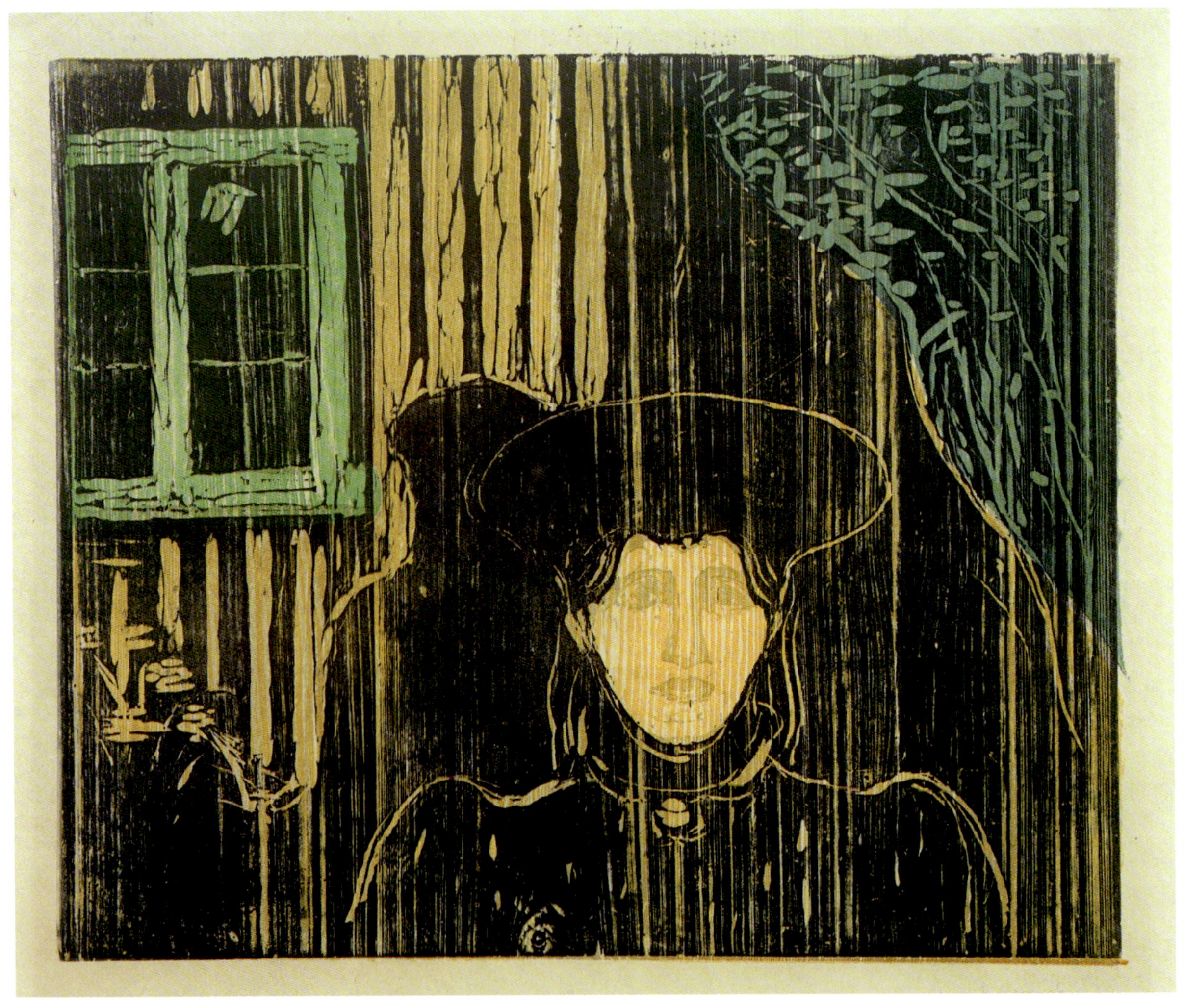

Moonlight ***Mondschein*** ***Chiaro di luna***

Clair de lune ***Luz de luna*** ***Maneschijn***

1896, Color woodcut/Bois gravé, 50 × 58,5 cm, Sprengel Museum, Hannover

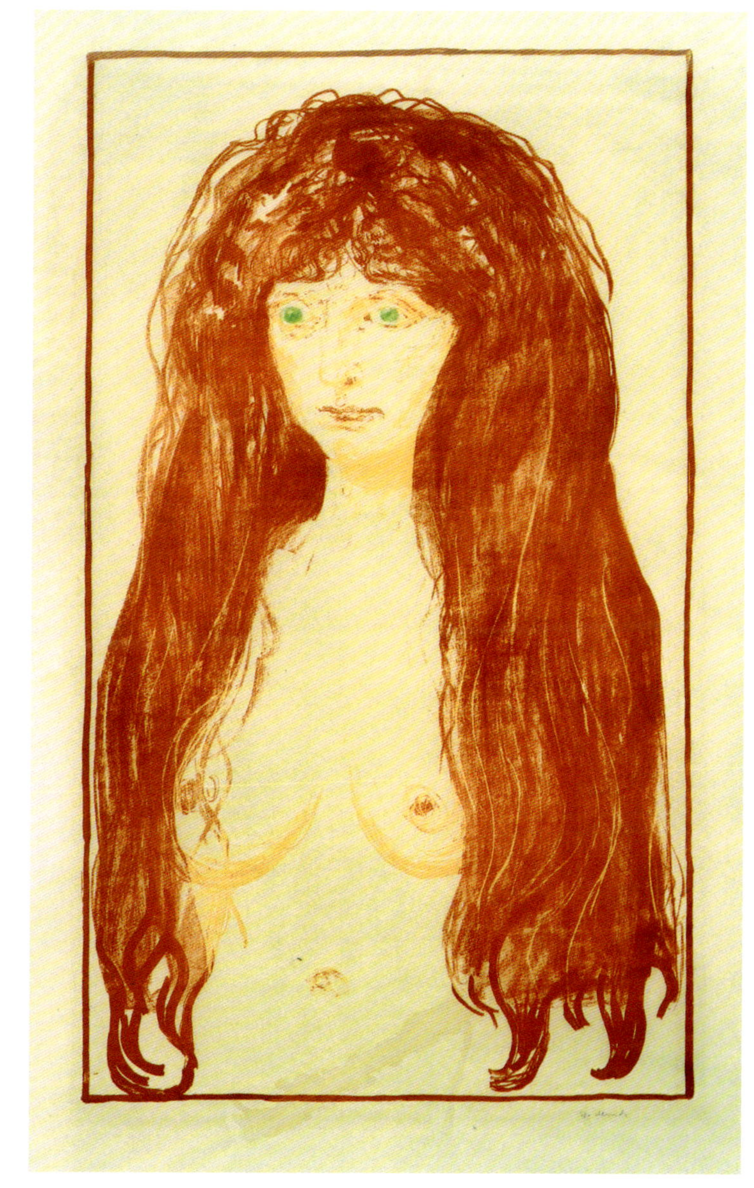

Nude with Red Hair

Nu aux cheveux roux

Akt mit roten Haaren

Desnudo pelirrojo

Nudo di donna con capelli rossi

Naakt met rood haar

1901, Chalk lithograph/Lithographie, 69,7 × 40 cm, Sprengel Museum, Hannover

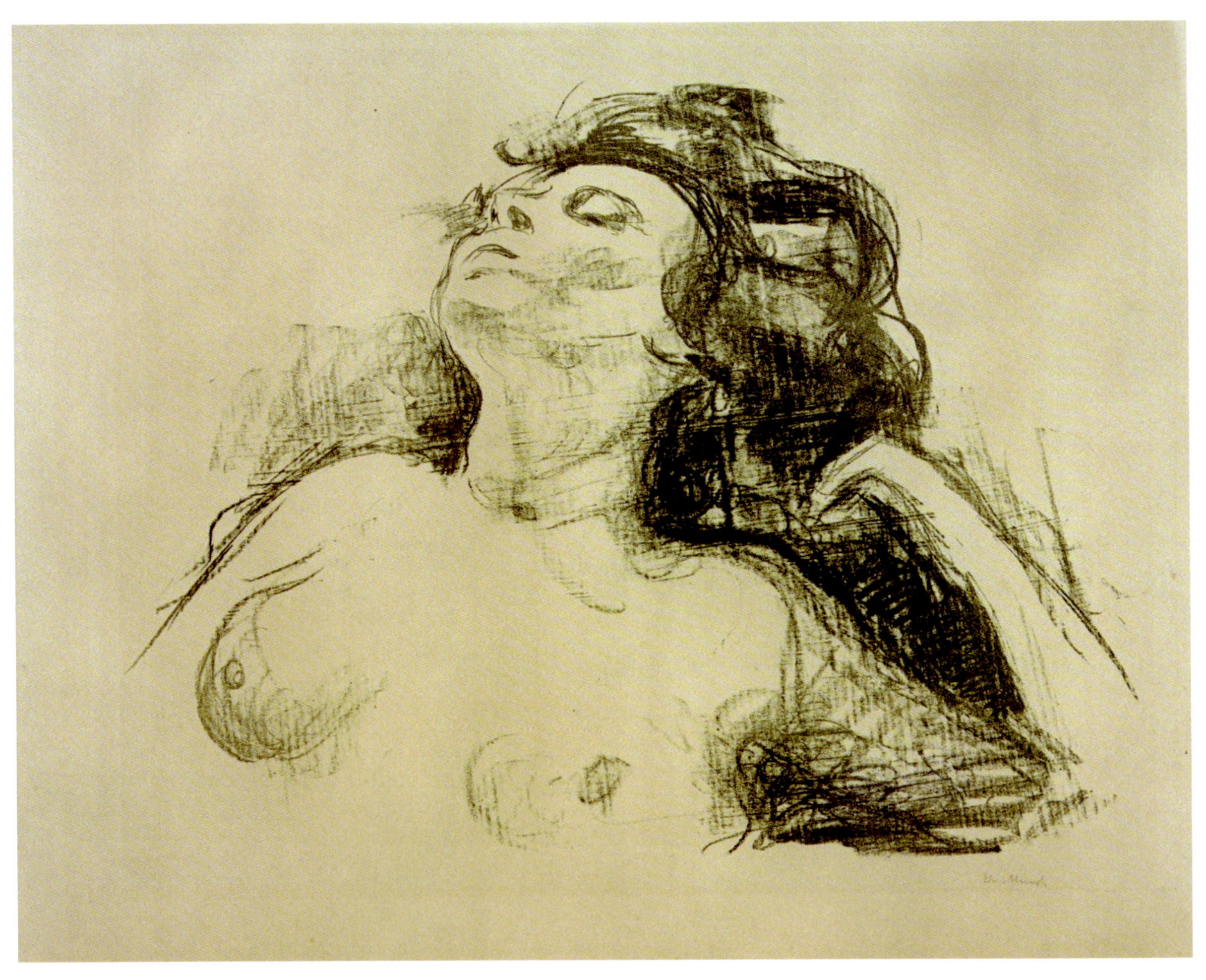

Nude Reclining II ***Liegender Halbakt II*** ***Mezzo nudo disteso II***
Buste de femme couchée II ***Semidesnudo tumbado II*** ***Liggend halfnaakt II***
1920, Chalk lithograph/Lithographie, 43 × 55,5 cm, Sprengel Museum, Hannover

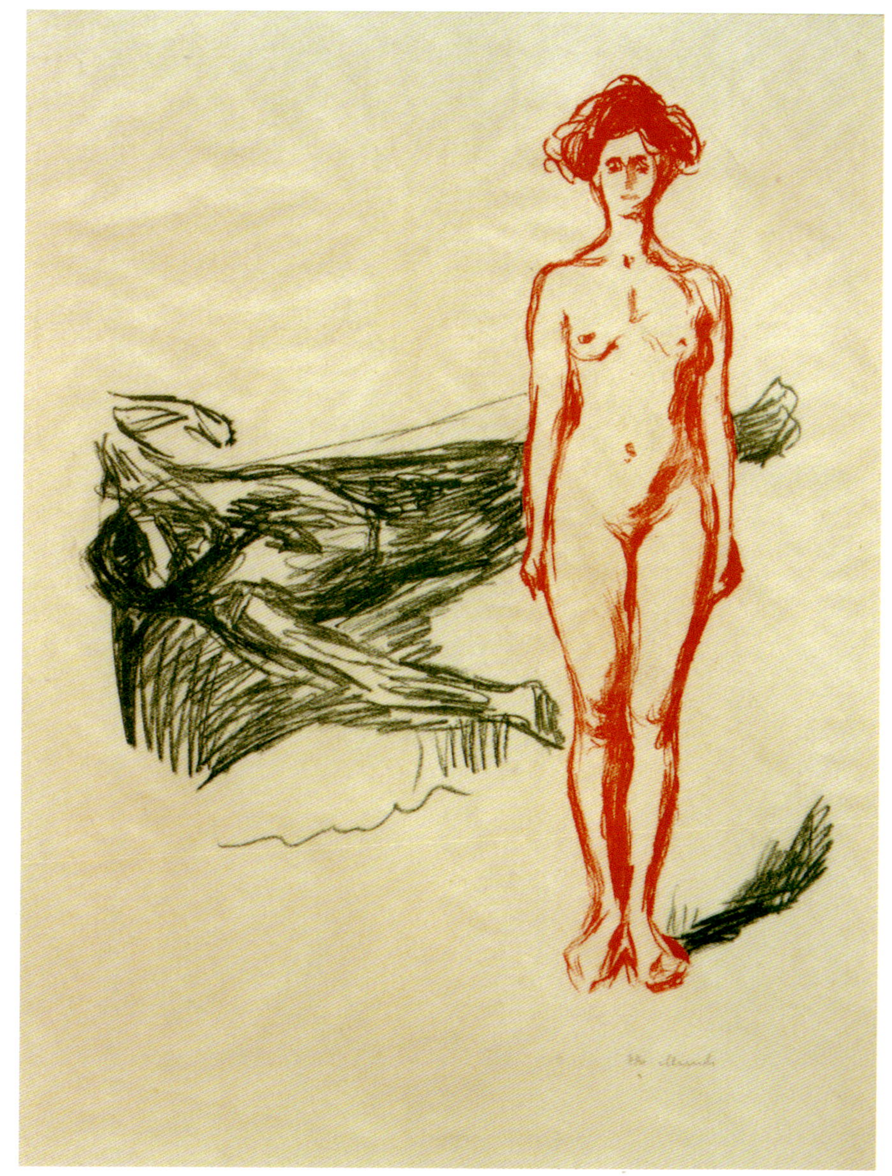

Marat's Death

La Mort de Marat

Tod des Marat

La muerte de Marat

Morte di Marat

De dood van Marat

1906–07, Color lithograph/ Lithographie 57,5 × 42 cm, Sprengel Museum, Hannover

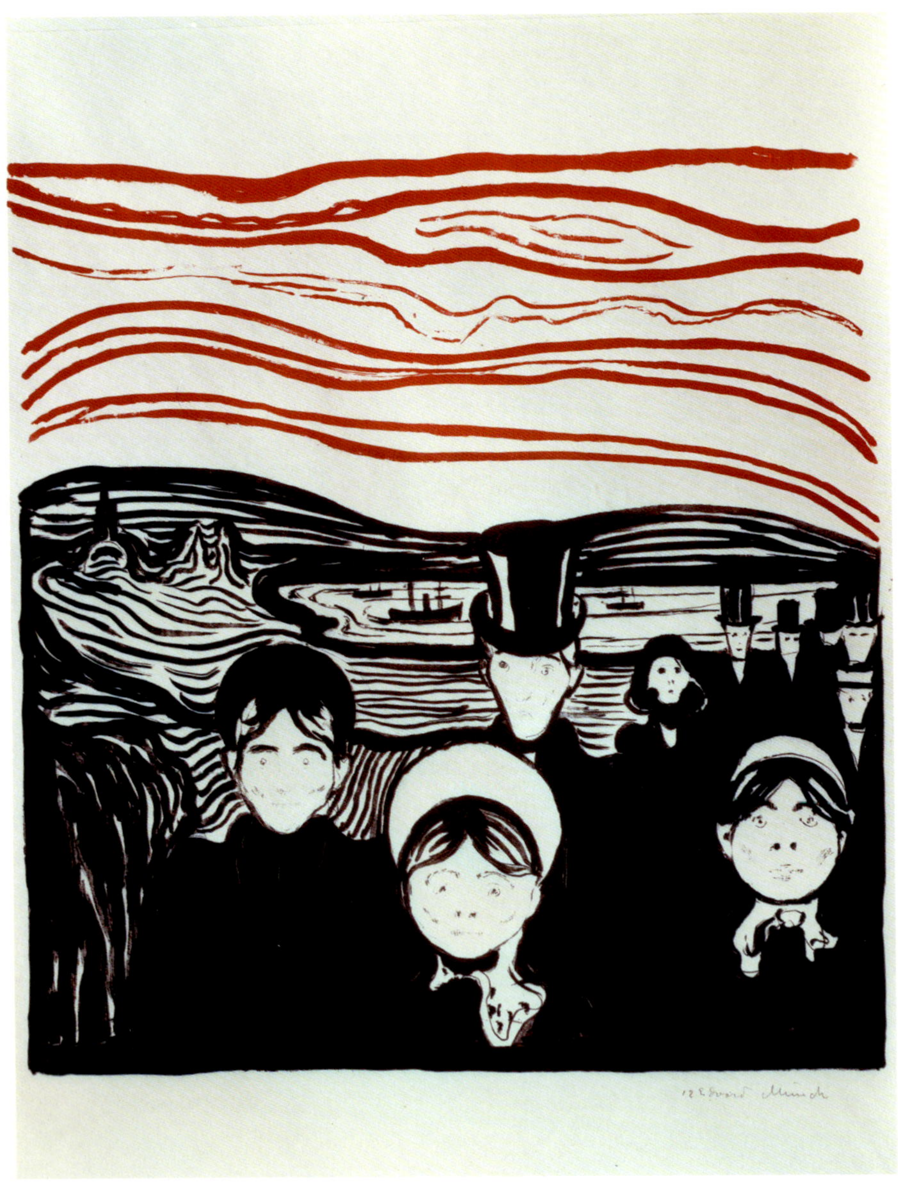

The Feeling of Fear

Angoisse

Angstgefühl

Sensación de miedo

Senso di angoscia

Angstgevoel

1896, Two-color lithograph/ Lithographie en deux couleurs, 41,2 × 38,5 cm, Kupferstich-Kabinett, Dresden

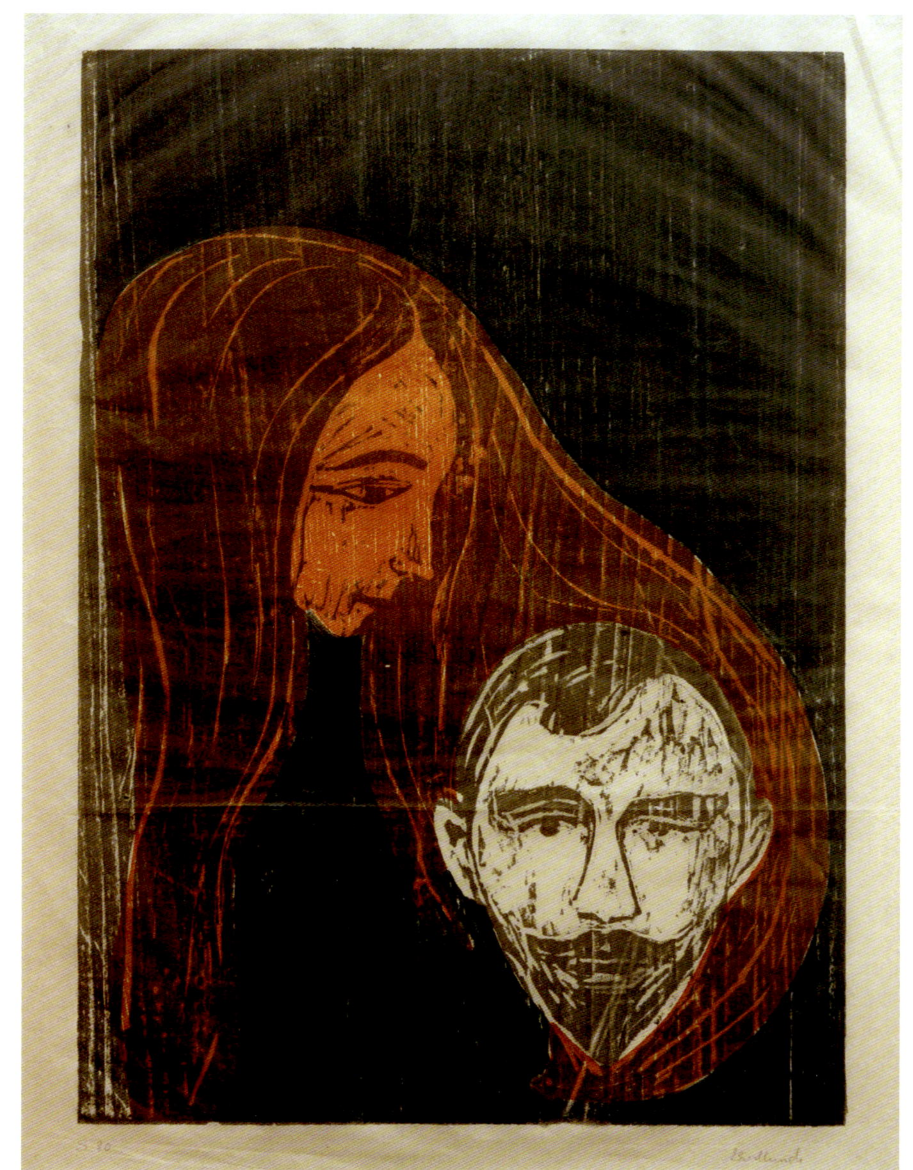

Man's Head Trapped in the Hair of a Woman

Tête d'homme dans des cheveux de femme

Männerkopf in Frauenhaar

Cabeza de hombre en el cabello de mujer

Testa d'uomo tra i capelli di una donna

Mannenhoofd in vrouwenhaar

1896, Color woodcut/Bois gravé, 66,8 × 48,8 cm, Private collection

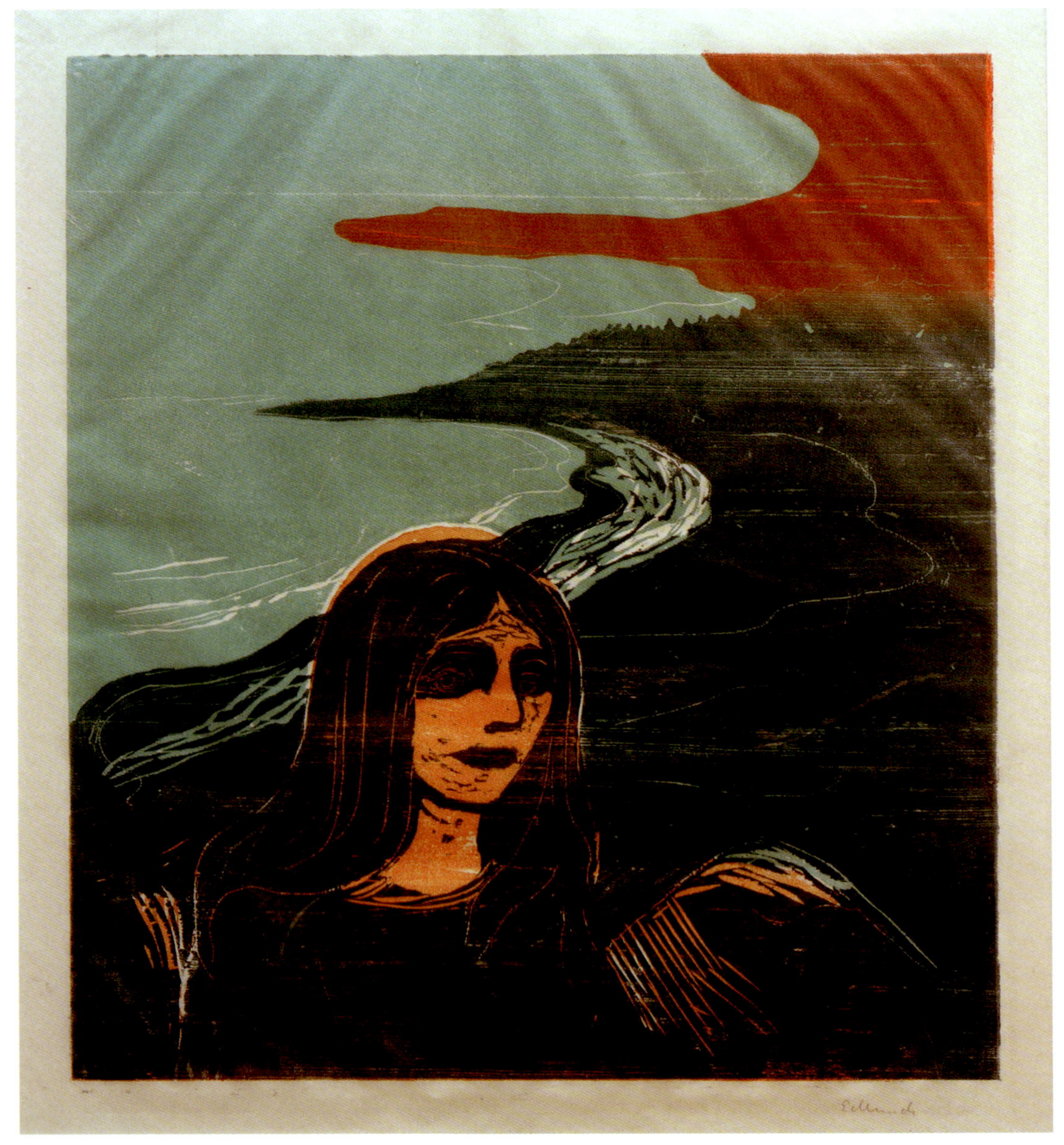

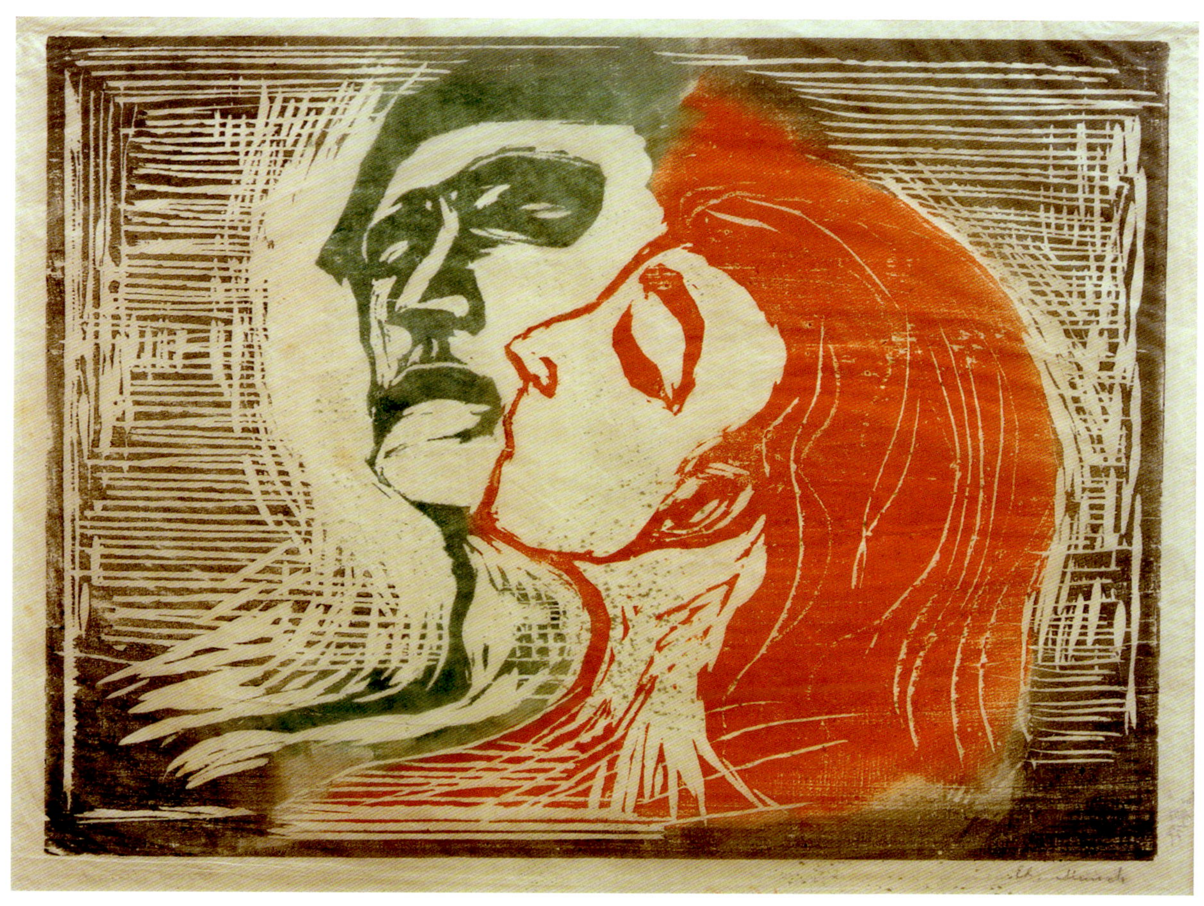

Woman's Head on the Beach
Tête de femme, sur la plage
Frauenkopf am Strande
Cabeza de mujer en la playa
Testa di donna sulla riva
Vrouwenhoofd aan het strand
1899, Color woodcut/Bois gravé, 61,5 × 48,2 cm, Private collection

Head-to-Head (Man and Woman Kissing)
Tête contre tête (Homme et femme s'embrassant)
Kopf an Kopf (Mann und Weib sich küssend)
Cabeza con cabeza (Hombre y mujer besándose)
Testa a testa (Uomo e donna che si baciano)
Hoofd aan hoofd (Kussende man en vrouw)
1905, Color woodcut/Bois gravé, 39,5 × 54 cm, Staatsgalerie, Stuttgart

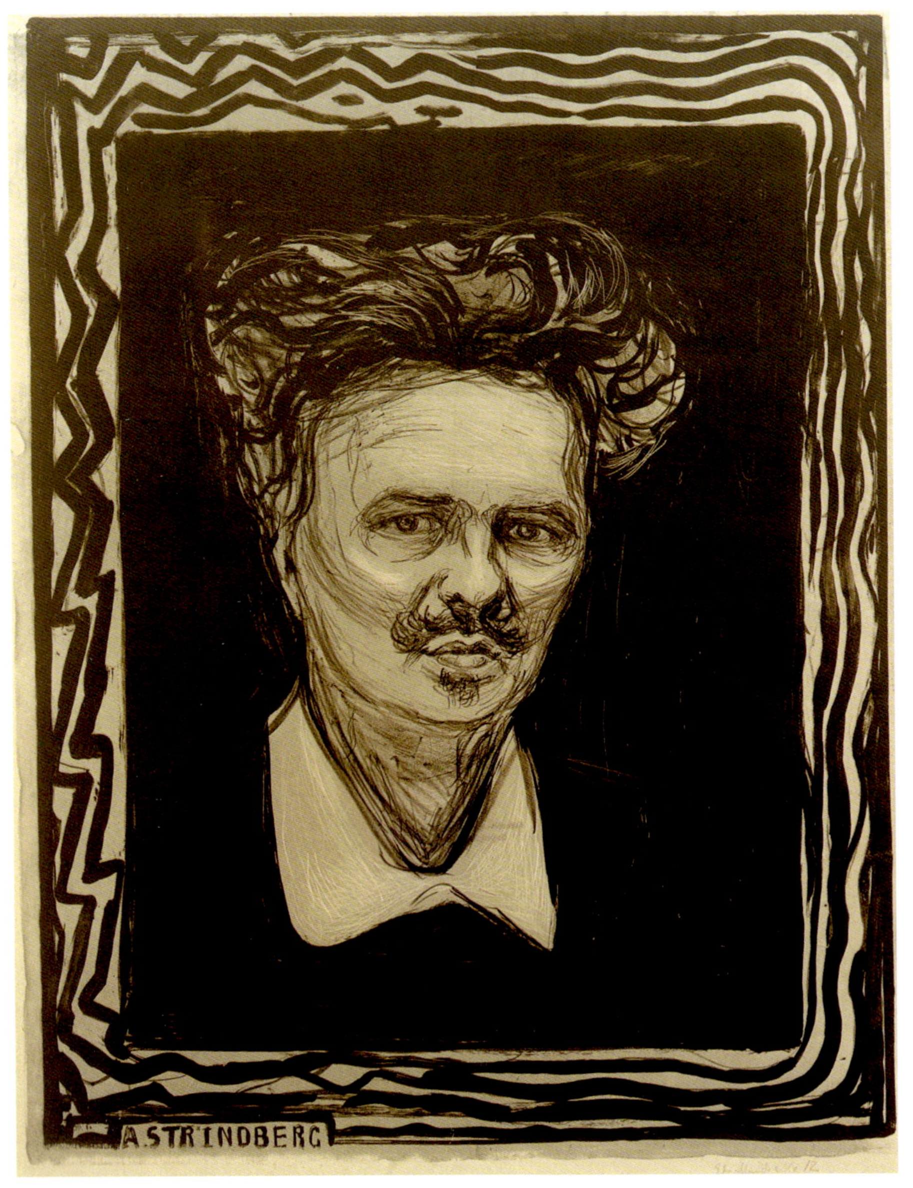

August Strindberg

Portrait d'August Strindberg

Bildnis August Strindberg

Imagen de August Strindberg

Ritratto di August Strindberg

Portret van August Strindberg

1896, Chalk and brush lithograph/ Lithographie rehaussée à la craie et au pinceau, 64,8 × 49 cm, Nasjonalmuseet, Oslo

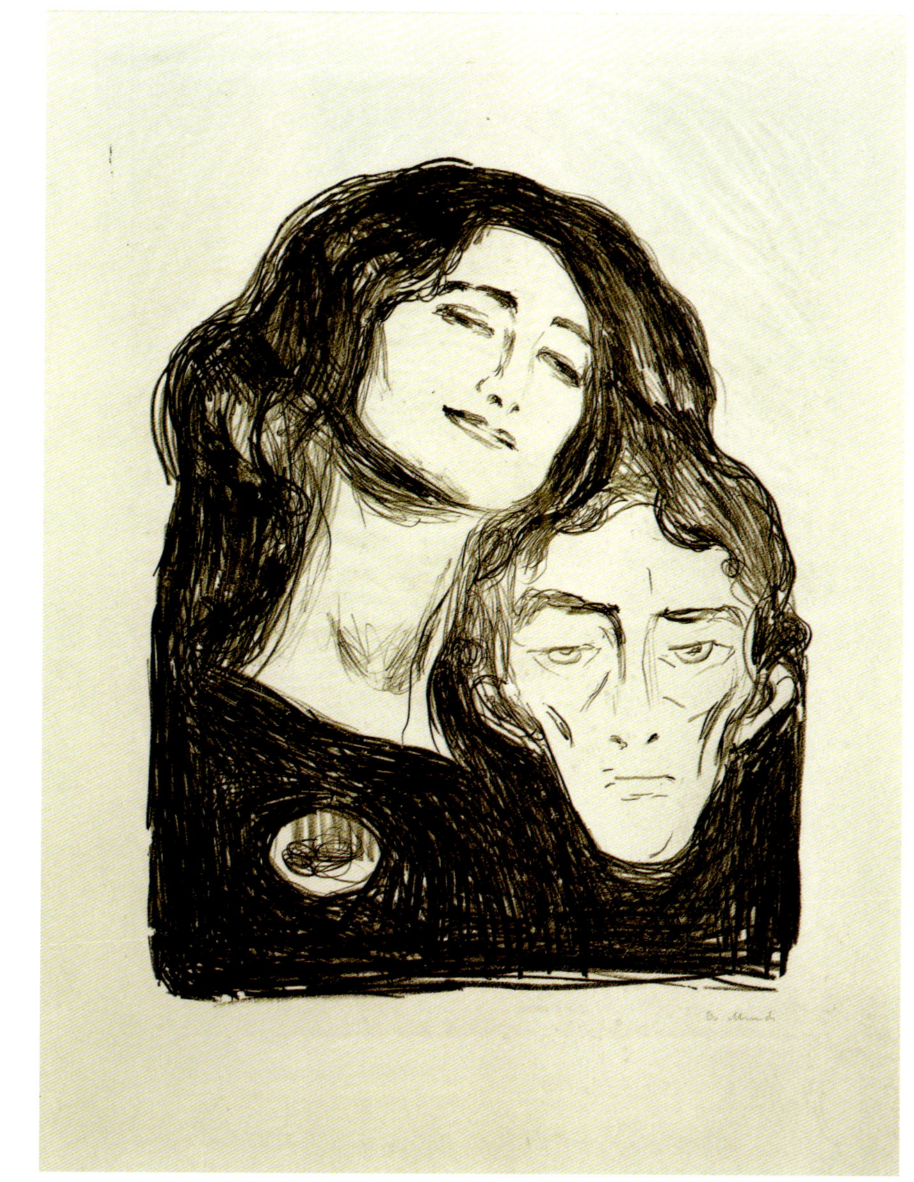

Salome

Salomé

Salome

Salomé

Salomè

Salomé

1903, Chalk lithograph/Lithographie rehaussée à la craie, 59 × 43,7 cm, Sprengel Museum, Hannover

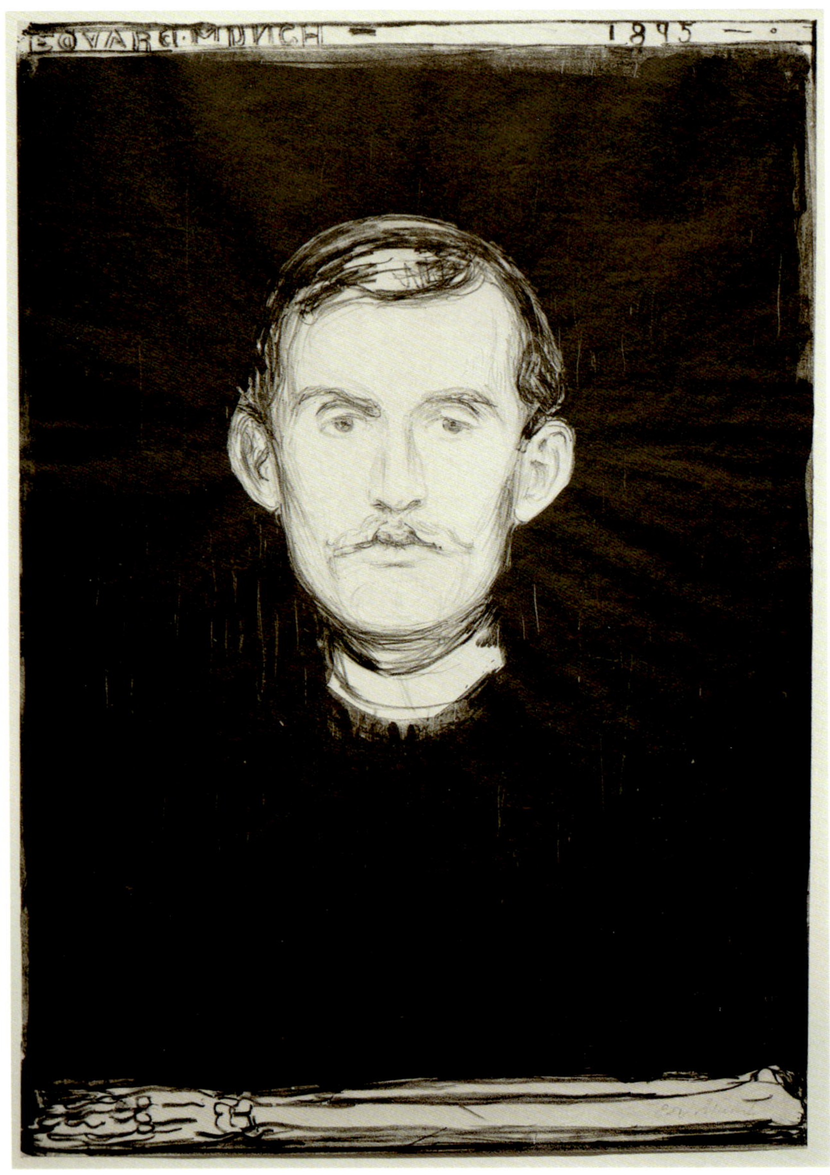

Self-Portrait with Arm Bone

Autoportrait au bras de squelette

Selbstbildnis mit Armknochen

Autorretrato con esqueleto de brazo

Autoritratto con braccio di scheletro

Zelfportret met armbot

1895, Lithograph/Lithographie,
45,8 × 31,6 cm, Staatsgalerie, Stuttgart

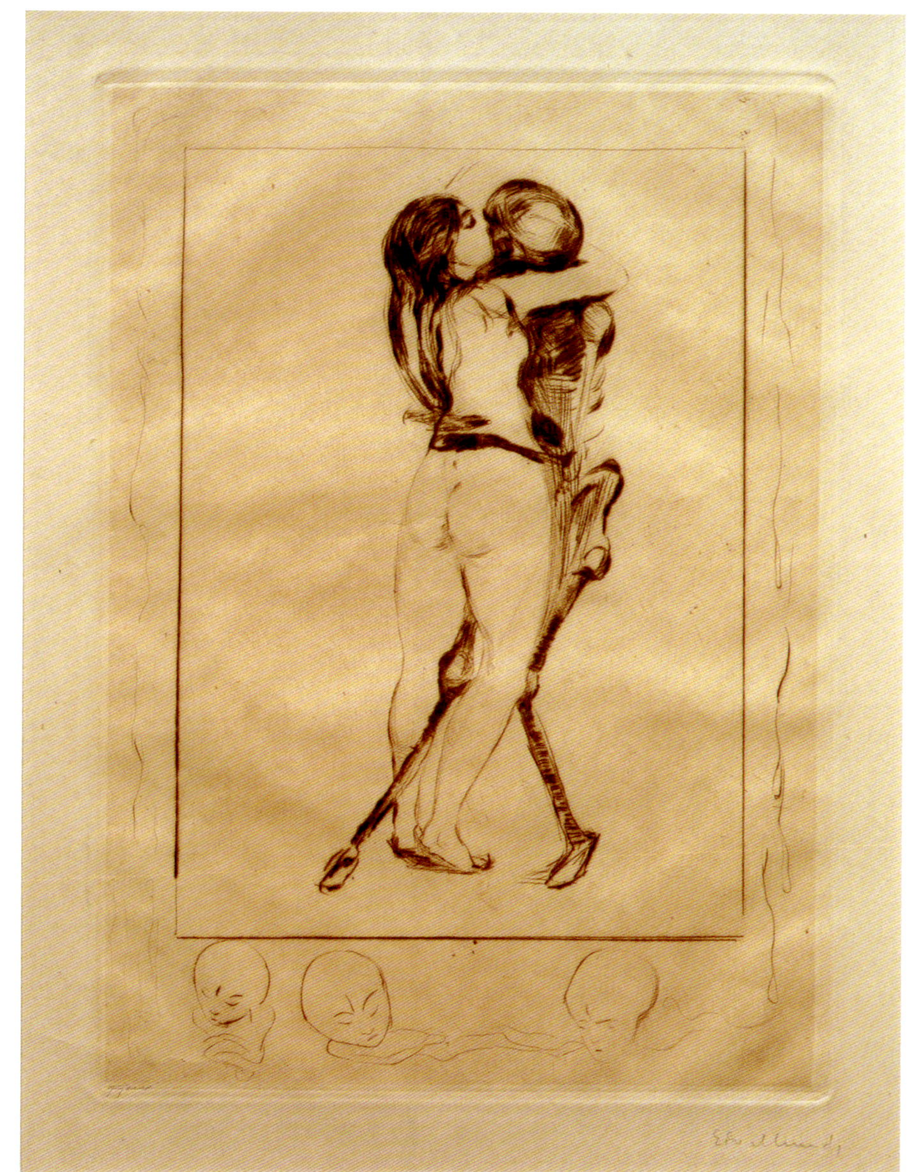

Death and the Woman

La Mort et la femme

Der Tod und das Weib

La muerte y la mujer

La morte e la donna

De dood en de vrouw

1894, Dry point etching/Eau-forte et pointe sèche, 49,4 × 32,8 cm, Staatsgalerie, Stuttgart

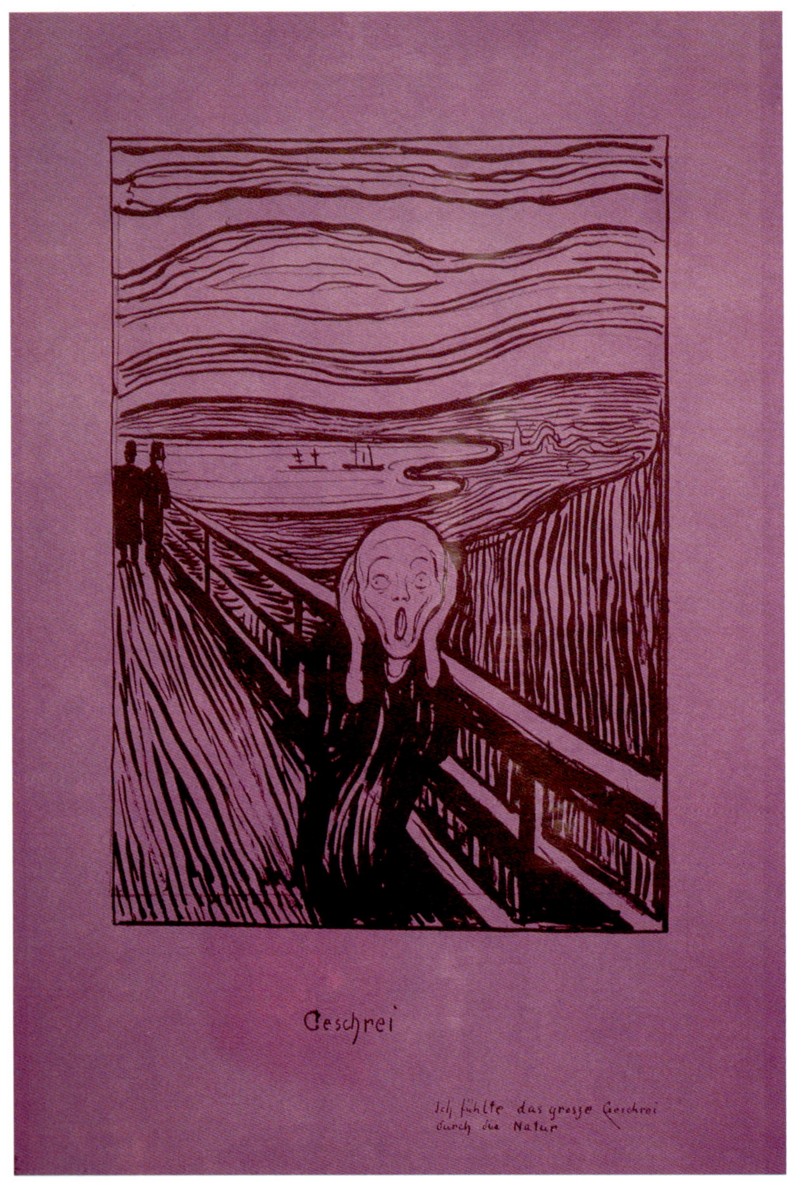

Scream

Le Cri

Geschrei

Griterío

L'Urlo

Geschreeuw

1895, Lithograph/Lithographie, 63,7 × 44,5 cm, Staatsgalerie, Stuttgart

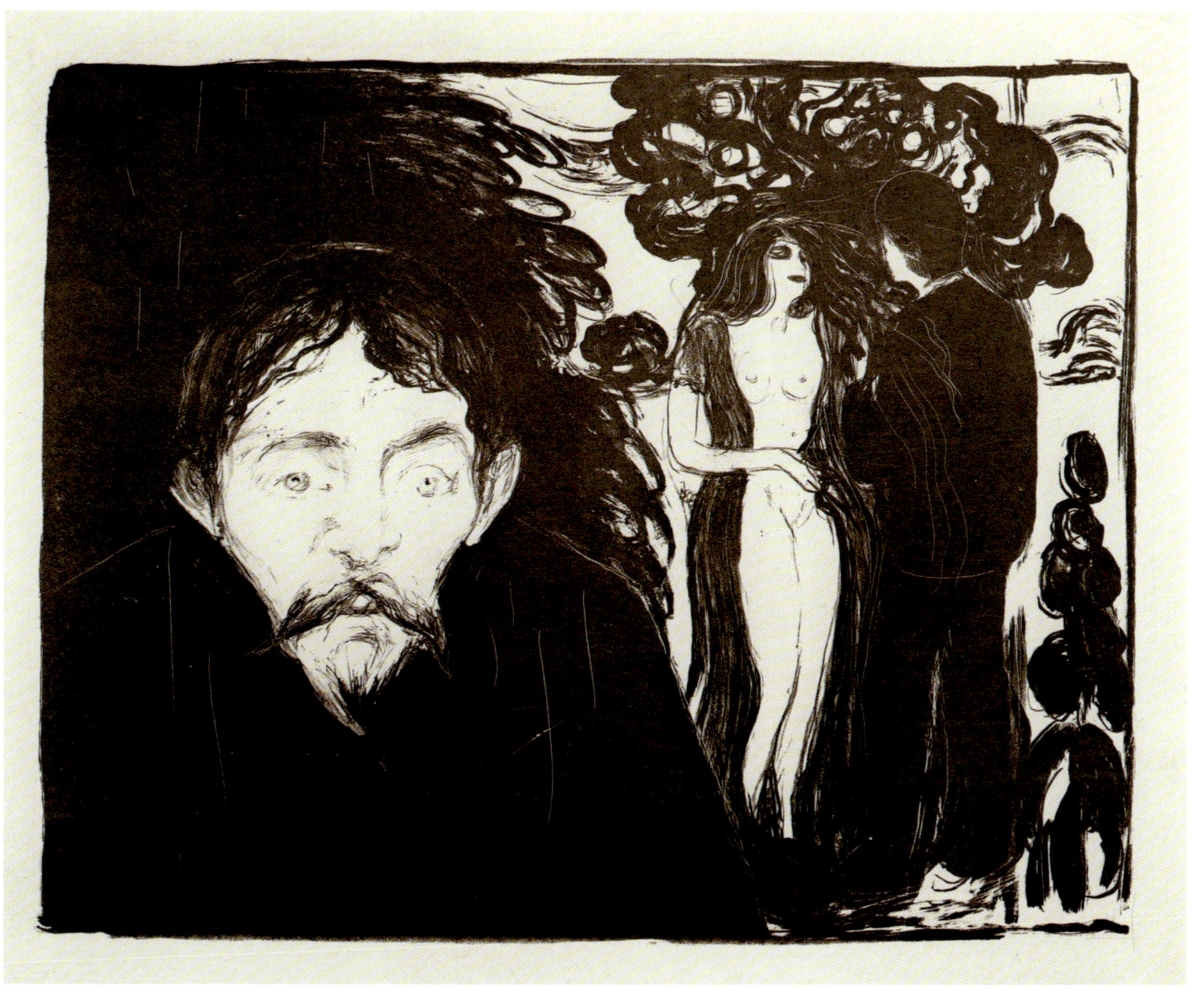

Jealousy II ***Eifersucht II*** ***Gelosia II***
Jalousie II ***Celos II*** ***Jaloezie II***
1896, Lithograph/Lithographie, 45,3 × 57,5 cm, Staatsgalerie, Stuttgart

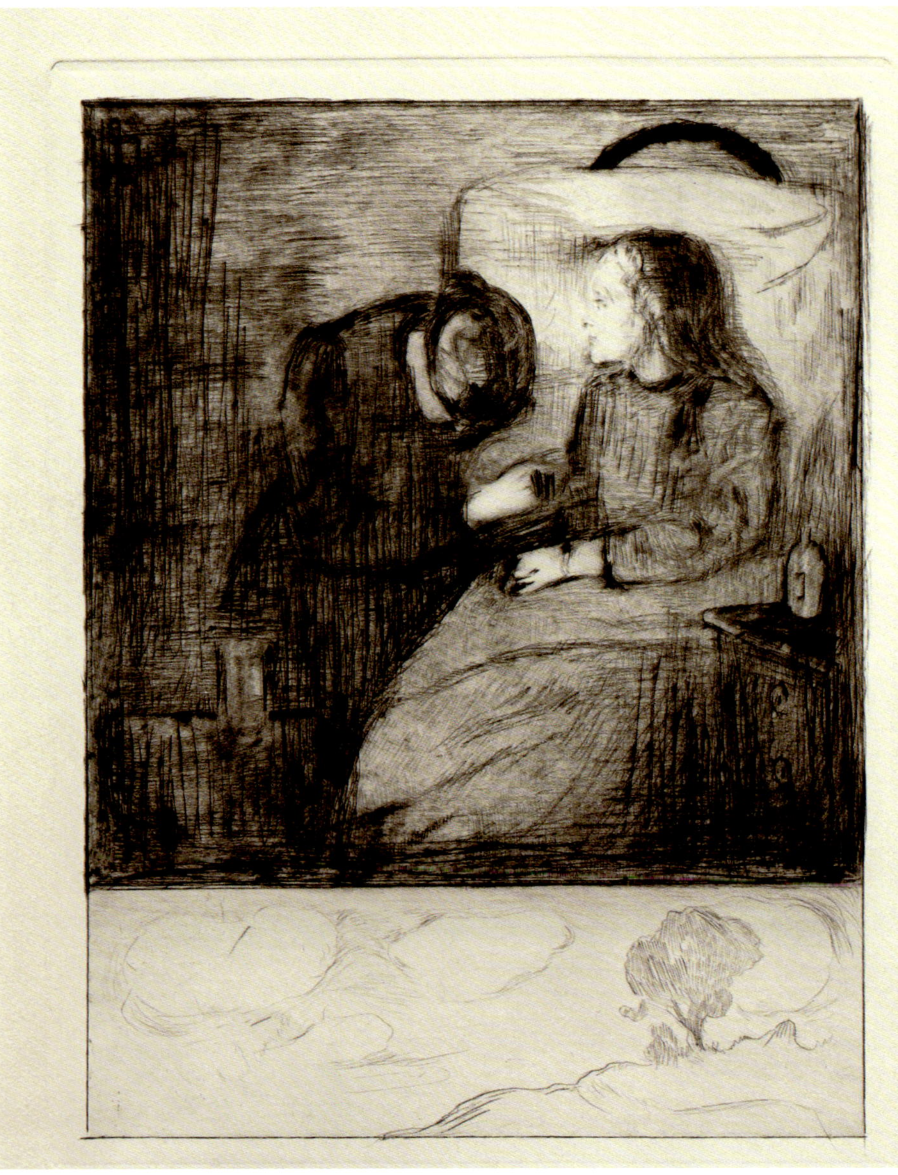

The Sick Child

L'Enfant malade

Das kranke Kind

La niña enferma

Il bambino malato

Het zieke kind

1894–95, Dry point etching/Eau-forte et pointe sèche, 48,6 × 38,3 cm, Staatsgalerie, Stuttgart

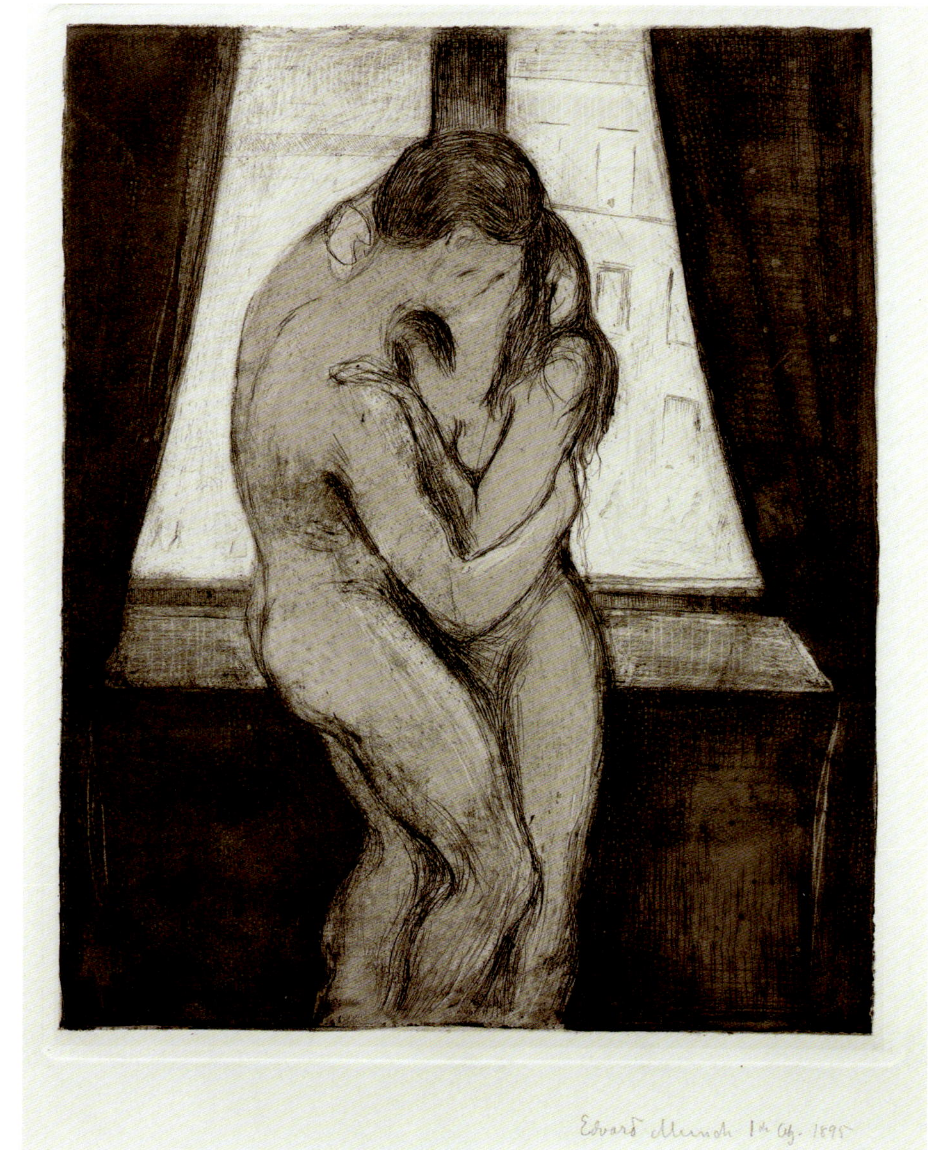

The Kiss

Le Baiser

Der Kuss

El beso

Il bacio

De kus

*1895, Dry point etching/
Eau-forte, pointe sèche et
aquatinte, 52,1 × 39 cm,
Staatsgalerie, Stuttgart*

Curriculum Vitae

* 1863 Løten
1864 Christiania
1885 Paris
1889 St. Cloud
1890 Christiania, Le Havre
1891 Nizza, Paris, Christiania
1892 Berlin
1893 København, Dresden, München, Berlin
1894 Stockholm, Berlin
1895 Paris
1897 Paris, Åsgårdstrand, Christiania
1898 København, Berlin, Paris
1899 Berlin, Paris, Nice, Firenze, Roma, Venezia, Dresden
1900 Berlin
1901 Berlin
1903 Christiania, Berlin
1904 Berlin, Paris, Weimar, København, Lübeck
1905 Bad Ilmenau, Bad Elgersburg
1906 Weimar
1907 Stockholm, Warnemünde, Berlin
1908 Berlin, Warnemünde, København
1909 Kragerø, Bergen
1910 Hvitsten, Christiania
1913 Jeløya, Berlin, Frankfurt, Köln, Paris, London, Stockholm, Hamburg, Lübeck, København
1916 Ekely
1920/21 Berlin, Paris, Wiesbaden, Frankfurt
1926 München, Dresden, København, Mannheim, Zürich
1927 Berlin, Oslo
1933 Åsgårdstrand, Hvitsten, Kragerø
† 1944 Aker

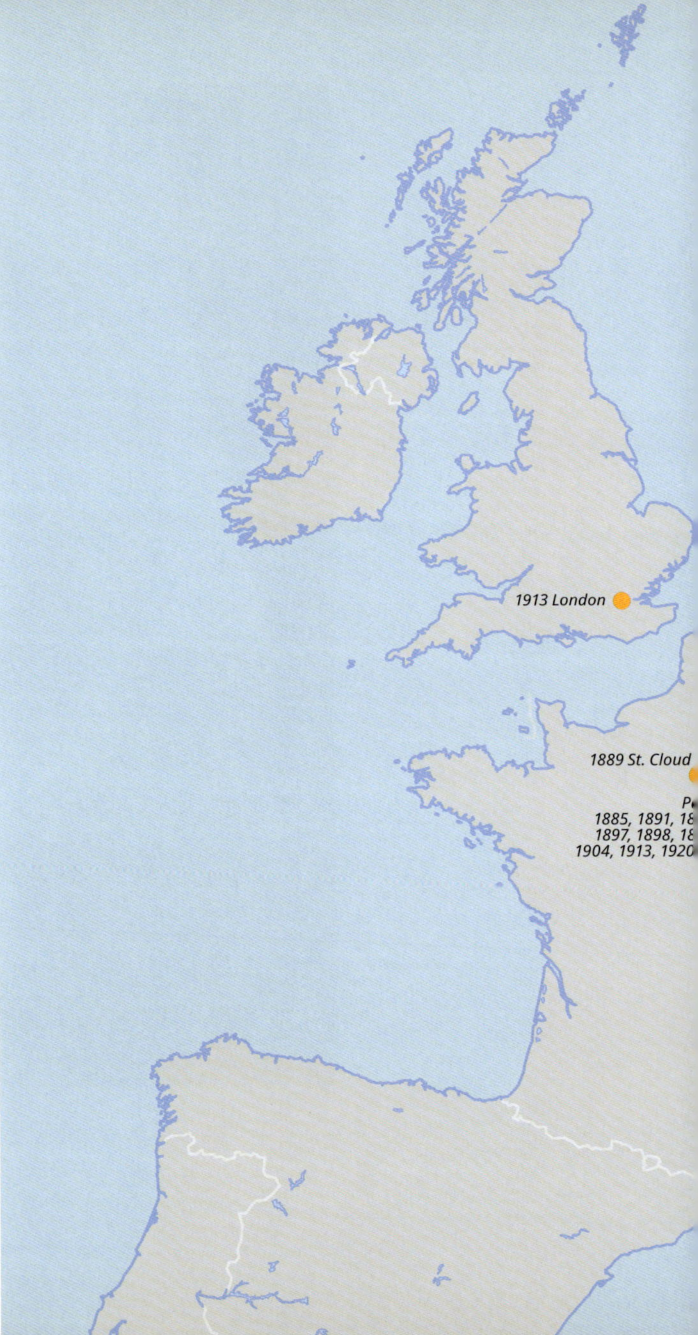

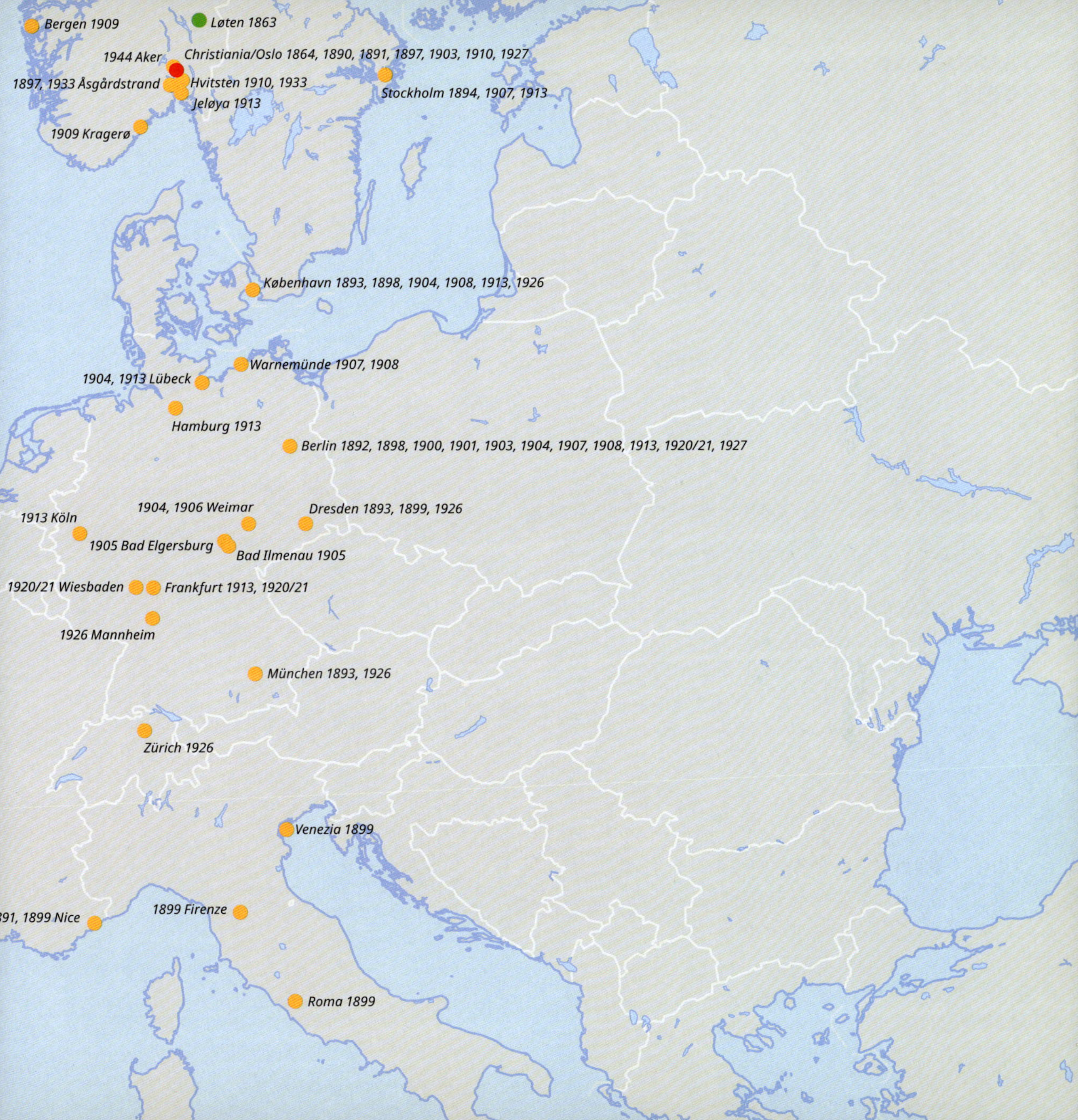
Bergen 1909
Løten 1863
1944 Aker
Christiania/Oslo 1864, 1890, 1891, 1897, 1903, 1910, 1927
1897, 1933 Åsgårdstrand
Hvitsten 1910, 1933
Stockholm 1894, 1907, 1913
Jeløya 1913
1909 Kragerø
København 1893, 1898, 1904, 1908, 1913, 1926
Warnemünde 1907, 1908
1904, 1913 Lübeck
Hamburg 1913
Berlin 1892, 1898, 1900, 1901, 1903, 1904, 1907, 1908, 1913, 1920/21, 1927
1904, 1906 Weimar
Dresden 1893, 1899, 1926
1913 Köln
1905 Bad Elgersburg
Bad Ilmenau 1905
1920/21 Wiesbaden
Frankfurt 1913, 1920/21
1926 Mannheim
München 1893, 1926
Zürich 1926
Venezia 1899
391, 1899 Nice
1899 Firenze
Roma 1899

Museums
Musées

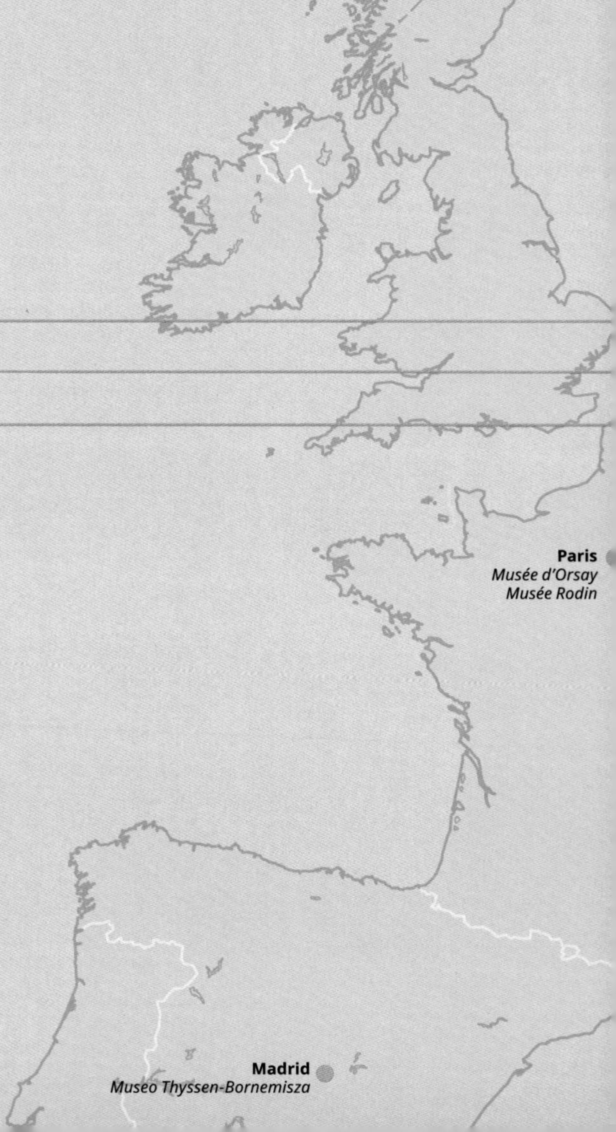

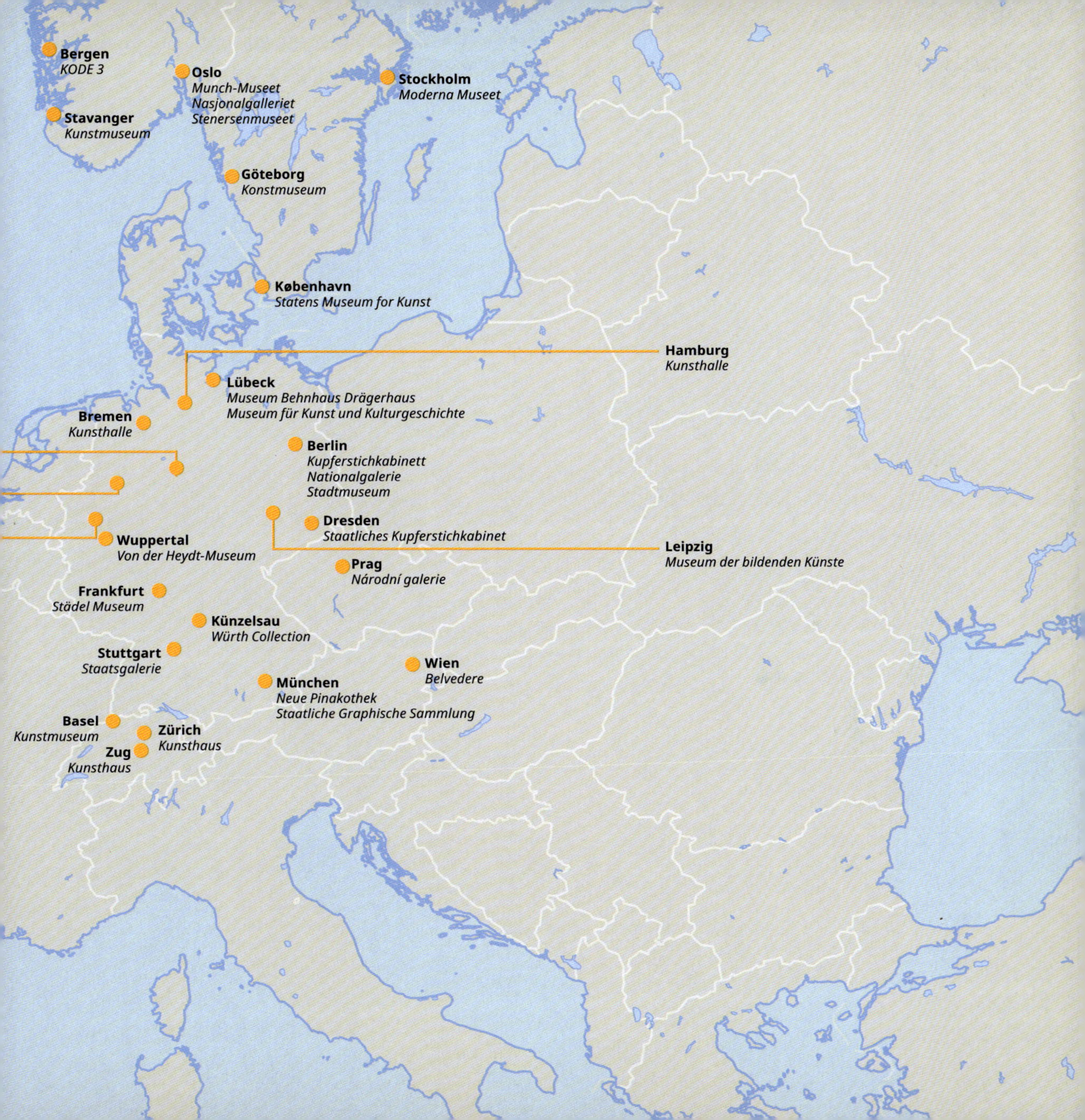
Bergen
KODE 3
Oslo
Munch-Museet
Nasjonalgalleriet
Stenersenmuseet
Stockholm
Moderna Museet
Stavanger
Kunstmuseum
Göteborg
Konstmuseum
København
Statens Museum for Kunst
Hamburg
Kunsthalle
Lübeck
Museum Behnhaus Drägerhaus
Museum für Kunst und Kulturgeschichte
Bremen
Kunsthalle
Berlin
Kupferstichkabinett
Nationalgalerie
Stadtmuseum
Dresden
Staatliches Kupferstichkabinet
Leipzig
Museum der bildenden Künste
Wuppertal
Von der Heydt-Museum
Prag
Národní galerie
Frankfurt
Städel Museum
Künzelsau
Würth Collection
Stuttgart
Staatsgalerie
Wien
Belvedere
München
Neue Pinakothek
Staatliche Graphische Sammlung
Basel
Kunstmuseum
Zürich
Kunsthaus
Zug
Kunsthaus

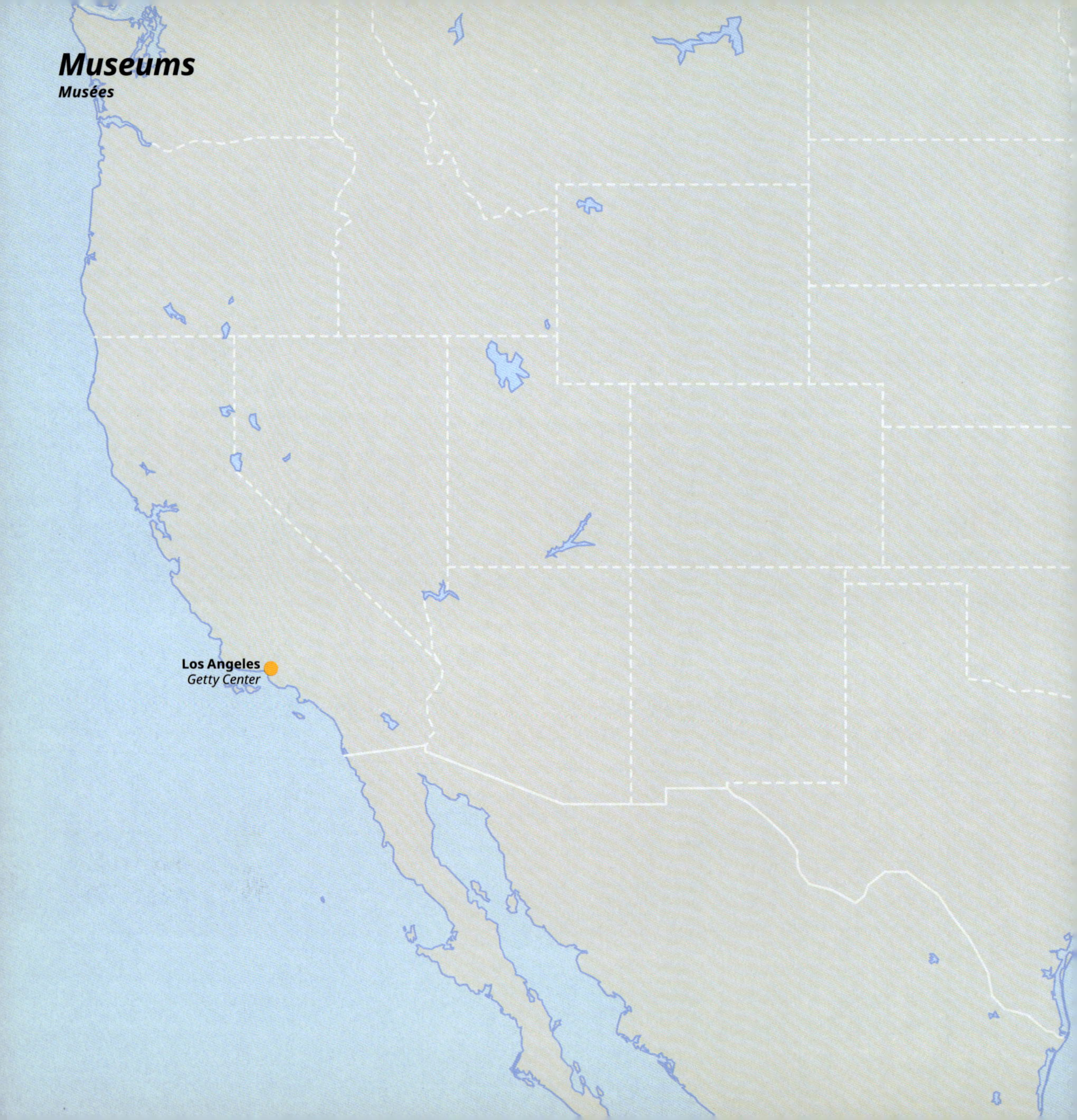
Museums
Musées
Los Angeles
Getty Center

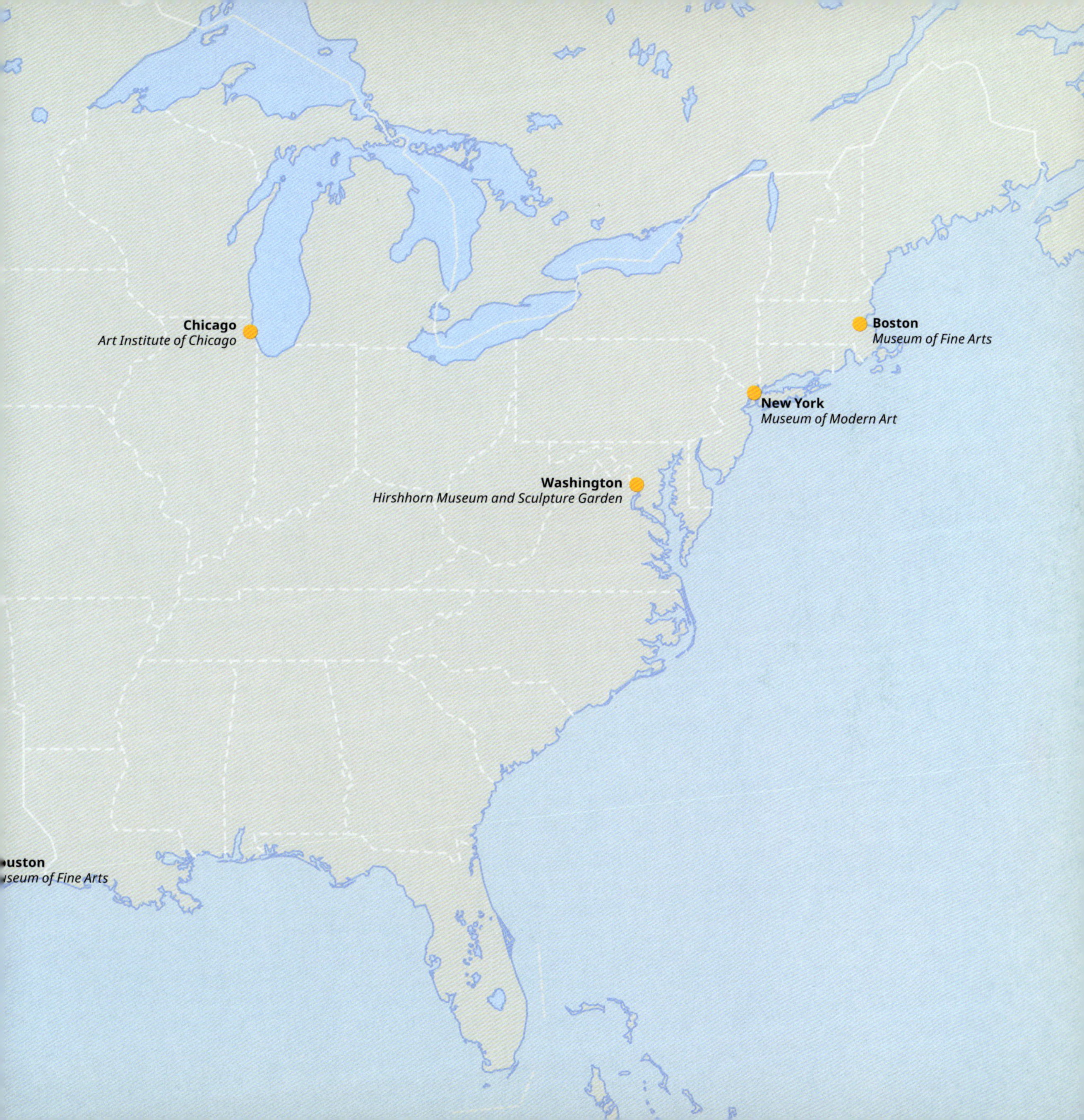

Chicago
Art Institute of Chicago
Boston
Museum of Fine Arts
New York
Museum of Modern Art
Washington
Hirshhorn Museum and Sculpture Garden
uston
seum of Fine Arts

Recommended Literature

Inger Alver Glörsen, *Munch as I knew him*, Hellerup 1994

Exhibition Cat. *Edvard Munch. Symbols & Images*, National Gallery of Art Washington 1978

Reinhold Heller, *The Scream*, London 1973

Reinhold Heller, *Edvard Munch's Life Frieze. Its Beginnings and Origins*, Diss. Indiana University 1969

Littérature recommandée

Arne Eggum, *Edvard Munch. Peintures–Esquisses–Études*, Oslo et Paris 1983

Literaturempfehlungen

Atle Näss, *Edvard Munch. Eine Biografie,* Wiesbaden 2015

Gerd Presler, *Edvard Munch – Werkverzeichnis der Skizzenbücher,* Karlsruhe 2004

Johann-Karl Schmidt, *Vorschein und Widerschein,* in: *Edvard Munch und seine Modelle,* Stuttgart 1993

Reinhold Heller, *Edvard Munch. Leben und Werk,* München 1993

Uwe M. Schneede, *Edvard Munch. Die Meisterwerke,* München 1988/2000

Matthias Arnold, *Edvard Munch 1863–1944. Bilder vom Leben und vom Tod,* Köln 1988/2011

Matthias Arnold, *Edvard Munch,* Reinbek 1986

ders., *Der Linde-Fries*, Lübeck 1982

Arne Eggum, *Alpha & Omega,* Katalog Oslo 1981

Ausst. Kat. *Edvard Munch. Liebe, Angst, Tod,* Kunsthalle Bielefeld 1980

Ragna Stang, *Edvard Munch. Der Mensch und Künstler,* Königstein im Taunus, 1979

Ausst. Kat. Edvard Munch. *Der Lebensfries für Max Reinhardts Kammerspiele,* Nationalgalerie Berlin 1978

Gösta Svenaeus, *Edvard Munch. Im männlichen Gehirn*, 2 Bde., Lund 1973

Lucius Griesebach, *Munch-Bibliographie*, in: Henning Bock/ Günther Busch (Hrsg.), *Edvard Munch, Probleme – Forschungen – Thesen*, München 1973

Werner Timm, *Edvard Munch. Grafik*, Berlin 1969

Johan H. Langaard und Reidar Revold, *Edvard Munch. Meisterwerke aus dem Munch-Museum Oslo*, Stuttgart 1963

Edvard Munchs brev. Familien, hrsg. von Inger Munch, Oslo 1949

J.P. Hodin, Edvard Munch. *Der Genius des Nordens*, Stockholm 1948

Pola Gauguin, *Edvard Munch*, Oslo 1933